NCS 국가직무능력표준
National Competency Standards

국가공인
재경관리사

기출문제집

삼일회계법인 저

2023년 기출문제 8회분 수록

삼일회계법인
삼일인포마인

재경관리사 자격시험 안내

■ 개요

회계, 세무, 원가, 경영관리 등 재경분야의 실무 전문가임을 인증하는 삼일회계법인 주관 자격 시험으로 수준에 따라 재경관리사 / 회계관리 1급 / 회계관리 2급으로 구분됩니다.

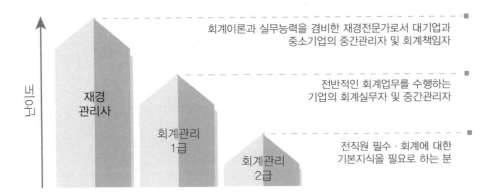

■ 2024년 시험안내

	재경관리사	회계관리 1급	회계관리 2급
자격종류	국가공인 등록 민간자격		
공인번호	금융위원회 제2022-2호	금융위원회 제2022-3호	
등록번호	금융위원회 제2008-0106호	금융위원회 제2008-0105호	
시험과목	재무회계 세무회계 원가관리회계	재무회계 세무회계	회계원리
시험시간	14:00 ～ 16:30 (150분)	14:00 ～ 15:40 (100분)	11:00 ～ 11:50 (50분)
평가 및 합격	객관식 4지선다형 40문항 / 과목별 70점(100점 만점) 이상 합격		
시행지역	서울, 부산, 대구, 창원, 광주, 대전, 인천, 수원, 익산, 청주, 천안 외		
응시료	7만 원	5만 원	3만 원
환불규정	접수기간 내 100% 환불 / 접수취소기간 내 50% 환불 / 접수취소기간 종료 이후 환불불가		
자격발급기관	삼일회계법인		

■ 재경관리사 시험일자

정기회차	원서접수기간	시험일	합격자발표
1회차	2024. 01. 04 ~ 01. 11	01. 27 (토)	02. 02 (금)
2회차	2024. 03. 07 ~ 03. 14	03. 30 (토)	04. 05 (금)
3회차	2024. 04. 25 ~ 05. 02	05. 18 (토)	05. 24 (금)
4회차	2024. 05. 30 ~ 06. 04	06. 15 (토)	06. 21 (금)
5회차	2024. 07. 04 ~ 07. 11	07. 27 (토)	08. 02 (금)
6회차	2024. 09. 05 ~ 09. 12	09. 28 (토)	10. 04 (금)
7회차	2024. 10. 24 ~ 10. 31	11. 16 (토)	11. 22 (금)
8회차	2024. 12. 05 ~ 12. 10	12. 21 (토)	12. 27 (금)

* 홈페이지(www.samilexam.com)에서 시험일정과 장소 관련 자세한 정보를 확인할 수 있습니다.

■ 시험문의

홈페이지	www.samilexam.com

연락처	070-4412-3131, kr_samilexam@pwc.com

■ 재경관리사 재무회계 평가범위

과목			평가범위
재무회계	재무회계 일반	재무보고와 국제회계기준	회계의 구분, 국제회계기준의 특징 및 도입과정
		재무보고를 위한 개념체계	재무제표의 기본가정, 질적특성, 재무제표 기본요소의 인식 및 측정방법
		재무제표 표시	재무제표의 일반사항, 재무상태표, 포괄손익계산서, 자본변동표, 현금흐름표 및 주석
		기타공시	보고기간후사건, 특수관계자 공시, 중간재무보고
	재무상태표	자산	금융자산, 재고자산, 유형자산, 무형자산, 투자부동산의 종류 및 회계처리
		부채	금융부채, 충당부채, 우발부채의 종류 및 회계처리
		자본	자본의 의의, 자본의 분류 및 회계처리
	포괄손익 계산서	수익	수익의 의의 및 측정기준, 거래유형별 수익인식기준, 건설계약의 회계처리
		비용	종업원급여, 주식기준보상거래 및 법인세의 회계처리
		기타사항	회계변경과 오류수정, 주당이익
	특수회계	관계기업	관계기업의 정의 및 회계처리
		환율변동효과	외화거래의 기말환산 및 해외사업장의 환산
		파생상품회계	파생상품의 종류 및 회계처리
		리스회계	리스의 분류 및 회계처리
		현금흐름표	현금흐름표의 구조, 작성절차 및 작성원칙

■ 재경관리사 세무회계 평가범위

과목			평가범위
세 무 회 계	세법의 이해	세법에 대한 일반적 이해	조세의 개념 조세의 종류와 성격 조세법의 기본원칙
	국세기본법	국세기본법에 대한 이해	국세부과의 원칙, 세법적용의 원칙 과세요건 수정신고와 경정청구
	법인세	총 설	법인세의 의의, 과세소득의 범위, 사업연도, 납세지
		각사업연도 소득에 대한 법인세	법인세의 계산구조 세무조정 소득처분 익금, 손금의 계산 손익의 귀속시기, 자산·부채의 평가 감가상각비, 기부금, 접대비, 지급이자, 충당금, 준비금 등의 세무조정
		과세표준과 세액의 계산	과세표준의 계산 법인세 납세절차
	소득세	종합소득세의 계산	소득세의 개념 금융소득종합과세 종합소득금액의 계산 종합소득 과세표준 및 세액계산
		퇴직소득세	퇴직소득세액계산
		원천징수	원천징수의 개념 및 연말정산
		양도소득세	양도소득세의 개념 양도소득세의 계산구조
	부가가치세법	부가가치세에 대한 이해	부가가치세의 계산구조 부가가치세의 과세대상거래, 재화와 용역의 공급시기, 영세율과 면세
		부가가치세의 계산	과세표준과 매출세액의 계산, 매입세액의 계산 부가가치세의 신고·납부, 간이과세

■ 재경관리사 원가관리회계 평가범위

과목	평가범위		
원 가 관 리 회 계	원가회계의 기초	원가회계의 기본개념	회계의 체계와 원가회계 원가의 의의
		원가회계의 흐름	제조원가의 흐름에 대한 이해
		원가배분	원가배분의 의의와 유형 보조부문의 원가배분
	생산형태에 따른 원가계산방법	개별원가계산	개별원가계산의 의의 개별원가계산 절차의 이해
		종합원가계산	종합원가계산의 의의 종합원가계산 방법의 이해
	원가측정에 따른 원가계산방법	정상원가계산	정상원가계산의 의의 정상원가계산의 절차 제조간접원가 배부차이
		표준원가계산의 기초	표준원가계산의 의의 표준원가의 종류 및 표준원가의 설정
		표준원가계산과 원가차이분석	차이분석의 기초 원가요소별 차이분석 원가차이의 배분
	원가구성에 따른 원가계산방법	변동원가계산과 초변동원가계산	전부, 변동, 초변동원가계산의 의의 전부, 변동, 초변동원가계산의 영업이익 비교 전부, 변동, 초변동원가계산의 이익차이의 조정
	새로운 원가계산방법	활동기준원가계산	활동기준원가계산의 의의 활동기준원가계산의 절차
	계획과 통제	원가추정	원가추정방법
		원가·조업도·이익분석	손익분기점 분석 목표이익 분석 안전한계와 영업레버리지
		책임회계제도와 성과평가	책임회계제도와 책임중심점에 대한 이해
		분권화와 성과평가	판매부서에 대한 성과평가 원가중심점의 성과평가 투자중심점의 성과평가
	의사결정	단기의사결정	의사결정의 기초개념 단기의사결정의 유형
		장기의사결정	자본예산의 의의 자본예산모형의 유형
	최신관리회계	새로운 원가관리시스템	수명주기원가계산과 목표원가계산, 품질원가계산에 대한 이해
		새로운 성과평가시스템	균형성과표

Contents

국가공인
재경관리사 시험

재경관리사
기출문제집
재무회계

2023 년 제 1 회 기출문제

2023 년 제 2 회 기출문제

2023 년 제 3 회 기출문제

2023 년 제 4 회 기출문제

2023 년 제 5 회 기출문제

2023 년 제 6 회 기출문제

2023 년 제 7 회 기출문제

2023 년 제 8 회 기출문제

본 시험은 현행 기준인 한국채택국제회계기준(K-IFRS)에
따라 출제되었습니다.

01 다음 중 국제회계기준의 특징에 관한 설명으로 가장 올바르지 않은 것은?

① 국제회계기준은 원칙중심의 회계기준이다.
② 국제회계기준은 원칙적으로 자산·부채에 대해 공정가치 적용이 확대되었다.
③ 국제회계기준을 적용한 후 주석공시를 강화하고 있다.
④ 국제회계기준은 별도재무제표를 기본 재무제표로 제시하고 있다.

02 다음 중 일반목적재무보고의 목적에 관한 설명으로 가장 올바르지 않은 것은?

① 일반목적재무보고의 목적은 현재 및 잠재적 투자자, 대여자 및 기타 채권자가 기업에 자원을 제공하는 것에 대한 의사결정을 할 때 유용한 보고기업 재무정보를 제공하는 것이다.
② 현재 및 잠재적 투자자, 대여자 및 기타채권자가 아닌 일반대중이 일반목적재무보고서가 유용하다고 여기더라도 이들이 일반목적재무보고의 주요 대상에 포함되는 것은 아니다.
③ 보고기업의 경제적 자원과 청구권의 성격 및 금액에 대한 정보는 정보이용자가 보고기업의 재무적 강점과 약점을 식별하는데 도움을 줄 수 있다.
④ 보고기업의 경제적 자원과 청구권의 변동은 그 기업의 재무성과 외의 사유로는 변동될 수 없다.

03 다음 중 재무제표의 질적특성에 관한 설명으로 가장 올바르지 않은 것은?

① 재무정보가 정보이용자에게 유용하기 위해서는 목적적합성과 표현충실성의 두 가지 요건을 모두 충족하여야 한다.
② 재무정보가 예측가치를 가지기 위해 반드시 그 자체에 예측치 또는 측정치를 포함할 필요는 없다.
③ 충실한 표현을 위해서는 서술이 완전하고, 중립적이며, 오류가 없어야 한다.
④ 보강적 질적특성은 정보가 목적적합하지 않거나 나타내고자 하는 바를 충실하게 표현하지 않더라도 개별적으로 또는 집단적으로 그 정보를 유용하게 할 수 있다.

04 다음 중 포괄손익계산서에서 당기순손익과 총포괄손익 간에 차이를 발생시키는 항목으로 가장 옳은 것은?

① 투자부동산 평가손익
② 유형자산의 재평가잉여금
③ 당기손익-공정가치 측정 금융자산 평가손익
④ 자기주식처분이익

05 다음 중 기업이 특수관계자로 인식하여야 할 대상으로 가장 올바르지 않은 것은?

① 당해 기업의 관계기업
② 당해 기업의 주요 매출처
③ 당해 기업의 주요 경영진
④ 당해 기업의 지배기업 및 종속기업

06 다음 자료에서 재고자산평가손실은 ㈜삼일의 재고자산이 진부화되어 발생하였다. 다음 중 ㈜삼일의 20X2년 포괄손익계산서상 매출원가는 얼마인가(단, 재고자산감모손실과 재고자산평가손실은 매출원가로 인식한다고 가정한다)?

20X1년 12월 31일 재고자산	600,000원
20X2년 매입액	1,000,000원
20X2년 재고자산평가손실	200,000원
20X2년 재고자산감모손실	100,000원
20X2년 12월 31일 재고자산(평가손실과 감모손실 차감 후)	520,000원

① 1,080,000원
② 1,100,000원
③ 1,120,000원
④ 1,670,000원

07 다음 중 재고자산의 원가흐름에 대한 가정에 관한 설명으로 가장 올바르지 않은 것은?

① 한국채택국제회계기준은 재고자산의 단위원가 결정방법으로 개별법, 선입선출법, 가중평균법, 후입선출법 등의 방법을 허용한다.

② 재고자산에 대한 단위원가 결정방법의 적용은 동일한 용도나 성격을 지닌 재고자산에 대해서는 동일하게 적용한다.

③ 회계기간 중에 재고자산의 취득단가가 계속 상승하는 상황에서 기말재고수량이 기초재고수량보다 같거나 증가하는 경우 선입선출법 하의 기말재고자산은 가중평균법 하의 기말재고자산보다 더 많이 계상된다.

④ 회계기간 중에 재고자산의 취득단가가 계속 상승하는 상황에서 기말재고수량이 기초재고수량보다 같거나 증가하는 경우 선입선출법 하의 당기순이익은 가중평균법 하의 당기순이익보다 더 많이 계상된다.

08 다음은 20X1 년 초에 사업을 개시하였으며, 단일 제품을 제조하는 ㈜삼일의 20X1 년 기말 재고자산과 관련된 자료이다. ㈜삼일이 20X1 년에 인식할 재고자산평가손실은 얼마인가?

재고자산	수량	단위당 원가	단위당 순실현가능가치
원재료	300개	50원/개	45원/개
제품	10개	300원/개	350원/개

① 0원

② 1,000원

③ 1,500원

④ 2,000원

09 ㈜삼일은 20X1 년 초에 소유하고 있던 목장에 풍력발전소를 설치하였다. 풍력발전소를 설치하는데 974,607 원을 지출하였으며, 풍력발전소는 20X3 년 말까지 사용한다. ㈜삼일은 관련 법률에 따라 사용 종료시점에 풍력발전소를 철거 및 원상복구하여야 한다. 20X3 년 말 철거 및 원상복구 시점에서 300,000 원이 지출될 것으로 예상되며, ㈜삼일의 신용위험 등을 고려하여 산출된 할인율은 10%이다. ㈜삼일이 풍력발전소를 정액법(내용연수 3 년, 잔존가치 0 원)으로 감가상각할 경우, ㈜삼일이 풍력발전소와 관련하여 20X1 년에 인식해야할 감가상각비는 얼마인가? (단, 10%의 단일금액 현가계수(3 년)는 0.75131 이다)

① 249,700원   ② 324,869원

③ 400,000원   ④ 424,900원

10 다음 중 유형자산의 감가상각에 관한 설명으로 가장 올바르지 않은 것은?

① 감가상각방법은 자산의 미래경제적효익이 소비될 것으로 예상되는 형태를 반영한다.

② 감가상각방법은 적어도 매 회계연도 말에 재검토하며, 재검토 결과 자산에 내재된 미래경제적효익의 예상되는 소비형태에 유의적인 변동이 있다면 이를 반영하기 위하여 감가상각방법을 변경한다.

③ 채석장이나 매립지 등을 제외하고는 토지는 내용연수가 무한하므로 감가상각하지 않는다.

④ 정률법은 내용연수 초기에 감가상각비를 적게 계상하다가 내용연수 후기로 갈수록 감가상각비를 많이 계상하는 방법인데, 이를 체감잔액법이라고도 한다.

11 ㈜삼일은 20X1 년 1 월 1 일에 기계장치(내용연수 5 년, 잔존가치 없음)를 100,000 원에 취득하였다. ㈜삼일은 기계장치에 대하여 원가모형을 적용하고 있으며, 감가상각방법으로 정액법을 사용한다. 20X1 년 말에 동 기계장치의 회수가능액이 40,000 원으로 하락하여 손상차손을 인식하였다. 그러나 20X2 년 말에 동 기계장치의 회수가능액이 80,000 원으로 회복되었다. 20X3 년 말에 인식할 감가상각비는 얼마인가?

① 20,000원   ② 30,000원

③ 40,000원   ④ 50,000원

12 다음은 20X1 년 ㈜삼일의 엔진 개발과 관련하여 20X1 년 9 월 30 일까지 발생한 지출에 대한 자료이다. 동 엔진이 20X1 년 10 월 1 일부터 사용가능할 것으로 예측된 경우 20X1 년 ㈜삼일이 엔진 개발과 관련하여 무형자산 상각비를 포함한 인식해야 할 총비용은 얼마인가(단, 엔진 개발비에 대하여 내용연수 5 년, 잔존가치 없음, 정액법 상각함)?

연구단계	개발단계
엔진 연구 결과의 평가를 위한 지출 3,000,000원	자산인식조건을 만족하는 개발 단계 지출 30,000,000원
여러 가지 대체안 탐색 활동을 위한 지출 27,000,000원	자산인식조건을 만족하지 않는 개발 단계 지출 7,000,000원

① 30,000,000원

② 37,000,000원

③ 38,500,000원

④ 40,000,000원

13 다음 중 무형자산의 상각에 관한 설명으로 가장 올바르지 않은 것은?

① 내용연수가 유한한 무형자산의 잔존가치는 해당 자산의 장부금액과 같거나 큰 금액으로 증가할 수도 있다.

② 내용연수가 비한정인 무형자산은 상각하지 않고, 내용연수가 유한한 무형자산은 상각한다.

③ 내용연수가 유한인 무형자산은 경제적효익이 소비되는 형태를 신뢰성 있게 결정할 수 없는 경우에는 정률법을 적용하여 상각한다.

④ 내용연수가 유한한 무형자산의 상각기간과 상각방법은 적어도 매 회계연도 말에 검토한다.

14 ㈜삼일은 20X1년 초에 다음과 같은 건물을 구입하였으나 장래 사용목적을 결정하지 못하여 투자부동산으로 분류하고 있다. 투자부동산의 회계처리와 관련하여 ㈜삼일의 20X1년 당기순이익에 미치는 영향은 얼마인가(단, 법인세비용은 고려하지 않으며, ㈜삼일은 투자부동산을 공정가치모형으로 측정하고 있다)?

ㄱ. 취득원가 : 10억 원
ㄴ. 감가상각방법 및 내용연수 : 정액법, 10년
ㄷ. 잔존가치 : 1억 원
ㄹ. 공정가치

구분	20X1년 1월 1일	20X1년 12월 31일
건물	10억 원	8억 원

① 90,000,000원 당기순이익 감소
② 200,000,000원 당기순이익 감소
③ 90,000,000원 당기순이익 증가
④ 200,000,000원 당기순이익 증가

15 다음 중 당기손익-공정가치 측정 금융자산에 관한 설명으로 가장 올바르지 않은 것은?

① 단기매매 목적의 금융자산은 당기손익-공정가치 측정 금융자산으로 분류된다.
② 채무상품인 당기손익-공정가치 측정 금융자산은 다른 금융상품으로 재분류할 수 있다.
③ 당기손익-공정가치 측정 금융자산은 취득후 공정가치로 평가하여 당기손익에 반영한다.
④ 당기손익-공정가치 측정 금융자산 취득시 지출된 거래원가는 취득원가에 가산하여 측정한다.

16 ㈜삼일은 20X1년 1월 1일에 다음과 같은 조건의 상각후원가측정금융자산을 취득 당시의 공정가치로 취득하였다. 이 경우 ㈜삼일의 상각후원가측정금융자산에서 발생한 20X1년 말 이자수익은 얼마인가?(소수점 첫 번째 자리에서 반올림한다)?

ㄱ. 액면금액 : 100,000원
ㄴ. 발행일 : 20X1년 1월 1일
ㄷ. 만기일 : 20X2년 12월 31일(2년)
ㄹ. 액면이자율 : 10%, 매년 말 지급조건
ㅁ. 시장이자율 : 20X1년 1월 1일 현재 12%
ㅂ. 현가계수

이자율	현가계수		
	1년	2년	계
12%	0.89285	0.79719	1.69004

① 8,197원
② 9,324원
③ 11,594원
④ 13,287원

17 ㈜삼일은 20X1년에 ㈜태평의 주식 1,000주를 주당 5,000원에 구입하고 기타포괄손익-공정가치 측정 금융자산으로 분류하였다. 20X1년 말 및 20X2년 말 ㈜태평 주식의 주당 공정가치는 각각 6,000원 및 4,000원이었다. 20X3년 중 ㈜삼일이 ㈜태평의 주식 500주를 주당 6,500원에 처분하였을 경우 당기손익으로 인식할 처분이익은 얼마인가?

① 0원
② 750,000원
③ 1,250,000원
④ 1,500,000원

18 다음 중 금융상품에 관한 설명으로 가장 올바르지 않은 것은?

① 금융상품은 거래당사자에게 금융자산을 발생시키고 동시에 거래상대방에게 금융부채나 지분상품을 발생시키는 모든 계약을 말한다.

② 매입채무 및 법인세와 관련된 부채는 금융부채에 해당한다.

③ 현금및현금성자산, 매출채권, 다른 기업의 지분상품 및 채무상품은 금융자산에 해당한다.

④ 잠재적으로 불리한 조건으로 거래상대방과 금융자산이나 금융부채를 교환하기로 한 계약상 의무는 금융부채이다.

19 ㈜삼일은 20X1년 1월 1일에 만기 3년, 액면금액 100,000,000원, 표시이자율 6%인 사채를 발행하였다. 이자는 매년 말에 지급되고 사채 발행시점의 유효이자율은 8%라고 할 때, ㈜삼일이 동 사채의 발행기간에 걸쳐 인식하게 될 총이자비용은 얼마인가?

이자율	현가계수			
	1년	2년	3년	합계
8%	0.92593	0.85734	0.79383	2.57710

① 20,974,200원

② 23,154,400원

③ 24,846,000원

④ 30,000,000원

20 다음 중 충당부채의 회계처리에 관한 설명으로 가장 옳은 것은?

① 미래의 예상 영업손실은 최선의 추정치를 금액으로 하여 충당부채로 인식한다.

② 충당부채로 인식하는 금액은 현재의무의 이행에 소요되는 지출에 대한 보고기간말 현재의 최선의 추정치이어야 하며 이 경우 관련된 사건과 상황에 대한 불확실성은 고려하지 않는다.

③ 충당부채란 과거사건이나 거래의 결과에 의한 현재의무로서 그 의무를 이행하기 위하여 자원이 유출될 가능성이 높고 지출 금액이 불확실하지만, 지출 시기는 확정되어 있는 의무를 의미한다.

④ 충당부채의 명목금액과 현재가치의 차이가 중요한 경우에는 의무를 이행하기 위하여 예상되는 지출액의 현재가치로 평가한다.

21 다음 중 자본거래가 각 자본항목에 미치는 영향에 관한 설명으로 가장 올바르지 않은 것은?

		주식배당	무상증자	주식분할
①	자본금	증가	증가	증가
②	주식수	증가	증가	증가
③	이익잉여금	감소	감소가능	불변
④	총자본	불변	불변	불변

22 ㈜삼일의 20X1 년 포괄손익계산서상 당기순이익 및 기타포괄이익은 각각 1,300,000 원과 500,000 원이며, 20X1 년 1 월 1 일 ㈜삼일의 자산과 부채 총계는 각각 38,500,000 원과 13,500,000 원이다. ㈜삼일의 20X1 년 중 발생한 모든 자본거래가 다음과 같을 때, ㈜삼일이 20X1 년 말 현재 재무상태표상 자본의 총계로 보고할 금액은 얼마인가(단, 법인세 효과는 고려하지 않는다)?

일자	내 용
5월 18일	20X0년도 정기주주총회(2월 28일 개최)에서 결의한 배당인 주식배당으로 보통주 100주(주당 액면금액 5,000원, 주당 공정가치 6,000원)를 발행하였다.
8월 14일	보통주 200주(주당 액면금액 5,000원)를 주당 6,500원에 발행하였다.
10월 13일	20X0년에 취득한 자기주식(취득원가 700,000원)을 20X1년에 800,000원에 재발행하였다.

① 27,600,000원

② 28,100,000원

③ 28,400,000원

④ 28,900,000원

23 수익인식 5 단계 중 한 시점에 이행하는 수행의무는 고객이 약속된 자산을 통제하고 기업이 의무를 이행하는 시점에 수익을 인식한다. 고객이 자산을 통제하는 시점으로 가장 올바르지 않은 것은?

① 판매기업이 자산에 대해 현재 지급청구권이 있다.

② 자산소유에 따른 유의적인 위험과 보상이 판매기업에게 있다.

③ 고객에게 자산의 법적소유권이 있다.

④ 판매기업이 자산의 물리적 점유를 이전하였다.

24 ㈜삼일은 20X1 년 12 월 31 일 개당 원가 200 원인 제품 1,000 개를 개당 300 원에 외상으로 판매하였다. ㈜삼일은 판매 후 30 일 이내에 고객이 반품하면 전액 환불해주고 있다. 반품률은 10%로 추정되며 , 판매 당일 반품은 없다. ㈜삼일이 20X1 년에 인식할 매출액은 얼마인가?

① 0원 ② 90,000원

③ 270,000원 ④ 300,000원

25 ㈜서울은 20X1 년 2 월 5 일에 ㈜부산과 공장건설계약을 맺었다. 총공사계약액은 120,000,000 원이며 ㈜서울은 누적발생계약원가에 기초하여 진행률을 산정하여 진행기준에 따라 수익을 인식한다. ㈜서울의 건설계약과 관련한 20X1 년 자료는 다음과 같다. ㈜서울의 20X1 년 말 재무상태표상 계약부채(초과청구공사) 또는 계약자산(미청구공사) 금액은 얼마인가?

누적발생원가	추정총계약원가	공사대금청구액
20,000,000원	100,000,000원	18,000,000원

① 계약부채(초과청구공사) 6,000,000원

② 계약부채(초과청구공사) 10,000,000원

③ 계약자산(미청구공사) 6,000,000원

④ 계약자산(미청구공사) 10,000,000원

26 ㈜삼일은 20X1 년에 계약금액 400 억 원의 사무실용 빌딩 건설공사를 수주하였다. 공사관련 정보가 다음과 같을 경우, 20X2 년 계약수익은 얼마인가?

	20X1년	20X2년	20X3년
추정총계약원가	250억 원	300억 원	300억 원
당기발생계약원가	100억 원	110억 원	90억 원

① 100억 원 ② 110억 원

③ 120억 원 ④ 130억 원

27 다음 중 종업원급여에 관한 설명으로 가장 올바르지 않은 것은?

① 종업원급여는 단기종업원급여, 퇴직급여, 기타장기종업원급여 및 해고급여로 구분
   된다.

② 단기종업원급여는 보험수리적 방법으로 측정하지 않고 할인도 하지 않는다.

③ 장기종업원 급여의 재측정요소는 기타포괄손익으로 인식한다.

④ 퇴직급여는 급여의 지급시기와 발생시기가 일치하지 않는다.

28 ㈜삼일은 20X1 년 1 월 1 일 현재 근무하고 있는 임직원 100 명에게 20X3 년 12 월 31 일까지 의무적으로 근무하는 것을 조건으로 각각 주식선택권 10 개씩을 부여하였다. 20X1 년 1 월 1 일 현재 ㈜삼일이 부여한 주식선택권의 단위당 공정가치는 1,000 원이며, 20X1 년 말 및 20X2 년 말 주식선택권의 단위당 공정가치는 각각 1,100 원 및 1,200 원이다. 주식선택권 부여일 현재 임직원 중 10%가 3 년 이내에 퇴사하여 주식선택권을 상실할 것 으로 추정하였으며, 20X2 년말까지 이러한 예상에는 변동이 없다. 동 주식선택권과 관련하 여 20X2 년에 인식할 당기비용은 얼마인가?

① 300,000원   ② 390,000원

③ 460,000원   ④ 600,000원

29 다음 중 법인세회계에 관한 설명으로 가장 올바르지 않은 것은?

① 이연법인세자산은 비유동자산으로 구분된다.

② 이연법인세부채는 비유동부채로 구분된다.

③ 가산할 일시적차이가 사용될 수 있는 미래과세소득의 발생 가능성이 높은 경우에 이
   연법인세자산을 인식한다.

④ 일시적차이가 소멸될 것으로 예상되는 기간의 과세소득에 적용될 것으로 기대되는
   평균세율을 적용하여 이연법인세자산·부채를 측정한다.

30 다음은 20X1 년에 영업활동을 개시한 ㈜삼일의 20X1 년 법인세와 관련된 내용이다. ㈜삼일의 20X1 년 포괄손익계산서에 표시될 법인세비용을 계산하면 얼마인가?(단, 일시적차이에 사용될 수 있는 과세소득의 발생가능성은 높으며, 법인세율은 30%로 일정하다)

• 20X1년 법인세비용차감전순이익	1,000,000원
• 20X1년 세무조정 사항	
– 미수이자	(200,000원)
– 접대비한도초과	30,000원
– 자기주식처분이익	100,000원

① 249,000원
② 278,000원
③ 309,000원
④ 339,000원

31 다음 중 회계정책의 변경에 관한 내용으로 가장 올바르지 않은 것은?

① 재고자산 원가흐름의 가정변경
② 유형자산의 측정기준 변경
③ 투자부동산의 측정기준 변경
④ 유형자산 감가상각방법의 변경

32 ㈜삼일은 20X1 년 매출액 1,000,000,000 원, 당기순이익으로 500,000,000 원을 보고하였으며, ㈜삼일이 발행한 우선주 배당금은 50,000,000 원이다. ㈜삼일의 가중평균유통보통주식수가 50,000 주일 경우 20X1 년 기본주당순이익은 얼마인가?

① 9,000원
② 10,000원
③ 19,000원
④ 20,000원

33 다음 중 지분법 회계처리에 관한 설명으로 가장 올바르지 않은 것은?

① 영업권은 정액법을 적용하여 상각한다.
② 염가매수차익이 발생하는 경우 취득한 기간의 당기순손익에 포함한다.
③ 투자회사가 수취하게 될 배당금 금액은 관계기업투자주식의 장부금액을 감소시킨다.
④ 관계기업투자주식의 장부금액이 '영(0)' 이하가 될 경우 지분변동액에 대한 인식을 중지한다.

34 20X1년 초 ㈜삼일은 ㈜한양의 보통주 40%를 900,000원에 취득하여 유의적인 영향력을 행사하게 되었다. 주식취득일 현재 ㈜한양의 순자산장부금액은 2,000,000원으로 공정가치와 동일하였다. ㈜한양의 20X1년 당기순이익이 500,000원이라 할 때 20X1년 말 ㈜삼일의 재무상태표에 기록될 관계기업투자주식(지분법적용투자주식)의 장부금액은 얼마인가(단, 20X1년 말 영업권과 관련된 손상차손 인식금액은 없다)?

① 900,000원
② 920,000원
③ 1,020,000원
④ 1,100,000원

35 다음 중 기능통화에 의한 외화거래의 보고에 관한 설명으로 가장 올바르지 않은 것은?

① 기능통화로 외화거래를 최초로 인식하는 경우에 거래일의 외화와 기능통화 사이의 현물환율을 외화금액에 적용하여 기록한다.
② 역사적원가로 측정하는 비화폐성 외화항목은 거래일의 환율로 환산한다.
③ 화폐성항목의 결제시점에 생기는 외환차이는 그 외환차이가 생기는 회계기간의 기타포괄손익으로 인식한다.
④ 비화폐성항목에서 생긴 손익을 기타포괄손익으로 인식하는 경우에 그 손익에 포함된 환율변동효과도 기타포괄손익으로 인식한다.

36 다음 중 파생상품회계의 일반원칙에 관한 설명으로 가장 올바르지 않은 것은?

① 매매목적으로 보유하고 있는 파생상품의 평가손익은 기타포괄손익으로 처리한다.

② 위험회피회계를 적용하기 위해서는 일정한 요건을 충족해야 한다.

③ 공정가치 위험회피회계에서 위험회피수단에 대한 손익은 당해 회계연도의 당기손익으로 인식한다.

④ 현금흐름 위험회피회계에서 위험회피에 효과적이지 않은 부분은 당해 회계연도의 당기손익으로 인식한다.

37 ㈜태평리스는 20X1년 1월 1일에 ㈜삼일에게 기계장치를 5년간 임대하는 계약(매년 말에 200,000원씩 5회 고정리스료 지급)을 체결하였다. 이 리스계약을 체결하기 위한 ㈜삼일의 리스개설직접원가는 100,000원이다. ㈜삼일은 잔존가치의 보증에 따라 리스기간 종료시 지급할 금액이 없다고 예상하였다.㈜삼일이 사용권자산과 관련하여 20X1년에 인식할 감가상각비는 얼마인가?(단, 감가상각은 정액법을 적용한다. ㈜삼일은 ㈜태평리스의 내재이자율 10%를 알고 있으며, 할인율 10%의 5년 단일금액 현가계수는 0.6209이고, 5년 정상연금 현가계수는 3.7908이다)

① 141,532원

② 151,632원

③ 161,532원

④ 171,632원

38 다음 중 각 거래의 현금흐름에 관한 설명으로 가장 올바르지 않은 것은?

① 이자수익은 투자자산에 대한 수익으로 보아 투자활동 현금흐름으로 분류할 수 있다.

② 배당금지급은 투자자산을 획득하는 원가로 보아 투자활동 현금활동으로 분류할 수 있다.

③ 이자비용은 재무자원을 획득하는 원가로 보아 재무활동 현금흐름으로 분류할 수 있다.

④ 배당금수입은 투자자산에 대한 수익으로 보아 투자활동 현금흐름으로 분류할 수 있다.

39 ㈜삼일의 20X1년 매출액은 100,000원이고 대손상각비로 5,000원을 계상하였다. 다음의 자료를 이용하여 ㈜삼일의 매출로 인한 현금유입액을 계산하면 얼마인가?

	20X1년 1월 1일	20X1년 12월 31일
매출채권	10,000원	15,000원
대손충당금	1,000원	2,000원

① 56,000원   ② 66,000원

③ 76,000원   ④ 91,000원

40 ㈜삼일의 20X1년 당기순이익은 100,000원이다. 다음에 제시된 자료를 이용하여 ㈜삼일의 20X1년 영업활동에서 창출된 현금을 구하면 얼마인가?(단, 법인세납부는 영업활동으로 분류한다.)

〈20X1년 ㈜삼일의 재무자료〉

유형자산처분손실	3,000원	감가상각비	1,000원
재고자산의 증가	3,000원	법인세비용	2,000원
매입채무의 증가	3,000원	매출채권의 증가	2,000원
미지급법인세의 감소	3,000원		

① 99,000원   ② 101,000원

③ 103,000원   ④ 104,000원

01 다음 중 국제회계기준의 특징에 관한 설명으로 가장 옳은 것은?

① 규정중심의 회계기준
② 연결재무제표 중심의 회계기준
③ 공시의 최소화
④ 공정가치 회계 제한적 적용

02 다음 중 일반목적재무보고의 목적에 관한 설명으로 가장 올바르지 않은 것은?

① 일반목적재무보고의 목적은 현재 및 잠재적 투자자, 대여자 및 기타 채권자가 기업에 자원을 제공하는 것에 대한 의사결정을 할 때 유용한 보고기업 재무정보를 제공하는 것이다.
② 규제기관 및 투자자, 대여자와 그 밖의 채권자가 아닌 일반대중이 일반목적재무보고서가 유용하다고 여기더라도 일반목적재무보고서는 그들을 주요 대상으로 한 것은 아니다.
③ 보고기업의 경제적 자원과 청구권의 성격 및 금액에 대한 정보는 정보이용자가 보고기업의 재무적 강점과 약점을 식별하는데 도움을 줄 수 있다.
④ 보고기업의 경제적 자원과 청구권의 변동은 그 기업의 재무성과에서만 발생한다.

03 재무제표 정보의 근본적 질적특성으로 목적적합성과 표현충실성이 있다. 다음 중 목적적합성과 표현충실성에 관한 설명으로 가장 올바르지 않은 것은?

① 재무정보가 예측가치를 갖기 위해서는 그 자체가 예측치 또는 예상치일 필요는 없다.
② 정보가 정보이용자들이 미래 결과를 예측하기 위해 사용하는 절차의 투입요소로 사용될 수 있다면 그 재무정보는 예측가치를 가진다.
③ 정보가 누락되거나 잘못 기재된 경우 특정 보고기업의 재무정보에 근거한 정보이용자의 의사결정에 영향을 줄 수 있다면 그 정보는 중요한 것이다.
④ 완벽한 표현충실성을 위해서는 서술이 비교가능하고 검증가능해야 하며 이해할 수 있어야 한다.

04 다음 중 포괄손익계산서에서 당기순손익과 총포괄손익 간에 차이를 발생시키는 항목으로 가장 옳은 것은?

① 투자부동산 평가손익
② 유형자산의 재평가잉여금
③ 당기손익-공정가치 측정 금융자산 평가손익
④ 자기주식처분이익

05 다음 중 중간재무보고에 관한 설명으로 가장 올바르지 않은 것은?

① 중간재무보고서는 당해 중간보고기간 말과 직전 연차보고기간 말을 비교하는 형식으로 작성한 재무상태표를 포함하여야 한다.
② 중간재무보고서는 당해 중간기간과 당해 회계연도 누적기간을 직전 회계연도의 동일기간과 비교하는 형식으로 작성한 포괄손익계산서를 포함하여야 한다.
③ 중간재무보고서는 당해 회계연도 누적기간을 직전 회계연도의 동일기간과 비교하는 형식으로 작성한 자본변동표를 포함하여야 한다.
④ 중간재무보고서는 당해 중간기간과 당해 회계연도 누적기간을 직전 회계연도의 동일기간과 비교하는 형식으로 작성한 현금흐름표를 포함하여야 한다.

06 다음 중 재고자산의 취득원가에 관한 설명으로 가장 옳은 것은?

① 재고자산을 현재의 장소에 현재의 상태로 이르게 하는데 기여하지 않은 관리간접원가는 취득원가에 포함한다.
② 후속 생산단계에 투입하기 전에 보관이 필요한 경우에 발생하는 보관원가는 취득원가에 포함한다.
③ 판매시 발생한 판매수수료는 매입가격에 가산한다.
④ 매입할인 및 리베이트는 매입원가를 결정할 때 가산한다.

07 ㈜삼일은 상품재고자산의 단위원가 결정방법으로 선입선출법을 채택하고 있다. ㈜삼일의 20X1 년 재고자산과 관련된 자료를 바탕으로 ㈜삼일이 20X1 년 포괄손익계산서에 매출원가로 인식할 금액을 계산하면 얼마인가(단, 재고자산 감모손실은 없다.)?

구분	단위	단위원가
기초재고(1.1)	100개	@ 100
매입(3.5)	250개	@ 200
매출(6.15)	300개	
매입(11.10)	100개	@ 225
매출(12.22)	100개	
실사 결과 재고수량(12.31)	50개	

① 70,000원　　　　　　　② 71,250원

③ 72,500원　　　　　　　④ 77,500원

08 다음 자료에서 재고자산평가손실은 ㈜삼일의 재고자산이 진부화되어 발생하였다. 다음 자료 중 ㈜삼일의 20X2 년 포괄손익계산서상 매출원가 등 재고자산과 관련하여 비용으로 인식할 금액은 얼마인가?

20X1년 12월 31일 재고자산	1,000,000원
20X2년 매입액	3,000,000원
20X2년 재고자산평가손실	300,000원
20X2년 재고자산감모손실(정상감모 150,000원, 나머지는 비정상감모)	200,000원
20X2년 12월 31일 재고자산(평가손실과 감모손실 차감 후)	1,500,000원

① 2,500,000원　　　　　　② 2,700,000원

③ 2,800,000원　　　　　　④ 3,000,000원

09 ㈜삼일은 20X1 년 초에 토지를 10,000 원에 구입하였으며, 이 토지에 대해 재평가모형을 적용하여 매년 말에 재평가하였다. 토지는 20X1 년 말에 7,000 원, 20X2 년 말에 15,000 원으로 각각 재평가되었다. 20X2 년 말에 시행한 토지의 재평가가 ㈜삼일의 20X2 년 당기순이익에 미치는 영향은 얼마인가?

① 영향 없음
② 3,000원 증가
③ 5,000원 증가
④ 8,000원 증가

10 ㈜삼일은 20X1 년 1 월 1 일 임직원 연수동의 건설에 착공하였다. 회사가 20X1 년 중 동 연수동 신축과 관련하여 지출한 금액과 차입금 현황은 다음과 같으며 완공까지는 약 3 년이 소요될 예정이다. ㈜삼일이 20X1 년에 자본화 할 차입원가는 얼마인가?

지출일	지출액	비고
20X1년 1월 1일	10,000,000원	공사착공
20X1년 7월 1일	8,000,000원	
20X1년 9월 1일	9,000,000원	

차입처	차입일	차입금	연이자율	용도
K 은행	20X1. 01. 01	8,000,000	6%	특정목적차입금
S 은행	20X1. 07. 01	20,000,000	8%	일반목적차입금

① 1,200,000원
② 1,280,000원
③ 1,600,000원
④ 2,080,000원

11 전자기기 제조업을 영위하는 ㈜삼일은 당기 중 신제품 A 의 출시를 위해 필요한 유형자산 B 를 취득하였다. 이와 관련된 지출항목이 다음과 같다고 할 때, 유형자산 B 의 취득원가로 계상될 금액은 얼마인가?

지 출 항 목	금 액
유형자산 B 의 매입가격	100,000,000원
최초의 운송	5,000,000원
설치 및 조립	3,000,000원
신제품 A 를 시장에 소개하기 위한 광고	5,000,000원
정상적인 가동 여부를 확인하는데 소요된 원가	2,000,000원
유형자산 B 의 취득과 관련하여 전문가에게 지급하는 수수료	10,000,000원

① 100,000,000원

② 110,000,000원

③ 120,000,000원

④ 125,000,000원

12 다음 중 무형자산의 상각에 관한 설명으로 가장 올바르지 않은 것은?

① 내용연수가 유한인 무형자산은 자산을 사용할 수 있는 때부터 상각한다.

② 내용연수가 비한정인 무형자산은 감가상각하지 않고, 매 회계기간마다 내용연수가 비한정이라는 평가가 정당한지 검토한다.

③ 내용연수가 유한인 무형자산은 경제적효익이 소비되는 형태를 신뢰성 있게 결정할 수 없는 경우에는 상각을 하지 않는다.

④ 내용연수가 유한한 무형자산의 상각기간과 상각방법은 적어도 매 회계연도 말에 검토한다.

13 ㈜삼일이 20X1 년 초에 취득한 특허권 관련 자료는 다음과 같다. 특허권은 정액법으로 상각하며, 잔존가치는 0 원이다. ㈜삼일이 20X1 년 말에 인식할 특허권 장부금액과 관련 손상차손 금액은 얼마인가?

취득원가	경제적·법적 내용연수	20X1년 말	
		순공정가치	사용가치
500,000원	5년	300,000원	360,000원

	장부금액	손상차손
①	400,000원	0원
②	300,000원	100,000원
③	400,000원	40,000원
④	360,000원	040,000원

14 ㈜삼일은 20X1 년 초에 다음과 같은 건물을 구입하였으나 장래 사용목적을 결정하지 못하여 투자부동산으로 분류하고 있다. 투자부동산의 회계처리와 관련하여 ㈜삼일의 20X1 년 당기순이익에 미치는 영향은 얼마인가(단, 법인세비용은 고려하지 않으며, ㈜삼일은 투자부동산을 공정가치모형으로 측정하고 있다)?

ㄱ. 취득원가 : 10억 원
ㄴ. 감가상각방법 및 내용연수 : 정액법, 10년
ㄷ. 잔존가치 : 1억 원
ㄹ. 공정가치

구분	20X1년 1월 1일	20X1년 12월 31일
건물	10억 원	12억 원

① 90,000,000원 당기순이익 감소
② 110,000,000원 당기순이익 증가
③ 200,000,000원 당기순이익 증가
④ 290,000,000원 당기순이익 증가

15 ㈜삼일의 20X1 년 말 기타포괄손익-공정가치측정금융자산의 기타포괄손익누계액은 얼마인가?

> ㈜삼일은 20X0년초 기타포괄손익-공정가치측정금융자산을 취득하였다.
> 취득시 공정가치는 100,000원이고, 취득관련 수수료는 10,000원이다. 20X0년 말 동 금융자산의 공정가치는 160,000원이며, 20X1년 말 동 금융자산의 공정가치는 130,000원이다.

① 10,000원   ② 20,000원
③ 40,000원   ④ 50,000원

16 ㈜삼일은 20X1 년 1 월 1 일에 다음과 같은 조건의 상각후원가측정금융자산을 취득 당시의 공정가치로 취득하였다. 이 경우 ㈜삼일의 포괄손익계산서상 상각후원가측정금융자산의 20X1 년 이자수익은 얼마인가(소수점 첫 번째 자리에서 반올림한다)?

> ㄱ. 액면금액 : 100,000원
> ㄴ. 발행일 : 20X1년 1월 1일
> ㄷ. 만기일 : 20X2년 12월 31일(2년)
> ㄹ. 액면이자율 : 10%, 매년 말 지급조건
> ㅁ. 시장이자율 : 20X1년 1월 1일 현재 12%
> ㅂ. 현가계수

이자율	현가계수		
	1년	2년	계
12%	0.89285	0.79719	1.69004

① 10,000원   ② 11,594원
③ 14,362원   ④ 16,278원

17 다음과 같은 조건의 사채를 발행한 경우 동 사채로 인하여 만기까지 인식해야 하는 총 이자 비용은 얼마인가?

> ㄱ. 액면금액 : 50,000,000원
> ㄴ. 발행일 : 20X1년 1월 1일
> ㄷ. 만기일 : 20X3년 12월 31일
> ㄹ. 액면이자율 및 이자지급조건 : 연 9%, 매년 말 지급
> ㅁ. 발행일의 시장이자율 : 6%
> ㅂ. 이자율 6%, 3년 연금현가계수 : 2.6730
> 　　이자율 6%, 3년 현가계수 : 0.8396

① 4,008,500원 　　　② 9,491,500원

③ 13,500,000원 　　　④ 17,508,500원

18 다음 중 복합금융상품의 회계처리에 관한 설명으로 가장 옳은 것은?

① 최초 인식시점에 자본요소와 부채요소의 분리가 필요하다.

② 복합금융상품의 발행금액에서 지분상품의 공정가치를 차감한 잔액을 금융부채로 인식한다.

③ 일반적으로 전환사채에 포함되어 있는 전환권은 부채로 분류한다.

④ 현금 등 금융자산을 인도하기로 하는 계약 부분은 지분상품요소에 해당한다.

19 다음 중 금융부채에 관한 설명으로 가장 올바르지 않은 것은?

① 금융부채는 원칙적으로 최초인식시 공정가치로 인식한다.

② 당기손익-공정가치 측정 금융부채와 관련되는 거래원가는 최초인식시 공정가치에서 차감한다.

③ 사채의 상환손익이 발생하는 이유는 상환일의 시장이자율이 발행일의 시장이자율과 다르기 때문이다.

④ 연속상환사채의 발행금액은 사채로부터 발생하는 미래현금흐름을 사채 발행시점의 시장이자율로 할인한 현재가치가 된다.

20 다음 중 충당부채에 관한 설명으로 가장 올바르지 않은 것은?

① 충당부채는 과거사건이나 거래의 결과에 의한 현재의무로서, 지출의 시기 또는 금액이 불확실하지만 그 의무를 이행하기 위하여 자원이 유출될 가능성이 높고, 또한 금액을 신뢰성 있게 추정할 수 있는 의무를 말한다.

② 충당부채로 인식하는 금액은 현재의무를 보고기간 말에 이행하기 위하여 필요한 지출의 최선의 추정치이어야 한다.

③ 충당부채를 설정하는 의무는 명시적인 법규 또는 계약의무를 뜻하며, 과거의 실무관행에 의해 기업이 이행해 온 의제의무는 포함되지 않는다.

④ 충당부채의 화폐의 시간가치 영향이 중요한 경우에는 의무를 이행하기 위하여 예상되는 지출액의 현재가치로 평가한다.

21 다음 중 자본거래가 각 자본항목에 미치는 영향에 관한 설명으로 가장 올바르지 않은 것은?

		주식배당	무상증자	주식분할
①	자본금	증가	증가	증가
②	주식수	증가	증가	증가
③	이익잉여금	감소	감소가능	불변
④	총자본	불변	불변	불변

22 다음 중 자기주식의 취득 및 처분 회계처리에 관한 설명으로 가장 올바르지 않은 것은?

① 자기주식을 처분하는 경우 처분가액과 취득원가와의 차액을 자기주식처분손익으로 기타포괄손익에 반영한다.

② 자기주식을 취득하는 경우 취득원가를 자본에서 차감하는 형식으로 기재한다.

③ 자기주식을 소각하는 경우 액면금액과 취득원가와의 차액을 감자차손익으로 반영한다.

④ 자기주식을 보유하고 있는 기간동안 자기주식에 대한 평가손익은 인식하지 않는다.

23 다음 중 고객과의 계약에서 생기는 수익에 관한 설명으로 가장 올바르지 않은 것은?

① 재화나 용역을 이전하는 시점과 고객이 대가를 지급하는 시점이 1년 이내로 예상되는 경우 유의적인 금융요소를 조정하지 않을 수 있다.

② 수익을 인식하기 위해서는 [고객과의 계약 식별-수행의무 식별-거래가격 산정-거래가격을 계약 내 수행의무에 배분-수행의무를 이행할 때 수익인식]의 단계를 거친다.

③ 거래가격 산정시 제 3자를 대신해서 회수한 금액은 제외되어야 하며, 변동대가, 비현금대가 및 고객에게 지급할 대가 등이 미치는 영향을 고려하여야 한다.

④ 재화나 용역을 제공하고 대가를 현금 외에 재화 또는 용역으로 수령하는 경우 재화 등의 성격이 유사하더라도 별도 거래로 보아 수익을 인식한다.

24 ㈜삼일은 20X1년 12월 31일 ㈜반품에 50,000,000원(원가 30,000,000원)의 제품을 판매하고 1년 이내 반품할 수 있는 권리를 부여하였다. 인도일 현재 판매가 10,000,000원의 제품이 반품될 것으로 예상된다면 ㈜삼일이 20X1년에 인식할 환불부채는 얼마인가?

① 6,000,000원

② 10,000,000원

③ 40,000,000원

④ 44,000,000원

25 ㈜삼일건설은 ㈜용산과 20X1년 7월 1일 총공사계약액 60,000,000원의 공장신축공사 계약을 체결하였다. 회사가 누적발생계약원가에 기초하여 진행률을 측정하여 진행기준으로 수익을 인식한다면 ㈜삼일건설의 20X2년 계약손익은 얼마인가?

	20X1년	20X2년
당기발생계약원가	10,000,000원	30,000,000원
추정총계약원가	40,000,000원	40,000,000원
공사대금청구액(연도별)	25,000,000원	25,000,000원

① 이익 10,000,000원

② 이익 13,000,000원

③ 이익 15,000,000원

④ 이익 20,000,000원

26 ㈜서울은 20X1년 2월 5일에 ㈜부산과 공장건설계약을 맺었다. 총공사계약액은 120,000,000원이며 ㈜서울은 누적발생계약원가에 기초하여 진행률을 산정하여 진행기준에 따라 수익을 인식한다. ㈜서울의 건설계약과 관련한 20X1년 자료는 다음과 같다. ㈜서울의 20X1년 말 재무상태표상 계약부채(초과청구공사) 또는 계약자산(미청구공사) 금액은 얼마인가?

누적발생원가	추정총계약원가	공사대금청구액
20,000,000원	100,000,000원	18,000,000원

① 계약부채(초과청구공사) 2,000,000원
② 계약부채(초과청구공사) 6,000,000원
③ 계약자산(미청구공사) 2,000,000원
④ 계약자산(미청구공사) 6,000,000원

27 ㈜삼일은 확정급여형 퇴직급여제도를 시행하고 있다. 확정급여채무의 현재가치와 사외적립자산의 공정가치 변동내역이 다음과 같을 경우 20X1년 포괄손익계산서상 기타포괄손익으로 인식할 금액은 얼마인가(단, 법인세 효과는 고려하지 않는다)?

〈확정급여채무의 현재가치〉		〈사외적립자산의 공정가치〉	
20X1년 1월 1일	100,000원	20X1년 1월 1일	50,000원
당기근무원가	10,000원	사외적립자산의 적립	5,000원
이자원가	2,000원	사외적립자산의 기대수익	1,000원
재측정요소	100원	재측정요소	(200원)
20X1년 12월 31일	112,100원	20X1년 12월 31일	55,800원

① 손실 100원
② 이익 100원
③ 손실 300원
④ 이익 300원

28 다음 중 현금결제형 주식기준보상거래에 관한 설명으로 가장 올바르지 않은 것은?

① 제공받는 재화나 용역과 그 대가로 부담하는 부채를 부채의 공정가치로 측정한다.

② 기업이 재화나 용역을 제공받는 대가로 지분상품의 가치에 기초하여 현금을 지급해야 하는 거래이다.

③ 부채가 결제될 때까지 매 보고기간 말과 결제일에 부채의 공정가치를 재측정한다.

④ 공정가치의 변동액은 기타포괄손익으로 회계처리한다.

29 다음 중 법인세회계에 관한 설명으로 가장 올바르지 않은 것은?

① 이연법인세자산은 비유동자산으로만 계상한다.

② 이연법인세부채는 비유동부채로만 계상한다.

③ 가산할 일시적차이가 사용될 수 있는 미래과세소득의 발생 가능성이 높은 경우에 이연법인세자산을 인식한다.

④ 일시적차이가 소멸될 것으로 예상되는 기간의 과세소득에 적용될 것으로 기대되는 평균세율을 적용하여 이연법인세자산·부채를 측정한다.

30 다음은 ㈜삼일의 법인세비용 관련 자료이다. 20X2년 포괄손익계산서에 계상할 법인세비용은 얼마인가?

ㄱ. 20X2년 말 미지급법인세	1,000,000원
ㄴ. 20X1년 말 이연법인세부채 잔액	500,000원
ㄷ. 20X2년 말 이연법인세부채 잔액	1,500,000원

①   0원   ②   500,000원

③ 1,000,000원   ④ 2,000,000원

31 회계추정의 변경이란 기업환경의 변화, 새로운 정보의 획득 또는 경영의 축적에 따라 지금까지 사용해오던 회계적 추정치의 근거와 방법 등을 바꾸는 것을 말한다. 다음 중 유형자산과 관련된 회계추정의 변경에 해당하지 않는 것은?

① 감가상각방법의 변경
② 내용연수의 변경
③ 재평가모형을 원가모형으로 변경
④ 잔존가치의 변경

32 ㈜삼일의 20X1 년 당기순이익은 12,000,000 원이며, 우선주배당금은 3,000,000 원이다. ㈜삼일의 20X1 년 1 월 1 일 유통보통주식수는 18,000 주이며, 10 월 1 일에는 유상증자를 통해 보통주 8,000 주를 발행하였다. ㈜삼일의 20X1 년 기본주당순이익은 얼마인가(단, 유상신주의 발행금액과 공정가치는 동일하며, 가중평균 유통보통주식수는 월할로 계산한다)?

① 450원
② 500원
③ 600원
④ 750원

33 다음 중 지분법 회계처리에 관한 설명으로 가장 올바르지 않은 것은?

① 영업권은 정액법으로 상각한다.
② 염가매수차익이 발생하는 경우 취득한 기간의 당기순손익에 포함한다.
③ 투자회사가 수취하게 될 배당금 금액은 관계기업투자주식의 장부금액을 감소시킨다.
④ 관계기업투자주식의 장부금액이 '영(0)' 이하가 될 경우 지분변동액에 대한 인식을 중지한다.

34 ㈜삼일은 20X1 년 1 월 1 일 ㈜용산의 보통주 30%를 3,000,000 원에 취득하였고 그 결과 ㈜용산에 유의적인 영향력을 행사할 수 있게 되었다. ㈜용산에 대한 재무정보 및 기타 관련정보가 다음과 같을 경우 ㈜삼일의 20X1 년 말 현재 지분법을 적용한 관계기업투자주식의 장부금액은 얼마인가?

> * ㈜용산에 대한 재무정보
> ㄱ. 20X1년 1월 1일 현재 순자산장부금액 : 9,000,000원(공정가치와 일치함)
> ㄴ. 20X1년 당기순이익 : 1,000,000원

① 2,000,000원
② 2,700,000원
③ 3,300,000원
④ 4,000,000원

35 다음 중 기능통화, 표시통화 및 외화거래에 관한 설명으로 가장 올바르지 않은 것은?

① 재무제표를 표시통화로 환산할 때 발생하는 환산차이는 기타포괄손익으로 인식한다.

② 외화거래를 보고기간 말에 기능통화로 환산할 때 화폐성항목은 마감환율로 환산하고, 외환차이를 당기손익으로 인식한다.

③ 외화거래를 보고기간 말에 기능통화로 환산할 때 역사적원가로 측정하는 비화폐성항목은 거래일의 환율로 환산하기 때문에, 외환차이가 발생하지 않는다.

④ 외화거래를 보고기간 말에 기능통화로 환산할 때 공정가치로 측정하는 비화폐성항목은 공정가치가 결정된 날의 환율로 환산하며, 외환차이는 항상 기타포괄손익으로 인식한다.

36 다음 중 파생상품회계의 일반원칙에 관한 설명으로 가장 올바르지 않은 것은?

① 위험회피수단으로 지정되지 않고 매매목적으로 보유하고 있는 파생상품의 평가손익은 기타포괄손익으로 처리한다.
② 위험회피회계를 적용하기 위해서는 일정한 요건을 충족해야 한다.
③ 공정가치 위험회피회계에서 위험회피수단에 대한 손익은 당해 회계연도의 당기손익으로 인식한다.
④ 현금흐름 위험회피회계에서 위험회피에 효과적이지 않은 부분은 당해 회계연도의 당기손익으로 인식한다.

37 다음 중 리스에 관한 설명으로 가장 올바르지 않은 것은?

① 리스부채는 사용권자산에서 차감하는 형식으로 재무상태표에 표시한다.
② 금융리스에서 리스제공자가 리스채권으로 인식할 금액은 리스료의 현재가치와 무보증잔존가치의 현재가치를 합한 금액이다.
③ 리스이용자는 리스개시일에 사용권자산과 리스부채를 인식하는 것을 원칙으로 한다.
④ 리스제공자는 각 리스를 운용리스나 금융리스로 분류한다.

38 다음 자료의 빈칸에 들어갈 내용으로 가장 알맞게 짝지어진 것은?

영업활동으로 인한 현금흐름	500,000원	법인세비용차감전순이익	50,000원
감가상각비	300,000원	재고자산의 증가	300,000원
유형자산처분손실	150,000원	매입채무의 (ㄱ)	(ㄴ)원

	ㄱ	ㄴ
①	증가	300,000
②	증가	600,000
③	감소	300,000
④	감소	600,000

39 다음은 ㈜삼일의 현금흐름표상 활동별 현금유출·입을 표시한 것이다. 다음 중 ㈜삼일의 현금흐름표에 관한 분석으로 가장 올바르지 않은 것은?

영업활동 현금흐름	투자활동 현금흐름	재무활동 현금흐름
현금유입(+)	현금유출(−)	현금유출(−)

① 영업활동 현금흐름을 증가시키기 위해 유형자산의 처분으로 인한 현금유입을 영업활동으로 분류할 수 있다.

② 주식발행으로 재무활동 현금흐름을 (+)로 만들 수 있다.

③ 재무활동 현금흐름을 증가시키기 위해 이자지급은 영업활동 현금흐름으로 분류할 수 있다.

④ 재무활동 현금흐름이 (−)이니 차입금상환, 배당금지급 등이 있었을 것이다.

40 다음의 자료를 이용하여 20X1년의 현금흐름표를 직접법에 의하여 작성할 경우 공급자에 대한 현금유출액은 얼마인가?

- 20X1년 매출원가는 60,000원이다.
- 20X1년 재고자산 및 매입채무 관련 자료

구분	20X1년 1월 1일	20X1년 12월 31일
재고자산	5,000원	3,000원
매입채무	2,000원	4,000원

① 56,000원   ② 60,000원

③ 62,000원   ④ 64,000원

01 다음 중 일반목적재무보고에 관한 설명으로 가장 올바르지 않은 것은?

① 일반목적재무보고의 목적은 기업에 자원을 제공하는 것에 대한 의사결정을 할 때 유용한 보고기업 재무정보를 제공하는 것이다.

② 현재 및 향후 잠재적인 투자자, 대여자 및 기타 채권자가 일반목적재무보고의 주요 이용자에 해당한다.

③ 감독당국 및 일반 대중도 일반목적재무보고를 유용하게 활용할 수 있다.

④ 경영진은 필요한 재무정보를 기업내부에서 얻을 수 없으므로 의사결정을 위하여 일반목적재무보고에 의존한다.

02 다음 중 재무제표의 근본적인 질적특성에 관한 설명으로 가장 올바르지 않은 것은?

① 재무정보가 이용자에게 유용하기 위해서는 목적적합성과 표현충실성의 두 가지 요건을 모두 충족하여야 한다.

② 재무정보가 예측가치를 가지기 위해서는 반드시 그 자체에 예측치 또는 예상치를 포함해야 한다.

③ 재무정보의 예측가치와 확인가치는 상호 연관되어 있어, 예측가치를 갖는 정보는 확인가치도 갖는 경우가 많다.

④ 완벽한 표현충실성을 위해서는 서술은 완전하고, 중립적이며, 오류가 없어야 한다.

03 다음 중 자산의 측정방법에 관한 설명으로 가장 옳은 것은?

① 현행원가 : 자산의 취득 또는 창출에 발생한 원가의 가치로서, 자산을 취득 또는 창출하기 위하여 지급한 대가와 거래원가를 포함한다.

② 역사적원가 : 기업이 자산의 사용과 궁극적인 처분으로 얻을 것으로 기대하는 현금흐름 또는 그 밖의 경제적효익의 현재가치이다.

③ 사용가치 : 측정일 현재 동등한 자산의 원가로서 측정일에 지급할 대가와 그 날에 발생할 거래원가를 포함한다.

④ 공정가치 : 측정일에 시장참여자 사이의 정상거래에서 자산을 매도할 때 받게 될 가격이다.

04 다음 중 재무제표의 작성 및 표시에 관한 설명으로 가장 올바르지 않은 것은?

① 경영진은 재무제표를 작성할 때 계속기업으로서의 존속가능성을 평가해야 한다.

② 매출채권에 대해 대손충당금을 차감하여 순액으로 측정하는 것은 상계표시에 해당한다.

③ 기업은 현금흐름 정보를 제외하고는 발생기준 회계를 사용하여 재무제표를 작성한다.

④ 중요하지 않은 항목은 성격이나 기능이 유사한 항목과 통합하여 표시할 수 있다.

05 기업은 회계정보의 적시성 확보를 위하여 중간재무보고서를 작성한다. 다음 중 이와 관련된 설명으로 가장 올바르지 않은 것은?

① 연차재무제표에 적용하는 회계정책과 동일한 회계정책을 적용하여 작성하여야 한다.

② 요약재무제표를 중간재무보고서에 포함하는 경우, 이러한 재무제표는 최소한 직전 연차재무제표에 포함되었던 제목, 소계 및 선별적 주석을 포함하여야 한다.

③ 최종적인 연차재무제표의 결과는 보고기간 중 몇 번의 중간보고가 이루어졌는지와 무관하다.

④ 중간재무보고서는 요약재무상태표, 요약포괄손익계산서, 요약자본변동표, 요약현금흐름표 및 연차재무제표에서 요구하는 모든 주석사항이 포함되어야 한다.

06 자동차 부품제조업을 영위하고 있는 ㈜삼일은 당기 중 원자재를 후불 조건으로 수입하는 과정에서 다음과 같은 항목의 원가가 발생하였다. 동 매입거래에 의하여 재무상태표상에 증가하게 될 재고자산의 가액을 계산하면 얼마인가(단, 거래당시의 환율은 @1,100 원이다)?

ㄱ. 재고자산의 매입원가	USD 800
ㄴ. 매입할인	USD 80
ㄷ. 운송보험료	80,000원
ㄹ. 후속 생산단계에 투입하기 전에 발생한 보관원가	15,000원
ㅁ. 재고자산 매입관리부서 인원의 매입기간 인건비	20,000원

① 792,000원　　　　　　　　② 872,000원

③ 887,000원　　　　　　　　④ 907,000원

07 다음은 재고자산에 대하여 실지재고조사법을 적용하고 있는 ㈜삼일의 자료이다. ㈜삼일이 가중평균법을 적용하는 경우와 선입선출법을 적용하는 각각의 경우 20X1년 매출원가 금액을 계산하면 얼마인가?

일자	적요	수량	단가	금액
20X1. 01. 01	기초재고	1,000개	@ 100	100,000원
20X1. 03. 29	매입	2,000개	@ 115	230,000원
20X1. 06. 12	매출	(2,500개)		
20X1. 09. 24	매입	500개	@ 180	90,000원
20X1. 12. 31	기말재고	1,000개		

	가중평균법	선입선출법
①	300,000원	275,000원
②	275,000원	272,500원
③	250,000원	275,000원
④	300,000원	272,500원

08 다음 중 재고자산의 평가와 관련된 설명으로 가장 올바르지 않은 것은?

① 선입선출법은 실제 물량의 흐름을 고려하여 기말 재고액을 결정하는 방법이다.

② 선입선출법에 의하면 실지재고조사법과 계속기록법 중 어느 것을 사용하는지와 관계없이 한 회계기간에 계상될 기말재고자산 및 매출원가의 금액이 동일하게 산정된다.

③ 가중평균법으로 재고자산을 평가하고자 할 때 계속기록법에 따라 장부를 기록하는 경우에는 이동평균법을 적용하여야 한다.

④ 특정 프로젝트별로 생산되는 제품 또는 서비스의 원가는 개별법을 사용하여 결정한다.

09 보고기간 개시일에 기계장치의 일부를 대체하기 위해 돈이 지출되었는데 해당 금액을 기계장치의 장부금액으로 회계처리 하였다. 해당 지출은 유형자산의 인식기준을 충족하였기 때문에 기계장치의 장부금액에 포함하여 인식하는 것이 회계원칙에 부합한다고 할 때, 다음 설명 중 가장 올바르지 않은 것은?

① 동 지출을 기계장치의 장부금액에 포함하여 인식한 회계처리는 올바르며 대체되는 부분의 장부금액은 제거한다.

② 대체되는 부분의 장부금액 제거 여부는 그 부분을 분리 인식하였는지 여부와는 관계가 없다.

③ 동 지출은 당기손익에 영향을 미치지 않는다.

④ 동 지출이 유형자산의 인식기준을 충족하지 않은 경우 동 지출은 발생시점에 비용으로 인식해야 한다.

10 다음 중 유형자산의 후속측정에 관한 설명으로 가장 올바르지 않은 것은?

① 원가모형과 재평가모형 중 하나를 회계정책으로 선택하여 유형자산의 유형별로 동일하게 적용하여야 한다.

② 재평가모형은 취득일 이후 재평가일의 공정가치로 해당 자산금액을 수정하고, 당해 공정가치에서 재평가일 이후의 감가상각누계액과 손상차손누계액을 차감한 금액을 장부금액으로 공시한다.

③ 재평가로 인하여 자산이 증가된 경우 그 증가액은 기타포괄이익으로 인식하고 재평가잉여금의 과목으로 자본(기타포괄손익누계액)에 가산한다.

④ 재평가로 인하여 자산이 감소된 경우 그 감소액은 기타포괄손실로 인식하고 재평가잉여금의 과목으로 자본(기타포괄손익누계액)에서 차감한다.

11 ㈜삼일은 연구개발을 전담할 연구소를 신축하기로 하였다. 이와 관련하여 20X1년 1월 1일에 50,000,000원을 지출하였고, 연구소는 20X3년 중에 완공될 예정이다. 회사의 차입금 현황이 다음과 같을 경우 20X1년 자본화할 차입원가 금액을 계산하면 얼마인가(단, 차입금은 모두 만기가 3년 후이고 적수계산 시 월할계산을 가정한다)?

차입처	차입일	차입금	연이자율	용도
K 은행	20X1년 1월 1일	10,000,000원	6%	일반차입금
S 은행	20X1년 7월 1일	20,000,000원	9%	일반차입금

① 1,500,000원 ② 2,000,000원
③ 2,750,000원 ④ 3,750,000원

12 다음 중 내부적으로 창출한 무형자산의 인식에 관한 설명으로 가장 옳은 것은?

① 내부적으로 창출한 영업권은 무형자산으로 인식할 수 있다.
② 내부 프로젝트에서 발생한 원가 중 연구단계에서 발생한 원가는 무형자산으로 인식할 수 없다.
③ 연구단계가 개발단계보다 훨씬 더 진전되어 있는 상태라면 무형자산으로 식별할 수 있다.
④ 생산 전 또는 사용 전의 시제품과 모형을 설계, 제작 및 시험하는 활동은 일반적으로 연구단계에 해당한다.

13 ㈜삼일이 20X1년 초에 취득한 특허권 관련 자료는 다음과 같다. 특허권은 정액법으로 상각하며, 잔존가치는 0원이다. 20X1년 말 ㈜삼일의 특허권 장부금액과 관련 손상차손 금액을 계산하면 얼마인가?

취득원가	내용연수	20X1년 말	
		순공정가치	사용가치
500,000원	5년	360,000원	380,000원

	장부금액	손상차손
①	400,000원	20,000원
②	380,000원	20,000원
③	400,000원	0원
④	380,000원	0원

14 다음은 건설회사인 ㈜삼일의 김사장과 이과장이 나눈 대화이다. 다음 중 대화의 주제인 투자부동산에 관한 설명으로 가장 올바르지 않은 것은(단, 공정가치모형으로 회계처리 할 경우 투자부동산의 공정가치를 계속하여 신뢰성 있게 결정할 수 있다고 가정한다)?

> 김사장 : 이과장, 이번에 건설한 상가는 요즘 부동산 경기가 좋지 않아서 분양이 잘 되지 않으니 임대목적으로 전향하도록 하게.
> 이과장 : 네, 알겠습니다. 그러면 상가의 계정과목을 변경해야겠군요.
> 김사장 : 무슨 계정과목으로 변경해야 하나?
> 이과장 : 투자부동산으로 변경해야 할 것 같습니다.
> 김사장 : 그렇다면, 재무제표에 미치는 영향은 어떻게 달라지나?

① ㈜삼일이 이미 다른 건물을 임대목적으로 사용하고 있고 이를 공정가치모형으로 회계처리하고 있다면, 위에서 언급한 상가도 공정가치모형으로 회계처리해야 한다.

② 상가에 대해 공정가치모형으로 회계처리 할 경우 감가상각은 하지 않기 때문에 감가상각으로 인한 비용은 발생하지 않을 것이다.

③ 투자부동산을 공정가치모형으로 회계처리 하는 경우 상가(투자부동산)의 장부금액은 상가(재고자산)의 대체 전 장부금액으로 한다.

④ 상가에 대해 공정가치모형으로 회계처리 할 경우 공정가치 변동으로 발생하는 손익은 발생한 기간의 당기손익에 반영한다.

15 다음 중 당기손익-공정가치 측정 금융자산에 관한 설명으로 가장 올바르지 않은 것은?

① 단기매매 목적의 금융자산은 당기손익-공정가치 측정 금융자산으로 분류된다.

② 지분상품인 당기손익-공정가치 측정 금융자산은 다른 금융상품으로 재분류할 수 없다.

③ 회계불일치를 제거하기 위해 원래 당기손익-공정가치 측정 금융자산이 아닌 것을 당기손익-공정가치 측정 금융자산으로 지정할 수 있다.

④ 당기손익-공정가치 측정 금융자산 취득시 지출된 거래원가는 취득원가에 가산하여 측정한다.

16 ㈜삼일은 20X1년 1월 1일에 다음과 같은 조건의 상각후원가측정금융자산을 취득 당시의 공정가치로 취득하였다. 이 경우 ㈜삼일의 재무상태표상 상각후원가측정금융자산의 20X1년 말 장부금액을 계산하면 얼마인가(소수점 첫 번째 자리에서 반올림한다)?

> ㄱ. 액면금액 : 200,000원
> ㄴ. 발행일 : 20X1년 1월 1일
> ㄷ. 만기일 : 20X2년 12월 31일(2년)
> ㄹ. 액면이자율 : 5%, 매년 말 지급조건
> ㅁ. 시장이자율 : 20X1년 1월 1일 현재 8%, 20X1년 12월 31일 현재 9%
> ㅂ. 현가계수
>
> | 이자율 | 현가계수 | | |
> |---|---|---|---|
> | | 1년 | 2년 | 계 |
> | 8% | 0.92593 | 0.85734 | 1.783265 |

① 189,300원

② 192,661원

③ 194,445원

④ 200,000원

17 다음 중 금융상품에 관한 설명으로 가장 올바르지 않은 것은?

① 금융상품은 거래당사자에게 금융자산을 발생시키고 동시에 거래상대방에게 금융부채나 지분상품을 발생시키는 모든 계약을 말한다.

② 매입채무와 미지급법인세는 금융부채에 해당한다.

③ 현금및현금성자산, 매출채권, 다른 기업의 지분상품 및 채무상품은 금융자산에 해당한다.

④ 잠재적으로 유리한 조건으로 거래상대방과 금융자산이나 금융부채로 교환하기로 한 계약상 권리는 금융자산이다.

18 다음 중 지분상품으로 분류될 수 있는 계약으로 가장 옳은 것은?

① 100억 원의 가치에 해당하는 지분상품을 인도할 계약

② 100킬로그램의 금의 가치에 해당하는 현금을 대가로 지분상품을 인도할 계약

③ 액면 100억 원의 사채에 대한 상환 대신 1만주의 주식으로 교환할 계약

④ 100 킬로그램의 금의 가치에 해당하는 현금을 대가로 주식 1만주를 인도할 계약

19 ㈜삼일은 20X1 년 1 월 1 일 다음과 같은 조건의 회사채에 투자하기로 하였다. 동 투자사채의 취득과 관련하여 유출될 현금을 계산하면 얼마인가(단, 소수점 이하 첫째 자리에서 반올림하며, ㈜삼일은 동 투자사채를 기타포괄손익-공정가치 측정 금융자산으로 분류하였다)?

> ㄱ. 액면금액 : 200,000,000원
>
> ㄴ. 만기일 : 20X2년 12월 31일
>
> ㄷ. 액면이자율 : 12%, 매년 말 지급 조건
>
> ㄹ. 시장이자율 : 8%
>
> ㅁ. 금융거래 수수료 : 액면금액의 0.5%

① 186,479,592원

② 200,000,000원

③ 214,266,118원

④ 215,266,118원

20 20X1 년 사업을 개시한 ㈜삼일은 제조상의 결함이나 하자에 대하여 1 년간 제품보증을 시행하고 있다. 20X1 년 7 월 1 일에 판매된 5,000,000 원의 제품에서 중요하지 않은 결함이 발견된다면 50,000 원의 수리비용이 발생하고, 치명적인 결함이 발생하면 300,000 원의 수리비용이 발생할 것으로 예상한다. 20X1 년 7 월 1 일의 매출액 5,000,000 원에 대하여 판매된 제품의 80%에는 하자가 없을 것으로 예상하고, 제품의 15%는 중요하지 않은 결함이 발견될 것으로 예상하고, 5%는 치명적인 결함이 있을 것으로 예상하였다. ㈜삼일이 20X1 년 말에 인식할 충당부채 금액을 계산하면 얼마인가(단, 20X1 년에는 결함이나 하자로 인하여 7,500 원의 수리비용이 발생하였다)?

① 7,500원　　　　　　　　　② 15,000원

③ 17,500원　　　　　　　　　④ 22,500원

21 다음 중 이익잉여금의 처분거래로 가장 올바르지 않은 것은?

① 이익준비금의 적립　　　　　② 현금배당

③ 주식배당　　　　　　　　　④ 자기주식의 취득

22 다음은 결산일이 12 월 31 일인 ㈜삼일의 20X1 년 말 재무상태표상 자본에 관한 정보이다. 20X1 년 말 ㈜삼일의 기타포괄손익누계액을 계산하면 얼마인가?

ㄱ. 보통주자본금		50,000,000원
ㄴ. 주식발행초과금		8,000,000원
ㄷ. 해외사업환산이익		3,000,000원
ㄹ. 확정급여제도의 재측정요소		2,500,000원
ㅁ. 미처분이익잉여금		8,000,000원
ㅂ. 유형자산재평가잉여금		4,000,000원

① 4,000,000원　　　　　　　② 7,000,000원

③ 9,500,000원　　　　　　　④ 17,500,000원

23 다음 중 고객과의 계약에서 생기는 수익에 관한 설명으로 가장 옳은 것은?

① 고객에게 이전할 재화나 용역에 대하여 받을 권리를 갖게 될 대가의 회수가능성이 높지 않더라도 계약에 상업적 실질이 존재하고 이전할 재화나 용역의 지급조건을 식별할 수 있으면 고객과의 계약으로 회계처리한다.

② 수익을 인식하기 위해서는 [고객과의 계약 식별-거래가격 산정-수행의무 식별-거래가격을 계약 내 수행의무에 배분-수행의무를 이행할 때 수익인식]의 단계를 거친다.

③ 거래가격 산정시 제 3자를 대신해서 회수한 금액도 포함되어야 하며, 변동대가, 비현금대가 및 고객에게 지급할 대가 등이 미치는 영향을 고려하여야 한다.

④ 고객에게 약속한 재화나 용역을 이전하여 수행의무를 이행할 때, 즉 고객이 자산을 통제할 때 수익을 인식한다.

24 ㈜서울은 20X1 년 1 월 초 ㈜부산에 상품을 할부판매하고 할부금을 매년 말에 2,000,000 원씩 3 년간 회수하기로 하였다. ㈜서울이 작성한 현재가치할인차금 상각표가 다음과 같을 때, 할부매출과 관련된 20X2 년 이자수익을 계산하면 얼마인가?(단, 소수점 첫째자리에서 반올림한다)

일자	할부금회수액	이자수익 (이자율: 12%)	매출채권 원금회수액	매출채권 장부금액
20X1. 01. 01				4,803,660원
20X1. 12. 31	2,000,000원	576,439원	1,423,561원	XXX
20X2. 12. 31	2,000,000원			XXX
20X3. 12. 31	2,000,000원			XXX

① 343,787원   ② 405,612원

③ 493,514원   ④ 523,543원

25 ㈜삼일은 건설계약에 대하여 발생원가에 기초하여 진행률을 산정하고 있다. 20X1 년에 계약금액 30,000 원의 빌딩 건설계약을 체결하였다. 20X1 년 말 현재 공사진행률은 25%, 추정 총계약원가는 15,000 원이며, 20X2 년 말 현재 누적공사진행률은 60%, 추정 총계약원가는 16,000 원이다. 20X2 년에 실제로 발생한 당기 계약원가를 계산하면 얼마인가?

① 3,750원 ② 5,850원

③ 9,600원 ④ 11,800원

26 다음 중 건설계약에 관한 설명으로 가장 옳은 것은?

① 계약수익은 수령하였거나 수령할 대가의 공정가치로 측정한다.

② 계약원가는 계약체결일로부터 계약의 최종완료일까지의 기간에 당해 계약에 귀속될 수 있는 직접원가만을 포함한다.

③ 고객에게 청구할 수 없는 수주비의 경우 원가 발생시 자산계정으로 처리하고 이후 진행율에 따라 공사원가로 비용화한다.

④ 예상되는 하자보수원가는 계약원가에 포함하지 않고 발생시점에 비용으로 인식한다.

27 ㈜삼일은 확정급여형 퇴직급여제도를 시행하고 있다. 20X1 년 말 사외적립자산의 공정가치 금액을 계산하면 얼마인가?

ㄱ. 20X1년 초 사외적립자산의 공정가치	2,000,000원
ㄴ. 기여금의 불입	800,000원
ㄷ. 사외적립자산의 기대수익	200,000원
ㄹ. 사외적립자산의 실제수익	150,000원
ㅁ. 퇴직금의 지급	300,000원

① 2,050,000원 ② 2,150,000원

③ 2,650,000원 ④ 2,950,000원

28 다음 중 주식기준보상 회계처리에 관한 설명으로 가장 올바르지 않은 것은?

① 주식선택권 행사로 신주가 발행되는 경우 행사가격이 액면금액을 초과하는 부분은 주식발행초과금으로 처리한다.

② 가득기간 중 각 회계기간에 인식할 주식보상비용은 당기말 인식할 누적보상원가에서 전기말까지 인식한 누적보상원가를 차감하여 계산한다.

③ 종업원에게 제공받은 용역 보상원가는 부여일 이후 지분상품 공정가치 변동을 반영하지 않는다.

④ 주식선택권의 권리를 행사하지 않아 소멸되는 경우에는 과거에 인식한 보상원가를 환입한다.

29 다음 중 이연법인세자산·부채와 관련한 회계처리를 가장 올바르게 수행한 회계담당자는 누구인가?

① 오대리 : 난 어제 이연법인세자산·부채를 계산하면서 유동·비유동을 구분하느라 밤새 한숨도 못 잤어.

② 박대리 : 이연법인세자산과 부채는 현재가치평가를 하지 않는 것이 맞아.

③ 이대리 : 이연법인세자산·부채 계산에 적용되는 세율을 차이 발생시점의 한계세율로 인식했어.

④ 김대리 : 이연법인세자산·부채를 계산할 때 감가상각비 한도초과와 같은 일시적 차이는 제외하고 영구적 차이만 고려했어.

30 ㈜삼일의 과세소득과 관련된 다음 자료를 이용하여 20X1 년 말 손익계산서의 법인세비용을 계산하면 얼마인가?

법인세비용차감전순이익	4,000,000원
가산(차감)조정	
일시적차이가 아닌 차이	600,000원
일시적차이	900,000원
과세표준	5,500,000원(세율 : 25%)

〈추가자료〉

ㄱ. 일시적차이가 사용될 수 있는 미래과세소득의 발생가능성은 높다고 가정한다.

ㄴ. 일시적차이는 20X2년, 20X3년, 20X4년에 걸쳐 300,000원씩 소멸하며, 일시적차이가 소멸될 것으로 예상되는 기간의 과세소득에 적용될 것으로 기대되는 평균세율은 30%로 동일하다.

ㄷ. 20X0년 말 재무상태표에는 이언법인세사산(부채) 잔액은 없다.

① 1,005,000원   ② 1,105,000원

③ 1,205,000원   ④ 1,745,000원

31 회계추정치 변경이란 기업환경의 변화, 새로운 정보의 획득 또는 경영의 축적에 따라 지금까지 사용해오던 회계적 추정치의 근거와 방법 등을 바꾸는 것을 말한다. 다음 중 무형자산과 관련된 회계추정치 변경으로 가장 올바르지 않은 것은?

① 상각방법의 변경

② 내용연수의 변경

③ 잔존가치의 변경

④ 원가모형을 재평가모형으로 변경

32 ㈜삼일은 20X1 년 7 월 1 일 500,000 원 (내용연수 5 년, 잔존가치 100,000 원)에 건물을 취득하고, 20X1 년 말 정액법으로 감가상각 하였다. 그런데 ㈜삼일은 건물에 내재된 미래 경제적효익의 예상되는 소비형태의 유의적인 변동을 반영하기 위하여, 20X2 년 초부터 감 가상각방법을 연수합계법으로 변경하고 잔존내용연수는 3 년, 잔존가치는 없는 것으로 재추 정하였다. 20X2 년 말 건물의 장부금액을 계산하면 얼마인가? (감가상각은 월할 상각하며, 건물에 대한 손상차손누계액은 없다.)

① 125,000원   ② 195,000원

③ 210,000원   ④ 230,000원

33 ㈜삼일의 기중 보통주식수 변동내역이 다음과 같은 경우 가중평균유통보통주식수를 계산하 면 얼마인가(단, 월할 계산을 가정하며, 유상증자시 시가 이하로 유상증자하지 않았다)?

1월 1일	기초	100,000주
4월 1일	유상증자(10%)	10,000주
10월 1일	자기주식 취득	3,000주
12월 31일	기말	107,000주

① 104,500주   ② 106,750주

③ 107,500주   ④ 109,250주

34 ㈜삼일은 20X1 년 초에 ㈜용산의 주식 25%를 1,000,000 원에 취득하면서 유의적인 영향 력을 행사할 수 있게 되었다. 취득일 현재 ㈜용산의 순자산 장부금액은 4,000,000 원이며, 자산 및 부채의 장부금액은 공정가치와 동일하다. ㈜용산은 20X1 년에 당기순이익 800,000 원과 기타포괄이익 100,000 원을 보고하였다. ㈜삼일이 20X1 년 중에 ㈜용산으 로부터 중간배당금 50,000 원을 수취하였다면, ㈜삼일이 20X1 년 당기손익으로 인식할 지 분법이익을 계산하면 얼마인가?

① 185,000원   ② 200,000원

③ 212,500원   ④ 225,000원

35 ㈜서울은 관계기업 ㈜용산으로부터 배당금 10,000 원을 수령하였다. ㈜서울이 지분법회계 처리를 적용할 경우 해당 배당금과 관련하여 수행할 회계처리로 가장 옳은 것은?

① (차) 현금　　　　10,000원　　(대) 배당금수익　　　　10,000원

② (차) 현금　　　　10,000원　　(대) 지분법이익　　　　10,000원

③ (차) 현금　　　　10,000원　　(대) 관계기업투자주식　10,000원

④ (차) 현금　　　　10,000원　　(대) 이익잉여금　　　　10,000원

36 다음 중 기능통화, 표시통화 및 외화거래에 관한 설명으로 가장 옳은 것은?

① 재무제표를 표시통화로 환산할 때 발생하는 환산차이는 당기손익으로 인식한다.

② 외화거래를 보고기간 말에 기능통화로 환산할 때 화폐성항목은 마감환율로 환산하고, 외환차이를 기타포괄손익으로 인식한다.

③ 외화거래를 보고기간 말에 기능통화로 환산할 때 역사적원가로 측정하는 비화폐성 항목은 거래일의 환율로 환산하기 때문에, 외환차이가 발생하지 않는다.

④ 외화거래를 보고기간 말에 기능통화로 환산할 때 공정가치로 측정하는 비화폐성항 목은 공정가치가 결정된 날의 환율로 환산하며, 외환차이는 항상 기타포괄손익으로 인식한다.

37 다음 중 파생상품 회계처리에 관한 설명으로 가장 올바르지 않은 것은?

① 파생상품은 해당 계약에 따라 발생된 권리와 의무를 자산, 부채로 인식하여 재무제 표에 계상한다.

② 위험회피대상항목은 공정가치나 미래현금흐름의 변동위험에 노출되어 있고, 위험회 피대상으로 지정된 자산, 부채, 확정계약, 발생가능성이 매우 높은 예상거래 또는 해외사업장에 대한 순투자를 말한다.

③ 매매목적의 파생상품은 공정가치로 평가한다.

④ 위험회피수단으로 지정되지 않고 매매목적 등으로 보유하고 있는 파생상품의 평가 손익은 자본조정으로 계상한다.

38 다음 중 리스에 관한 설명으로 가장 올바르지 않은 것은?

① 리스란 대가와 교환하여 기초자산의 사용권을 일정기간 이전하는 계약이나 계약의 일부를 말한다.

② 금융리스에서 리스제공자가 리스채권으로 인식할 금액은 리스료의 현재가치와 무보증잔존가치의 현재가치를 합한 금액이다.

③ 리스이용자는 리스개시일에 사용권자산과 리스부채를 인식하는 것을 원칙으로 한다.

④ 리스이용자는 각 리스를 운용리스나 금융리스로 분류하여 유형별로 다른 회계처리를 한다.

39 현금흐름표의 작성방법에는 직접법과 간접법이 있다. 다음 중 현금흐름표의 작성방법에 관한 설명으로 가장 옳은 것은?

① 간접법은 현금흐름을 개별 항목별로 파악할 수 있기 때문에 거래유형별 현금흐름의 내용을 쉽게 파악할 수 있다.

② 직접법은 당기순이익과 영업활동으로 인한 현금흐름과의 차이를 명확하게 보여준다.

③ 간접법으로 영업활동현금흐름을 작성하더라도 이자 및 배당금수취, 이자지급 및 법인세 납부는 직접법을 적용한 것처럼 별도로 표시해야 한다.

④ 직접법과 간접법은 영업활동뿐만 아니라 투자활동 및 재무활동도 현금흐름표상의 표시방법이 다르다.

40 다음은 ㈜삼일의 이자수익과 관련된 재무제표 자료이다. ㈜삼일의 20X2 년 현금흐름표에 표시될 이자수취액을 계산하면 얼마인가?

ㄱ. 재무상태표 관련자료

구분	20X2년 12월 31일	20X1년 12월 31일
미지급이자	20,000원	30,000원
미수이자	40,000원	20,000원
선수이자	45,000원	15,000원

ㄴ. 포괄손익계산서 관련자료

구분	20X2년	20X1년
이자수익	200,000원	150,000원

① 180,000원

② 190,000원

③ 200,000원

④ 210,000원

01 다음 중 국제회계기준의 특징에 관한 설명으로 가장 옳은 것은?

① 국제회계기준은 규정중심의 회계기준으로 상세하고 구체적인 회계처리 방법을 제시한다.

② 국제회계기준은 자산 및 부채에 대한 공정가치 적용이 확대되었다.

③ 국제회계기준을 적용한 후 주석공시 양이 줄어들었다.

④ 국제회계기준은 별도재무제표를 기본 재무제표로 제시하고 있다.

02 다음 중 재무정보의 질적 특성에 관한 설명으로 가장 올바르지 않은 것은?

① 재무정보가 예측가치를 갖기 위해서 그 자체가 예측치 또는 예상치일 필요는 없다.

② 완전한 서술은 필요한 기술과 설명을 포함하여 정보이용자가 서술되는 현상을 이해하는데 필요한 모든 정보를 포함하는 것이다.

③ 이해가능성은 재무정보의 선택이나 표시에 편의가 없는 것을 말한다.

④ 목적적합한 재무정보는 정보이용자의 의사결정에 차이가 나도록 할 수 있다.

03 다음 중 자산의 측정방법에 관한 설명으로 가장 올바르지 않은 것은?

① 사용가치 : 기업이 자산의 사용과 궁극적인 처분으로 얻을 것으로 기대하는 미래의 명목현금흐름

② 현행원가 : 기업이 측정일 현재 동등한 자산의 원가로서 측정일에 지급할 대가 (거래원가 포함)

③ 역사적원가 : 기업이 자산을 취득 또는 창출하기 위하여 지급한 대가 (거래원가 포함)

④ 공정가치 : 자산 측정일에 시장참여자 사이의 정상거래에서 자산을 매도할 때 받을 가격

04 다음 중 포괄손익계산서 작성에 관한 설명으로 가장 올바르지 않은 것은?

① 단일포괄손익계산서 또는 별개의 손익계산서와 포괄손익계산서 중 하나의 양식을 선택할 수 있다.

② 포괄손익은 크게 당기손익과 기타포괄손익으로 구성된다.

③ 재분류조정은 당기나 과거 기간에 기타포괄손익으로 인식되었으나 당기에 기타포괄손익누계액을 이익잉여금으로 직접 대체한 금액을 말한다.

④ 비용을 기능별로 분류하는 기업은 감가상각비, 기타 상각비와 종업원급여비용을 포함하여 비용의 성격별 분류에 대한 추가 정보를 주석에 공시한다.

05 다음 중 재무제표 보고기간후사건에 관한 설명으로 가장 올바르지 않은 것은?

① 수정을 요하지 않는 보고기간후사건의 예로 보고기간 말과 재무제표 발행 승인일 사이에 발견한 보고기간 말 재무제표가 부정확하다는 것을 보여주는 오류를 들 수 있다.

② 수정을 요하지 않는 보고기간후사건으로서 중요한 것은 그 범주별로 사건의 성격이나 재무적 영향에 대한 추정치 등을 공시하여야 한다.

③ 수정을 요하는 보고기간후사건의 예로 보고기간 말 이전에 구입한 자산의 취득원가나 매각한 자산의 대가를 보고기간 후에 결정하는 경우 등을 들 수 있다.

④ 수정을 요하는 보고기간후사건이란 보고기간 말에 존재하였던 상황에 대해 증거를 제공하는 사건을 말한다.

06 다음 중 재고자산의 취득원가에 관한 설명으로 가장 올바르지 않은 것은?

① 특정한 고객을 위한 비제조간접원가 또는 제품디자인원가는 재고자산의 원가에 포함할 수 없으며, 발생한 기간에 비용으로만 인식할 수 있다.

② 외부구입시 재고자산의 취득원가는 구입가액뿐만 아니라 판매 가능한 상태에 이르기까지 소요된 구입원가 및 제반부대비용을 포함한다.

③ 재고자산 구입 이후 상품에 하자가 있어 매입대금의 일정액을 할인 받는 경우 이는 재고자산의 취득원가에서 차감해야 한다.

④ 재고자산의 취득과정에서 정상적으로 발생한 매입부대비용 외에 매입 후 보관단계에서 발생한 보관비용과 비효율적 사용으로 인한 지출은 취득원가에 포함할 수 없다.

07 지난 2년간 재고자산의 매입가격이 계속 상승했을 경우, 기말재고의 평가에 있어서 이동평균법을 적용했을 경우와 총평균법을 적용했을 경우에 관한 설명으로 가장 올바르지 않은 것은?

① 이동평균법을 적용하는 경우와 총평균법을 적용하는 경우의 매출액은 동일하다.

② 이동평균법을 적용할 때 매출원가가 보다 낮게 평가된다.

③ 이동평균법을 적용할 때 기말재고금액이 보다 낮게 평가된다.

④ 이동평균법을 적용할 때 회계적 이익이 보다 높게 평가된다.

08 다음 자료를 토대로 재고자산과 관련하여 ㈜삼일의 20X2년 포괄손익계산서에 비용으로 보고되는 금액을 계산하면 얼마인가?

20X1년 12월 31일 재고자산	200,000원
20X2년 매입액	180,000원
20X2년 재고자산평가손실	73,000원
20X2년 재고자산감모손실(정상감모)	14,000원
20X2년 12월 31일 재고자산(평가손실 및 감모손실 차감 후)	60,000원

① 280,000원   ② 312,000원

③ 320,000원   ④ 330,000원

09 다음 자료를 바탕으로 ㈜삼일의 재무상태표에 유형자산으로 표시되는 기계장치의 취득금액을 계산하면 얼마인가?

> ㄱ. 매입금액 : 600,000원
> ㄴ. 설치장소까지의 운송비 : 30,000원
> ㄷ. 관세 및 취득세 : 10,000원
> ㄹ. 시운전비 : 50,000원
> ㅁ. 매입할인 : 20,000원
> ㅂ. 시운전 과정에서 발생한 시제품의 매각금액 : 50,000원

① 620,000원
② 650,000원
③ 660,000원
④ 670,000원

10 다음 중 유형자산의 후속측정에 관한 설명으로 가장 올바르지 않은 것은?

① 원가모형과 재평가모형 중 하나를 회계정책으로 선택하여 모든 유형자산에 동일하게 적용하여야 한다.
② 재평가모형은 취득일 이후 재평가일의 공정가치로 해당 자산금액을 수정하고, 당해 공정가치에서 재평가일 이후의 감가상각누계액과 손상차손누계액을 차감한 금액을 장부금액으로 공시한다.
③ 재평가로 인하여 자산이 증가된 경우 그 증가액은 기타포괄이익으로 인식하고 재평가잉여금의 과목으로 자본(기타포괄손익누계액)에 가산한다.
④ 재평가로 인하여 자산이 감소된 경우 그 감소액은 당기손실로 인식한다.

11 다음 중 유형자산의 손상에 관한 설명으로 가장 올바르지 않은 것은?

① 기업은 매 보고기간 말마다 자산손상을 시사하는 징후가 있는지를 검토하여야 한다.

② 자산의 회수가능액은 장부금액과 공정가치 중 큰 금액이다.

③ 유형자산에 대해 재평가모형을 적용하는 경우에도 손상차손을 인식한다.

④ 자산손상을 시사하는 징후가 있는지를 검토할 때는 내부정보와 외부정보를 모두 고려한다.

12 다음 중 무형자산의 상각에 관한 설명으로 가장 옳은 것은?

① 내용연수가 유한한 무형자산의 내용연수는 경제적 내용연수와 법적 내용연수 중 짧은 것으로 결정된다.

② 내용연수가 유한한 무형자산은 유형자산과는 달리 잔존가치의 추정이 어려우므로 무형자산의 잔존가치는 항상 0으로 본다.

③ 내용연수가 유한한 무형자산의 잔존가치는 해당 자산의 장부금액과 같을 수는 있으나 큰 금액으로 증가할 수는 없다.

④ 내용연수가 비한정인 무형자산은 상각 및 손상검사를 수행하지 않는다.

13 다음은 ㈜삼일이 20X1 년 중 신제품 A 의 연구 및 개발활동과 관련하여 발생시킨 원가의 내역이다. 이와 관련하여 20X1 년 말 재무상태표에 표시될 무형자산의 장부금액을 계산하면 얼마인가(단, 신제품 A 와 관련하여 계상된 무형자산은 20X1 년 7 월 1 일부터 사용이 가능하며 내용연수 5 년, 잔존가치 0 원, 정액법으로 상각한다.)?

일 자	세 부 내 역	금 액
20X1. 01. 01	연구단계에서 발생한 지출	200,000원
20X1. 03. 01	개발단계에서 발생한 지출로 자산인식 조건을 만족시키지 못함	1,500,000원
20X1. 04. 01	개발단계에서 발생한 지출로 자산인식 조건을 만족시킴	500,000원
20X1. 05. 01	프로젝트 개발과 관련된 내부개발 소프트웨어로 자산인식 조건을 만족시킴	800,000원

① 1,170,000원
② 1,300,000원
③ 1,430,000원
④ 1,520,000원

14 ㈜삼일은 20X1 년 10 월 1 일 다음과 같은 건물을 구입하였으나 장래 사용목적을 결정하지 못하여 투자부동산으로 분류하여 보유하고 있다. 투자부동산의 회계처리와 관련하여 ㈜삼일의 20X1 년 당기순이익에 미치는 영향은 얼마인가(단, 법인세비용은 고려하지 않으며, ㈜삼일은 공정가치모형으로 투자부동산을 평가하고 있다)?

ㄱ. 취득원가 : 600,000,000원
ㄴ. 감가상각방법 및 내용연수 : 정액법, 30년
ㄷ. 잔존가치 : 60,000,000원
ㄹ. 공정가치

구분	20X1년10월1일	20X1년12월31일
투자부동산	600,000,000원	604,500,000원

① 당기순이익에 미치는 영향 없음
② 2,500,000원 당기순이익 증가
③ 4,500,000원 당기순이익 증가
④ 4,500,000원 당기순이익 감소

15 다음 중 금융자산의 분류에 관한 설명으로 가장 올바르지 않은 것은?

① 일반적으로 지분증권은 당기손익-공정가치 측정 금융자산으로 분류한다.

② 단기매매항목이 아닌 지분상품은 최초 인식시 기타포괄손익-공정가치 측정 금융자산으로 지정할 수 있다.

③ 원리금 수취 목적의 채무상품은 상각후원가측정금융자산으로 분류한다.

④ 매매목적의 파생상품은 기타포괄손익-공정가치측정 금융자산으로 분류한다.

16 ㈜서울은 20X1년 초에 ㈜용산의 주식 1,000주를 취득하고 기타포괄손익-공정가치 측정 금융자산으로 분류하였다. 20X2년 초에 1,000주를 공정가치로 처분한 경우 ㈜서울이 20X2년의 포괄손익계산서에 계상할 처분손익을 계산하면 얼마인가?

일 자	구 분	주 당 금 액
20X1년 1월 3일	취득원가	10,000원
20X1년 12월 31일	공정가치	10,500원
20X2년 1월 1일	공정가치	9,700원

① 손익   0원

② 이익 500,000원

③ 손실 300,000원

④ 손실 800,000원

17 다음 중 금융부채에 해당하는 것으로 가장 옳은 것은?

① A사가 재고자산을 외상으로 판매하면서 발생한 채권

② B사가 보유하고 있는 다른 기업의 지분상품

③ 100억 원의 가치에 해당하는 지분상품을 인도할 계약

④ 법인세와 관련된 부채

18 다음 중 금융부채에 관한 설명으로 가장 올바르지 않은 것은?

① 금융부채는 원칙적으로 최초인식시 공정가치로 인식한다.

② 당기손익-공정가치측정 금융부채와 관련되는 거래원가는 최초 인식하는 공정가치에서 차감하여 측정한다.

③ 사채의 상환손익이 발생하는 이유는 상환일의 시장이자율이 발행일의 시장이자율과 다르기 때문이다.

④ 연속상환사채의 발행금액은 사채로부터 발생하는 미래현금흐름을 사채 발행시점의 시장이자율로 할인한 현재가치가 된다.

19 ㈜삼일은 다음과 같은 조건으로 전환사채를 5,800,000 원에 할인발행하였다. ㈜삼일이 전환사채 발행시점에 계상할 전환권대가를 계산하면 얼마인가(단, 전환권대가는 자본으로 분류된다)?

ㄱ. 액면금액 : 6,000,000원

ㄴ. 액면이자 : 지급하지 않음

ㄷ. 발행일 : 20X1년 1월 1일

ㄹ. 만기일 : 20X3년 12월 31일(3년)

ㅁ. 상환할증금 : 780,000원(원금상환방법: 상환기일에 액면금액의 113%를 일시상환)

ㅂ. 전환사채가 일반사채인 경우의 시장이자율 : 12%

(12%, 3년의 현재가치계수는 0.7118이다)

① 0원

② 973,996원

③ 1,173,996원

④ 1,729,200원

20 다음 중 충당부채로 인식될 수 있는 사례로 가장 올바르지 않은 것은(단, 해당 의무를 이행하기 위하여 필요한 금액을 신뢰성 있게 추정할 수 있다고 가정한다)?

① 회사의 소비자 소송사건에 대하여 패소가능성이 높다는 법률전문가의 의견이 있는 경우
② 회사의 특정 사업부문의 미래 영업손실이 예상되는 경우
③ 제품에 대해 만족하지 못하는 고객에게 법적의무가 없음에도 불구하고 환불해주는 정책을 펴고 있으며, 고객에게 이 사실이 널리 알려져 있는 경우
④ 회사가 손실부담계약을 체결하고 있는 경우

21 다음 중 자본의 회계처리에 관한 설명으로 가장 올바르지 않은 것은?

① 주식회사의 자본이 증가하는 경우에는 신주발행가액 중 액면금액에 상당하는 금액은 자본금계정에 대기하고 신주발행비를 차감한 후의 신주발행가액과 액면금액의 차액은 주식발행초과금계정의 대변에 계상한다.
② 주식회사가 자기주식을 처분하는 경우로써 자기주식의 처분가액이 자기주식의 취득원가보다 클 경우에는 차액을 자기주식처분이익의 대변에 계상하고 기타포괄손익으로 인식한다.
③ 이익준비금은 상법의 규정에 의하여 주식회사가 강제적으로 기업내부에 유보하여야 하는 법정적립금을 말한다. 즉, 주식회사는 그 자본(법정자본금)의 2분의 1에 달할 때까지 매결산기의 금전에 의한 이익배당액의 10분의 1 이상의 금액을 이익준비금으로 적립하여야 한다.
④ 유상감자란 발행된 주식을 유상으로 취득하여 소각하는 것을 말하며 주식의 취득으로 인해 순자산이 감소하므로 실질적 감자이다. 무상감자는 현금의 유출도 없고 감자 전·후의 자본총계도 동일하다는 점에서 감자 후에 자본총계가 감소하는 유상감자와 다르다.

22 ㈜삼일의 20X1 년 포괄손익계산서상 당기순이익 및 기타포괄이익은 각각 1,300,000 원과 500,000 원이며, 20X1 년 1 월 1 일 ㈜삼일의 자산과 부채 총계는 각각 38,500,000 원과 13,500,000 원이다. ㈜삼일의 20X1 년 중 발생한 모든 자본거래가 다음과 같을 때, ㈜삼일이 20X1 년 말 현재 재무상태표상 자본총계로 보고할 금액을 계산하면 얼마인가(단, 법인세 효과는 고려하지 않는다)?

일자	내 용
5월 18일	20X0년 정기주주총회(2월 28일 개최)에서 결의한 배당인 주식배당으로 보통주 100주(주당 액면금액 5,000원, 주당 공정가치 6,000원)를 발행하였다.
8월 14일	보통주 200주(주당 액면금액 5,000원)를 주당 6,500원에 발행하였다.
10월 13일	20X0년에 취득한 자기주식(취득원가 700,000원)을 20X1년에 800,000원에 재발행하였다.

① 26,800,000원
② 27,600,000원
③ 28,100,000원
④ 28,900,000원

23 다음 중 고객과의 계약에서 생기는 수익에 관한 설명으로 가장 올바르지 않은 것은?

① 라이선스의 성격이 접근권일 경우에는 부여일에 수익을 인식하고, 사용권일 경우에는 사용기간에 걸쳐 수익을 인식한다.

② 기업이 직접 보상을 제공하는 고객충성제도의 경우 보상점수에 배분된 거래가격은 계약부채로 인식하다가 보상을 제공한 때 수익으로 인식한다.

③ 확신유형의 보증에 대해서는 충당부채와 우발부채의 회계처리를 따른다.

④ 위탁판매에서 만약 수탁자가 고객에게 판매 전에 제품에 대한 통제를 하고 있다면 수탁자가 위탁자로부터 제품을 구입하여 고객에게 직접 판매한 것으로 본다.

24 ㈜삼일은 20X0 년 4 월 1 일에 기계장치 주문제작계약(총 계약금액 24,000,000 원)을 수주하여 20X1 년 중에 완료하여 고객에게 납품하였다. 주문제작계약에 대한 자료가 다음과 같을 경우 ㈜삼일이 20X1 년에 인식할 매출액을 계산하면 얼마인가? 단, ㈜삼일이 수행하여 만든 기계장치가 ㈜삼일에게 대체적인 용도가 없으며, 지금까지 수행을 완료한 부분에 대해 집행가능한 지급청구권이 ㈜삼일에게 없다.

구분	20X0년	20X1년
해당연도에 발생한 원가	5,000,000원	15,000,000원
연도 말에 추정한 예상추가원가	15,000,000원	–
청구한 금액	5,000,000원	19,000,000원
결제 받은 거래대금	4,000,000원	20,000,000원

① 15,000,000원　　　　　② 18,000,000원

③ 19,000,000원　　　　　④ 24,000,000원

25 ㈜삼일은 건설계약에 대하여 발생원가에 기초하여 진행률을 산정하고 있다. 20X1 년에 계약금액 30,000 원의 빌딩 건설계약을 시작하였다. 20X1 년 말 현재 공사진행률은 25%, 추정 총계약원가는 15,000 원이며, 20X2 년 말 현재 누적공사진행률은 60%, 추정 총계약원가는 16,000 원이다. 20X2 년에 실제로 발생한 당기계약원가를 계산하면 얼마인가?

① 3,750원　　　　　② 5,850원

③ 9,600원　　　　　④ 11,800원

26 다음 중 건설계약의 수익과 원가 인식방법에 관한 설명으로 가장 올바르지 않은 것은?

① 건설계약의 결과를 신뢰성 있게 추정할 수 있는 경우, 건설계약과 관련한 계약수익과 계약원가는 보고기간 말 현재 계약활동의 진행률을 기준으로 각각 수익과 비용으로 인식한다.

② 총계약원가가 총계약수익을 초과할 가능성이 높은 경우, 예상되는 손실을 즉시 비용으로 인식한다.

③ 건설계약의 결과를 신뢰성 있게 추정할 수 없는 경우, 계약수익은 계약원가의 범위 내에서 회수가능성이 높은 금액만 인식하며, 발생한 계약원가는 모두 당해 기간의 비용으로 인식한다.

④ 진행률 산정시 투입법을 적용하는 경우에는 수행정도를 나타내지 못하는 투입물도 포함하여 진행률을 산정한다.

27 다음 중 종업원급여(퇴직급여)의 회계처리에 관한 설명으로 가장 옳은 것은?

① 확정기여제도(DC형)를 도입한 기업은 기여금의 운용결과에 따라 추가납부 의무가 있다.

② 확정급여제도(DB형)는 기업이 기여금을 불입함으로써 퇴직급여와 관련된 모든 의무가 종료된다.

③ 확정급여채무(DB형)의 현재가치를 계산할 때 종업원 이직률, 조기퇴직률, 임금상승률, 할인율 등의 가정은 상황 변화에 관계없이 전기와 동일한 값을 적용한다.

④ 확정급여채무와 사외적립자산의 재측정요소는 기타포괄손익으로 인식한다.

28 ㈜삼일은 20X1년 1월 1일에 기술이사인 나기술씨에게 다음과 같은 조건의 현금결제형 주가차액보상권 27,000개를 부여하였다. 이 경우 20X1년 포괄손익계산서에 계상할 당기 보상비용을 계산하면 얼마인가(단, 나기술씨는 20X3년 12월 31일 이전에 퇴사하지 않을 것으로 예상된다)?

> ㄱ. 기본조건 : 20X3년 12월 31일까지 의무적으로 근무할 것
> ㄴ. 행사가능기간 : 20X4년 1월 1일 ~ 20X5년 12월 31일
> ㄷ. 20X1년 말 추정한 주가차액보상권의 공정가치 : 250,000원/개

① 22.5억 원   ② 25억 원

③ 27억 원   ④ 67.5억 원

29 다음 중 이연법인세에 관한 설명으로 가장 올바르지 않은 것은?

① 이연법인세자산·부채는 재무상태표에 비유동자산·비유동부채로 분류한다.

② 이연법인세자산·부채는 보고기간 종료일로부터 1년 초과시점에 실현되는 경우에도 현재가치로 평가하지 않는다.

③ 가산할 일시적차이는 미래 회계기간에 과세소득에서 차감되는 형태로 소멸되므로 가산할 일시적차이가 사용될 수 있는 과세소득의 발생가능성이 높은 경우에만 이연 법인세자산을 인식한다.

④ 이연법인세자산의 장부금액은 매 보고기간 말에 검토한다. 이연법인세자산의 일부 또는 전부에 대한 혜택이 사용되기에 충분한 과세소득이 발생할 가능성이 더 이상 높지 않다면 이연법인세자산의 장부금액을 감액시킨다.

30 다음은 ㈜삼일의 20X1년과 20X2년 말의 이연법인세자산·부채의 내역이다. ㈜삼일이 20X2년에 인식할 법인세비용을 계산하면 얼마인가(20X2년 과세소득에 대하여 부담할 법인세액은 400,000원이다)?

〈각 회계연도 말 재무상태표 금액〉

구 분	20X1년 말	20X2년 말
이연법인세자산	200,000원	50,000원
이연법인세부채	50,000원	150,000원

① 200,000원 ② 400,000원
③ 450,000원 ④ 650,000원

31 다음 중 회계정책의 변경으로 가장 올바르지 않은 것은?

① 재고자산 원가흐름의 가정변경
② 유형자산의 측정기준 변경
③ 매출채권에 대한 손실충당금 측정치 변경
④ 투자부동산의 측정기준 변경

32 다음 중 가중평균유통보통주식수 산정방법에 관한 설명으로 가장 옳은 것은?

① 자기주식은 취득시점 이후부터 매각시점까지의 기간동안 가중평균유통보통주식수에 포함한다.
② 당기 중 무상증자를 실시한 경우, 무상증자를 실시한 날짜를 기준일로 하여 가중평균유통주식수를 계산한다.
③ 당기 중 유상증자로 보통주가 발행된 경우 기초에 실시된 것으로 간주하여 주식수를 조정한다.
④ 공정가치 미만으로 유상증자를 실시한 경우 공정가치 유상증자로 발행된 보통주와 무상증자로 발행된 보통주로 구분한다.

33 다음 중 지분법 회계처리에 관한 설명으로 가장 올바르지 않은 것은?

① 지분법은 취득시점에서 관계기업투자주식을 취득원가로 기록한다.

② 관계기업투자주식의 장부금액에 포함된 영업권은 정액법으로 상각한다.

③ 피투자회사의 당기순이익 중 투자회사의 지분에 해당하는 금액은 투자회사의 지분법이익으로 보고된다.

④ 투자자와 관계기업 사이의 내부거래에서 발생한 당기손익에 대하여 투자자는 그 관계기업에 대한 투자지분과 무관한 손익까지만 투자자의 재무제표에 인식한다.

34 20X1년 초 ㈜삼일은 ㈜한양의 보통주 40%를 900,000원에 취득하여 유의적인 영향력을 행사하게 되었다. 주식취득일 현재 ㈜한양의 순자산장부금액은 2,000,000원으로 공정가치와 동일하였다. ㈜한양의 20X1년 당기순이익이 300,000원이고, 기타포괄이익이 100,000원이라고 할 때 20X1년 말 ㈜삼일의 재무상태표에 기록될 관계기업투자주식(지분법적용투자주식)의 장부금액을 계산하면 얼마인가(단, 20X1년 말 영업권과 관련된 손상차손 인식금액은 없다)?

① 900,000원
② 920,000원
③ 1,020,000원
④ 1,060,000원

35 다음 중 기능통화에 의한 외화거래의 보고에 관한 설명으로 가장 올바르지 않은 것은?

① 외화거래를 최초로 인식하는 경우 거래일의 환율을 외화금액에 적용하여 기능통화로 기록한다.

② 역사적원가로 측정하는 비화폐성 외화항목은 거래일의 환율로 환산한다.

③ 화폐성항목의 결제시점에 생기는 외환차이는 그 외환차이가 생기는 회계기간의 당기손익으로 인식한다.

④ 비화폐성항목에서 생긴 손익을 당기손익으로 인식하는 경우에도 그 손익에 포함된 환율변동효과는 기타포괄손익으로 인식한다.

36 ㈜삼일은 원재료를 $2,000에 외상으로 매입하고, 대금을 9개월 후에 달러($)로 지급하기로 하였다. 이에 따라 ㈜삼일의 외화매입채무 $2,000은 환율변동위험에 노출되게 되었다. 해당 거래와 관련하여 환율변동위험을 회피할 수 있는 방법으로 가장 옳은 것은?

① 약정된 환율로 9개월 후 $2,000을 매도하는 통화선도계약을 체결한다.

② 약정된 환율로 9개월 후 $2,000을 매입하는 통화선도계약을 체결한다.

③ 약정된 환율로 9개월 후 $2,000을 거래할 수 있는 콜옵션을 매입한다.

④ 약정된 환율로 9개월 후 $2,000을 거래할 수 있는 풋옵션을 매도한다.

37 다음 중 (   ) 안에 들어갈 단어로 가장 옳은 것은?

> 리스이용자의 (   )은 리스이용자가 비슷한 경제적 환경에서 비슷한 기간에 걸쳐 비슷한 담보로 사용권자산과 가치가 비슷한 자산 획득에 필요한 자금을 차입한다면 지급해야 하는 이자율을 말한다.

① 내재이자율

② 증분차입이자율

③ 증분리스이자율

④ 우량회사채이자율

38 다음 중 리스에 관한 설명으로 가장 옳은 것은?

① 금융리스의 경우 리스이용자의 입장에서 보증잔존가치와 무보증잔존가치는 모두 리스료에 포함한다.

② 금융리스에서 리스제공자가 리스채권으로 인식할 금액은 리스료의 현재가치와 무보증잔존가치의 현재가치를 합한 금액이다.

③ 지수나 요율(이율)에 따라 달라지는 변동리스료는 리스료에 포함되지 않는다.

④ 리스이용자는 각 리스를 운용리스나 금융리스로 분류한다.

39 다음 중 어떠한 경우에도 재무활동으로 구분 될 수 없는 현금흐름은?

① 이자지급
② 배당금지급
③ 배당금수입
④ 법인세지급

40 다음 자료를 이용하여 영업활동으로 인한 현금흐름을 계산하면 얼마인가?

당기순이익	2,500,000원	매출채권의 증가	200,000원
감가상각비	300,000원	재고자산의 감소	100,000원
유형자산처분손실	450,000원	매입채무의 증가	350,000원

① 2,000,000원
② 2,500,000원
③ 3,000,000원
④ 3,500,000원

01 다음 중 국제회계기준의 특징에 관한 설명으로 가장 옳은 것은?

① 국제회계기준은 규정중심의 회계기준으로 상세하고 구체적인 회계처리 방법을 제시한다.

② 국제회계기준은 자산 및 부채에 대한 역사적원가 적용이 확대되었다.

③ 국제회계기준을 적용한 후 주석공시 양이 줄어들었다.

④ 국제회계기준은 연결재무제표를 기본 재무제표로 제시하고 있다.

02 다음 중 재무제표의 근본적인 질적특성에 관한 설명으로 가장 올바르지 않은 것은?

① 재무정보가 이용자에게 유용하기 위해서는 목적적합성과 표현충실성의 두 가지 요건을 모두 충족하여야 한다.

② 예측가치를 갖는 정보는 확인가치도 갖는 경우가 많다.

③ 정보가 누락되거나 잘못 기재된 경우 특정 보고기업의 재무정보에 근거한 정보이용자의 의사결정에 영향을 줄 수 있다면 그 정보는 중요한 것이다.

④ 완벽한 표현충실성을 위해서는 서술은 검증가능하고, 이해할 수 있으며, 적시성이 있어야 한다.

03 다음 중 자산의 측정방법에 관한 설명으로 가장 올바르지 않은 것은?

① 사용가치　: 기업이 자산의 사용과 궁극적인 처분으로 얻을 것으로 기대하는 현금흐름 또는 그 밖의 경제적효익의 현재가치

② 현행원가　: 기업이 측정일 현재 동등한 자산의 원가로서 측정일에 지급할 대가 (거래원가 포함)

③ 역사적원가 : 기업이 자산을 취득 또는 창출하기 위하여 지급한 대가 (거래원가 포함)

④ 공정가치　: 자산 측정일에 특수관계자 사이의 거래에서 자산을 매도할 때 받을 가격

04 다음 중 포괄손익계산서에 관한 설명으로 가장 올바르지 않은 것은?

① 포괄손익계산서는 일정기간 동안 소유주의 투자나 소유주에 대한 분배거래를 제외한 기타거래에서 발생하는 순자산의 변동내용을 표시하는 동태적 보고서이다.

② 포괄손익계산서는 단일의 포괄손익계산서를 작성하거나 당기순손익을 표시하는 손익계산서와 포괄손익계산서를 포함하는 2개의 보고서로 작성될 수 있다.

③ 포괄손익계산서에서 비용을 표시할 때는 기능별로 분류하거나 성격별로 분류하여 표시하여야 한다.

④ 기타포괄손익항목은 관련 법인세효과를 차감한 순액으로만 표시할 수 있다.

05 다음 중 중간재무보고에 관한 설명으로 가장 올바르지 않은 것은?

① 중간재무보고서는 당해 중간보고기간 말과 직전 연차보고기간 말을 비교하는 형식으로 작성한 재무상태표를 포함하여야 한다.

② 중간재무보고서는 당해 중간기간과 당해 회계연도 누적기간을 직전 회계연도의 동일기간과 비교하는 형식으로 작성한 포괄손익계산서를 포함하여야 한다.

③ 중간재무보고서는 당해 회계연도 누적기간을 직전 회계연도의 동일기간과 비교하는 형식으로 작성한 자본변동표를 포함하여야 한다.

④ 중간재무보고서는 당해 중간기간과 당해 회계연도 누적기간을 직전 회계연도의 동일기간과 비교하는 형식으로 작성한 현금흐름표를 포함하여야 한다.

06 다음 중 재고자산의 취득원가에 관한 설명으로 가장 옳은 것은?

① 재고자산을 현재의 장소에 현재의 상태로 이르게 하는데 기여하지 않은 관리간접원가는 취득원가에 포함한다.

② 후속 생산단계에 투입하기 전에 보관이 필요한 경우에 발생하는 보관원가는 취득원가에 포함하지 않는다.

③ 판매시 발생한 판매수수료는 취득원가에 포함한다.

④ 매입할인 및 리베이트는 매입원가를 결정할 때 차감한다.

07 재고자산 평가방법으로 이동평균법을 적용하고 있는 ㈜삼일의 재고자산수불부가 다음과 같을 때, ㈜삼일의 기말재고자산 금액을 계산하면 얼마인가(단, 기말재고자산 실사결과 확인된 재고수량은 200개이다)?

	수량	단가	금액
전기이월	1,000개		
3월 5일 구입	200개		
4월 22일 판매	900개	90원	90,000원
6월 8일 구입	200개	150원	30,000원
7월 12일 판매	300개	110원	22,000원
기말	200개		

① 20,000원 ② 20,300원
③ 20,800원 ④ 22,000원

08 다음 자료에서 재고자산평가손실은 ㈜삼일의 재고자산이 진부화되어 발생하였다. 자료를 바탕으로 ㈜삼일의 20X2년 포괄손익계산서상 매출원가를 계산하면 얼마인가?(단, ㈜삼일은 재고자산평가손실과 정상재고자산감모손실을 매출원가에 반영하고 있다.)

20X1년 12월 31일 재고자산	400,000원
20X2년 매입액	1,000,000원
20X2년 재고자산평가손실	550,000원
20X2년 재고자산감모손실(모두 정상감모)	20,000원
20X2년 12월 31일 재고자산(모든 평가손실과 감모손실 차감 후)	300,000원

① 1,080,000원 ② 1,100,000원
③ 1,120,000원 ④ 1,400,000원

09 다음 자료를 바탕으로 ㈜삼일의 재무상태표에 유형자산으로 표시되는 기계장치의 취득금액을 계산하면 얼마인가?

> 매입금액 : 600,000원
> 설치장소까지의 운송비 : 30,000원
> 관세 및 취득세 : 20,000원
> 시운전비 : 50,000원
> 시운전 과정에서 발생한 시제품의 매각금액 : 30,000원

① 620,000원   ② 650,000원
③ 670,000원   ④ 700,000원

10 내용연수가 7년인 건물을 정액법으로 감가상각한 결과 제3차연도의 감가상각비는 120,000원이었다. 잔존가치가 6,000원이라고 할 때 건물의 취득원가를 계산하면 얼마인가(단, 유형자산 후속측정방법은 원가모형이며 내용연수 및 잔존가치의 변동은 없다고 가정한다)?

① 740,000원   ② 746,000원
③ 840,000원   ④ 846,000원

11 다음 중 유형자산의 재평가모형 회계처리에 관한 설명으로 가장 올바르지 않은 것은?

① 재평가의 빈도는 재평가되는 유형자산의 공정가치 변동에 따라 달라진다.
② 자산의 장부금액이 재평가로 인하여 증가된 경우 원칙적으로 그 증가액은 당기손익 (재평가이익)으로 인식한다.
③ 자산의 장부금액이 재평가로 인하여 감소한 경우 원칙적으로 그 감소액은 당기손익 (재평가손실)으로 인식한다.
④ 특정 유형자산을 재평가할 때, 동일한 분류 내의 유형자산은 동시에 재평가한다.

12 다음 중 무형자산의 상각에 관한 설명으로 가장 올바르지 않은 것은?

① 내용연수가 비한정인 무형자산은 상각하지 않으며, 매년 일정시기와 손상을 시사하는 징후가 있을 때에 손상검사를 수행하여야 한다.
② 내용연수가 유한한 무형자산은 자산을 사용할 수 있는 때부터 상각한다.
③ 내용연수가 유한한 무형자산은 정액법으로만 상각할 수 있다.
④ 내용연수가 유한한 무형자산의 상각기간은 적어도 매 회계연도 말에 검토한다.

13 다음은 20X1 년 ㈜삼일의 엔진 개발과 관련하여 20X1 년 9 월 30 일까지 발생한 지출에 대한 자료이다. 동 엔진이 20X1 년 10 월 1 일부터 사용가능할 것으로 예측된 경우 20X1 년 ㈜삼일이 엔진 개발과 관련하여 무형자산 상각비를 포함한 인식해야 할 총비용은 얼마인가(단, 엔진 개발비에 대하여 내용연수 5 년, 정액법 상각함)?

연구단계	개발단계
• 엔진 연구 결과의 평가를 위한 지출 3,000,000원	• 자산인식조건을 만족하는 개발 단계 지출 30,000,000원
• 여러 가지 대체안 탐색 활동을 위한 지출 27,000,000원	• 자산인식조건을 만족하지 않는 개발 단계 지출 7,000,000원

① 30,000,000원
② 37,000,000원
③ 38,500,000원
④ 40,000,000원

14 다음 중 투자부동산에 관한 설명으로 가장 올바르지 않은 것은?

① 투자부동산이란 임대수익이나 시세차익을 얻기 위해 보유하고 있는 부동산이다.
② 공정가치 모형을 선택한 경우에는 매 보고기간 말에 공정가치로 측정하고, 공정가치에 기초하여 남은 내용연수동안 감가상각을 한다.
③ 투자부동산은 원가모형과 공정가치모형 중 하나를 선택할 수 있다.
④ 투자부동산에 대하여 원가모형을 선택한 경우 감가상각대상자산에 대하여 유형자산과 마찬가지로 감가상각비를 인식한다.

15 다음 중 상각후원가측정금융자산에 관한 설명으로 가장 올바르지 않은 것은?

① 상각후원가측정금융자산은 계약상 현금흐름이 원리금으로만 구성되어 있고, 사업모형이 계약상 현금흐름을 수취하는 것인 금융자산을 의미한다.

② 원칙적으로 모든 채무증권은 상각후원가측정금융자산으로 분류한다.

③ 상각후원가측정금융자산 취득시 지출된 거래원가는 취득원가에 가산한다.

④ 상각후원가측정금융자산은 유효이자율법을 적용하여 상각후원가로 평가한다.

16 ㈜삼일은 20X1년 1월 1일 ㈜용산이 발행한 주식 100주를 주당 10,000원에 취득하고, 기타포괄손익-공정가치측정 금융자산으로 분류하였다. 20X1년 말 ㈜용산이 발행한 주식의 주당 공정가치는 13,000원이다. ㈜삼일은 동 주식 전부를 20X2년 6월 30일에 주당 11,000원에 처분하였다. 주식의 취득과 처분시 거래원가는 발생하지 않았다고 가정할 때, 상기 주식에 대한 회계처리가 ㈜삼일의 20X2년도 당기순손익과 기타포괄손익에 미치는 영향은 각각 얼마인가?

① 당기순손익 300,000원 증가, 기타포괄손익 200,000원 감소

② 당기순손익 200,000원 감소, 기타포괄손익 변동없음

③ 당기순손익 100,000원 증가, 기타포괄손익 300,000원 감소

④ 당기순손익 영향없음, 기타포괄손익 200,000원 감소

17 다음 중 금융상품에 관한 설명으로 가장 올바르지 않은 것은?

① 금융상품은 정기예·적금과 같은 정형화된 상품 뿐만 아니라 다른 기업의 지분상품, 거래상대방에게서 현금 등 금융자산을 수취할 계약상의 권리 등을 포함하는 포괄적인 개념이다.

② 한국채택국제회계기준은 보유자에게 금융자산을 발생시키고 동시에 상대방에게 금융부채나 지분상품을 발생시키는 모든 계약을 금융상품으로 정의하였다.

③ 매입채무와 미지급금은 금융부채에 해당하지 않는다.

④ 현금및현금성자산, 다른 기업의 지분상품 및 채무상품은 금융자산에 해당한다.

18 ㈜삼일은 20X1 년 1 월 1 일 사채(액면 1,000,000 원, 표시이자율 10%, 이자지급일 매년 12 월 31 일 후급, 만기 3 년)를 951,980 원에 발행하였다. ㈜삼일이 동 사채를 20X2 년 1 월 1 일 1,119,040 원에 상환할 경우 이로 인한 사채상환손익을 계산하면 얼마인가?(계산과정에서 단수차이가 발생할 경우 가장 근사치를 선택하며, 20X1 년 1 월 1 일의 시장이자율은 12%이며, 사채발행차금은 유효이자율법으로 상각한다)

① 사채상환이익 119,038원
② 사채상환손실 119,038원
③ 사채상환이익 152,822원
④ 사채상환손실 152,822원

19 다음 중 복합금융상품의 회계처리에 관한 설명으로 가장 옳은 것은?

① 최초 인식시점에 자본요소와 부채요소의 분리가 필요하다.
② 복합금융상품의 발행금액에서 지분상품의 공정가치를 차감한 잔액을 금융부채로 인식한다.
③ 전환사채에 포함되어 있는 전환권은 발행조건에 관계없이 항상 자본으로 분류된다.
④ 현금 등 금융자산을 인도하기로 하는 계약 부분은 지분상품요소에 해당한다.

20 다음 중 충당부채에 관한 설명으로 가장 올바르지 않은 것은?

① 충당부채는 과거사건이나 거래의 결과에 의한 현재의무로서, 지출의 시기 또는 금액이 불확실하지만 그 의무를 이행하기 위하여 자원이 유출될 가능성이 높고, 또한 금액을 신뢰성 있게 추정할 수 있는 의무를 말한다.
② 충당부채로 인식하는 금액은 현재의무를 보고기간 말에 이행하기 위하여 필요한 지출의 최선의 추정치이어야 한다.
③ 충당부채를 설정하는 의무는 명시적인 법규 또는 계약의무를 뜻하며, 과거의 실무관행에 의해 기업이 이행해 온 의제의무는 포함되지 않는다.
④ 충당부채의 화폐의 시간가치 영향이 중요한 경우에는 의무를 이행하기 위하여 예상되는 지출액의 현재가치로 평가한다.

21 다음 중 자기주식의 취득 및 처분 회계처리에 관한 설명으로 가장 올바르지 않은 것은?

① 자기주식을 처분하는 경우 처분가액과 취득원가와의 차액을 자기주식처분손익으로 기타포괄손익에 반영한다.

② 자기주식을 취득하는 경우 취득원가를 자본에서 차감하는 형식으로 기재한다.

③ 자기주식을 소각하는 경우 액면금액과 취득원가와의 차액을 감자차손익으로 반영한다.

④ 자기주식을 보유하고 있는 기간동안 자기주식에 대한 평가손익은 인식하지 않는다.

22 ㈜삼일은 20X1 년 초 설립된 회사로 설립시에 보통주와 우선주를 모두 발행하였다. 설립일 이후 자본금의 변동은 없었으며, 20X2 년 12 월 31 일 현재 보통주자본금과 우선주자본금은 다음과 같다. ㈜삼일은 설립된 이후 어떠한 배당도 하지 않았으나 20X2 년 12 월 31 일로 종료되는 회계연도의 정기주주총회에서 배당금 총액을 300,000 원으로 선언할 예정일 경우, 우선주 주주에게 배분될 배당금을 계산하면 얼마인가?

구분	주당액면금액	발행주식수	자본금
보통주	1,000원	1,000주	1,000,000원
우선주(*)	1,000원	500주	500,000원

* 누적적·비참가적 우선주. 배당률 5%

① 25,000원   ② 50,000원

③ 75,000원   ④ 100,000원

23 다음 중 고객과의 계약에서 생기는 수익에 관한 설명으로 가장 올바르지 않은 것은?

① 고객에게 구별되는 재화나 용역 또는 실질적으로 서로 같고 고객에게 이전하는 방식도 같은 '일련의 구별되는 재화나 용역'을 이전하기로 한 각 약속을 하나의 수행의무로 식별한다.

② 고객이 재화나 용역에서 그 자체 및 쉽게 구할 수 있는 다른 자원과 함께하여 그 재화나 용역에서 효익을 얻을 수 있고, 고객에게 재화나 용역을 이전하기로 하는 약속을 계약 내의 다른 약속과 별도로 식별해 낼 수 없다면 고객에게 약속한 재화나 용역은 별도로 구별되는 것이다.

③ 거래가격이란 고객에게 약속한 재화나 용역을 이전하고 그 대가로 기업이 받을 권리를 갖게 될 것으로 예상하는 금액이며, 부가가치세처럼 제3자를 대신해 회수한 금액은 제외한다.

④ 재화나 용역을 이전하는 시점과 고객이 대가를 지급하는 시점이 1년 이내로 예상되는 경우 유의적 금액이 아니라고 보아 계약에 있는 금융요소를 조정하지 않을 수 있다.

24 다음 중 거래유형별 수익인식에 관한 설명으로 가장 올바르지 않은 것은?

① 배당금수익은 배당금을 받을 권리와 금액이 확정되는 시점에 인식한다.
② 위탁판매는 수탁자가 고객에게 판매한 시점에 수익을 인식한다.
③ 이자수익은 실제 이자수령일에 수익을 인식한다.
④ 시용판매의 경우 고객이 매입의사를 표시한 시점에 수익을 인식한다.

25 다음 중 건설계약의 계약수익에 관한 설명으로 가장 올바르지 않은 것은?

① 계약수익은 건설사업자가 발주자로부터 지급받을 건설계약금액에 근거하여 계상한다.
② 계약수익은 수령하였거나 수령할 대가의 공정가치로 측정한다.
③ 계약수익은 진행률과 관계없이 청구한 금액으로 인식한다.
④ 계약수익은 최초에 합의된 계약금액과 공사변경, 보상금 및 장려금에 따라 추가되는 금액으로 구성되어 있다.

26 ㈜삼일건설은 ㈜용산과 20X1 년 7 월 1 일 총 계약금액 50,000,000 원의 공장신축공사계약을 체결하였다. 회사가 진행기준으로 수익을 인식한다면 ㈜삼일건설의 20X2 년 계약이익을 계산하면 얼마인가?(단, 진행률은 누적발생원가에 기초하여 산정한다)

	20X1년	20X2년	20X3년
누적발생계약원가	5,000,000원	30,000,000원	40,000,000원
추정총계약원가	40,000,000원	40,000,000원	40,000,000원
공사대금청구액(연도별)	5,000,000원	25,000,000원	20,000,000원

① 4,000,000원
② 6,250,000원
③ 7,500,000원
④ 8,750,000원

27 다음 중 확정급여형 퇴직급여제도와 관련하여 기타포괄손익으로 인식되는 항목으로 가장 옳은 것은?

① 당기근무원가
② 순확정급여부채 및 사외적립자산의 순이자
③ 재측정요소
④ 과거근무원가와 정산으로 인한 손익

28 다음 중 현금결제형 주식기준보상거래에 관한 설명으로 가장 올바르지 않은 것은?

① 제공받는 재화나 용역과 그 대가로 부담하는 부채를 부채의 공정가치로 측정한다.
② 기업이 재화나 용역을 제공받는 대가로 지분상품의 가치에 기초하여 현금을 지급해야 하는 거래이다.
③ 부채가 결제될 때까지 매 보고기간 말과 결제일에 부채의 공정가치를 재측정한다.
④ 공정가치의 변동액은 기타포괄손익으로 회계처리한다.

29 다음 중 이연법인세자산으로 인식할 수 있는 항목으로 가장 올바르지 않은 것은?

① 가산할 일시적차이　　　　　　② 차감할 일시적차이

③ 미사용 세무상결손금　　　　　④ 미사용 세액공제

30 다음 자료를 바탕으로 20X1 년 포괄손익계산서에 계상될 ㈜삼일의 법인세비용을 계산하면 얼마인가?

ㄱ. 20X1년 당기법인세(법인세법상 당기에 납부할 법인세)	2,500,000원
ㄴ. 20X0년 말 이연법인세자산 잔액	600,000원
ㄷ. 20X1년 말 이연법인세부채 잔액	450,000원

① 2,500,000원　　　　　　　② 2,950,000원

③ 3,100,000원　　　　　　　④ 3,550,000원

31 ㈜삼일의 20X3 년 말 회계감사과정에서 발견된 기말재고자산 관련 오류사항은 다음과 같다. 위의 오류사항을 반영하기 전 20X3 년 말 이익잉여금은 100,000 원, 20X3 년 당기순이익은 30,000 원이었다. 오류를 수정한 후의 20X3 년 말 이익잉여금(A)과 20X3 년 당기순이익(B)은 각각 얼마인가(단, 오류는 중요한 것으로 가정한다)?

20X1년 말	20X2년 말	20X3년 말
5,000원 과대	2,000원 과소	3,000원 과대

	(A)	(B)
①	90,000원	29,000원
②	97,000원	25,000원
③	90,000원	25,000원
④	97,000원	29,000원

32 ㈜삼일의 20X1년 주식수의 변동내역이 다음과 같을 경우 가중평균유통보통주식수를 계산하면 얼마인가(단, 편의상 월할계산한다)?

구 분	주식수
20X1년 초	60,000주
5월 1일 유상증자 납입 *	27,000주
5월 1일 자기주식 구입	(27,000)주
20X1년 말	60,000주

* 5월 1일 유상증자시 시가로 유상증자하였다.

① 42,000주   ② 51,000주

③ 60,000주   ④ 78,000주

33 다음 중 지분법에 관한 설명으로 가장 올바르지 않은 것은?

① 투자자가 직접 또는 간접으로 피투자자에 대한 의결권의 20% 이상을 소유하고 있다면 명백한 반증이 없는 한 유의적인 영향력이 있는 것으로 본다.

② 기업이 해당 피투자자에 대하여 유의적인 영향력이 있는지 여부를 평가할 때에는 다른 기업이 보유한 잠재적 의결권은 고려하지 않는다.

③ 투자자의 보고기간종료일과 관계기업의 보고기간종료일이 다른 경우, 관계기업은 투자자의 재무제표와 동일한 보고기간종료일의 재무제표를 재작성한다.

④ 유의적인 영향력이란 투자자가 피투자자의 재무정책과 영업정책에 관한 의사결정에 참여할 수 있는 능력을 말한다.

34 ㈜삼일은 20X1 년 초에 ㈜용산의 주식 25%를 1,000,000 원에 취득하면서 유의적인 영향력을 행사할 수 있게 되었다. 취득일 현재 ㈜용산의 순자산 장부금액은 4,000,000 원이며, 자산 및 부채의 장부금액은 공정가치와 동일하다. ㈜용산은 20X1 년에 당기순이익 900,000 원과 기타포괄이익 100,000 원을 보고하였다. ㈜삼일이 20X1 년 중에 ㈜용산으로부터 중간배당금 50,000 원을 수취하였다면, ㈜삼일이 20X1 년 당기손익으로 인식할 지분법이익을 계산하면 얼마인가?

① 200,000원 ② 212,500원
③ 225,000원 ④ 250,000원

35 ㈜삼일은 20X1 년 4 월 1 일에 기타포괄손익-공정가치측정금융자산으로 분류되는 주식을 $10,000 에 취득하였다. 20X1 년 말 주식의 공정가치가 $14,000 일 경우, ㈜삼일이 20X1 년 말에 인식할 평가이익(기타포괄손익)을 계산하면 얼마인가(단, ㈜삼일의 기능통화는 원화이며, 관련 환율은 다음과 같다)?

일자	20X1년 4월 1일	20X1년 12월 31일
환율(₩/$)	1,000	1,200

① 2,000,000원 ② 3,000,000원
③ 6,800,000원 ④ 8,000,000원

36 다음 중 파생상품회계의 일반원칙에 관한 설명으로 가장 올바르지 않은 것은?

① 위험회피수단으로 지정되지 않고 매매목적으로 보유하고 있는 파생상품의 평가손익은 기타포괄손익으로 처리한다.
② 위험회피회계를 적용하기 위해서는 일정한 요건을 충족해야 한다.
③ 공정가치 위험회피회계에서 위험회피수단에 대한 손익은 당해 회계연도의 당기손익으로 인식한다.
④ 현금흐름 위험회피회계에서 위험회피에 효과적이지 않은 부분은 당해 회계연도의 당기손익으로 인식한다.

37 다음 중 리스에 관한 설명으로 가장 올바르지 않은 것은?

① 내재이자율은 리스료 및 무보증잔존가치의 현재가치 합계액을 기초자산의 공정가치와 리스제공자의 리스개설직접원가의 합계액과 동일하게 하는 할인율을 말한다.

② 리스개설직접원가란 리스를 체결하지 않았더라면 부담하지 않았을 리스체결의 증분원가를 말한다.

③ 리스이용자는 리스개시일에 그날 현재 지급되지 않은 리스료의 현재가치로 리스부채를 측정하며, 현재가치 계산시 내재이자율을 쉽게 산정할 수 없다면 리스제공자의 증분차입이자율로 할인한다.

④ 리스이용자는 단기리스와 소액 기초자산 리스에 대해 사용권자산과 리스부채를 인식하지 않기로 선택할 수 있다.

38 다음 자료는 ㈜삼일의 현금흐름표상 활동별 현금 유출·입을 표시한 것이다. ㈜삼일의 현금흐름표에 대한 분석으로 가장 올바르지 않은 것은?

영업활동 현금흐름	투자활동 현금흐름	재무활동 현금흐름
현금유입(+)	현금유출(−)	현금유출(−)

① 당기순손실이 발생하더라도 영업활동 현금흐름은 (+)가 될 수 있다.

② 유형자산의 처분으로 현금이 유입되었지만 대규모 처분손실이 발생한 경우 투자활동 현금흐름은 (−)가 될 수 있다.

③ 배당금의 지급은 재무활동 현금흐름으로 분류할 수 있다.

④ 이자의 지급은 재무활동 현금흐름으로 분류할 수 있다.

39 다음은 ㈜삼일의 감사보고서에 나타난 재무상태표 중 매출채권과 대손충당금에 관한 부분이다. 20X2 년 포괄손익계산서상의 매출액은 560,000 원, 대손상각비가 30,000 원이다. 매출활동으로 인한 현금유입액을 계산하면 얼마인가?

구분	20X2년 12월 31일	20X1년 12월 31일
매출채권	400,000원	500,000원
대손충당금	(50,000원)	(70,000원)

① 450,000원

② 480,000원

③ 510,000원

④ 610,000원

40 다음은 ㈜삼일의 영업활동으로 인한 현금흐름을 계산하기 위한 자료이다. ㈜삼일의 당기순이익이 5,000,000 원이라고 할 때 영업활동으로 인한 현금흐름을 계산하면 얼마인가?

유형자산처분손실	200,000원	매출채권의 증가	900,000원
감가상각비	300,000원	재고자산의 감소	1,000,000원
		매입채무의 감소	500,000원

① 4,700,000원

② 4,900,000원

③ 5,100,000원

④ 5,300,000원

01 다음 중 재무회계와 관리회계에 관한 설명으로 옳지 않은 것은?

① 재무회계는 기업외부의 정보이용자를 위한 회계인 반면 관리회계는 기업내부의 정보이용자를 위한 회계이다.

② 재무회계는 재무제표라는 양식으로 보고하지만 관리회계는 일정한 양식이 없다.

③ 재무회계와 관리회계 모두 법적 강제력을 가진다.

④ 재무회계는 일반적으로 인정된 회계원칙에 따라 작성되지만 관리회계는 경제·경영·통계 등 다양한 정보를 활용하여 작성된다.

02 다음 중 목적적합성과 표현충실성에 관한 설명으로 옳지 않은 것은?

① 재무정보가 유용하기 위해서는 목적적합성을 가지거나 또는 표현충실성을 가져야 한다.

② 완벽한 표현충실성을 위해서는 서술이 완전하고, 중립적이며, 오류가 없어야 할 것이다.

③ 목적적합한 재무정보는 정보이용자의 의사결정에 차이가 나도록 할 수 있다.

④ 오류가 없다는 것은 현상의 기술에 오류나 누락이 없고, 보고 정보를 생산하는데 사용되는 절차의 선택과 적용 시 절차상 오류가 없음을 의미하며, 모든 면에서 완벽하게 정확하다는 것을 의미하지는 않는다.

03 다음 중 자산의 측정방법에 관한 설명으로 옳지 않은 것은?

① 공정가치 : 측정일에 시장참여자간 정상거래에서 자산을 취득할 때 지급할 가격

② 사용가치 : 기업이 자산의 사용과 궁극적인 처분을 통해 얻을 것으로 기대하는 현금흐름 또는 그 밖의 경제적효익의 현재가치

③ 역사적원가 : 기업이 자산을 취득 또는 창출하기 위하여 지급한 대가 (거래원가 포함)

④ 현행원가 : 측정일 현재 동등한 자산의 원가로써 측정일에 지급할 대가 (거래원가 포함)

04 다음 중 포괄손익계산서 작성에 관한 설명으로 옳지 않은 것은?

① 단일 포괄손익계산서 또는 별개의 손익계산서와 포괄손익계산서 중 하나의 양식을 선택할 수 있다.

② 포괄손익은 크게 당기손익과 기타포괄손익으로 구성된다.

③ 재분류조정은 당기나 과거 기간에 기타포괄손익으로 인식되었으나 당기손익으로 재분류된 금액을 말한다.

④ 비용을 성격별로 분류하는 기업은 감가상각비, 기타 상각비와 종업원급여비용을 포함하여 비용의 기능별 분류에 대한 추가 정보를 주석에 공시한다.

05 다음 중 기업과 특수관계에 있는 대상으로 옳지 않은 것은?

① 당해 기업의 관계기업

② 당해 기업의 주요 매출처

③ 당해 기업의 주요 경영진

④ 당해 기업의 지배기업 및 종속기업

06 다음 중 재고자산에 관한 설명으로 옳은 것은?

① 재고자산은 취득원가와 순실현가능가치 중 높은 금액으로 측정한다.

② 매입할인, 리베이트 및 기타 유사한 항목은 매입원가를 결정할 때 차감하지 않는다.

③ 판매원가는 재고자산의 취득원가에 포함하지 않는다.

④ 재고자산을 현재의 장소에 현재의 상태로 이르게 하는데 기여하지 않은 관리간접원가는 재고자산의 취득원가에 포함한다.

07 다음 자료에서 재고자산평가손실은 ㈜삼일의 재고자산이 진부화되어 발생하였다. 자료를 바탕으로 ㈜삼일의 20X2년 포괄손익계산서상 재고자산과 관련하여 비용으로 인식할 금액의 총액을 계산하면 얼마인가?(단, ㈜삼일은 재고자산평가손실과 재고자산 정상감모손실을 매출원가에 반영하고 있다.)

20X1년 12월 31일 재고자산	400,000원
20X2년 매입액	1,000,000원
20X2년 재고자산평가손실	550,000원
20X2년 재고자산 정상감모손실	20,000원
20X2년 재고자산 비정상감모손실	10,000원
20X2년 12월 31일 재고자산(모든 평가손실과 감모손실 차감 후)	300,000원

① 1,080,000원
② 1,100,000원
③ 1,120,000원
④ 1,400,000원

08 지난 2년간 재고자산의 매입가격이 계속 상승했을 경우, 기말재고의 평가에 있어서 선입선출법을 적용했을 경우와 총평균법을 적용했을 경우에 관한 설명으로 옳지 않은 것은?

① 선입선출법을 적용하는 경우와 총평균법을 적용하는 경우의 매출액은 동일하다.

② 선입선출법을 적용할 때 매출원가가 보다 낮게 계상된다.

③ 선입선출법을 적용할 때 기말재고금액이 보다 낮게 계상된다.

④ 선입선출법을 적용할 때 당기순이익이 보다 높게 계상된다.

09 다음 중 유형자산의 인식에 관한 설명으로 옳은 것은?

① 안전 또는 환경상의 이유로 취득하는 유형자산은 직접적인 미래경제적효익을 기대할 수 없으므로 자산으로 인식할 수 없다.

② 일상적인 수선·유지와 관련하여 발생하는 후속적 원가는 해당 유형자산의 장부금액에 포함된다.

③ 사용 중이던 유형자산의 일부가 대체될 때 발생하는 원가는 항상 수선비(비용)로 인식한다.

④ 유형자산의 정기적인 종합검사 과정에서 발생하는 원가가 인식기준을 충족한다면 해당 유형자산의 일부가 대체되는 것으로 본다.

10 ㈜삼일은 20X1년 초에 토지를 10,000원에 구입하였으며, 이 토지에 대해 재평가모형을 적용하여 매년 말에 재평가하였다. 토지는 20X1년 말에 15,000원, 20X2년 말에 12,000원으로 각각 재평가되었다. 20X2년 말에 시행한 토지의 재평가가 ㈜삼일의 20X2년 당기순이익에 미치는 영향은 얼마인가?

① 영향 없음

③ 3,000원 감소

② 2,000원 감소

④ 5,000원 감소

11 다음은 20X1 년 말 ㈜삼일의 건물과 관련된 자료이다. ㈜삼일은 20X1 년 말 건물과 관련하여 손상차손을 인식하였다. 20X2 년 결산시점에 ㈜삼일이 건물과 관련하여 인식해야 할 감가상각비를 계산하면 얼마인가?

ㄱ. 20X1년 말 건물 장부금액(손상차손 인식 전)	50,000,000원
ㄴ. 20X1년 말 건물의 순공정가치	45,000,000원
ㄷ. 20X1년 말 건물의 사용가치	35,000,000원
ㄹ. 20X1년 말 건물의 잔존내용연수	5년
ㅁ. 건물의 잔존가치	0원
ㅂ. ㈜삼일은 건물에 대하여 정액법으로 감가상각비를 인식함	

① 7,000,000원   ② 8,000,000원

③ 9,000,000원   ④ 10,000,000원

12 다음 중 내부적으로 창출한 무형자산에 관한 설명으로 옳지 않은 것은?

① 내부 프로젝트의 연구단계에서는 미래경제적효익을 창출할 무형자산이 존재한다는 것을 제시할 수 없기 때문에 연구단계에서 발생한 지출은 발생한 기간의 비용으로 인식한다.

② 내부적으로 창출한 영업권은 원가를 신뢰성 있게 측정할 수 없고 기업이 통제하고 있는 식별가능한 자원이 아니기 때문에 무형자산으로 인식하지 아니한다.

③ 재료, 장치, 제품, 공정, 시스템이나 용역에 대한 여러 가지 대체안을 탐색하는 활동은 연구단계에 속하는 활동의 일반적인 예에 해당한다.

④ 무형자산을 창출하기 위한 내부 프로젝트를 연구단계와 개발단계로 구분할 수 없는 경우에는 그 프로젝트에서 발생한 지출은 모두 개발단계에서 발생한 것으로 본다.

13 다음 중 무형자산의 상각에 관한 설명으로 옳지 않은 것은?

① 내용연수가 유한한 무형자산은 자산을 사용할 수 있는 때부터 상각한다.

② 내용연수가 비한정인 무형자산은 감가상각하지 않고, 매 회계기간마다 내용연수가 비한정이라는 평가가 정당한지 검토한다.

③ 내용연수가 유한한 무형자산은 경제적효익이 소비되는 형태를 신뢰성 있게 결정할 수 없는 경우에는 상각을 하지 않는다.

④ 내용연수가 유한한 무형자산의 상각기간과 상각방법은 적어도 매 회계연도 말에 검토한다.

14 다음 중 투자부동산에 해당하는 것을 모두 고른 것으로 옳은 것은?

> ㄱ. 장래 용도를 결정하지 못한 채로 보유하고 있는 토지
> ㄴ. 보유하는 건물에 관련되고 운용리스로 제공하는 사용권자산
> ㄷ. 정상적인 영업과정에서 판매하기 위한 부동산이나 이를 위하여 건설 또는 개발 중인 부동산
> ㄹ. 자가사용부동산
> ㅁ. 금융리스로 제공한 부동산

① ㄱ, ㄴ   ② ㄴ, ㄷ

③ ㄷ, ㄹ   ④ ㄹ, ㅁ

15 다음의 금융자산과 관련하여 ㈜삼일이 20X1년 말 재무상태표상 기타포괄손익누계액으로 표시할 금액을 계산하면 얼마인가?

> ㈜삼일은 20X0년 초 지분상품을 취득하여 기타포괄손익-공정가치 측정 금융자산으로 지정하였다. 취득시 공정가치는 100,000원이고, 취득관련 수수료는 10,000원이다. 20X0년 말 동 금융자산의 공정가치는 80,000원이며, 20X1년 말 동 금융자산의 공정가치는 150,000원이다.

① 10,000원   ② 20,000원

③ 40,000원   ④ 50,000원

16 다음 중 금융자산의 제거에 관한 설명으로 옳지 않은 것은?

① 금융자산의 현금흐름에 대한 계약상 권리가 소멸한 경우에는 당해 금융자산을 제거한다.

② 금융자산의 현금흐름에 대한 계약상 권리를 양도하고 위험과 보상의 대부분을 이전하면 당해 금융자산을 제거한다.

③ 금융자산의 현금흐름에 대한 계약상 권리를 양도하고, 양수자가 당해 금융자산을 제3자에게 매각할 수 있는 능력을 가지고 있다면 당해 금융자산을 제거한다.

④ 금융자산의 현금흐름에 대한 계약상 권리를 양도하고 양도자가 매도 후에 미리 정한 가격으로 당해 금융자산을 재매입하기로 한 경우 당해 금융자산을 제거한다.

17 다음 중 한국채택국제회계기준에 의한 금융상품에 관한 설명으로 옳지 않은 것은?

① 금융상품은 거래당사자(보유자)에게 금융자산을 발생시키고 동시에 거래상대방(발행자)에게 금융부채나 지분상품을 발생시키는 모든 계약을 말한다.

② 잠재적으로 유리한 조건으로 거래상대방과 금융자산이나 금융부채를 교환하기로 한 계약상 권리는 금융상품 보유자 입장에서 금융자산으로 분류한다.

③ 거래상대방에게 현금 등 금융자산을 인도하기로 한 계약상 의무는 금융상품 발행자 입장에서 금융부채로 분류한다.

④ 확정수량의 자기지분상품을 확정금액의 현금 등 금융자산을 교환하여 결제하는 방법 외의 방법으로 결제되거나 결제될 수 있는 파생상품은 발행자 입장에서 지분상품으로 분류한다.

18 ㈜삼일은 다음과 같은 조건으로 전환사채를 6,000,000 원에 발행하였다. ㈜삼일이 전환사채 발행시점에 계상할 전환권대가를 계산하면 얼마인가?(단, 전환권대가는 자본으로 분류되며, 상환할증금은 없다)

> ㄱ. 액면금액 : 6,000,000원
> ㄴ. 액면이자 : 표시이자율 10%, 매년 말 이자지급
> ㄷ. 발행일 : 20X1년 1월 1일
> ㄹ. 만기일 : 20X3년 12월 31일(3년)
> ㅁ. 전환사채가 일반사채인 경우의 시장이자율 : 12%
>   (12%, 3년의 현재가치계수는 0.7118이며, 3년의 연금현재가치계수는 2.4018이다)

① 0원
② 288,120원
③ 379,350원
④ 487,250원

19 다음 중 사채의 회계처리에 관한 설명으로 옳지 않은 것은?

① 사채발행비는 사채의 발행금액에서 차감한다.
② 사채발행비가 없는 상황에서, 사채를 조기상환하는 경우 상환일의 시장이자율이 발행일의 시장이자율보다 높으면 사채상환손실이 발생한다.
③ 사채발행비가 없는 상황에서, 연속상환사채의 발행금액은 사채로부터 발생하는 미래현금흐름을 사채 발행시점의 시장이자율로 할인한 현재가치가 된다.
④ 자기사채를 취득하는 경우 취득금액과 사채 장부금액의 차액은 사채상환손익으로 처리한다.

20 다음 중 충당부채를 인식해야 할 상황으로 옳지 않은 것은?

① A사는 제품을 판매하는 시점에 구매자에게 제품보증을 약속하고 있으나 법적 의무가 존재하는 것은 아니다. 과거 경험에 비추어 보면 제품 보증 요청이 발생할 가능성이 높다.

② B사는 해양플랜트 사업을 영위하고 있으며 해양오염을 유발하고 있다. 결산일 현재 발생한 해양오염을 복구할 것을 요구하는 법안이 차기 2월 중 제정될 것이 거의 확실하다.

③ C사는 고객으로부터의 손해배상 소송사건에 계류 중이다. 법률 전문가는 당기 말 현재 기업이 배상책임을 이행할 가능성이 높다고 조언하고 있다.

④ D사는 주기적인 수선을 요하는 설비자산을 이용하여 제품을 생산하고 있다. 과거 경험에 따르면 동 설비자산의 노후로 인하여 1년 후 중요한 금액의 수선비가 발생할 가능성이 높은 것으로 예상된다.

21 다음 중 자본거래가 자본의 각 항목에 미치는 영향으로 옳지 않은 것은?

		자본금	이익잉여금	총자본
①	주식배당	증가	감소	불변
②	주식의 할인발행	증가	불변	감소
③	자기주식 취득	불변	불변	감소
④	현금배당	불변	감소	감소

22 다음은 20X1 년 ㈜삼일의 주요 재무정보의 일부이다. ㈜삼일은 20X1 년에 신설된 법인으로 당기에는 배당을 지급하지 않았다. 다음 중 ㈜삼일의 20X1 년 말 현재 자본에 관한 설명으로 옳지 않은 것은?(단, 1 주당 액면금액은 500 원이며, ㈜삼일은 무액면주식을 발행한 사실이 없다)

	20X1년 12월 31일
자본총계	5,000,000원
자본금	1,000,000원
주식발행초과금	3,000,000원
이익잉여금	1,000,000원

① 법정자본금은 1,000,000원이다.
② 발행주식수는 2,000주이다.
③ 20X1년 당기순이익은 1,000,000원이다.
④ 20X1년의 주당이익은 1,000원이다.

23 다음 중 고객과의 계약에서 생기는 수익에 관한 설명으로 옳은 것은?

① 고객에게 이전할 재화나 용역에 대하여 받을 권리를 갖게 될 대가의 회수가능성이 높지 않더라도 계약의 상업적 실질이 존재하고 이전할 재화나 용역의 지급조건을 식별할 수 있으면 고객과의 계약으로 회계처리한다.
② 기업이 수행하여 만든 자산이 기업 자체에 대체적인 용도가 있고, 지금까지 수행을 완료한 부분에 대해 집행가능한 지급청구권이 기업에 있는 경우, 기업은 기간에 걸쳐 수익을 인식한다.
③ 투입법을 적용하는 경우 수행정도를 나타내지 못하는 투입물의 영향은 제외하고 진행률을 산정한다.
④ 기간에 걸쳐 수익을 인식하는 경우 투입법 혹은 산출법에 따라 진행률을 측정하며, 비슷한 수행의무에 대해서도 서로 다른 방법의 적용이 가능하다.

24 ㈜삼일은 20X1년 12월 31일 ㈜반품에 50,000,000원(원가 30,000,000원)의 제품을 판매하고 1년 이내 반품할 수 있는 권리를 부여하였다. 인도일 현재 10,000,000원(원가 6,000,000원)이 반품될 것으로 예상될 때, ㈜삼일이 20X1년에 인식할 환불부채를 계산하면 얼마인가?

① 10,000,000원   ② 20,000,000원

③ 30,000,000원   ④ 40,000,000원

25 ㈜삼일건설은 20X1년 1월 1일에 대전시로부터 교량건설을 총공사계약액 50,000,000원에 수주하였다. 공사기간은 20X1년 1월 1일부터 20X3년 12월 31일까지이다. 추정총계약원가는 40,000,000원으로 공사기간 동안 변동이 없으며, 회사는 누적발생계약원가에 기초하여 공사진행률을 측정하고 있다. 20X1년과 20X2년 계약수익이 다음과 같을 때 20X2년 말 누적공사진행률을 계산하면 얼마인가?

> ㄱ. 20X1년 계약수익 : 20,000,000원
> ㄴ. 20X2년 계약수익 : 15,000,000원

① 40%   ② 50%

③ 60%   ④ 70%

26 확정급여제도하에서 기업은 미래에 종업원에게 지급할 퇴직급여의 수급권을 보장하기 위하여 사외기금제도를 이용한다. 다음 중 사외적립자산에 관한 설명으로 옳은 것은?

① 사외적립자산은 공정가치로 측정한다.

② 사외적립자산과 확정급여채무는 재무상태표에 각각 자산과 부채로 표시한다.

③ 당해 회계기간에 대하여 회사가 사외에 적립한 기여금은 비용으로 인식한다.

④ 사외적립자산은 재측정요소가 발생하지 않는다.

27 ㈜삼일은 20X1 년 1 월 1 일 임원 10 명에게 용역제공조건으로 현금결제형 주식선택권(즉, 주가차액보상권)을 부여하였다. 현금결제형 주식기준보상과 관련하여 20X2 년 주식보상비용 계산 시 필요한 정보가 아닌 것은?

① 용역제공기간(가득기간)

② 부여일 현재 주가차액보상권의 공정가치

③ 연평균기대권리소멸률

④ 보고기간말 현재 주가차액보상권의 공정가치

28 ㈜삼일의 20X1 년 법인세와 관련한 세무조정사항은 다음과 같다. 20X0 년 12 월 31 일 현재 이연법인세자산과 이연법인세부채의 잔액은 없었다. 20X1 년 포괄손익계산서의 법인세비용을 계산하면 얼마인가?(단, 이연법인세자산의 실현가능성은 높으며, 법인세율은 30%이고 이후 변동이 없다고 가정한다)

법인세비용차감전순이익	2,000,000원
접대비한도초과액	50,000원
감가상각비한도초과액	80,000원
당기손익－공정가치 측정 금융자산평가손실	20,000원

① 585,000원　　　　　　　　　② 595,000원

③ 615,000원　　　　　　　　　④ 630,000원

29 다음 중 법인세회계에 관한 설명으로 옳지 않은 것은?

① 이연법인세자산은 비유동자산으로만 계상한다.

② 이연법인세부채는 비유동부채로만 계상한다.

③ 가산할 일시적차이가 사용될 수 있는 미래과세소득의 발생 가능성이 높은 경우에 이연법인세자산을 인식한다.

④ 일시적차이가 소멸될 것으로 예상되는 기간의 과세소득에 적용될 것으로 기대되는 평균세율을 적용하여 이연법인세자산·부채를 측정한다.

30 ㈜삼일은 20X1 년 1 월 1 일에 액면금액이 100,000 원이고, 액면이자율이 연 10%인 3 년 만기의 사채를 95,196 원에 발행하였다. 이자지급일은 매년 말이고, 유효이자율법으로 사채할인발행차금을 상각하며, 사채발행시점의 유효이자율은 연 12%이다. ㈜삼일은 20X1 년도와 20X2 년도의 포괄손익계산서에 위 사채와 관련된 이자비용을 각각 10,000 원씩 인식하였다. 사채와 관련한 회계처리를 올바르게 수정할 경우 20X2 년도 포괄손익계산서의 당기순이익은 얼마나 감소하는가? (단,단수차이로 인해 약간의 오차가 있으면 가장 근사치를 선택하며, 법인세 효과는 무시한다.)

① 1,594원 감소 　　　　　　② 1,698원 감소

③ 1,856원 감소 　　　　　　④ 2,156원 감소

31 다음 중 회계추정의 변경 사항이 아닌 것은?

① 매출채권에 대한 대손상각률의 변경

② 유형자산의 감가상각방법의 변경

③ 유형자산 잔존가치의 변경

④ 재고자산 원가흐름의 가정을 개별법에서 평균법으로 변경

32 ㈜삼일의 20X1 년 보통주 발행주식수 변동상황은 다음과 같다. 20X1 년의 당기순이익이 3,500,000 원이고, 우선주배당금이 250,000 원일 경우, 20X1 년의 기본주당순이익을 계산하면 얼마인가?(단, 가중평균유통보통주식수는 월할로 계산하며, ㈜삼일이 발행한 우선주는 모두 비참가적이다)

일자	내용	주식수
20X1년 1월 1일	기초 유통보통주식수	12,000주
20X1년 3월 1일	공정가치로 유상증자	3,000주
20X1년 7월 1일	자기주식 취득	3,000주

① 150원 　　　　　　② 200원

③ 250원 　　　　　　④ 300원

33 다음 중 관계기업투자주식의 회계처리에 관한 설명으로 옳지 않은 것은?

① 유의적인 영향력의 판단에는 지분율 기준과 실질 영향력 기준이 있다.

② 유의적인 영향력을 판단함에 있어 피투자자에 대한 의결권은 투자자의 지분율과 종속기업이 보유하고 있는 지분율의 단순합계로 계산한다.

③ 실질영향력기준이 적용되지 않을 경우 투자자가 직접 또는 간접으로 피투자자에 대한 의결권의 20% 미만을 소유하고 있다면 유의적인 영향력이 없는 것으로 본다.

④ 투자자와 관계기업 사이의 상향거래나 하향거래에서 발생한 당기손익에 대하여 투자자는 그 관계기업에 대한 투자지분과 관련된 손익까지만 투자자의 재무제표에 인식한다.

34 20X1 년 1 월 1 일 ㈜삼일은 ㈜용산의 보통주 30%를 800,000 원에 취득하여 유의적인 영향력을 행사하게 되었으며, 취득 당시 ㈜용산의 순자산 장부금액과 공정가치는 2,000,000 원으로 동일하였다. 20X1 년 ㈜용산의 자본은 아래와 같으며, 당기순손익 이외에 자본의 변동은 없다고 가정한다. 20X1 년 말 ㈜삼일의 관계기업투자주식의 장부금액을 계산하면 얼마인가?

	20X1년 1월 1일	20X1년 12월 31일
자본금	900,000원	900,000원
이익잉여금	1,100,000원	1,300,000원
합계	2,000,000원	2,200,000원

① 820,000원   ② 860,000원

③ 890,000원   ④ 930,000원

35 다음 중 기능통화를 결정할 때 우선적으로 고려해야 할 주요 지표로 옳은 것은?

① 재무활동(채무상품이나 지분상품의 발행)으로 조달되는 통화
② 재화와 용역의 공급가격에 주로 영향을 미치는 통화
③ 재무제표에 표시되는 통화
④ 영업활동에서 유입되어 통상적으로 보유하는 통화

36 다음 중 파생상품과 관련한 위험회피회계에 관한 설명으로 옳은 것은?

① 공정가치위험회피를 적용하는 경우 위험회피수단에 대한 손익은 기타포괄손익으로 인식한다.
② 위험회피대상항목이 미래에 예상되는 거래로써 당해 거래에 따른 미래현금흐름변동을 상쇄하기 위해 파생상품을 이용하는 경우에는 공정가치위험회피회계를 적용한다.
③ 현금흐름위험회피를 적용하는 경우 위험회피수단에 대한 손익 중 위험회피에 효과적인 부분은 당해 회계연도에 당기손익으로 인식한다.
④ 해외사업장순투자의 위험회피는 위험회피수단의 손익 중 위험회피에 효과적인 부분은 기타포괄손익으로 처리한다.

37 ㈜삼일은 20X2년 1월 1일 ㈜용산과 기계장치에 대한 리스계약을 다음과 같이 체결하였다. 20X2년 말 ㈜용산이 인식해야 할 리스부채를 계산하면 얼마인가?(단, 소수점 첫째자리에서 반올림한다)

ㄱ. 리스료 : 매년 말 200,000원씩 지급
ㄴ. 20X2년 1월 1일 현재 리스부채의 현가 : 758,158원
ㄷ. 리스부채 측정시 사용한 내재이자율 : 연 10%
ㄹ. 리스기간 : 5년

① 497,327원
② 576,583원
③ 633,974원
④ 698,476원

38 다음 중 현금흐름표에 관한 설명으로 옳지 않은 것은?

① 간접법을 적용하여 표시한 영업활동 현금흐름은 직접법에 의한 영업활동 현금흐름에서는 파악할 수 없는 정보를 제공하기 때문에 미래현금흐름을 추정하는데 보다 유용한 정보를 제공한다.

② 영업활동은 기업의 주요 수익창출활동, 그리고 투자활동이나 재무활동이 아닌 기타의 활동을 말한다.

③ 투자활동은 유·무형자산, 다른 기업의 지분상품이나 채무상품 등의 취득과 처분활동, 제3자에 대한 대여 및 회수활동 등을 포함한다.

④ 현금흐름표는 회계기간 동안 발생한 현금흐름을 영업활동, 투자활동 및 재무활동으로 분류하여 보고한다.

39 다음 ㈜삼일의 20X1년 재무제표 관련 자료를 이용하여 현금흐름표에 보고될 간접법에 의한 영업활동현금흐름을 계산하면 얼마인가?

당기순이익	20,000원	감가상각비	4,600원
매출채권의 증가	15,000원	재고자산의 감소	2,500원
매입채무의 증가	10,400원	유형자산처분이익	2,400원

① 20,100원

② 21,000원

③ 22,500원

④ 24,900원

40 ㈜삼일의 20X1 년 매출액은 100,000 원이고 대손상각비로 5,000 원을 계상하였다. 다음의 자료를 이용하여 ㈜삼일의 매출로 인한 현금유입액을 계산하면 얼마인가?

	20X1년 1월 1일	20X1년 12월 31일
매출채권	10,000원	15,000원
대손충당금	3,000원	2,000원

① 85,000원   ② 87,000원

③ 89,000원   ④ 91,000원

01 다음 중 국제회계기준의 특징으로 옳지 않은 것은?

① 국제회계기준은 개별재무제표가 아닌 연결재무제표를 기본재무제표로 제시하고 있다.

② 국제회계기준은 각국의 협업을 통해 제정된 회계기준이다.

③ 국제회계기준의 가장 큰 특징은 공정가치 측정에서 역사적 원가에 기초한 측정으로 대폭 그 방향을 전환하였다는 점이다.

④ 국제회계기준은 원칙중심의 회계기준이다.

02 다음 중 재무정보의 질적 특성에 관한 설명으로 옳지 않은 것은?

① 목적적합성과 표현충실성은 근본적 질적 특성에 해당한다.

② 비교가능성, 검증가능성, 중요성, 이해가능성은 보강적 질적 특성에 해당한다.

③ 보강적 질적 특성은 가능한 극대화 되어야 하지만 하나의 보강적 질적특성이 다른 질적 특성의 극대화를 위해 감소되어야 할 수도 있다.

④ 원가는 재무보고로 제공될 수 있는 정보에 대한 포괄적 제약요인이다.

03 다음 중 재무상태표의 기본요소에 관한 설명으로 옳지 않은 것은?

① 재무상태의 측정에 직접적으로 관련되는 요소는 자산, 부채 및 자본이다.

② 일반적으로 지출의 발생과 자산의 취득은 밀접하게 관련되어 있다.

③ 미래에 특정 자산을 취득하겠다는 경영진의 의사결정은 기업에 현재 의무를 발생시킨다.

④ 자본은 자산에서 부채를 차감한 후의 잔여지분에 해당한다.

04 다음 중 재무상태표의 작성기준에 관한 설명으로 옳지 않은 것은?

① 한국채택국제회계기준에서 요구하거나 허용하지 않는 한 자산과 부채 그리고 수익과 비용은 상계하지 않는다.

② 보고기간 후 12개월 이상 부채의 결제를 연기할 수 있는 무조건의 권리를 가지고 있지 않은 경우 유동부채로 분류한다.

③ 재무상태표에 포함될 항목이 한국채택국제회계기준에 세부적으로 명시되어 있지 않으므로 기업의 재량에 따라 재무상태표의 양식 및 재무상태표에 포함할 항목을 결정하는 것이 가능하다.

④ 재고자산평가충당금과 매출채권에 대한 대손충당금과 같은 평가충당금을 차감하여 관련 자산을 순액으로 측정하는 것은 상계표시에 해당한다.

05 다음 중 특수관계자 공시에 관한 설명으로 옳은 것은?

① 보고기업에 유의적인 영향력을 행사할 수 있는 개인은 보고기업과 특수관계에 있다.

② 최상위 지배자와 지배기업이 다른 경우에는 최상위 지배자의 명칭은 공시를 생략할 수 있다.

③ 주요 경영진에 대한 보상에는 단기종업원급여와 퇴직급여만을 포함한다.

④ 지배기업과 그 종속기업 사이의 관계는 거래가 없을 경우 공시를 생략할 수 있다.

06 다음 중 재고자산에 관한 설명으로 옳지 않은 것은?

① 특정한 고객을 위한 비제조 간접원가 또는 제품 디자인원가는 재고자산의 원가에 포함하는 것이 적절할 수도 있다.

② 후속 생산단계에 투입하기 전에 필수적으로 발생하는 보관원가는 재고자산의 취득원가에 포함하지 않는다.

③ 판매원가는 재고자산의 취득원가에 포함하지 않는다.

④ 재고자산을 현재의 장소에 현재의 상태로 이르게 하는데 기여하지 않은 관리간접원가는 재고자산의 취득원가에 포함하지 않는다.

07 다음 중 재고자산의 수량결정방법에 관한 설명으로 옳지 않은 것은?

① 계속기록법에서는 장부상의 재고잔량을 기말재고수량으로 결정한다.

② 계속기록법에서는 상품의 입·출고시에 당기매입수량 및 당기판매수량만을 기록하기 때문에 기중에는 장부상의 재고수량을 파악할 수 없다.

③ 실지재고조사법에서는 실지재고조사를 통해 기말재고수량을 파악하며, 재고장에 입고기록만 할 뿐, 출고기록은 수행하지 않는다.

④ 실지재고조사법에서는 기말재고 수량을 먼저 확정한 뒤에 당기판매수량을 계산한다.

08 다음 자료에서 재고자산평가손실은 ㈜삼일의 재고자산이 진부화되어 발생하였다. 다음 중 ㈜삼일의 20X2년 포괄손익계산서상 매출원가는 얼마인가(단, 모든 재고자산감모손실과 재고자산평가손실은 매출원가로 인식한다고 가정한다)?

20X1년 12월 31일 재고자산	600,000원
20X2년 매입액	900,000원
20X2년 재고자산평가손실	200,000원
20X2년 재고자산감모손실	100,000원
20X2년 12월 31일 재고자산(평가손실과 감모손실 차감 후)	440,000원

① 760,000원
② 860,000원
③ 960,000원
④ 1,060,000원

09 다음 중 유형자산에 관한 설명으로 옳지 않은 것은?

① 경영진이 의도한 방식으로 유형자산을 가동할 수 있는 장소와 상태에 이르게 하는 동안에 재화(예: 자산이 정상적으로 작동되는지를 시험할 때 생산되는 시제품)가 생산될 수 있다. 그러한 재화를 판매하여 얻은 매각금액과 그 재화의 원가는 적용 가능한 기준서에 따라 당기손익으로 인식한다.

② 유형자산 취득에 필수적으로 수반되는 유가증권의 매입시 동 증권의 현재가치와 취득가액의 차액은 유형자산의 취득을 위하여 불가피하게 지출한 금액이므로 당해 유형자산의 원가로 계상하여야 한다.

③ 자산취득 관련 정부보조금은 관련 비용에서 정부보조금을 차감하는 방법과 정부보조금을 당기손익의 일부로 별도의 계정이나 기타수익과 같은 일반 계정으로 표시하는 방법 중 한 가지 방법을 선택하여 처리할 수 있다.

④ 복구원가란 해당 유형자산의 경제적 사용이 종료된 후에 원상회복을 위하여 그 자산을 제거, 해체하거나 또는 부지를 복원하는데 소요될 것으로 추정되는 비용이 부채의 인식요건을 충족하는 경우 그 지출의 현재가치를 말하며 동 복구원가는 유형자산의 원가에 포함시켜야 한다.

10 다음 중 유형자산의 감가상각에 관한 설명으로 옳지 않은 것은?

① 감가상각방법은 자산의 미래경제적효익이 소비될 것으로 예상되는 형태를 반영한다.

② 감가상각방법은 적어도 매 회계연도 말에 재검토하며, 재검토 결과 자산에 내재된 미래경제적효익의 예상되는 소비형태에 유의적인 변동이 있다면 이를 반영하기 위하여 감가상각방법을 변경한다.

③ 원가모형을 선택할 경우에는 감가상각을 수행하지만, 재평가모형을 선택할 경우에는 감가상각을 수행하지 않는다.

④ 정률법은 내용연수 초기에 감가상각비를 많이 계상하다가 내용연수 후기로 갈수록 감가상각비를 적게 계상하는 방법인데, 이를 체감잔액법이라고도 한다.

11 ㈜삼일이 20X2 년 말에 시행한 기계장치의 재평가가 ㈜삼일의 20X2 년 기타포괄이익에 미치는 영향은 얼마인가(단, ㈜삼일은 20X1 년 말에 기계장치에 대한 재평가를 실시하지 않았다)?

> ㈜삼일은 20X1년 초 기계장치 1대를 50,000원에 취득하였다. 동 기계장치의 내용년수는 5년이고, 잔존가치는 없으며 감가상각방법은 정액법을 채택하기로 하였다. ㈜삼일은 이 기계장치에 대해 재평가모형을 적용하고 있으며, 20X2년 말의 공정가치는 60,000원이었다(전액제거법으로 회계처리한다).

① 0원
② 10,000원 증가
③ 20,000원 증가
④ 30,000원 증가

12 다음은 ㈜삼일의 20X1 년 중 연구 및 개발활동으로 지출한 내역이다. 개발비는 취득 후 3 년간 잔존가치 없이 정액법으로 상각한다. 20X1 년 12 월 31 일 ㈜삼일의 재무상태표에 보고되어야 할 무형자산 금액은 얼마인가(단, 무형자산에 대해서 원가모형을 선택하고 있다)?

> ㄱ. 연구활동관련 : 100,000원
> ㄴ. 개발활동관련 : 150,000원
>   - 개발활동에 소요된 150,000원 중 78,000원은 20X1년 4월 1일부터 동년 9월 30일까지 지출되었으며 나머지 72,000원은 10월 1일에 지출되었다. 단, 10월 1일에 지출된 72,000원만 무형자산 인식기준을 충족하며, 동일부터 사용가능하게 되었다.

① 62,000원
② 64,000원
③ 66,000원
④ 68,000원

13 다음 중 내부적으로 창출한 무형자산에 관한 설명으로 옳지 않은 것은?

① 무형자산을 창출하기 위한 내부 프로젝트를 연구단계와 개발단계로 구분할 수 없는 경우에는 그 프로젝트에서 발생한 지출은 모두 연구단계에서 발생한 것으로 본다.

② 내부적으로 창출한 고객목록, 브랜드 등은 개별식별이 어렵기 때문에 영업권으로 인식한다.

③ 내부 프로젝트의 연구단계에서는 미래경제적효익을 창출할 무형자산이 존재한다는 것을 제시할 수 없기 때문에, 내부 프로젝트의 연구단계에서 발생한 지출은 발생시점에 비용으로 인식한다.

④ 재료, 장치, 제품, 공정, 시스템이나 용역에 대한 여러 가지 대체안을 탐색하는 활동에서 발생한 지출은 비용으로 인식한다.

14 다음 중 투자부동산으로 분류되는 것으로 옳은 것은?

① 자가사용 부동산

② 임대수익을 얻기 위하여 리스이용자가 사용권자산으로 보유하고 있는 부동산

③ 부동산 소유자가 부동산 사용자에게 유의적인 부수용역을 제공하는 부동산

④ 공장 건설 부지로 사용목적을 결정한 토지

15 다음 중 금융자산에 관한 설명으로 옳지 않은 것은?

① 금융자산은 금융자산의 계약상 '현금흐름 특성'과 금융자산의 관리를 위한 '사업모형'에 근거하여 후속적으로 '상각후원가', '기타포괄손익 – 공정가치', '당기손익 – 공정가치'로 측정되도록 분류한다.

② 상각후원가측정금융자산의 취득과 직접 관련되는 거래원가는 지출시점에 당기비용으로 처리한다. 그러나 당기손익-공정가치측정금융자산과 기타포괄손익-공정가치측정금융자산은 당해 금융자산의 취득과 직접 관련되는 거래원가는 취득원가에 가산하여 측정한다.

③ 양도자가 양도자산의 소유에 따른 위험과 보상의 대부분을 보유하고 있는 경우에는, 양도자는 양도자산 전체를 계속하여 인식하며 수취한 대가를 금융부채로 인식한다.

④ 금융자산의 재분류는 지분상품 혹은 파생상품은 원칙적으로 불가능하고 채무상품만 사업모형을 변경하는 경우에만 가능하다.

16 ㈜서울은 20X1 년 초에 ㈜용산의 주식 1,000 주를 취득하고 당기손익-공정가치 측정 금융자산으로 분류하였다. 20X2 년 초에 1,000 주를 공정가치로 처분한 경우 ㈜서울의 20X2 년 당기순이익에 미치는 영향은 얼마인가?

일 자	구 분	주 당 금 액
20X1년 1월 1일	취득원가	10,000원
20X1년 12월 31일	공정가치	10,500원
20X2년 1월 1일	공정가치	9,700원

① 영향없음

② 800,000원 감소

③ 300,000원 감소

④ 500,000원 증가

17 다음 중 금융상품에 관한 설명으로 옳지 않은 것은?

① 금융상품은 거래당사자에게 금융자산을 발생시키고 동시에 거래상대방에게 금융부채나 지분상품을 발생시키는 모든 계약을 말한다.

② 매출채권, 미수금, 대여금은 금융자산에 해당하지만, 임차보증금은 금융자산에 해당하지 않는다.

③ 현금, 다른 기업의 지분상품 및 거래상대방에게서 현금 등 금융자산을 수취할 계약상 권리는 금융자산에 해당한다.

④ 잠재적으로 불리한 조건으로 거래상대방과 금융자산이나 금융부채를 교환하기로 한 계약상 의무는 금융부채이다.

18 다음 중 복합금융상품에 관한 설명으로 옳지 않은 것은?

① 신주인수권부사채란 유가증권의 소유자가 일정한 조건하에 신주인수권을 행사하여 보통주 발행을 청구할 수 있는 권리가 부여된 사채이다.

② 전환우선주란 유가증권의 소유자가 일정한 조건하에 전환권을 행사할 수 있는 우선주로서, 전환권을 행사하면 보통주로 전환되는 우선주이다.

③ 복합금융상품의 발행금액에서 지분상품(자본)의 공정가치를 차감한 잔액은 금융부채로 인식한다.

④ 전환사채란 유가증권 소유자가 일정한 조건하에 보통주로의 전환권을 행사할 수 있는 사채로서, 전환권을 행사하면 보통주로 전환되는 사채이다.

19 ㈜삼일은 20X1년 1월 1일 액면금액 1,000,000원, 표시이자율 연 5%, 만기 2년인 사채를 881,696원에 할인발행하였다. 사채의 발행당시 유효이자율이 연 12%일 때 ㈜삼일이 사채발행으로 인하여 만기 2년 동안 인식해야 할 총 이자비용은 얼마인가?

① 100,000원　　　② 167,308원

③ 218,304원　　　④ 256,240원

20 다음 중 우발부채 및 우발자산에 관한 설명으로 옳지 않은 것은?

① 우발자산은 재무상태표에 자산으로 기록하지 않는다.

② 우발부채는 당해 의무 이행을 위해 자원이 유출될 가능성이 아주 낮더라도 주석으로 기재해야 한다.

③ 과거사건에 의해 발생하였으나 불확실한 미래사건의 발생 여부에 의하여서만 그 존재가 확인되는 잠재적 자산은 우발자산이다.

④ 과거사건에 의해 발생하였으나 불확실한 미래사건의 발생 여부에 의하여서만 그 존재가 확인되는 잠재적 의무는 우발부채이다.

21 다음 중 자본변동표에 일반적으로 표시되는 항목으로 옳지 않은 것은?

① 기계장치의 현금 취득　　　　② 유상증자에 따른 신주발행
③ 당기순손실의 발생　　　　　　④ 자기주식의 취득

22 ㈜삼일은 20X1 년 초 설립된 회사로 설립시에 보통주와 우선주를 모두 발행하였다. 설립일 이후 자본금의 변동은 없었으며, 20X1 년 12 월 31 일 현재 보통주자본금과 우선주자본금은 다음과 같다.

구분	주당액면금액	발행주식수	자본금
보통주	1,000원	5,000주	5,000,000원
우선주(*)	1,000원	2,000주	2,000,000원

* 우선주의 배당률은 10%이며, 비참가적 우선주이다.

㈜삼일은 20X1 년 12 월 31 일로 종료되는 회계연도의 정기주주총회에서 배당금 총액을 300,000 원으로 선언할 예정인 경우 보통주 주주에게 배분될 배당금은 얼마인가?

①　70,000원　　　　　　　　　② 100,000원
③ 200,000원　　　　　　　　　④ 300,000원

23 다음 중 고객과의 계약에서 생기는 수익에 관한 설명으로 옳지 않은 것은?

① 고객이 재화나 용역 그 자체에서 또는 쉽게 구할 수 있는 다른 자원과 함께하여 그 재화나 용역에서 효익을 얻을 수 있고 고객에게 재화나 용역을 이전하기로 하는 약속을 계약 내의 다른 약속과 별도로 식별해 낼 수 있다면 고객에게 약속한 재화나 용역은 별도로 구별되는 것이다.

② 고객과의 계약에 따라 합의한 지급시기 때문에 유의적인 금융효익이 고객에게 제공되는 경우 화폐의 시간가치를 반영하여 거래가격을 조정한다.

③ 고객에게 약속한 재화나 용역을 이전하여 수행의무를 이행할 때, 즉 기업으로부터 고객에게 자산에 대한 위험과 보상이 이전될 때 수익을 인식한다.

④ 고객과의 계약금액을 각 수행의무별로 수익을 측정하기 위하여 계약 개시시점에 각 수행의무 대상인 재화 혹은 용역의 개별판매가격을 산정하고 이 가격에 비례하여 거래가격을 배분한다.

24 ㈜삼일은 ㈜용산에 20X1년 1월 1일 제품 A를 2년 후에 이전하기로 하고 5,000원을 수령하였다. ㈜삼일의 증분차입이자율이 연 5%인 경우 ㈜삼일이 20X2년에 인식할 매출액은 얼마인가(단, 소수점 첫째자리에서 반올림한다)?

①   0원   ② 5,000원

③ 5,250원   ④ 5,513원

25 ㈜서울은 20X1년 2월 5일에 ㈜부산과 공장 건설계약을 맺었다. 총공사계약액은 120,000,000원이며 ㈜서울은 누적발생계약원가에 기초하여 진행률을 산정하여 진행기준에 따라 수익을 인식한다. ㈜서울의 건설계약과 관련한 20X1년 자료는 다음과 같다. ㈜서울의 20X1년 말 재무상태표상 계약자산 또는 계약부채의 금액은 얼마인가?

누적발생원가	추정총계약원가	공사대금청구액
40,000,000원	100,000,000원	40,000,000원

① 계약자산 6,000,000원 ② 계약자산 8,000,000원

③ 계약부채 6,000,000원 ④ 계약부채 8,000,000원

26 다음은 ㈜삼일건설의 재무제표에 관한 주석이다. 다음 괄호 안에 들어갈 용어로 옳은 것은?

> 건설계약과 관련하여 진행기준에 의하여 수익을 인식하고 있습니다. 계약활동의 진행률은 진행단계를 반영하지 못하는 계약원가를 제외하고 수행한 공사에 대하여 발생한 누적계약원가를 추정 총계약원가로 나눈 비율로 측정하고 있습니다.
> 총계약원가가 총계약수익을 초과할 가능성이 높은 경우에 예상되는 손실은 (   ) 당기비용으로 인식하고 있습니다.

① 이연하여 ② 진행률에 따라

③ 즉시 ④ 공사완료 시점에

27 다음 중 퇴직급여에 관한 설명으로 옳지 않은 것은?

① 확정급여제도의 경우 사외적립자산은 공정가치로 측정하여 재무상태표에 인식되는 순확정급여부채를 결정할 때 확정급여채무의 현재가치에 가산한다.

② 순확정급여부채(자산)의 재측정요소는 기타포괄손익으로 인식하고 후속기간에 당기손익으로 재분류하지 않는다.

③ 확정급여제도란 보험수리적위험과 투자위험을 기업이 부담하는 퇴직급여제도를 의미한다.

④ 확정급여채무의 현재가치는 예측단위적립방식으로 계산된다.

28 ㈜삼일은 임원들에게 주식결제형 주식선택권을 부여하였으나 임원들이 주식선택권을 행사하지 않아 행사기간 말에 주식선택권이 소멸하였다. 이미 인식한 보상원가의 처리방법에 관한 설명으로 옳은 것은?

① 이미 인식한 보상원가는 부채로 인식한다.

② 이미 인식한 보상원가는 환입하지 않는다.

③ 이미 인식한 보상원가는 환입하여 비용에서 차감한다.

④ 이미 인식한 보상원가는 환입하여 수익으로 인식한다.

29 다음 중 법인세회계에 관한 설명으로 옳지 않은 것은?

① 이연법인세자산·부채는 비유동 항목으로 표시한다.

② 이연법인세자산·부채는 현재가치로 평가하지 않는다.

③ 차감할 일시적차이가 사용될 수 있는 미래과세소득의 발생 가능성이 높은 경우에 이연법인세자산을 인식한다.

④ 일시적차이가 발생한 연도의 평균세율을 적용하여 이연법인세자산·부채를 측정한다.

30 ㈜삼일은 20X1년에 사업을 개시하였다. 아래의 자료를 이용할 경우 ㈜삼일의 20X1년 말 재무상태표에 계상될 이연법인세자산·부채는 얼마인가?

> ㄱ. 당기순이익 : 9,000,000원
>
> ㄴ. 세무조정내역 : 차감할 일시적차이 6,000,000원
>
> ㄷ. 평균세율 : 20%(매년 동일할 것으로 예상)
>
> ㄹ. 이연법인세자산·부채를 인식하지 아니하는 예외사항에 해당되지는 않는다고 가정

① 이연법인세부채 1,200,000원   ② 이연법인세자산 1,200,000원

③ 이연법인세부채 1,800,000원   ④ 이연법인세자산 1,800,000원

31 다음 중 회계변경에 관한 설명으로 옳지 않은 것은?

① 회계추정치의 변경에 대하여 회계처리시 회사는 과거에 보고된 재무제표에 대하여 어떠한 수정도 하지 않는다.

② 재고자산 항목의 순실현가능가치를 변경하는 것은 회계정책의 변경에 해당한다.

③ 회계정책의 변경은 재무제표의 작성과 보고에 적용하던 회계정책을 다른 회계정책으로 바꾸는 것을 말한다.

④ 회계변경이 회계정책의 변경인지 회계추정치의 변경인지 구분하는 것이 어려운 경우에는 이를 회계추정치의 변경으로 본다.

32 다음은 ㈜삼일의 제 11 기(20X1 년 1 월 1 일 ~ 20X1 년 12 월 31 일) 당기순이익과 자본금 변동상황에 대한 자료이다. 이를 이용하여 ㈜삼일의 20X1 년도 기본주당순이익을 구하시오(단, 가중평균유통보통주식수는 월할로 계산한다).

> ㄱ. 당기순이익 : 26,000,000원
>
> ㄴ. 자본금변동사항(액면금액 500원)
>
> | | 보통주자본금 | |
> |---|---|---|
> | 기초 | 5,000주 | 2,500,000원 |
> | 4월1일 무상증자(40%) | 2,000주 | 1,000,000원 |
>
> ㄷ. 20X1년 7월 1일에 자기주식(보통주) 1,000주를 1,000,000원에 취득

① 3,000원　　　　　　　　② 3,500원

③ 4,000원　　　　　　　　④ 4,500원

33 다음 중 지분법 회계처리에 관한 설명으로 옳지 않은 것은?

① 투자자가 피투자자에 대해 유의적인 영향력을 행사할 수 있는 경우에 적용한다.

② 투자자는 지분법을 적용할 때 가장 최근의 이용가능한 관계기업의 재무제표를 사용한다.

③ 피투자자로부터 배당금수취시 투자수익을 즉시 인식하므로 투자주식 계정이 증가한다.

④ 관계기업투자주식의 취득시, 취득시점에서 지분증권을 취득원가로 기록한다.

34 ㈜삼일은 20X1 년 1 월 1 일 ㈜용산의 보통주 30%를 2,500,000 원에 취득하였고 그 결과 ㈜용산에 유의적인 영향력을 행사할 수 있게 되었다. ㈜용산에 대한 재무정보 및 기타 관련정보가 다음과 같을 경우 ㈜삼일의 20X1 년 말 현재 지분법을 적용한 관계기업투자주식의 장부금액은 얼마인가?

> * ㈜용산에 대한 재무정보
>
>   ㄱ. 20X1년 1월 1일 현재 순자산장부금액 : 9,000,000원(공정가치와 일치함)
>
>   ㄴ. 20X1년 당기순이익 : 1,000,000원

① 2,800,000원   ② 2,900,000원

③ 3,000,000원   ④ 3,100,000원

35 다음 중 기능통화와 표시통화에 관한 설명으로 옳지 않은 것은?

① 기업의 표시통화와 기능통화가 다른 경우에는 경영성과와 재무상태를 기능통화로 환산하여 재무제표에 보고한다.

② 표시통화란 재무제표를 표시할 때 사용하는 통화로서 기업은 어떤 통화든지 표시통화로 사용할 수 있다.

③ 기능통화란 영업활동이 이루어지는 주된 경제환경의 통화를 의미한다.

④ 외화거래를 최초로 인식하는 경우 거래일의 환율을 외화금액에 적용하여 기능통화로 기록한다.

36 다음 거래목적 중 파생상품평가손익을 기타포괄손익으로 인식하여 자본항목(기타포괄손익누계액)으로 처리하는 것은(단, 위험회피회계가 적용되는 경우 위험회피대상은 채무상품이라고 가정한다)?

① 현금흐름위험회피 목적으로 체결한 파생상품의 평가손익 중 위험회피에 효과적인 부분
② 현금흐름위험회피 목적으로 체결한 파생상품의 평가손익 중 위험회피에 효과적이지 못한 부분
③ 매매목적의 파생상품평가손익
④ 공정가치위험회피 목적의 파생상품평가손익

37 ㈜삼일은 20X1년 1월 1일에 사무실 임차계약을 체결하였다. ㈜삼일이 리스부채에 대해 20X1년 말에 인식할 이자비용은 얼마인가(단, 계산금액은 소수점 첫째자리에서 반올림함을 원칙으로 하고, 가장 근사치를 답으로 선택한다)?

> ㄱ. 임차기간은 20X1년 1월 1일부터 20X3년 12월 31일까지 이며, 매년 1월 1일에 고정리스료 100,000원을 지급한다.
> ㄴ. ㈜삼일의 20X1년 1월 1일 증분차입이자율은 연 10%이다.
> ㄷ. 2기간 10% 정상연금 현가계수는 1.73554이며, 현가계수는 0.82645이다. 3기간 10% 정상연금 현가계수는 2.48685이며, 현가계수는 0.75131이다.

① 17,355원
② 21,711원
③ 24,869원
④ 28,526원

38 다음은 ㈜삼일의 현금흐름표상 활동별 현금유출·입을 표시한 것이다. ㈜삼일의 현금흐름표에 관한 분석으로 옳지 않은 것은?

영업활동 현금흐름	투자활동 현금흐름	재무활동 현금흐름
현금유입(+)	현금유출(−)	현금유출(−)

① 재무활동 현금흐름이 (−)이므로 차입금상환 등이 있었을 것이다.

② 영업활동 현금흐름을 증가시키기 위해 배당금의 지급액은 재무활동 현금흐름으로 분류할 수 있다.

③ 유형자산의 처분으로 투자활동 현금흐름을 증가시킬 수 있다.

④ 영업활동 현금흐름이 (+)이므로, 분명 당기순이익이 발생했을 것이다.

39 다음 자료를 이용하여 당기순이익을 계산하면 얼마인가?

영업활동으로 인한 현금유입액	3,500,000원	매출채권의 증가	200,000원
감가상각비	300,000원	재고자산의 감소	100,000원
유형자산처분손실	450,000원	매입채무의 증가	350,000원

① 2,000,000원 ② 2,500,000원

③ 3,000,000원 ④ 3,500,000원

40 ㈜삼일은 제조업을 영위하고 있으며 모든 매출은 외상으로 이루어진다. 다음 자료를 이용하여 20X1년 매출로부터의 현금유입액을 계산하면 얼마인가(선수금에 의한 매출, 매출에누리와 환입, 매출할인 등은 없다고 가정함)?

ㄱ. 재무상태표

	20X1년 초	20X1년 말
매출채권	10,000원	20,000원
대손충당금(매출채권)	300원	470원

ㄴ. 포괄손익계산서 (20X1년 1월 1일 ~ 20X1년 12월 31일)

매출액   560,000원   대손상각비(매출채권)   550원

① 524,470원   ② 532,170원

③ 549,620원   ④ 569,010원

01 다음 중 재무회계와 관리회계에 관한 설명으로 옳지 않은 것은?

① 재무회계와 관리회계 모두 법적 강제력을 가진다.

② 재무회계는 일반적으로 인정된 회계원칙에 따라 작성되지만 관리회계는 경제·경영·통계 등 다양한 정보를 활용하여 작성된다.

③ 재무회계는 재무제표라는 양식으로 보고하지만 관리회계는 일정한 양식이 없다.

④ 재무회계는 기업외부의 정보이용자를 위한 회계인 반면 관리회계는 기업내부의 정보이용자를 위한 회계이다.

02 다음 중 정보이용자의 의사결정에 차이가 나도록 하는 목적적합한 재무정보에 관한 설명으로 옳지 않은 것은?

① 의사결정에 차이가 나기 위해서는 재무정보가 예측가치와 확인가치 두 가시를 모두 가지고 있어야만 한다.

② 중요성은 개별기업 재무보고서 관점에서 해당 정보와 관련된 항목의 성격이나 규모 또는 이 둘 다에 근거하여 해당 기업에 특유한 측면의 목적적합성을 의미한다.

③ 재무정보가 과거 평가에 대해 피드백을 제공, 즉 확인하거나 변경시킨다면 확인가치를 갖는다.

④ 재무정보가 예측가치를 가지기 위해서는 그 자체가 예측치 또는 예상치일 필요는 없다.

03 다음 중 포괄손익계산서의 기본요소에 관한 설명으로 옳지 않은 것은?

① 수익의 발생은 자산의 증가 또는 부채의 감소를 수반한다.

② 비용에는 아직 실현되지 않은 손실은 포함하지 않는다.

③ 광의의 수익의 정의에는 수익뿐만 아니라 차익이 포함된다.

④ 경영성과의 측정을 위해 기록되는 포괄손익계산서의 기본요소에는 수익, 비용이 있다.

04 다음 중 포괄손익계산서에 관한 설명으로 옳은 것은?

① 수익, 유효이자율법을 사용하여 계산한 이자수익, 매출원가, 금융원가, 법인세비용, 지분법손익은 포괄손익계산서에 최소한 포함되어야 할 항목이다.

② 포괄손익계산서는 단일의 포괄손익계산서를 작성하거나 기타포괄손익을 표시하는 손익계산서와 포괄손익계산서를 포함하는 2개의 보고서로 작성될 수 있다.

③ 포괄손익계산서에서 수익을 표시할 때는 기능별로 분류하거나 성격별로 분류하여 표시하여야 한다.

④ 기타포괄손익항목은 관련 법인세효과를 차감한 순액으로 표시하는 방법과 기타포괄 손익의 항목과 관련된 법인세효과 반영 전 금액으로 표시하고, 각 항목들에 관련된 법인세효과는 단일 금액으로 합산하여 표시하는 방법 중에서 선택할 수 있다.

05 다음 중 수정을 요하는 보고기간후사건에 해당하지 않는 것은?

① 보고기간 말 이전 사건의 결과로서 보고기간 말에 종업원에게 지급하여야 할 의제의 무가 있는 상여금지급 금액을 보고기간 후에 확정하는 경우

② 보고기간 말 이전에 구입한 자산의 취득원가를 보고기간 후에 결정하는 경우

③ 보고기간 말과 재무제표 발행승인일 사이에 투자자산의 공정가치가 하락하는 경우

④ 보고기간 말에 존재하였던 현재의무가 보고기간 후에 소송사건의 확정에 의해 확인 되는 경우

06 다음 중 재고자산에 관한 설명으로 옳지 않은 것은?

① 재고자산이란 정상적인 영업과정에서 판매를 위하여 보유중이거나 생산중인 자산을 의미한다.

② 재고자산 구입 후 상품의 하자로 인해 매입대금을 할인받는 경우 재고자산의 매입가액에서 차감한다.

③ 부동산매매업을 영위하고 있는 기업이 보유하고 있는 판매목적의 부동산은 재고자산으로 분류한다.

④ 생물자산에서 수확한 농림어업 수확물로 구성된 재고자산은 순공정가치와 사용가치 중 큰 금액으로 측정하여 수확시점에 최초 인식한다.

07 다음 중 재고자산의 원가흐름에 대한 가정에 관한 설명으로 옳지 않은 것은?

① 한국채택국제회계기준은 재고자산의 단위원가 결정방법으로 개별법, 선입선출법, 가중평균법을 규정하고 있으며, 후입선출법은 허용하지 않는다.

② 재고자산에 대한 단위원가 결정방법은 동일한 용도나 성격을 지닌 재고자산에 대해서 동일하게 적용한다.

③ 회계기간 중에 재고자산의 취득단가가 계속 상승하는 상황에서 기말재고수량이 기초재고수량보다 같거나 증가하는 경우 선입선출법 하의 기말재고자산은 가중평균법 하의 기말재고자산보다 더 적게 계상된다.

④ 회계기간 중에 재고자산의 취득단가가 계속 상승하는 상황에서 기말재고수량이 기초재고수량보다 같거나 증가하는 경우 선입선출법 하의 당기순이익은 가중평균법 하의 당기순이익보다 더 크게 계상된다.

08 다음은 ㈜삼일의 20X1 년 결산시 재고자산과 관련된 자료이다. 20X1 년 말 재고자산평가충당금의 잔액은 얼마인가?

ㄱ. 결산수정분개전 기말재고자산 장부상 수량	100개
ㄴ. 결산수정분개전 기말재고자산 장부상 매입단가	200원/개
ㄷ. 기말재고자산 실사수량	90개
ㄹ. 기말재고자산의 예상판매가격	160원/개
ㅁ. 기말재고자산의 예상판매비용	10원/개

① 4,500원
② 5,000원
③ 5,400원
④ 6,000원

09 다음 중 회사가 정부보조금으로 취득한 유형자산에 관한 설명으로 옳지 않은 것은?

① 정부보조금은 재무상태표에 관련 자산의 장부금액에서 차감하는 방법으로 표시할 수 있다.
② 정부보조금을 관련 자산에서 차감하는 방법으로 표시하는 경우 동 정부보조금은 자산의 내용연수에 걸쳐 감가상각비를 증가시키는 방식으로 당기손익에 반영된다.
③ 정부보조금은 재무상태표에 이연수익(부채)으로 표시할 수 있다.
④ 정부보조금 회계처리 방법 결정에 있어서 기업에 어느 정도의 재량권이 부여되어 있다.

10 다음 중 유형자산의 재평가모형 회계처리에 관한 설명으로 옳지 않은 것은?

① 재평가의 빈도는 재평가되는 유형자산의 공정가치 변동에 따라 달라진다.
② 자산의 장부금액이 재평가로 인하여 증가된 경우 원칙적으로 그 증가액은 기타포괄손익으로 인식한다.
③ 자산의 장부금액이 재평가로 인하여 감소한 경우 원칙적으로 그 감소액은 기타포괄손익으로 인식한다.
④ 자산을 사용함에 따라 재평가잉여금의 일부를 이익잉여금으로 대체할 수 있다.

11 ㈜삼일은 20X1 년 1 월 1 일에 기계장치(내용연수 5 년, 잔존가치 없음)를 100,000 원에 취득하였다. ㈜삼일은 기계장치에 대하여 원가모형을 적용하고 있으며, 감가상각방법으로 정액법을 사용한다. 20X1 년 말에 동 기계장치의 회수가능액이 40,000 원으로 하락하여 손상차손을 인식하였다. 그러나 20X2 년 말에 동 기계장치의 회수가능액이 80,000 원으로 회복되었다. 20X2 년 말에 인식할 손상차손환입은 얼마인가?

① 20,000원 　　　　　　　② 30,000원

③ 40,000원 　　　　　　　④ 50,000원

12 20X1 년 중 ㈜삼일은 새로운 항공기 엔진 개발 프로젝트와 관련하여 R&D 비용으로 총 120 억 원을 지출하였다. 이 중 연구단계에서 지출된 금액이 70 억 원이며, 나머지 50 억 원은 개발단계에서 지출하였다. 상기 개발단계에서 지출된 비용 중 30 억 원은 자산인식요건을 충족시키지 못하였으나 나머지 20 억 원은 새로운 엔진을 개발하기 위한 것으로 자산인식요건을 충족시키며 20X2 년부터 상용화될 것으로 예측되었다. ㈜삼일이 상기 R&D 비용과 관련하여 20X1 년 중 당기비용으로 처리해야 하는 금액은 얼마인가?

① 30억 원 　　　　　　　② 70억 원

③ 90억 원 　　　　　　　④ 100억 원

13 다음 중 무형자산의 상각에 관한 설명으로 옳지 않은 것은?

① 무형자산의 상각방법은 자산의 경제적 효익이 소비되는 형태를 반영해야 하며, 소비되는 형태를 신뢰성 있게 결정할 수 없는 경우에는 정액법을 사용한다.

② 무형자산의 잔존가치, 상각기간과 상각방법은 적어도 매 회계연도 말에 검토한다.

③ 무형자산의 잔존가치, 상각기간, 상각방법을 변경하는 경우에는 회계추정의 변경으로 보고 소급적용하여 회계처리한다.

④ 내용연수가 유한한 무형자산은 내용연수 동안 상각을 하고, 내용연수가 비한정인 무형자산은 상각을 하지 않는다.

14 다음 중 투자부동산의 후속 측정에 관한 설명으로 옳은 것은?

① 투자부동산으로 분류된 건물에 대하여 공정가치모형을 적용할 경우 잔여 내용연수 동안 공정가치에 기초하여 감가상각한다.

② 투자부동산은 공정가치모형과 원가모형 중 하나를 선택하여 투자부동산의 유형별로 동일하게 적용한다.

③ 투자부동산의 공정가치모형 적용시 공정가치 변동으로 발생하는 손익은 기타포괄손익에 반영한다.

④ 투자부동산의 용도가 변경되어 자가사용을 개시할 경우 투자부동산을 유형자산으로 계정대체한다.

15 다음 중 금융자산 제거의 경제적 실질 판단 요소에 포함되는 사항으로 옳지 않은 것은?

① 법률상 금융자산의 이전여부

② 금융자산의 소유에 따른 위험과 보상의 이전여부

③ 금융자산의 현금흐름을 수취할 계약상 권리의 양도에 대한 판단

④ 금융자산에 대한 통제권 상실여부

16 ㈜삼일은 20X1 년 1 월 1 일에 다음과 같은 조건의 상각후원가측정금융자산을 취득 당시의 공정가치로 취득하였다. 이 경우 ㈜삼일이 20X2 년 말에 인식할 이자수익은 얼마인가(소수점 첫 번째 자리에서 반올림한다)?

ㄱ. 액면금액 : 200,000원
ㄴ. 발행일 : 20X1년 1월 1일
ㄷ. 만기일 : 20X2년 12월 31일(2년)
ㄹ. 액면이자율 : 연 5%, 매년 말 지급조건
ㅁ. 시장이자율 : 20X1년 1월 1일 현재 연 8%
ㅂ. 현가계수

이자율	현가계수		
	1년	2년	계
8%	0.92593	0.85734	1.78327

① 11,875원
② 13,243원
③ 15,556원
④ 17,103원

17 다음 중 금융부채에 관한 설명으로 옳지 않은 것은?

① 거래상대방에게 현금 등 금융자산을 인도하기로 하는 계약상 의무는 금융부채로 분류한다.
② 자기지분상품으로 결제되거나 결제될 수 있는 계약으로서, 변동가능한 수량의 자기지분상품을 인도할 계약상 의무가 없는 비파생상품은 금융부채로 분류한다.
③ 상환우선주 발행자가 보유자에게 미래의 시점에 확정되었거나 결정 가능한 금액을 의무적으로 상환해야 하는 경우에는 금융부채로 분류한다.
④ 상환우선주의 보유자가 발행자에게 특정일이나 그 이후에 확정되었거나 결정 가능한 금액의 상환을 청구할 수 있는 권리를 보유하고 있는 상환우선주는 금융부채로 분류한다.

18 전환사채의 발행금액이 3,000,000 원이고 전환사채의 발행요건과 동일한 요건으로 발행하되 전환권이 부여되지 않은 사채의 가치가 2,500,000 원인 경우, 전환사채의 발행금액 중 2,500,000 원은 (ㄱ)(으)로, 전환권가치인 500,000 원은 (ㄴ)(으)로 분리하여 표시한다. 다음 중 (ㄱ), (ㄴ)에 들어갈 올바른 용어들로 짝지어진 것은?

	(ㄱ)	(ㄴ)
①	금융부채	지분상품(자본)
②	금융부채	금융부채
③	지분상품(자본)	금융부채
④	지분상품(자본)	지분상품(자본)

19 ㈜삼일은 20X1 년 1 월 1 일에 만기 3 년, 액면금액 50,000,000 원, 표시이자율 연 10% 인 사채를 발행하였다. 이자는 매년 말에 지급되고 사채 발행시점의 유효이자율은 연 8% 라고 할 때 사채의 발행가액은 얼마인가?

8%	1년	2년	3년	합계
현가계수	0.92593	0.85734	0.79383	2.57710

① 51,332,400원 ② 52,577,000원

③ 57,983,000원 ④ 62,302,000원

20 다음 중 충당부채의 회계처리에 관한 설명으로 옳은 것은?

① 충당부채로 인식하는 금액은 현재의무의 이행에 소요되는 지출에 대한 보고기간말 현재의 최선의 추정치이어야 하며 이 경우 관련된 사건과 상황에 대한 불확실성은 고려하지 않는다.

② 충당부채의 명목금액과 현재가치의 차이가 중요한 경우에는 의무를 이행하기 위하여 예상되는 지출액의 현재가치로 평가한다.

③ 충당부채란 과거사건이나 거래의 결과에 의한 현재의무로서 그 의무를 이행하기 위하여 자원이 유출될 가능성이 높고 지출 금액이 불확실하지만, 지출 시기는 확정되어 있는 의무를 의미한다.

④ 미래의 예상 영업손실은 최선의 추정치를 금액으로 하여 충당부채로 인식한다.

21 다음 중 자기주식의 취득 및 처분 회계처리에 관한 설명으로 옳지 않은 것은?

① 자기주식을 취득하는 경우 취득원가를 자본에서 차감하는 형식으로 기재한다.

② 자기주식을 보유하고 있는 기간동안 자기주식에 대한 평가손익은 인식하지 않는다.

③ 자기주식을 소각하는 경우 액면금액과 취득원가와의 차액을 감자차손익으로 반영한다.

④ 자기주식을 처분하는 경우 처분가액과 취득원가와의 차액을 자기주식처분손익으로 당기손익에 반영한다.

22 다음 중 자본거래가 각 자본항목에 미치는 영향에 관한 설명으로 옳지 않은 것은?

		주식배당	무상증자	주식분할
①	이익잉여금	감소	감소가능	불변
②	주식수	증가	증가	증가
③	자본금	증가	증가	증가
④	총자본	불변	불변	불변

23 다음 중 수익에 관한 설명으로 옳지 않은 것은?

① 정유사가 특정지역 고객수요를 적시에 충족시키기 위해 서로 유류를 교환하기로 한 계약같이 고객에게 판매를 쉽게 하기 위해 행하는 같은 사업 영역에 있는 기업간의 비화폐성 교환은 수익으로 보지 않는다.

② 수익은 고객에게 기업의 재화나 용역을 제공하고 대가를 받기로 한 계약에서 발생하는 것으로 부가가치세처럼 제3자를 대신해서 받는 것은 수익으로 보지 않는다.

③ 복수의 계약을 하나의 상업적 목적으로 일괄 협상하는 경우에도 복수의 계약에서 약속한 재화나 용역이 단일 수행의무에 해당하지 않는다면 둘 이상의 계약을 하나의 계약으로 회계처리할 수 없다.

④ 수익은 정상적인 경영활동에서 발생하는 경제적 효익의 총유입을 말하며, 자산의 증가 또는 부채의 감소 형태로 나타난다. 다만, 주주의 지분참여로 인한 자본증가는 수익에 포함되지 않는다.

24 ㈜삼일은 20X1년 12월 31일 ㈜반품에 75,000,000원(원가 25,000,000원)의 제품을 판매하고 1년 이내 반품할 수 있는 권리를 부여하였다. 인도일 현재 원가 5,000,000원의 제품이 반품될 것으로 예상된다면 ㈜삼일이 20X1년 말에 자산으로 인식할 반환제품회수권은 얼마인가?

① 5,000,000원
② 15,000,000원
③ 20,000,000원
④ 50,000,000원

25 ㈜삼일건설은 ㈜용산과 20X1년 5월 1일 총 계약금액 170,000,000원의 다음과 같은 공장신축 공사계약을 체결하였다. 회사가 진행기준으로 수익을 인식한다면 ㈜삼일건설의 20X2년과 20X3년 계약손익은 얼마인가(단, 진행률은 누적발생계약원가에 기초하여 계산한다)?

	20X1년	20X2년	20X3년
당기발생계약원가	60,000,000원	52,000,000원	53,000,000원
추정총계약원가	150,000,000원	160,000,000원	165,000,000원
공사대금청구액(연도별)	50,000,000원	80,000,000원	40,000,000원

	20X2년	20X3년
①	계약손실 1,000,000원	계약이익 2,000,000원
②	계약손실 1,000,000원	계약손실 2,000,000원
③	계약이익 7,000,000원	계약손실 2,000,000원
④	계약이익 8,000,000원	계약손실 3,000,000원

26 다음은 ㈜삼일건설의 재무제표에 대한 주석이다. 다음 괄호 안에 들어갈 용어로 옳은 것은?

> 건설계약과 관련하여 진행기준에 의하여 수익을 인식하고 있습니다. 계약활동의 진행률은 진행단계를 반영하지 못하는 계약원가를 제외하고 수행한 공사에 대하여 발생한 누적계약원가를 추정 총계약원가로 나눈 비율로 측정하고 있습니다. 누적발생원가에 인식한 이익을 가산한 금액이 진행청구액을 초과하는 금액은 (   )(으)로 표시하고 있습니다.

① 계약자산   ② 계약부채
③ 계약수익   ④ 공사선수금

27 다음 중 확정급여제도와 관련하여 당기손익으로 인식되는 항목이 아닌 것은?

① 당기근무원가
② 과거근무원가와 정산으로 인한 손익
③ 순확정급여부채 및 사외적립자산의 순이자
④ 보험수리적손익

28 다음 중 주식결제형 주식기준보상거래에 관한 설명으로 옳지 않은 것은?

① 거래상대방이 특정기간의 용역을 제공하여야 부여된 지분상품이 가득된다면, 지분상품의 공정가치를 용역제공기간에 배분하여 인식한다.
② 지분상품의 공정가치는 부여일 현재로 측정한다. 또한, 주식선택권이 행사될 때까지 매 보고기간 말에 지분상품의 공정가치를 재측정하고, 공정가치의 변동액은 당기손익으로 회계처리한다.
③ 주식결제형 주식기준보상거래의 경우에 제공받은 재화나 용역의 공정가치를 측정한다. 그러나 제공받은 재화나 용역의 공정가치를 신뢰성 있게 측정할 수 없다면 부여한 지분상품의 공정가치에 기초하여 재화나 용역의 공정가치를 간접 측정한다.
④ 가득기간 중의 각 회계연도에 인식할 주식보상비용은 당기 말 인식할 누적보상원가에서 전기 말까지 인식한 누적보상원가를 차감하여 계산한다.

29 다음 중 재무상태표상 자산·부채의 장부금액과 세무회계상 자산·부채의 가액인 세무기준액의 일시적차이를 발생시키는 항목으로 옳은 것은?

① 접대비 한도초과액　　　　　　② 기부금 한도초과액
③ 임원퇴직금 한도초과액　　　　④ 감가상각비 한도초과액

30 다음 자료를 바탕으로 20X1 년 포괄손익계산서에 계상될 ㈜삼일의 법인세비용을 계산하면 얼마인가?

> ㄱ. 20X1년 당기법인세(법인세법상 당기에 납부할 법인세) 2,500,000원
> ㄴ. 20X0년 말 이연법인세부채 잔액 400,000원
> ㄷ. 20X1년 말 이연법인세자산 잔액 300,000원

① 1,800,000원   ② 2,900,000원

③ 3,200,000원   ④ 3,600,000원

31 ㈜삼일은 유형자산의 측정기준을 원가모형에서 재평가모형으로 변경하였다. 유형자산에 대하여 재평가모형을 적용하는 것이 재무상태, 재무성과 또는 현금흐름에 미치는 영향에 대하여 신뢰성 있고 더 목적적합한 정보를 제공하는 경우 해당 측정기준의 변경은 다음 중 어디에 해당하는가?

① 오류수정   ② 회계추정의 변경

③ 회계정책의 변경   ④ 관련법규의 개정

32 다음은 ㈜삼일의 20X1 회계연도(20X1 년 1 월 1 일 ~ 20X1 년 12 월 31 일) 당기순이익과 자본금 변동상황에 관한 자료이다. ㈜삼일의 20X1 회계연도 보통주 기본주당순이익은 얼마인가?

> ㄱ. 당기순이익 : 326,250,000원
>
> ㄴ. 자본금 변동사항(액면 5,000원)
>
> | | 보통주자본금 | |
> |---|---|---|
> | – 1.1 기초 | 50,000주 | 250,000,000원 |
> | – 4.1 유상증자(30%) | 15,000주 | 75,000,000원 |
>
> * 유통보통주식수 계산시 월할계산을 가정한다.
>
> * 4.1 유상증자시 시가이하로 유상증자 하지 아니함
>
> ㄷ. 20X1회계연도 이익에 대한 배당(현금배당)
>
> – 우선주 : 20,000,000원

① 4,000원
② 5,000원
③ 8,000원
④ 10,000원

33 지분법은 투자자가 피투자자에 대해 유의적인 영향력을 행사할 수 있는 경우에 적용한다. 다음 중 유의적인 영향력을 행사할 수 있는 경우에 해당하는 것은(A 회사는 투자자, B 회사는 피투자자이다)?

① A회사는 12개월 이내에 매각할 목적으로 B회사의 의결권 있는 주식을 15% 취득하여 적극적으로 매수자를 찾고 있는 중이다.

② A회사는 B회사의 주식을 20% 보유하고 있으나 모두 우선주이며 의결권은 없다.

③ A회사는 B회사의 주식을 40% 보유하고 있으나 계약상 B회사에 관한 의결권을 행사할 수 없다.

④ A회사는 B회사의 의결권 있는 주식의 15%를 보유하고 있으나 B회사의 이사회에 참여할 수 있다.

34 20X1 년 말 ㈜삼일의 재무상태표에 계상될 관계기업투자주식 장부금액은 얼마인가?

> 20X1년 1월 1일 ㈜삼일은 ㈜용산의 보통주 30%를 700,000원에 취득하여 유의적인 영향력을
> 행사하게 되었으며, 취득 당시 ㈜용산의 순자산 장부금액과 공정가치는 2,000,000원으로 동일
> 하였다.
> 20X1년의 ㈜용산의 총포괄이익은 500,000원(당기순이익 400,000원, 기타포괄이익 100,000
> 원)이었고 총포괄이익 이외의 기타 자본의 변동은 없었다. 20X1년 중 ㈜삼일과 ㈜용산간의 내
> 부거래는 존재하지 않았다.

① 850,000원   ② 900,000원

③ 950,000원   ④ 1,000,000원

35 다음 중 화폐성 항목만으로 구성된 것을 고르면?

① 재고자산, 선급금   ② 선수금, 기계장치

③ 매출채권, 단기대여금   ④ 매출채권, 자본금

36 다음 중 파생상품 회계처리에 관한 설명으로 옳지 않은 것은?

① 위험회피대상항목은 공정가치 변동위험 또는 미래현금흐름 변동위험에 노출된 자
산, 부채, 확정계약 또는 미래에 예상되는 거래를 말한다.

② 내재파생상품은 파생상품이 아닌 주계약을 포함하는 복합상품의 구성요소이며, 복
합상품의 현금흐름 중 일부를 독립적인 파생상품의 경우와 유사하게 변동시키는 금
융상품을 말한다.

③ 위험회피수단으로 지정되지 않고 매매목적 등으로 보유하고 있는 파생상품의 평가
손익은 기타포괄손익으로 계상해야 한다.

④ 파생상품은 당해 계약상의 권리와 의무에 따라 자산 또는 부채로 인식하여 재무제표
에 계상하여야 한다.

37 ㈜삼일은 20X1년 1월 1일에 ㈜용산리스와 기계장치 리스계약을 체결하였다. ㈜삼일이 사용권자산에 대해 20X1년 말에 인식할 감가상각비는 얼마인가(단, 계산금액은 소수점 첫째자리에서 반올림함을 원칙으로 하고, 가장 근사치를 답으로 선택한다)?

> ㄱ. 리스기간은 20X1년 1월 1일부터 20X3년 12월 31일까지이며, 리스기간 종료 후 무상으로 소유권이 ㈜삼일에게 이전된다. 기초자산인 기계장치의 내용연수는 5년으로 추정된다.
> ㄴ. ㈜삼일은 리스기간 동안 매년 말 고정리스료 200,000원을 지급하며, 20X1년 1월 1일에 리스개설직접원가로 50,000원을 부담하였다.
> ㄷ. ㈜삼일은 사용권자산에 대해 정액법으로 감가상각하며, 사용권자산의 잔존가치는 0원으로 추정하였다.
> ㄹ. ㈜용산리스의 20X1년 1월 1일 내재이자율은 10%이다.
> ㅁ. 3기간 10% 정상연금 현가계수는 2.48685이며, 현가계수는 0.75131이다.

① 109,474원
② 142,417원
③ 182,457원
④ 223,425원

38 다음 중 현금흐름표상 재무활동 현금흐름으로 구분할 수 있는 항목으로 옳지 않은 것은?

① 지분상품의 취득으로 인한 현금흐름
② 차입금의 상환으로 인한 현금흐름
③ 배당의 지급으로 인한 현금흐름
④ 이자의 지급으로 인한 현금흐름

39 다음 ㈜삼일의 20X1 년 재무제표 관련 자료를 이용하여 현금흐름표에 보고될 영업활동현금흐름을 계산하면 얼마인가?

당기순이익	50,000원	감가상각비	2,500원
유형자산처분손실	1,800원	매출채권의 감소	15,000원
재고자산의 증가	10,000원	매입채무의 감소	22,000원

① 23,700원　　　　　　　　　② 33,700원

③ 35,500원　　　　　　　　　④ 37,300원

40 다음은 ㈜삼일의 이자수익과 관련된 재무제표 자료이다. ㈜삼일의 20X2 년 현금흐름표에 표시될 이자수취액은 얼마인가?

ㄱ. 재무상태표 관련자료

구분	20X2년 12월 31일	20X1년 12월 31일
미수이자	20,000원	30,000원
선수이자	40,000원	20,000원

ㄴ. 포괄손익계산서 관련자료

구분	20X2년	20X1년
이자수익	200,000원	150,000원

① 190,000원　　　　　　　　② 200,000원

③ 210,000원　　　　　　　　④ 230,000원

국가공인
재경관리사 시험

재경관리사
기출문제집
세무회계

01 다음 중 조세의 분류기준에 따른 구분과 세목을 연결한 것으로 옳지 않은 것은?

	분류기준	구분	조세항목
①	과세권자	국세	법인세, 소득세, 부가가치세
		지방세	취득세, 등록면허세, 주민세
②	사용용도의 특정여부	보통세	법인세, 소득세, 부가가치세
		목적세	지방교육세
③	조세부담의 전가여부	직접세	법인세, 소득세
		간접세	부가가치세
④	납세의무자의 인적사항 고려여부	인세	법인세, 부가가치세
		물세	재산세

02 다음 중 국세기본법상 세법적용의 원칙에 관한 설명으로 옳지 않은 것은?

① 세법을 해석·적용할 때에는 과세의 형평과 해당 조항의 합목적성에 비추어 납세자의 재산권이 부당하게 침해되지 않도록 하여야 한다.

② 세무공무원이 국세의 과세표준을 조사·결정할 때에는 해당 납세의무자가 계속하여 적용하고 있는 기업회계의 기준 또는 관행으로서 일반적으로 공정·타당하다고 인정되는 것은 세법에 특별한 규정이 있는 경우에도 존중하여야 한다.

③ 세무공무원이 재량으로 직무를 수행할 때에는 과세의 형평과 해당 세법의 목적에 비추어 일반적으로 공정·타당하다고 인정되는 한계를 엄수하여야 한다.

④ 일반적으로 받아들여진 세법의 해석이 변경된 경우 종전의 해석에 따른 과세는 소급하여 수정되지 아니한다.

03 다음 중 과세표준수정신고에 관한 설명으로 옳지 않은 것은?

① 법정신고기한까지 과세표준신고서를 제출한 자는 관할 세무서장이 각 세법에 따라 해당 국세의 과세표준과 세액을 결정 또는 경정하여 통지를 하기 전으로서 국세의 부과제척기간이 끝나기 전까지 과세표준수정신고서를 제출할 수 있다.

② 과세표준과 세액을 경정할 것을 미리 알고 과세표준수정신고서를 제출한 경우는 가산세가 감면되지 않는다.

③ 과세표준수정신고서를 법정신고기한이 지난 후 3년 이내에 제출한 자에 대하여는 기간경과 정도에 따라 가산세의 일정비율을 경감한다.

④ 법정신고기한이란 세법에 따라 과세표준신고서를 제출할 기한을 말한다.

04 다음 중 국세기본법에 규정되어 있는 납세자권리구제제도에 관한 설명으로 옳지 않은 것은?

① 사전권리구제제도에는 과세전적부심사가 있고, 사후권리구제제도에는 이의신청, 심사청구, 심판청구의 행정심판과 행정소송이 있다.

② 이의신청을 거친 후 심사청구를 하려면 이의신청에 대한 결정의 통지를 받은 날부터 30일 이내에 제기하여야 한다.

③ 위법한 처분에 대한 행정소송은 행정소송법에 불구하고 국세기본법에 따른 심사청구 또는 심판청구 및 감사원법에 따른 심사청구와 그에 대한 결정을 거치지 아니하면 제기할 수 없다.

④ 세무조사결과통지 또는 과세예고통지를 받은 납세자는 과세전적부심사를 30일 이내에 청구할 수 있으며, 청구받은 과세관청은 이에 대해서 국세심사위원회의 심사를 거쳐 결정을 하고 그 결과를 청구를 받은 날부터 30일 이내에 통지하여야 한다.

05 다음 중 법인세법상 과세소득의 범위에 관한 설명으로 옳지 않은 것은?

① 각사업연도 종료일 현재 자기자본이 500억 원을 초과하는 영리내국법인은 미환류소득에 대하여 법인세 납세의무가 있다.

② 외국법인은 비사업용토지의 양도소득에 대하여 법인세 납세의무가 있다.

③ 영리내국법인이 해산(합병이나 분할에 의한 해산 제외)한 경우 그 청산소득 금액에 대하여 법인세 납세의무가 있다.

④ 비영리내국법인은 주식의 양도로 인하여 생기는 수입에 대하여 법인세 납세의무가 있다.

06 다음 중 법인세법상 세무조정 및 소득처분에 관한 설명으로 옳지 않은 것은?

① 퇴직급여충당금과 파손·부패 등의 사유로 정상가격으로 판매할 수 없는 재고자산의 평가차손은 결산조정사항에 해당한다.

② 소득처분과 관련하여 소득의 귀속자가 출자자이면서 임원인 출자임원의 경우 상여로 소득처분하여야 한다.

③ 소득금액조정합계표는 기부금한도초과액의 손금불산입과 기부금한도초과이월액의 손금산입과 관련한 세무조정사항을 제외한 법인의 당기 세무조정과 소득처분사항을 보여준다.

④ 전기 대손충당금한도초과액의 당기 손금산입액은 「자본금과 적립금조정명세서(을)」 서식상 당기 증가액에 △유보금액을 기재하여 표시한다.

07 다음 중 법인세법상 익금 및 익금불산입에 관한 설명으로 옳지 않은 것은?

① 자산수증이익이나 채무면제이익 중 이월결손금의 보전에 충당된 금액은 익금불산입 항목에 해당하며, 이 경우 이월결손금은 발생연도에 제한이 없다.

② 법인의 업무와 관련한 자산의 재산세는 손금으로 인정되므로 당해 재산세가 과오납 등으로 환입되는 경우 이는 익금항목에 해당한다.

③ 법인이 대표이사로부터 시가 10억 원인 유가증권을 8억 원에 매입하고 장부에 8억 원으로 기재한 경우 〈익금산입〉 유가증권 2억 원(상여)의 세무조정이 발생한다.

④ 이중과세를 방지하기 위하여 내국법인(고유목적사업준비금을 손금에 산입하는 비영리내국법인은 제외)이 다른 내국법인으로부터 받은 수입배당금액 중 일정한 금액은 익금에 산입하지 않는다.

08 다음 자료는 ㈜삼일의 손익계산서에 비용처리된 내역이다. 이 중 법인세법상 손금불산입되는 금액은 얼마인가?

1. 직장체육비	2,000,000원
2. 출자임원(소액주주에 해당함)에 대한 사택유지비	2,000,000원
3. 업무와 관련하여 발생한 교통사고 벌과금	500,000원
4. 폐수배출부담금	1,500,000원

① 2,000,000원　　② 2,500,000원
③ 3,500,000원　　④ 4,000,000원

09 다음은 중소기업이 아닌 ㈜삼일의 제 24 기 사업연도(2024 년 1 월 1 일 ~ 2024 년 12 월 31 일) 할부판매 관련 자료이다. 할부매출액에 대한 제 24 기의 세무조정으로 옳은 것은?

(1) 모든 할부판매는 인도일이 속하는 달의 말일부터 매월 1,000,000원씩 할부기간에 걸쳐 대금을 회수하기로 약정하였으며, 거래내역은 다음과 같다.

구분	제품인도일	총판매대금	할부기간	제24기의 대금회수액
거래1	2024년 10월 1일	10,000,000원	10개월	2,000,000원
거래2	2024년 7월 1일	24,000,000원	24개월	5,000,000원

(2) 제24기 결산상 회계처리
  가. 거래1에 대하여 대금회수액을 회수일에 각각 매출액으로 계상하였다.
  나. 거래2에 대하여 인도일에 총판매대금을 매출액으로 계상하였다. 거래2와 관련하여 유효이자율법에 따른 현재가치 평가액은 20,000,000원이다.

(3) 할부매출원가에 대한 세무조정은 고려하지 아니한다.

① 거래1 (익금산입)　　　　　매출　1,000,000원 (유보)
　거래2 세무조정 없음

② 거래1 (익금산입)　　　　　매출　8,000,000원 (유보)
　거래2 세무조정 없음

③ 거래1 (익금산입)　　　　　매출　1,000,000원 (유보)
　거래2 (익금불산입)　　　　매출 19,000,000원 (△유보)

④ 거래1 (익금산입)　　　　　매출　8,000,000원 (유보)
　거래2 (익금불산입)　　　　매출　4,000,000원 (△유보)

10 다음 중 법인세법상 자산·부채의 평가에 관한 설명으로 옳지 않은 것은?

① 재고자산의 평가방법을 변경하고자 하는 법인은 변경할 평가방법을 적용하고자 하는 사업연도의 종료일 이전 3개월이 되는 날까지 신고하여야 한다.

② 유가증권의 평가방법을 신고하지 않은 경우 선입선출법을 적용한다.

③ 화폐성 외화자산·부채에 대하여 금융회사는 사업연도 종료일 현재의 기획재정부령으로 정하는 매매기준율 또는 재정된 매매기준율로 평가한다.

④ 「특정 금융거래정보의 보고 및 이용 등에 관한 법률」에 따른 가상자산은 선입선출법에 따라 평가하여야 한다.

11 다음 중 법인세법상 감가상각비에 관한 설명으로 옳지 않은 것은?

① 시설의 개체 또는 기술의 낙후로 인하여 생산설비의 일부를 폐기한 경우 해당 자산의 장부가액 전액을 폐기일이 속하는 사업연도의 손금에 산입할 수 있다.

② 유형자산의 잔존가액은 0(영)으로 하는 것이 원칙이다.

③ 기계장치의 감가상각방법을 신고하지 아니한 경우에는 정률법을 적용한다.

④ 사업연도 중에 취득하여 사업에 사용한 감가상각자산에 대한 상각범위액은 사업에 사용한 날부터 당해 사업연도 종료일까지의 월수에 따라 계산한다.

12 ㈜삼일은 당기에 회사의 대표이사로부터 시가 2억 원인 건물을 3억 원에 매입하고 동 건물의 감가상각비를 계상하지 않았다. 동 건물의 신고내용연수는 40년이다. 다음 중 당기 세무조정으로 옳은 것은(단, ㈜삼일은 건물매입대금을 매입시점에 현금으로 전액 지급하였다)?

① (손금산입)　　　건　　　물　　　1억 원(△유보)

② (손금산입)　　　건　　　물　　　1억 원(△유보)
　 (손금불산입)　고가매입액　　　1억 원(상여)

③ (손금산입)　　　건　　　물　　　1억 원(△유보)
　 (손금불산입)　고가매입액　　　1억 원(상여)
　 (손금불산입)　감가상각비　2,500,000원(유보)

④ (손금불산입)　건　　　물　　　1억 원(유보)

13 다음 중 법인세법상 기부금의 종류가 다른 것으로 옳은 것은?

① 사회복지공동모금회에 지출하는 기부금
② 「사회복지사업법」에 따른 사회복지법인의 고유목적사업비로 지출하는 기부금
③ 사립학교 시설비를 위해 지출하는 기부금
④ 천재·지변으로 인한 이재민을 위한 구호금품

14 다음 중 법인세법상 기부금에 관한 설명으로 옳지 않은 것은?

① 현물로 기부할 경우 특수관계인에게 기부한 일반기부금에 해당하는 기부자산가액은 기부대상을 불문하고 시가로 평가한다.
② 특수관계 없는 자에게 정당한 사유 없이 자산을 정상가액(시가±30%)보다 낮은 가액으로 양도함으로써 실질적으로 증여한 것으로 인정되는 금액은 기부금으로 본다.
③ 기부금은 특수관계가 없는 자에게 사업과 직접적인 관련없이 무상으로 지출하는 재산적 증여가액을 말한다.
④ 특례기부금 및 일반기부금의 한도초과액은 그 다음 사업연도의 개시일부터 10년 이내에 종료하는 각 사업연도에 이월하여 손금에 산입할 수 있다.

15 다음은 제조업을 영위하는 ㈜삼일의 제24기 사업연도(2024년 1월 1일 ~ 2024년 12월 31일)의 기업업무추진비에 관한 자료이다. 기업업무추진비 한도초과액은 얼마인가?

ㄱ. 기업업무추진비지출액   66,000,000원
ㄴ. 매 출 액   15,000,000,000원(특수관계인간 거래 6,000,000,000원 포함)
ㄷ. ㈜삼일은 중소기업이고, 법인세법상 특정법인은 아니다.
ㄹ. 수입금액 적용률

수입금액	비율
100억 원 이하분	0.3%
100억 원 초과 500억 원 이하	3천만 원 + 100억 원 초과분 × 0.2%
500억 원 초과분	1억 1천만 원 + 500억 원 초과분 × 0.03%

① 1,700,000원
② 5,700,000원
③ 23,300,000원
④ 25,700,000원

16 다음 중 법인세법상 지급이자 손금불산입의 소득처분으로 옳지 않은 것은?

① 채권자불분명 사채이자 : 대표자상여(원천징수상당액은 기타사외유출)
② 비실명 채권·증권의 이자상당액 : 대표자상여(원천징수상당액은 기타사외유출)
③ 건설자금이자 : 유보
④ 업무무관자산 등 관련 이자 : 유보

17 다음은 ㈜삼일의 제 24 기(2024 년 1 월 1 일 ~ 2024 년 12 월 31 일) 퇴직급여 관련 자료이다. 다음 자료를 바탕으로 법인세법상 퇴직급여충당금의 손금산입 한도액을 계산하면 얼마인가?

(1) 총급여액	
① 퇴직급여 지급대상 임직원 총급여액	245,000,000원
(2) 퇴직급여충당금 내역	
① 장부상 기초잔액	135,000,000원
② 기중 퇴직금 지급액	30,000,000원
③ 퇴직급여충당금 부인누계액	100,000,000원
(3) 기말 현재 일시퇴직 기준에 의한 퇴직금추계액	120,000,000원
(4) 기말 현재 보험수리적 기준에 의한 퇴직금추계액	130,000,000원
(5) 기말 현재 국민연금법에 의한 퇴직금전환금	10,000,000원

① 2,000,000원 　　　② 3,000,000원

③ 4,000,000원 　　　④ 5,000,000원

18 제조업을 영위하는 ㈜삼일의 제 24 기 사업연도(2024 년 1 월 1 일 ~ 2024 년 12 월 31 일)의 대손충당금 한도초과액은 얼마인가?

(1) 결산서상 대손충당금 내역	
① 기초대손충당금 잔액	20,000,000원
② 회수불능채권과의 상계액	9,000,000원
(전액 세무상 대손요건을 충족함)	
③ 당기 추가설정액	27,000,000원
④ 기말잔액	38,000,000원
(2) 당기 세무상 대손충당금 설정대상채권액	200,000,000원
(3) 전기 세무상 대손충당금 설정대상채권액	300,000,000원
(4) 전기말 기준으로 대손부인된 채권은 없다고 가정한다.	

① 24,000,000원 　　　② 29,000,000원

③ 32,000,000원 　　　④ 36,000,000원

19 다음 중 법인세법상 부당행위계산부인 규정에 관한 설명으로 옳지 않은 것은?

① 직원(임원 제외)에 대한 경조사비 대여액은 인정이자 계산대상 가지급금에 해당하지 아니한다.

② 법인의 임원·직원 또는 비소액주주 등의 직원(비소액주주등이 영리법인인 경우에는 그 임원을, 비영리법인인 경우에는 그 이사 및 설립자를 말한다)은 법인의 특수관계인에 해당한다.

③ 법인의 대주주와 생계를 같이하는 가족은 법인의 특수관계인에 해당하지 아니한다.

④ 특수관계인이라 함은 그 쌍방관계를 각각 특수관계인으로 하는바, 어느 일방을 기준으로 특수관계에 해당하면 이들 상호간에 특수관계가 있는 것으로 본다.

20 다음 중 법인세 중간예납에 관한 설명으로 옳지 않은 것은?

① 각 사업연도의 기간이 6개월 이하인 법인은 중간예납세액의 납부의무를 지지 않는다.

② 중간예납은 세수의 조기확보, 세원관리 및 납세자의 조세부담 분산 등의 목적으로 도입된 것이다.

③ 중간예납세액은 그 중간예납기간이 지난 날부터 3개월 이내에 납부하여야 한다.

④ 중간예납세액을 계산하는 방법에는 직전 사업연도 산출세액을 기준으로 하는 방법과 해당 중간예납기간의 법인세액을 기준으로 하는 두 가지 방법이 있다.

21 다음 중 소득세의 특징에 관한 설명으로 옳지 않은 것은?

① 이자소득, 배당소득 및 기타소득은 유형별 포괄주의를 채택하고 있다.

② 소득세법은 법 소정 사유가 있는 경우를 제외하고는 개인단위과세제도를 원칙으로 한다.

③ 퇴직소득과 양도소득은 다른 소득과 합산하지 않고 별도로 과세한다.

④ 일용근로자의 소득은 그 소득이 지급될 때 소득세를 징수함으로써 과세를 종결한다.

22 다음 자료를 참고하여 거주자 김자경씨의 종합과세되는 배당소득금액을 계산하면 얼마인가?

> 1. 2024년에 수령한 배당금의 내역은 다음과 같다.
>   (1) 주권상장법인으로부터의 배당(금전배당)   60,000,000원
>   (2) 비상장법인으로부터의 배당(주식배당)   30,000,000원
>   (3) 비실명 배당소득   10,000,000원
>   (4) A법인의 주식발행초과금의 자본전입으로 수령한 무상주   30,000,000원
> 2. 배당소득 가산율은 10% 이다.

① 60,000,000원   ② 64,000,000원

③ 90,000,000원   ④ 97,000,000원

23 다음은 2024 년 김삼일씨의 상가임대 관련 소득 내역이다. 김삼일씨의 2024 년 부동산임대 관련 사업소득의 총수입금액을 계산하면 얼마인가?(단, 임대보증금은 없는 것으로 가정한다)

> ㄱ. 임대기간 : 2024년 7월 1일 - 2025년 6월 30일
> ㄴ. 임 대 료 : 60,000,000원(2024년 7월 1일에 선불로 수령함)

①   0원   ②   30,000,000원

③ 60,000,000원   ④ 100,000,000원

24 다음 중 소득세법상 근로소득에 관한 설명으로 옳지 않은 것은?

① 근로소득이란 근로를 제공하고 대가로 받는 모든 금품을 의미하나, 비과세 금액과 근로소득으로 보지 않는 금액은 근로소득금액 계산시 제외한다.

② 근로소득금액은 총급여액에서 근로소득공제를 차감하여 계산한다.

③ 일용근로자의 근로소득에 대하여는 종합소득 과세표준확정신고를 할 필요가 없다.

④ 인정상여의 수입시기는 지급받거나 지급 받기로 한 날이 속하는 사업연도이다.

25 다음은 김삼일씨에게 지급된 상여금과 ㈜삼일의 법인세 신고시 김삼일씨에게 처분된 것으로 인정된 익금산입액에 대한 명세서 내용이다. 주어진 내용에 따라 김삼일씨의 2024년 총급여액을 구하면 얼마인가?

ㄱ. 주주총회에서 잉여금 처분결의에 따라 지급된 상여금 내역

대상 사업연도	처분결의일	지급일	금액
2023년도	2024년 2월 20일	2024년 3월 10일	2,000,000원
2024년도	2025년 2월 15일	2025년 6월 25일	1,800,000원

ㄴ. 법인세 신고시 익금산입으로 인정된 금액에 대한 명세서 내역

대상 사업연도	결산확정일	법인세 신고일	금액
2023년도	2024년 2월 20일	2024년 3월 10일	3,000,000원
2024년도	2025년 2월 15일	2025년 3월 25일	1,800,000원

① 1,800,000원
② 3,000,000원
③ 3,800,000원
④ 6,800,000원

26 다음 중 기타소득에 관한 설명으로 옳지 않은 것은?

① 국내에서 거주자 또는 비거주자에게 기타소득을 지급하는 자는 기타소득금액의 25%에 해당하는 세액을 원천징수하여 그 징수일이 속하는 달의 다음달 10일까지 납부하여야한다.

② 연금계좌의 운용실적에 따라 증가된 금액을 연금외수령한 경우에는 분리과세한다.

③ 공익사업과 관련하여 지역권·지상권의 설정·대여로 인한 금품은 총수입금액의 60%을 필요경비로 인정하나, 실제 필요경비가 필요경비인정금액을 초과하면 그 초과하는 금액도 필요경비로 인정한다.

④ 서화·골동품을 박물관 또는 미술관에 양도함으로써 발생하는 소득은 비과세 기타소득이다.

27 다음은 2024년 김삼일씨의 소득 내역이다. 김삼일씨의 2024년도 종합소득 과세표준을 계산하면 얼마인가?

ㄱ. 이자소득금액(원천징수하였음)	10,000,000원
ㄴ. 사업소득금액	50,000,000원
ㄷ. 근로소득금액	70,000,000원
ㄹ. 종합소득공제	40,000,000원

① 80,000,000원

② 90,000,000원

③ 100,000,000원

④ 110,000,000원

28 다음 중 소득세법상 퇴직소득과 관련한 설명으로 옳지 않은 것은?

① 종업원이 임원이 된 경우 퇴직급여를 실제로 받지 않았다면 퇴직으로 보지 아니한다.

② 퇴직소득에 대한 총수입금액의 수입시기는 퇴직한 날로 하는 것이 원칙이나 퇴직금이 퇴직연금계좌로 지급되는 경우에는 연금을 수령하는 시점까지 과세를 이연한다.

③ 임원의 2012년 1월 1일 이후 근무기간의 퇴직소득금액이 일정 한도액을 초과하는 경우 그 초과금액은 근로소득으로 본다.

④ 퇴직소득과세표준은 퇴직소득금액에서 근속연수에 따른 공제액을 차감하여 계산한다.

29 다음은 왕대영 회계사의 홈페이지에 있는 연말정산에 관한 상담사례들을 모은 것이다. 상담 사례의 답변 중 옳지 않은 것은?

질문 1 : 안녕하세요 왕대영 회계사님, 제 아이가 아토피성피부염을 앓고 있어 일본에 있는 병원 에서 치료를 받았는데 의료비세액공제를 받을 수 있을까요?

답변 1 : 외국에 있는 병원은 의료법 제3조에 규정하는 의료기관에 해당되지 아니하므로 동 병원 에 지급한 의료비는 의료비세액공제를 받을 수 없습니다.

질문 2 : 수고가 많으십니다. 저는 봉급생활자인데 자동차종합보험료도 보험료 공제를 받을 수 있습니까?

답변 2 : 자동차종합보험은 보장성보험이므로 지급된 보험료가 보험료공제 대상이 됩니다.

질문 3 : 안녕하세요. 이번에 일본여행을 다녀왔는데 여행 중 신용카드로 핸드백을 구매했습니 다. 일본에서 구매했더라도 물론 신용카드공제 대상이 되겠죠?

답변 3 : 국외에서 지출한 신용카드사용액은 신용카드공제 대상에 포함되지 않습니다.

질문 4 : 수고하십니다. 저는 40세의 근로소득자 인데요, 61세이시고 소득이 없는 아버지의 노 인대학교 학비도 교육비세액공제를 받을 수 있나요?

답변 4 : 교육비세액공제는 기본공제대상자를 위하여 지출한 교육비를 대상으로 하므로 직계존 속의 교육비도 공제됩니다.

① 답변 1
② 답변 2
③ 답변 3
④ 답변 4

30 다음 중 연말정산에 관한 설명으로 옳지 않은 것은?

① 중도 퇴직한 경우에는 퇴직한 해의 다음연도 2월 말에 연말정산한다.
② 2024년 2월분 급여를 지급할 때 2023년도 지급한 연간 총급여액에 대해 연말정산 한다.
③ 국외의료기관에 지급한 비용은 의료비세액공제를 받을 수 없다.
④ 맞벌이 부부의 자녀교육비는 자녀에 대한 기본공제를 받은 자가 공제받을 수 있다.

31 다음 중 부가가치세에 관한 설명으로 옳지 않은 주장을 하는 사람은 누구인가?

① 김민정 : 사업설비를 취득하는 경우 부가가치세 조기환급 신청이 가능합니다.
② 강영희 : 세금계산서의 임의적 기재사항의 전부 또는 일부가 기재되지 아니하거나 사실과 다를 경우 적법한 세금계산서로 보지 않으며, 가산세 등의 불이익이 있습니다.
③ 정수정 : 부가가치세는 납세의무자와 담세자가 다르므로 간접세에 해당합니다.
④ 문철수 : 사업자란 사업목적이 영리이든 비영리이든 관계없이 사업상 독립적으로 재화 또는 용역을 공급하는 자를 말합니다.

32 다음 중 부가가치세 납세의무자인 사업자에 관한 설명으로 옳은 것은?

① 면세사업자는 매출세액을 거래 징수할 필요는 없으나 매입세액 공제는 받는다.
② 면세사업자는 부가가치세법상 사업자등록 후 면세사업자 신청을 해야 한다.
③ 겸영사업자는 일반과세사업과 간이과세사업(비과세사업 포함)을 함께 영위하는 자를 말한다.
④ 비영리사업자도 납세의무자가 될 수 있다.

33 다음 중 부가가치세법상 사업장에 관한 설명으로 옳지 않은 것은 ?

① 사업자가 법인인 경우 부동산매매업은 그 부동산의 등기부상의 소재지를 사업장으로 한다.
② 제조업은 최종 제품을 완성하는 장소를 사업장으로 하며, 따로 제품의 포장만을 하거나 용기에 충전만을 하는 장소는 사업장으로 보지 아니한다.
③ 사업장을 설치하지 않은 경우에는 사업자의 주소 또는 거소를 사업장으로 한다.
④ 재화의 보관·관리 시설만을 갖춘 장소로서 사업자가 관할세무서장에게 그 설치신고를 한 하치장은 별개의 사업장으로 보지 아니한다.

34 다음 중 부가가치세법의 주사업장 총괄납부에 관한 설명으로 옳지 않은 것은?

① 총괄납부하려는 자는 주사업장총괄납부신청서를 총괄납부하고자 하는 과세기간의 종료일 20일 전까지 주사업장 관할 세무서장에게 제출하여야 한다.

② 법인의 지점도 본점을 대신하여 주된 사업장이 될 수 있다.

③ 주사업장 총괄납부를 하기 위해서는 주사업장 관할 세무서장의 승인은 필요하지 않다.

④ 주사업장 총괄납부에 따라 납부하던 사업자가 총괄납부 포기신고를 하면 각 사업장에서 납부가 가능하다.

35 다음 중 간주공급에 관한 설명으로 옳지 않은 것은?

① 면세전용으로 인한 간주공급의 경우 세금계산서를 발급할 의무가 없다.

② 개인적 공급의 공급시기는 재화를 사용하거나 소비하는 때이며, 폐업시 잔존재화의 공급시기는 폐업일이다.

③ 사업을 위하여 무상으로 다른 사업자에게 인도 또는 양도하는 견본품은 사업상 증여에 해당한다.

④ 주사업장총괄납부사업자가 판매목적 타사업장 반출시 세금계산서를 발급하고 신고 규정에 따라 신고한 경우 재화의 공급으로 본다.

36 다음 중 부가가치세법상 재화와 용역의 공급시기에 관한 연결이 옳지 않은 것은?

① 통상적인 용역공급 : 역무의 제공이 완료되는 때

② 장기할부판매 : 대가의 각 부분을 받기로 한 때

③ 사업상 증여 : 재화를 증여하는 때

④ 수출재화 : 수출신고 수리일

37 다음 중 부가가치세법상 영세율이 적용되는 거래에 해당하는 것을 모두 고르면?

> ㄱ. 재화의 수출
> ㄴ. 가공되지 아니한 식료품의 국내판매
> ㄷ. 선박·항공기의 외국항행 용역
> ㄹ. 내국신용장에 의하여 공급하는 재화

① ㄱ, ㄷ   ② ㄱ, ㄴ, ㄷ
③ ㄱ, ㄴ, ㄹ   ④ ㄱ, ㄷ, ㄹ

38 일반과세사업자 ㈜삼일은 2024년 1월 10일 자신의 사업에 사용하던 다음의 토지와 건물 A, B를 모두 1,000,000,000원에 일괄양도하였다. 토지, 건물 A, B의 실지거래가액 구분은 불분명하며, 각각의 자산에 대한 감정평가가액은 없다. 당해 일괄양도에 대한 부가가치세 과세표준을 계산하면 얼마인가?(단, 제시된 금액은 부가가치세를 포함하지 않은 금액이다)

구 분	장부가액	취득가액	기준시가
토 지	600,000,000원	500,000,000원	300,000,000원
건 물	300,000,000원	250,000,000원	200,000,000원
구축물	100,000,000원	250,000,000원	–

① 360,000,000원   ② 400,000,000원
③ 460,000,000원   ④ 600,000,000원

39 다음 중 부가가치세법상 매입세액공제에 관한 설명으로 옳지 않은 것은?

① 사업자가 부가가치세법 시행령으로 정하는 사업자로부터 재화를 공급받고 부가가치세액이 별도로 구분되는 신용카드 매출전표 등을 발급 받은 경우 일정한 요건을 구비하면 매입세액 공제를 받을 수 있다.

② 의제매입세액은 해당 면세 농산물 등의 사용시점이 아닌 구입시점에 공제된다.

③ 기업업무추진비 및 이와 유사한 비용의 지출에 관련된 매입세액은 매출세액에서 공제되지 않는다.

④ 재화를 공급받은 자가 발행한 매입자발행세금계산서는 원칙적으로 공제 받을 수 있는 세금계산서에 해당되지 않는다.

40 다음 중 부가가치세의 신고 및 납부, 환급에 관한 설명으로 옳지 않은 것은?

① 사업자가 폐업하는 경우 폐업일이 속한 달의 다음 달 25일 이내에 대통령령으로 정하는 바에 따라 해당 과세기간의 과세표준 및 납부세액을 납세지 관할 세무서장에게 신고하여야 한다.

② 일반환급세액은 확정신고기한이 지난 후 30일 이내에 환급한다.

③ 조기환급을 신청한 경우 환급세액은 신고기한이 지난 후 10일 이내에 환급받을 수 있다.

④ 당해 과세기간 중 대손이 발생하였거나 대손금이 회수되었을 경우 확정신고시에 대손세액을 가감한다.

01 다음 중 조세에 관한 설명으로 옳지 않은 것은?

① 조세는 금전납부가 원칙이다.

② 조세는 법률에 규정된 과세요건을 충족한 모든 자에게 부과된다.

③ 위법행위에 대한 제재를 목적을 두고 있는 벌금, 과태료는 조세에 해당하지 않는다.

④ 조세는 납세자가 납부한 세액에 비례하여 개별적 보상을 제공한다.

02 다음 중 국세기본법상 기한과 기간에 관한 설명으로 옳지 않은 것은?

① 과세표준신고서를 국세정보통신망을 이용하여 제출하는 경우 해당 신고서 등이 국세청장에게 전송된 때에 신고한 것으로 본다.

② 국세의 납부에 관한 기한이 근로자의 날일 때에는 그 전일을 기한으로 본다.

③ 기간을 일·주·월·연으로 정한 때에는 기간의 초일은 기간 계산시 산입하지 않는다.

④ 기간의 계산은 국세기본법 또는 그 세법에 특별한 규정이 있는 것을 제외하고는 민법에 따른다.

03 다음 중 국세기본법에 관한 설명으로 옳지 않은 것은?

① 실질과세의 원칙은 조세평등주의를 구체화한 세법적용의 원칙이다.

② 신의성실의 원칙이란 납세자가 그 의무를 이행할 때에는 신의에 따라 성실하게 하여야 한다는 것으로, 납세자와 세무공무원 모두에게 적용된다.

③ 실질과세의 원칙이란 법적 형식이나 외관에 관계없이 실질에 따라 세법을 해석하고 과세요건사실을 인정해야 한다는 원칙이다.

④ 근거과세의 원칙이란 장부 등 직접적인 자료에 입각하여 납세의무를 확정해야 한다는 원칙이다.

04 다음 중 과세요건과 관련한 설명으로 옳지 않은 것은?

① 과세요건이란 납세의무의 성립에 필요한 법률상의 요건을 말한다.

② 세법에 의하여 국세를 납부할 의무(국세를 징수하여 납부할 의무를 포함)가 있는 자를 납세의무자라 한다.

③ 과세물건이란 조세부과의 목표가 되거나 과세의 원인이 되는 소득, 수익, 재산, 사실행위 등의 조세객체를 말한다.

④ 세율이란 과세의 한 단위에 대하여 징수하는 조세의 비율을 말한다.

05 다음 중 법인세법상 과세소득의 범위에 관한 설명으로 옳지 않은 것은?

① 영리내국법인 중 법소정 요건 충족시 미환류소득에 대하여 법인세 납세의무가 있다.

② 외국법인은 비사업용토지의 양도소득에 대하여 법인세 납세의무가 없다.

③ 영리내국법인이 해산(합병이나 분할에 의한 해산 제외)한 경우 그 청산소득 금액은 해산에 의한 잔여재산의 가액에서 해산등기일 현재의 자기자본의 총액을 공제한 금액으로 한다.

④ 비영리내국법인은 주식의 양도로 인하여 생기는 수입에 대하여 법인세 납세의무가 있다.

06 다음 중 소득처분에 관한 설명으로 옳지 않은?

① 소득의 귀속자가 출자자이면서 임원인 출자임원의 경우 배당으로 처분한다.

② 기타사외유출 처분시 귀속자의 소득에 포함되어 이미 과세되었으므로 추가 과세는 하지 않으며 이에 법인의 원천징수의무도 없다.

③ 유보는 세무조정의 효과가 사외로 유출되지 않고 사내에 남아서 결산상 순자산보다 세무상 순자산을 증가시킨 경우에 하는 소득처분이다.

④ 업무무관자산을 대표자가 사용하고 있는 경우 업무무관자산에 관한 차입금이자 손금불산입금액은 기타사외유출로 처분한다.

07 다음 중 법인세법상 익금에 산입되는 금액은 얼마인가?

(1) 부가가치세 매출세액	200,000원
(2) 법인세 과오납금의 환급금에 대한 이자	100,000원
(3) 채무면제이익	100,000원
(4) 상품판매로 받은 금액	300,000원
(5) 자기주식처분이익	100,000원

① 400,000원
② 500,000원
③ 600,000원
④ 700,000원

08 다음 중 법인세법상 업무무관경비 손금불산입항목에 관한 설명으로 옳지 않은 것은?

① 업무무관경비 관련 손금불산입항목의 범위에는 업무무관부동산 및 업무무관자산의 취득과 관리에 따른 비용, 유지비, 수선비와 이에 관련되는 비용이 포함된다.

② 출자자(소액주주 제외)나 출연자인 임원 또는 그 친족이 사용하고 있는 사택의 유지비, 사용료 및 이에 관련되는 지출금은 업무무관경비에 속한다.

③ 업무무관부동산 및 업무무관자산을 취득하기 위한 자금의 차입과 관련되는 비용은 업무무관경비에 포함하지 아니한다.

④ 업무무관자산의 취득에 따른 취득세 등은 취득부대비용으로 보아 자산의 취득가액에 가산한다.

09 ㈜삼일은 다음 항목을 손익계산서에 비용처리하였다. ㈜삼일의 제24기(2024년 1월 1일 ~ 2024년 12월 31일) 각사업연도소득금액 계산시 손금불산입되는 금액은 얼마인가?

ㄱ. 국세의 체납으로 인한 가산금	5,000,000원
ㄴ. 국민건강보험료(사용자부담분)	12,000,000원
ㄷ. 제24기 사업연도에 납부한 과태료	5,000,000원
ㄹ. 제23기에 상법상 소멸시효가 완성된 외상매출금	2,000,000원
ㅁ. 파손으로 인한 재고자산의 평가손실	10,000,000원

① 10,000,000원
② 12,000,000원
③ 22,000,000원
④ 24,000,000원

10 다음 중 법인세법상 손익의 귀속시기에 관한 설명으로 옳지 않은 것은?

① 건설·제조 기타 용역의 제공으로 인한 익금과 손금은 그 목적물의 작업진행률에 따른 진행기준에 따라 익금과 손금에 산입하는 것을 원칙으로 한다.
② 상품 등의 시용판매의 경우 상대방이 그 상품 등에 대한 구입 의사를 표시한 날(구입의 의사표시 기간에 대한 특약은 없음)을 익금 및 손금의 귀속사업연도로 한다.
③ 장기할부조건이라 함은 자산의 판매 또는 양도로서 판매금액 또는 수입금액을 월부·연부 기타의 지불방법에 따라 2회 이상으로 분할하여 수입하는 것 중 당해 목적물 인도일의 다음날부터 최종 할부금의 지급기일까지의 기간이 1년 이상인 것을 말한다.
④ 금융회사 등이 수입하는 이자 등에 대하여는 원칙적으로 발생주의에 의해 수익의 귀속사업연도를 결정한다.

11 다음의 법인세법상 감가상각범위액 결정요소 중 취득가액에 관한 설명으로 옳지 않은 것은?

① 자본적지출은 자산의 취득원가에 가산되어 이후 감가상각과정을 통해 손금에 산입되나, 수익적지출은 지출당시에 당기비용으로 처리된다.

② 재해로 멸실되어 자산의 본래 용도에 이용할 가치가 없는 건축물 등의 복구는 자본적지출에 해당한다.

③ 시설의 개체 또는 기술의 낙후로 인하여 생산설비의 일부를 폐기한 경우에는 당해 자산의 장부가액전액을 폐기일이 속하는 사업연도의 손금에 산입할 수 있다.

④ 개별자산별로 수선비로 지출한 금액이 600만 원 미만인 경우 시부인 계산과정을 거치지 않고 전액 손금으로 인정할 수 있다.

12 다음 자료에 의한 ㈜삼일의 제 24 기(2024 년 1 월 1 일 ~ 2024 년 12 월 31 일) 사업연도의 세무조정 사항이 각 사업연도 소득금액에 미치는 영향으로 옳은 것은?

구분	건물	기계장치	영업권
회사계상 상각비	5,000,000원	4,000,000원	1,000,000원
세법상 상각범위액	6,000,000원	3,500,000원	1,200,000원
내용 연수	40년	5년	5년
전기이월상각 부인액	1,500,000원	–	–

① 영향 없음

② 500,000원 감소

③ 500,000원 증가

④ 1,000,000원 증가

13 다음 중 법인세법상 기부금에 관한 설명으로 옳지 않은 것은?

① 특수관계가 없는 자에게 정당한 사유없이 자산을 정상가액보다 낮은 가액으로 양도함으로써 실질적으로 증여한 것으로 인정되는 금액은 기부금으로 본다.

② 특례기부금을 금전 외의 자산으로 제공하는 경우에는 시가로 평가한다.

③ 기부금은 특수관계가 없는 자에게 사업과 직접 관련없이 무상으로 지출하는 재산적 증여가액을 말한다.

④ 기부금은 현금의 지출이 이루어진 사업연도의 손금으로 본다.

14 ㈜삼일의 담당 회계사인 김삼일 회계사가 ㈜삼일의 제 24 기 사업연도(2024 년 1 월 1 일 ~ 2024 년 12 월 31 일) 기업업무추진비에 대하여 자문한 내용으로 옳지 않은 것은?

① 기업업무추진비를 금전이 아닌 현물로 제공한 경우에는 시가와 장부금액 중 큰 금액을 기업업무추진비로 보아야 합니다.

② 기업업무추진비 관련 VAT매입세액 불공제액과 접대한 자산에 대한 VAT매출세액은 기업업무추진비로 간주하지 않습니다.

③ 문화기업업무추진비 한도액의 계산은 문화기업업무추진비 지출액과 일반기업업무추진비 한도액의 20% 중 작은 금액으로 합니다.

④ 2024년 12월에 신용카드로 접대 행위를 하고, 2025년 1월에 신용카드 대금을 결제한 경우에는 이를 2024년의 기업업무추진비로 처리하여야 합니다.

15 다음은 지급이자손금불산입 항목을 나열한 것이다. 지급이자손금불산입을 적용하는 순서를 나타낸 것으로 타당한 것은?

> ㄱ. 업무무관자산 등 관련 이자
> ㄴ. 건설자금이자
> ㄷ. 채권자불분명 사채이자
> ㄹ. 비실명 채권·증권의 이자상당액

① ㄱ → ㄴ → ㄷ → ㄹ　　　　② ㄴ → ㄷ → ㄹ → ㄱ

③ ㄷ → ㄹ → ㄱ → ㄴ　　　　④ ㄷ → ㄹ → ㄴ → ㄱ

16 다음 자료를 바탕으로 제조업을 영위하는 ㈜삼일의 제24기 사업연도(2024년 1월 1일 ~ 2024년 12월 31일)의 대손충당금 한도초과액을 계산하면 얼마인가?

> (1) 결산서상 대손충당금 내역
> 　① 기초대손충당금 잔액　　　　　　　　　20,000,000원
> 　② 회수불능채권과 상계액　　　　　　　　 9,000,000원
> 　　(전액 세무상 대손요건을 충족함)
> 　③ 당기 추가설정액　　　　　　　　　　　29,000,000원
> 　④ 기말잔액　　　　　　　　　　　　　　40,000,000원
> (2) 당기 세무상 대손충당금 설정대상채권액　　200,000,000원
> (3) 전기 세무상 대손충당금 설정대상채권액　　300,000,000원
> (4) 전기 말 기준으로 대손부인된 채권은 없다고 가정한다.

① 24,000,000원　　　　　　　② 29,000,000원

③ 32,000,000원　　　　　　　④ 34,000,000원

17 다음 중 법인세법상 손금으로 인정되는 준비금으로 옳지 않은 것은?

① 책임준비금
② 손실보전준비금
③ 비상위험준비금
④ 고유목적사업준비금

18 ㈜삼일은 2024 년 1 월 1 일에 시가 12 억 원(장부가액 4 억 원)인 토지를 회사의 대표이 사에게 양도하고 유형자산처분이익 2 억 원을 인식하였다. 토지 매각과 관련하여 2024 년 에 필요한 세무조정으로 옳은 것은(단, 증여세는 고려하지 않는다)?

① (익금산입) 부당행위계산부인(저가양도) 2억 원(상여)
② (익금산입) 부당행위계산부인(저가양도) 3억 원(상여)
③ (익금산입) 부당행위계산부인(저가양도) 4억 원(상여)
④ (익금산입) 부당행위계산부인(저가양도) 6억 원(상여)

19 다음 중 법인세법상 과세표준의 계산에 관한 설명으로 옳지 않은 것은?

① 과세표준은 각사업연도소득에서 이월결손금, 비과세소득, 소득공제를 순서대로 차감 하여 계산한다.
② 공제대상 이월결손금은 각사업연도소득의 100%(중소기업과 회생계획 이행중 기업 포함) 범위에서 공제한다.
③ 각사업연도소득금액에서 이월결손금을 공제한 금액을 초과하는 비과세소득은 다음 사업연도로 이월되지 않고 소멸한다.
④ 자산수증이익이나 채무면제이익에 의해 충당된 이월결손금은 과세표준 계산시 공제 가 불가능하다.

20 다음 중 법인세 신고·납부에 관한 설명으로 옳지 않은 것은?

① 법인세 납세의무가 있는 내국법인은 각 사업연도 종료일이 속하는 달의 말일부터 3개월 이내에 법인세 과세표준과 세액을 신고하여야 한다.

② 법인세 과세표준 신고시 개별 내국법인의 재무상태표, 포괄손익계산서 등의 첨부서류는 제출하지 않아도 된다.

③ 각사업연도소득금액이 없거나 결손금이 있는 경우에도 법인세 신고기간 내에 과세표준과 세액을 신고하여야 한다.

④ 법인세는 신고기한 내에 납부하여야 하나 납부할 세액이 일정 금액을 초과할 경우 분납할 수 있다.

21 다음 중 소득세의 특징에 관한 설명으로 옳지 않은 것은?

① 소득세법은 개인별 소득을 기준으로 과세하는 개인단위과세제도를 원칙으로 한다.

② 퇴직소득과 양도소득을 다른 소득과 합산하지 않고 별도로 과세하는 이유는 장기간에 걸쳐 발생한 소득이 일시에 실현되는 특징 때문이다.

③ 소득세법은 모든 소득에 대하여 열거주의에 의하여 과세대상 소득을 규정하고 있으므로 열거되지 아니한 소득은 과세되지 않는다.

④ 분리과세는 과세기간별로 합산하지 않고 그 소득이 지급될 때 소득세를 징수함으로써 과세를 종결하는 방식이다.

22 다음 자료를 참고하여 총급여액이 45,000,000 원인 거주자 김자경씨의 종합과세되는 배당 소득금액을 계산하면 얼마인가?

---

1. 2024년에 수령한 배당금 내역은 다음과 같다.
   (1) 주권상장법인으로부터의 배당(금전배당)　　　　　20,000,000원
   (2) 비상장법인으로부터의 배당(주식배당)　　　　　　40,000,000원
   (3) A법인의 주식발행초과금의 자본전입으로 수령한 무상주　30,000,000원
2. 배당소득 가산율은 10% 이다.

---

① 60,000,000원　　　　　　　② 64,000,000원
③ 90,000,000원　　　　　　　④ 97,000,000원

23 다음 중 소득세법상 사업소득금액과 법인세법상 각사업연도소득금액의 차이점에 관한 설명으로 옳지 않은 것은?

① 재고자산의 자가소비에 관해서 법인세법에서는 부당행위부인에 적용되나, 소득세법에서는 개인사업자가 재고자산을 가사용으로 소비하거나 이를 사용인 또는 타인에게 지급한 경우에는 총수입금액으로 보지 아니한다.

② 대표자에 대한 급여는 각 사업연도 소득금액의 계산에 있어서 손금으로 보지만, 사업소득금액의 계산에 있어서는 필요경비로 보지 아니한다.

③ 유가증권처분손익은 각 사업연도 소득금액의 계산에 있어서 익금 및 손금으로 보지만, 사업소득금액의 계산에 있어서는 총수입금액 및 필요경비로 보지 아니한다.

④ 이자수익과 배당금수익은 각사업연도소득에 포함하나, 사업소득에서는 제외한다.

24 다음 중 소득세법상 근로소득에 관한 설명으로 옳지 않은 것은?

① 잉여금처분에 의한 상여의 경우 당해 근로를 제공한 날이 속하는 사업연도를 근로소득의 수입시기로 한다.

② 퇴직함으로써 받는 소득으로서 퇴직소득에 속하지 아니하는 소득은 근로소득에 해당한다.

③ 종업원이 소유 또는 임차한 차량으로 사업주의 업무수행에 이용하고 그에 소요된 실제비용을 지급받지 않으면서 별도로 지급받는 월 20만 원 이내의 금액은 소득세를 부과하지 아니한다.

④ 소액주주인 임원이 사택을 제공받음으로써 얻는 이익은 복리후생적 급여로 비과세 근로소득에 해당한다.

25 다음 중 소득세법상 기타소득에 관한 설명으로 옳지 않은 것은?

① 계약금이 위약금·배상금으로 대체되는 경우의 기타소득은 계약의 위약 또는 해약이 확정된 날을 수입시기로 한다.

② 국가지정문화재로 지정된 서화·골동품의 양도로 발생하는 소득은 기타소득으로 과세되지 않는다.

③ 복권당첨소득은 기타소득으로 분류되며 무조건 분리과세되므로 별도로 종합과세 되지 않는다.

④ 고용관계 없는 자가 다수인에게 강연을 하고 받는 강연료는 기타소득으로 분류되며 총수입금액의 80%를 필요경비로 인정한다.

26 다음은 김삼일씨의 2024 년 소득 관련자료이다. 자료를 바탕으로 2025 년 5 월 말까지 신고해야 할 종합소득금액은 얼마인가?

근로소득금액	15,000,000원
양도소득금액	38,000,000원
사업소득금액	33,000,000원
기타소득금액	5,300,000원
이자소득금액(정기예금이자)	20,000,000원

① 53,300,000원   ② 58,300,000원

③ 73,300,000원   ④ 91,300,000원

27 근로소득자인 홍길동씨는 2024 년 다음과 같이 보험료를 납부하였다. 홍길동씨의 2024 년 연말정산시 보험료 세액공제액은 얼마인가?

ㄱ. 고용보험료 총부담금(회사부담 1,000,000원 포함)	2,000,000원
ㄴ. 국민건강보험료 총부담금(회사부담 400,000원 포함)	800,000원
ㄷ. 자동차 보험료 납부액	1,600,000원
ㄹ. 생명보험(장애인전용보장성보험)의 보험료 납부액	1,200,000원

① 120,000원   ② 150,000원

③ 270,000원   ④ 300,000원

28 다음 중 원천징수에 관한 설명으로 옳지 않은 것은?

① 비영업대금의 이익의 경우 원천징수세율은 25% 이다.

② 법인이 개인에게 소득을 지급하는 경우 소득세법에 따라 원천징수한다.

③ 원천징수에 의해서 정부는 조세수입을 조기에 확보할 수 있으며, 탈세를 방지할 수 있는 장점이 있다.

④ 완납적 원천징수의 경우에는 별도의 소득세 확정신고 절차가 필요하나, 예납적 원천징수에 해당하면 별도의 확정신고 절차가 불필요하다.

29 다음 중 양도소득세가 과세되는 소득으로 옳은 것은?

① 1세대 1주택(고가주택 아님)의 양도소득

② 사업용 기계장치의 처분이익

③ 상장주식의 양도소득(대주주 거래분)

④ 파산선고에 의한 처분으로 발생하는 소득

30 다음 중 소득세법상 중간예납에 관한 설명으로 옳지 않은 것은?

① 중간예납은 1년간 소득에 대한 소득세를 분할 예납하게 하여 정부의 세입 충족면에서나 납세자의 자금부담면에서 효율적이다.

② 소득세 중간예납대상자는 종합소득이 있는 거주자 중 사업소득이 있는 자이다.

③ 중간예납이란 매년 1월 1일부터 6월 30일까지의 기간동안의 소득에 대해 소득세를 납부하는 것이며, 납부기한은 8월 30일이다.

④ 중간예납세액이 50만 원 미만일 경우 중간예납세액을 징수하지 아니한다.

31 다음 중 부가가치세법에 대하여 옳은 주장을 하는 사람은 누구인가?

① 김철수 : 부가가치세가 과세되는 재화란 재산 가치가 있는 유체물을 말한다. 따라서 동력이나 열과 같은 무체물은 부가가치세 과세대상이 아니다.

② 김영희 : 우리나라의 부가가치세 제도는 전단계세액공제법을 채택하고 있다.

③ 김영수 : 재화의 수입은 수입자가 사업자인 경우에만 부가가치세가 과세된다. 따라서 사업자가 아닌 개인이 재화를 수입하는 경우에는 부가가치세가 과세되지 않는다.

④ 김순희 : 간접세에 대한 국제적 중복과세의 문제를 해결하기 위하여 수출국에서만 간접세를 과세할 수 있도록 생산지국과세원칙을 채택하고 있다.

32 다음 중 부가가치세 납세의무자인 사업자에 관한 설명으로 옳은 것은?

① 영세율을 적용받는 사업자라 할지라도 부가가치세법상의 사업자 등록의무가 있다.

② 과세사업자가 사업개시일부터 15일 이내에 사업자등록을 하지 아니한 경우에는 미등록가산세의 적용을 받는다.

③ 주사업장총괄납부사업자는 본점 또는 주사무소에서 모든 사업장의 부가가치세를 총괄하여 신고 및 납부할 수 있다.

④ 겸영사업자는 부가가치세 납세의무가 없으므로 면세사업자로 분류한다.

33 다음 중 부가가치세 과세기간에 관한 설명으로 옳지 않은 것은?

① 폐업자의 최종 과세기간은 폐업일이 속하는 과세기간의 개시일부터 폐업일까지로 한다.

② 사업개시일 이전에 사업자등록을 신청한 경우의 과세기간은 그 신청일부터 그 신청일이 속하는 과세기간의 종료일까지로 한다.

③ 신규사업자의 최초과세기간은 사업개시일부터 개시일이 속하는 과세기간의 종료일까지로 하는 것이 원칙이다.

④ 간이과세자의 과세기간은 1년을 2과세기간으로 나누어 6개월마다 신고·납부하도록 하고 있다.

34 다음 중 부가가치세법의 주사업장 총괄납부에 관한 설명으로 옳지 않은 것은?

① 총괄납부하려는 자는 주사업장총괄납부신청서를 총괄납부하고자 하는 과세기간 개시 20일 전에 주사업장 관할세무서장에게 제출하여야 한다.

② 법인은 지점 또는 분사무소를 주사업장으로 할 수 없다.

③ 주사업장 총괄납부하는 경우 사업자등록 및 과세표준의 신고 등은 각 사업장마다 이행하여야 한다.

④ 주사업장 총괄납부에 따라 납부하던 사업자가 총괄납부 포기신고를 하면 각 사업장에서 납부가 가능하다.

35 다음 중 간주공급에 관한 설명으로 옳지 않은 것은?

① 개인적공급의 간주공급에 해당할 경우 세금계산서 발급의무가 면제된다.

② 개인적공급의 간주공급시기는 재화를 사용하거나 소비하는 때이며, 폐업시 잔존재화의 간주공급시기는 폐업일이 된다.

③ 사업을 위하여 무상으로 다른 사업자에게 인도 또는 양도하는 견본품은 사업상 증여에 해당한다.

④ 주사업장 총괄납부 사업자가 판매목적 타사업장 반출시 세금계산서를 발급하고 신고 규정에 따라 신고한 경우 재화의 공급으로 본다.

36 ㈜삼일은 2024년 11월 15일 상품을 3개월 할부로 인도하고 판매대금 3,000,000원은 아래와 같이 회수하기로 약정하였다. 할부대금의 실제 회수액이 다음과 같을 때 2024년 제2기 확정신고기간에 동 할부판매와 관련하여 신고할 과세표준은 얼마인가(단, 회수약정액과 회수액은 부가가치세를 포함하지 않은 금액임)?

2024년 11월 15일 : 회수약정액 1,000,000원 / 회수액   0원
2024년 12월 15일 : 회수약정액 1,000,000원 / 회수액 1,000,000원
2025년 2월 15일 : 회수약정액 1,000,000원 / 회수액   800,000원
---

① 1,000,000원
② 1,800,000원
③ 2,000,000원
④ 3,000,000원

37 다음 중 부가가치세법상 영세율에 관한 설명으로 옳지 않은 것은?

① 영세율은 국제적인 이중과세를 방지하는 효과가 있다.
② 면세사업자는 면세를 포기할 경우 영세율을 적용 받을 수 있다.
③ 영세율을 적용받는 사업자는 사업자등록 및 세금계산서 발급 등 부가가치세법상 제반 의무를 이행할 필요가 없다.
④ 영세율을 적용받는 사업자가 사업과 관련하여 부담한 매입세액은 부가가치세 납부세액 계산시 공제된다.

38 다음은 부가가치세 과세사업을 영위하는 ㈜삼일의 2024 년 제 1 기 예정신고기간의 거래내역이다. 제 1 기 예정신고기간의 과세표준은 얼마인가(단, 아래의 금액은 부가가치세가 포함되어 있지 않다)?

> • 특수관계인 매출액   30,000,000원
>   (시가 40,000,000원)
> • 특수관계인 이외의 매출   40,500,000원
>   (매출환입 3,500,000원, 매출에누리 1,500,000원과 매출할인 500,000원이 차감된 금액)

① 70,500,000원   ② 76,000,000원
③ 80,500,000원   ④ 86,000,000원

39 다음은 제조업을 영위하는 과세사업자인 ㈜삼일의 2024 년 10 월 1 일부터 12 월 31 일까지의 매입내역이다. 2024 년 제 2 기 확정신고시 공제받을 수 있는 매입세액은 얼마인가(단, 필요한 경우 적정하게 세금계산서를 수령하였다고 가정한다)?

매입내역	매입가액(부가가치세 포함)
기계장치	550,000,000원
비영업용소형승용차	88,000,000원
원재료	33,000,000원
비품	66,000,000원
기업업무추진비 관련 매입액	22,000,000원

① 50,000,000원   ② 56,000,000원
③ 59,000,000원   ④ 61,000,000원

40 다음은 자동차를 제조하여 판매하는 ㈜삼일의 2024 년 4 월 1 일부터 2024 년 6 월 30 일 까지의 거래내역이다. 2024 년 1 기 확정신고와 관련한 설명으로 옳지 않은?

구분		금액
매출내역	면세사업자에게 판매한 금액	30,000,000원(부가가치세별도)
	과세사업자에게 판매한 금액	20,000,000원(부가가치세별도)
매입내역	원재료 매입금액(세금계산서 수령)	33,000,000원(부가가치세포함)

① 과세사업자에게 판매한 20,000,000원은 과세표준에 포함해야 한다.

② 면세사업자에게 판매한 30,000,000원은 과세표준에 포함해야 한다.

③ 원재료 매입시 부담한 부가가치세 3,000,000원은 매입세액으로 공제한다.

④ 2024년 제1기 예정신고시 누락한 매출금액을 확정신고시 과세표준에 포함해 신고 할 수 없다.

01 다음 중 국세기본법상 기한과 기간에 관한 설명으로 옳지 않은 것은?

① 과세표준신고서를 국세정보통신망을 통해 제출하는 경우 해당 신고서 등이 국세청 장에게 전송된 때에 신고한 것으로 본다.

② 국세의 납부에 관한 기한이 근로자의 날일 때에는 그 다음 날을 기한으로 본다.

③ 기간을 일·주·월·연으로 정한 때에는 기간의 초일은 기간 계산시 산입한다.

④ 기간의 계산은 국세기본법 또는 그 세법에 특별한 규정이 있는 것을 제외하고는 민 법에 따른다.

02 다음 중 국세기본법상 서류의 송달에 관한 설명으로 옳지 않은 것은?

① 공시송달의 경우에는 서류의 주요 내용을 공고한 날부터 30일이 지나면 서류 송달 이 된 것으로 본다.

② 서류는 교부, 우편 또는 전자송달에 의하여 송달함을 원칙으로 한다. 다만, 주소불 명 등의 사유로 송달할 수 없는 경우에는 공시송달에 의한다.

③ 서류의 송달에 대한 효력은 원칙적으로 도달주의에 의하나, 공시송달 등의 경우는 특례규정을 두고 있다.

④ 국세기본법 또는 세법에 규정하는 서류는 그 명의인의 주소·거소·영업소 또는 사무 소에 송달하는 것을 원칙으로 한다.

03 다음 내용과 밀접한 관련이 있는 국세부과의 원칙으로 옳은 것은?

> * 사업자등록명의자와는 별도로 사실상의 사업자가 있는 경우에는 사실상의 사업자를 납세의무
>   자로 본다(국기통 14−0…1).
> * 회사의 주주로 명부상 등재되어 있더라도 회사의 대표자가 임의로 등재한 것일 뿐 회사의 주
>   주로서 권리행사를 한 사실이 없는 경우에는 그 명의자인 주주를 세법상 주주로 보지 않는다
>   (국기통 14−0…3).
> * 공부상 등기·등록 등이 타인의 명의로 되어 있더라도 사실상 당해 사업자가 취득하여 사업에
>   공하였음이 확인되는 경우에는 이를 그 사실상 사업자의 사업용자산으로 본다(국기통 14−
>   0…4).
> * 명의신탁부동산을 매각처분한 경우에는 양도의 주체 및 납세의무자는 명의수탁자가 아니고 명
>   의신탁자이다(국기통 14−0…6).

① 실질과세의 원칙
② 근거과세의 원칙
③ 조세감면사후관리의 원칙
④ 신의성실의 원칙

04 다음 중 국세기본법상 가산세에 관한 설명으로 옳지 않은 것은?

① 정부는 세법이 규정하는 의무를 위반한 자에게 국세기본법 또는 세법에서 정하는 바
에 따라 가산세를 부과할 수 있다.
② 가산세는 해당 의무가 규정된 세법의 해당 국세의 세목으로 한다.
③ 해당 국세를 감면하는 경우 가산세는 그 감면대상에 포함시키지 아니한다.
④ 과세표준수정신고서를 법정신고기한 경과 후 일정기간 이내에 제출한 경우 납부지
연가산세를 감면받을 수 있다.

05 다음 중 법인세법상 사업연도에 관한 설명으로 옳지 않은 것은?

① 사업연도는 법령 또는 정관 등에서 정하는 1회계기간으로 하며 그 기간은 1년을 초과하지 못한다.

② 법령 또는 정관에 사업연도 규정이 없는 내국법인은 법인설립신고 또는 사업자등록시 사업연도를 신고 하여야 하며 신고하지 않은 경우에는 매년 1월 1일부터 12월 31일까지를 그 법인의 사업연도로 한다.

③ 신설법인은 관련법령에서 정하는 소정의 기한 내에 설립등기를 하여야 하며 이 때 신설법인의 최초 사업연도의 개시일은 그 설립등기일이 된다.

④ 사업연도를 변경하려는 법인은 해당 사업연도의 종료일부터 3개월 이내에 사업연도 변경신고서를 납세지 관할 세무서장에게 제출하여야 한다.

06 다음 중 법인세법상 의제배당에 관한 설명으로 옳지 않은 것은?

① 법인이 이익잉여금을 자본전입하여 주주인 법인이 취득하는 주식은 배당으로 의제하지 아니한다.

② 자본감소 등으로 인해 주주가 취득하는 금전과 그 밖의 재산가액의 합계액이 주주가 해당 주식을 취득하기 위하여 사용한 금액을 초과하는 경우 그 초과 금액을 의제배당 금액으로 한다.

③ 의제배당이란 법인의 잉여금 중 사내에 유보되어 있는 이익이 일정한 사유로 주주나 출자자에게 귀속되는 경우 이를 실질적으로 현금배당과 유사한 경제적 이익으로 보아 과세하는 제도이다.

④ 법인의 해산·합병 및 분할 등으로 인해 보유하던 주식 대신 받는 금전 등 재산가액의 합계액이 주식취득가격을 초과하는 경우도 의제배당에 해당한다.

07 다음 자료는 ㈜삼일의 손익계산서에 비용처리된 내역이다. 이 중 법인세법상 손금불산입되는 금액을 계산하면 얼마인가?

직장체육비	2,000,000원
출자임원(소액주주 아님)에 대한 사택유지비	2,000,000원
업무 수행과 관련하여 발생한 교통사고벌과금	500,000원
국민건강보험료(사용자부담분)	1,500,000원

① 2,000,000원

② 2,500,000원

③ 3,500,000원

④ 4,000,000원

08 다음은 ㈜삼일의 제 24 기(2024 년 1 월 1 일 ~ 2024 년 12 월 31 일)의 인건비 내역이다. 급여지급규정에 의하여 임원과 직원의 상여금은 급여의 40%를 지급하도록 하고 있는 경우 필요한 세무조정으로 옳은 것은?(단, 본사의 인건비는 판매비와관리비로 기록하였고, 건설본부의 인건비는 당기말 현재 공사가 진행 중인 자산과 관련된 것이므로 회계장부에 건설중인자산으로 기록하였다.)

구분		급여	상여금
본사	임원	150,000,000원	70,000,000원
	직원	350,000,000원	170,000,000원
건설본부	임원	100,000,000원	60,000,000원
	직원	200,000,000원	120,000,000원
합계		800,000,000원	400,000,000원

① (손금불산입) 상여금 한도초과액　20,000,000원 (상여)

② (손금불산입) 상여금 한도초과액　30,000,000원 (상여)

③ (손금산입)　　건설중인자산　　20,000,000원 (△유보)

　 (손금불산입) 상여금 한도초과액　20,000,000원 (상여)

④ (손금산입)　　건설중인자산　　20,000,000원 (△유보)

　 (손금불산입) 상여금 한도초과액　30,000,000원 (상여)

09 다음 중 법인세법상 손익의 귀속시기에 관한 설명으로 옳지 않은 것은?

① 원천징수되지 아니하는 이자소득에 대해 발생주의에 따라 장부상 미수수익을 계상한 경우 익금으로 인정한다.

② 임대료 지급기간이 1년을 초과하는 경우 이미 경과한 기간에 대응하는 임대료 상당액과 비용은 이를 각각 당해 사업연도의 익금과 손금으로 한다.

③ 부동산의 경우 대금청산일, 소유권이전등기일, 인도일, 사용수익일 중 가장 빠른날을 귀속시기로 한다.

④ 법인이 잉여금처분으로 수입하는 배당금은 실제 배당금을 지급받는 날이 속하는 사업연도의 익금에 산입한다.

10 다음 중 법인세법상 감가상각범위액의 결정요소에 관한 설명으로 옳지 않은 것은?

① 법인이 신고한 신고내용연수를 우선적으로 적용하고, 내용연수를 신고하지 않은 경우 기준내용연수를 적용한다.

② 감가상각자산의 취득가액은 취득 당시의 자산가액과 법인이 자산을 취득하여 법인 고유의 목적사업에 사용할 때까지의 제반비용을 포함하며, 건설자금이자는 제외한다.

③ 사업의 폐지로 임대차계약에 따라 임차한 사업장의 원상회복을 위하여 시설물을 철거하는 경우, 당해 자산의 장부가액에서 1천원을 공제한 금액을 폐기일이 속하는 사업연도의 손금에 산입할 수 있다.

④ 세법은 유형·무형자산의 구분없이 잔존가액을 0(영)으로 하고 있다.

11 다음은 ㈜삼일이 2023년 7월 1일에 취득한 기계장치에 관한 자료이다. 동 자료를 기초로 제24기(2024년 1월 1일 ~ 2024년 12월 31일) 사업연도의 상각범위액을 계산하면 얼마인가?

ㄱ. 기계취득가액 : 6억 원
ㄴ. 신고내용연수 : 4년
ㄷ. 2024년 1월 1일 기계장치에 대한 자본적 지출 : 2억 원
ㄹ. 감가상각신고방법 : 정액법

① 50,000,000원
② 100,000,000원
③ 200,000,000원
④ 300,000,000원

12 서울에 위치한 ㈜삼일은 투자 목적으로 회사 주변의 건물을 소유하고 있다. ㈜삼일의 김삼일 대표이사는 자신의 향우회로부터 80억 원의 현금을 받는 조건으로 회사의 건물을 매각하라는 제안을 받았고, 동 제안을 수락할 경우 어떤 효과가 있을지 고민하고 있다. 동 건물의 시가는 100억 원이다. 건물을 위의 조건으로 매각할 경우 다음 중 옳은 세무조정은 어느 것인가?(단, 대표이사 향우회는 ㈜삼일과 특수관계인이 아니다)

① 〈손금불산입〉 비지정기부금 20억 원
② 〈손금불산입〉 비지정기부금 10억 원
③ 〈손금불산입〉 일반기부금   10억 원
④ 세무조정 없음

13 다음 중 기업업무추진비와 기부금에 관한 설명으로 옳지 않은 것은?

① 2024사업연도에 접대하고 미지급금으로 계상한 기업업무추진비는 2024사업연도의 기업업무추진비로 본다.

② 2024사업연도에 기부하기로 약정하고, 2025사업연도에 지출한 기부금은 2025사업연도의 기부금으로 본다.

③ 현물로 기부한 특례기부금은 장부가액으로 평가한다.

④ 현물로 접대하는 경우 기업업무추진비는 시가로 평가한다.

14 다음 중 손금불산입대상인 지급이자와 이에 대한 소득처분을 연결한 것으로 옳지 않은 것은(단, 지급이자에 대한 원천징수는 고려하지 않는다)?

	구분	소득처분
①	채권자불분명 사채이자	대표자상여
②	비실명 채권·증권의 이자상당액	대표자상여
③	건설자금이자	기타사외유출
④	업무무관자산 등 관련 이자	기타사외유출

15 다음 중 법인세법상 대손금 및 대손충당금에 관한 설명으로 옳지 않은 것은?

① 대손충당금 한도초과액을 계산할 때에는 당기말 재무상태표상 대손충당금 잔액을 대손충당금 손금산입한도액과 비교하여 계산한다.

② 상법·민법·어음법 또는 수표법에 따라 소멸시효가 완성된 채권은 결산조정사항이다.

③ 매각거래에 해당하는 할인어음은 대손충당금 설정대상채권이 아니다.

④ 금융기관 이외의 법인의 대손충당금 설정한도는 설정대상 채권금액에 1%와 대손실적률 중 큰 비율을 적용하여 계산한다.

16 다음 중 법인세법상 손금으로 인정되는 준비금으로 옳지 않은 것은?

① 책임준비금
② 손실보전준비금
③ 비상위험준비금
④ 고유목적사업준비금

17 다음 중 법인세법상 부당행위계산의 유형으로 옳지 않은 것은?

① 자산을 시가보다 높게 매입 또는 현물출자 받았거나 그 자산을 과대상각한 때
② 무수익자산을 매입 또는 현물출자 받았거나 그 자산에 대한 비용을 부담한 때
③ 증자, 합병, 분할 등 법인의 자본을 증가 또는 감소시키는 거래를 통한 이익의 분여
④ 금전 기타 자산 또는 용역을 시가보다 낮은 이율·요율이나 임차료로 차용하거나 제공받은 때

18 다음의 자료를 이용하여 ㈜삼일의 제 24 기 사업연도(2024 년 1 월 1 일 ~ 2024 년 12 월 31 일) 과세표준 금액을 계산하면 얼마인가?

ㄱ. 당기순이익	250,000,000원
ㄴ. 소득금액조정합계표상 금액	
– 익금산입·손금불산입	100,000,000원
– 손금산입·익금불산입	70,000,000원
ㄷ. 이월결손금(제20기 사업연도 발생분)	10,000,000원
ㄹ. 비과세소득	3,000,000원
ㅁ. 소득공제	2,000,000원

① 265,000,000원
② 270,000,000원
③ 275,000,000원
④ 280,000,000원

19 중소기업인 ㈜삼일의 당기(2024 년 1 월 1 일 ~ 2024 년 12 월 31 일) 결산서상 당기순이익은 200,000,000 원이었다. 세무조정 결과 익금산입·손금불산입 금액은 50,000,000 원이며, 손금산입·익금불산입 금액은 20,000,000 원이었다. 이월결손금 잔액이 다음과 같을 때, ㈜삼일의 법인세 산출세액을 계산하면 얼마인가?

발생연도	회계상 이월결손금 잔액	세무상 이월결손금 잔액
2012년	9,000,000원	9,000,000원
2013년	7,000,000원	6,000,000원
2014년	5,000,000원	4,000,000원
2019년	8,000,000원	5,000,000원

① 19,140,000원
② 20,850,000원
③ 21,230,000원
④ 21,990,000원

20 다음 중 법인세의 신고와 납부에 관한 설명으로 옳은 것은?

① 법인세 납세의무가 있는 모든 내국법인은 각 사업연도 종료일이 속하는 달의 말일부터 4개월 이내에 법인세 과세표준과 세액을 신고하여야 한다.

② 법인세 과세표준 신고시 필수적 첨부서류인 개별법인의 재무상태표, 포괄손익계산서 및 합계잔액시산표를 첨부하여야 한다.

③ 각 사업연도 소득금액이 없거나 결손금이 있는 경우에는 법인세 과세표준 신고의무가 없다.

④ 각 사업연도의 기간이 6개월을 초과하는 법인은 사업연도 개시일부터 6개월간을 중간예납기간으로 하여 중간예납기간이 경과한 날로부터 2개월 이내에 그 기간에 대한 법인세를 신고·납부해야 한다.

21 다음 중 소득세법에 관한 설명으로 옳지 않은 것은?

① 소득세법은 원칙적으로 열거주의에 의해 과세대상소득을 규정하고 있으므로(이자·배당소득 제외) 열거되지 아니한 소득은 비록 담세력이 있더라도 과세되지 않는다.

② 일부 소득은 원천징수로써 납세의무를 종결하는 분리과세 방식이 적용된다.

③ 소득세법은 개인의 인적사항이 다르면 부담능력도 다르다는 것을 고려하여 부담능력에 따른 과세를 채택하고 있다.

④ 소득세법상 납세의무자는 과세기간의 다음연도 5월 1일부터 5월 31일까지 과세표준확정신고를 해야하며 정부의 승인으로 소득세액이 확정된다.

22 다음 중 필요경비 공제가 인정되지 않는 소득으로만 이루어진 것으로 옳은 것은?

① 이자소득 및 배당소득

② 사업소득 및 기타소득

③ 이자소득 및 기타소득

④ 배당소득 및 사업소득

23 다음 자료를 보고 복식부기의무자인 개인사업자 김삼일씨의 2024년 사업소득금액을 계산하면 얼마인가?

ㄱ. 손익계산서상 당기순이익	200,000,000원
ㄴ. 손익계산서에는 다음과 같은 수익과 비용이 포함되어 있다.	
– 본인에 대한 급여	30,000,000원
– 회계부장으로 근무하는 배우자의 급여	25,000,000원
– 배당금 수익	5,000,000원
– 기계장치처분이익(사업용유형자산에 해당함)	3,000,000원
– 세금과공과 중 벌금	2,000,000원

① 197,000,000원

② 224,000,000원

③ 227,000,000원

④ 232,000,000원

24 김삼일씨의 2024년 급여내역이 다음과 같을 때 총급여액을 계산하면 얼마인가(단, 김삼일씨는 1년 동안 계속 근무하였다)?

- 월급여액 : 2,000,000원
- 상여 : 월급여액의 400%
- 연월차수당 : 2,000,000원
- 식사대 : 2,400,000원(월 200,000. 단, 식사 또는 기타 음식물을 제공받지 않음)
- 자가운전보조금 : 3,000,000원(월 250,000원)
  (김삼일 씨 명의로 임차한 차량을 김삼일 씨가 직접 운전하여 사용자의 업무수행에 이용하고 시내출장 등에 소요된 실제여비를 받는 대신에 그 소요경비를 해당 사업체의 규칙 등으로 정하여진 지급기준에 따라 받는 금액임)

① 34,500,000원 ② 34,600,000원

③ 35,100,000원 ④ 36,100,000원

25 다음 중 소득세법상 기타소득에 관한 설명으로 옳지 않은 것은?

① 종업원이 퇴직한 후에 지급받는 직무발명 보상금으로서 연 700만 원 이하의 금액은 기타소득으로 과세되지 않는다.

② 일시적인 문예창작소득은 기타소득에 포함된다.

③ 기타소득금액(강연료)이 연 300만 원 이하인 경우에는 납세자의 선택에 따라 분리과세를 적용 받을 수 있다.

④ 법인세법상 기타사외유출로 처분된 소득은 원칙적으로 소득처분귀속자의 소득세법상 기타소득에 합산되어 과세된다.

26 다음 자료는 거주자 김삼일씨의 2024 년 소득금액이다. 김삼일씨의 2024 년 종합소득 과세표준을 계산하면 얼마인가? 배당소득에 대한 가산율은 10%이다.

정기예금이자	5,000,000원
비영업대금의 이익	10,000,000원
비상장법인배당소득	6,000,000원
사업소득금액	100,000,000원
종합소득공제	20,000,000원

① 81,000,000원
② 101,000,000원
③ 101,100,000원
④ 101,600,000원

27 다음 자료는 거주자 김삼일씨의 2024 년 소득금액이다. 종합소득산출세액을 계산하면 얼마인가(단, 모든 소득은 국내에서 발생한 것이다)?

ㄱ. 근로소득금액	80,000,000원
ㄴ. 사업소득금액(부동산임대업)	20,000,000원
ㄷ. 기타소득금액(분리과세 대상이 아님)	40,000,000원
ㄹ. 종합소득공제	20,000,000원

〈종합소득세율〉

종합소득 과세표준	세율
5,000만 원 초과 8,800만 원 이하	624만 원 + 5,000만 원 초과분의 24%
8,800만 원 초과 1억 5천만 원 이하	1,536만 원 + 8,800만 원 초과분의 35%

① 13,440,000원
② 19,560,000원
③ 26,560,000원
④ 33,560,000원

28 다음 중 소득세법상 의료비세액공제에 관한 설명으로 옳지 않은 것은?

① 근로소득이 있는 거주자는 소득 및 연령조건을 미충족한 기본공제대상자의 의료비에 대해서도 의료비세액공제 적용이 가능하다.

② 건강증진을 위한 의약품 구입비용은 공제대상 의료비에 해당하지 않는다.

③ 미숙아·선천성이상아 의료비에 대한 의료비세액공제는 세액공제대상 금액의 30%로 한다.

④ 시력보정용 안경 또는 콘택트렌즈 구입을 위하여 지출한 비용으로서 기본공제대상자 (나이 및 소득제한 없음) 1명당 50만 원 이내의 금액은 공제대상 의료비에 해당한다.

29 다음 중 소득세법상 퇴직급여를 실제로 받지 않은 경우 퇴직으로 보지 않을 수 있는 사례로 옳지 않은 것은?

① 종업원이 임원이 된 경우

② 법인의 상근임원이 비상근임원이 된 경우

③ 다른 사업자가 경영하는 사업장으로의 전출이 이루어진 경우

④ 사업양도로 출자관계에 있는 법인으로의 전출이 이루어진 경우

30 다음 중 소득세법상 납세절차에 관한 설명으로 옳지 않은 것은?

① 종합소득과세표준에 대한 확정신고납부를 하는 경우 원천징수세액과 이미 납부한 중간예납세액이 있는 경우에는 이를 공제하고 납부한다.

② 납부할 세액이 1천만 원을 초과하는 경우에는 3개월 이내 분납할 수 있다.

③ 소득세법에 따라 적법하게 원천징수된 근로소득만 있는 거주자는 해당 소득에 대하여 과세표준확정신고를 하지 아니하여도 된다.

④ 과세표준과 세액의 결정은 장부 기타 증빙서류를 근거로 하여 실질조사에 의하는 것을 원칙으로 하되 실질조사를 할 수 없는 경우에는 추계조사에 의할 수 있다.

31 다음 중 우리나라 부가가치세법에 대하여 옳지 않은 주장을 하는 사람은 누구인가?

① 박차장 : 면세사업만을 영위하는 사업자는 부가가치세법상의 사업자 등록의무가 없기 때문에 부가가 치세법상 사업자등록을 하지 않아도 됩니다.

② 이과장 : 재화를 수입하는 자는 사업자 여부에 관계 없이 모두 납세의무가 있습니다. 그러니 주의해 주시기 바랍니다.

③ 박사원 : 간접세에 대한 국제적 이중과세의 문제점을 해결하기 위해 수입국에서만 간접세를 과세할 수 있도록 소비지국과세원칙을 채택하고 있습니다.

④ 김대리 : 부가가치세가 과세되는 재화라는 것은 재산적 가치가 있는 유체물을 이야기 합니다. 따라서 동력은 무체물이기 때문에 부가가치세 과세대상이 아닙니다.

32 다음의 자료를 통해서 부가가치세 차가감납부세액을 계산하면 얼마인가(단, 면세로 매입한 금액 중 의제매입세액공제대상은 없다고 가정한다)?

(1) 과세표준	10,000,000원
(면세공급가액 2,000,000원 포함)	
(2) 매입가액	5,000,000원
(면세 매입금액 500,000원, 기타 불공제 매입금액 1,000,000원 포함)	
(3) 세금계산서 불성실가산세	5,000원
(단, 위의 공급가액과 매입가액은 모두 부가가치세가 포함되지 않은 금액이다.)	

① 305,000원   ② 405,000원

③ 455,000원   ④ 505,000원

33 다음 중 부가가치세법의 과세대상거래에 관한 설명으로 옳지 않은 것은?

① 사업자가 자기재화의 판매촉진을 위하여 거래상대자의 판매실적에 따라 일정률의 장려금품을 재화로 제공하는 것은 사업상 증여에 해당하므로 과세한다.

② 신탁재산을 위탁자로부터 수탁자로 이전하거나 수탁자로부터 위탁자로 이전하는 경우에는 각각 재화의 공급으로 본다.

③ 사업자가 자기의 사업과 관련하여 생산하거나 취득한 재화를 수선비 등에 대체하여 사용하거나 소비하는 경우에는 재화의 공급으로 보지 않는다.

④ 사업자가 자기의 사업과 관련하여 사업장 내에서 그 사용인에게 음식용역을 무상으로 제공하는 것은 용역의 자가공급으로 보아 부가가치세를 과세하지 않는다.

34 ㈜삼일은 2024년 12월 20일 제품을 4개월 할부로 인도하고 판매대금 200,000원을 아래와 같이 회수하기로 약정하였다. 회수약정한 금액과 실제 회수액이 다음과 같을 때 2024년 제2기 확정신고기간(2024년 10월 1일 ~ 2024년 12월 31일)에 할부판매와 관련하여 신고해야 하는 과세표준을 계산하면 얼마인가? (단, 회수약정액과 회수액은 부가가치세를 포함하지 않는 금액이다.)

일자	회수약정액	회수액
2024년 12월 20일	50,000원	25,000원
2025년 1월 20일	50,000원	75,000원
2025년 2월 20일	50,000원	50,000원
2025년 3월 20일	50,000원	50,000원

① 25,000원

② 50,000원

③ 175,000원

④ 200,000원

35 다음 중 영세율과 면세를 비교한 것으로 옳은 것은?

구분	영세율	면세
목적	부가가치세의 역진성 완화	ㄱ. 국제적인 이중과세 방지
성격	ㄴ. 부분면세제도	완전면세제도
매출시	거래징수의무 있음	ㄷ. 거래징수의무 없음
매입시	ㄹ. 환급되지 아니함(매입세액불공제)	환급받음(매입세액공제)

① ㄱ
② ㄴ
③ ㄷ
④ ㄹ

36 일반과세사업을 영위하던 ㈜삼일은 2024 년 3 월 3 일에 폐업하였다. 폐업 당시의 사업장 내에 잔존하는 재화의 내역이 다음과 같을 경우 부가가치세법상 과세표준을 계산하면 얼마인가?

종류	취득일	취득원가	시가
토지	2020년 5월 20일	700,000,000원	900,000,000원
제품	2022년 8월 10일	30,000,000원	40,000,000원
기계장치	2022년 10월 10일	100,000,000원	150,000,000원
건물	2023년 2월 12일	300,000,000원	250,000,000원

기계장치와 건물의 취득가액은 매입세액공제를 받은 취득가액이다.

① 310,000,000원
② 335,000,000원
③ 405,000,000원
④ 440,000,000원

37 다음은 제조업을 영위하는 과세사업자인 ㈜삼일의 2024 년 10 월 1 일부터 12 월 31 일까지의 매입내역이다. 2024 년 제 2 기 확정신고시 공제받을 수 있는 매입세액을 계산하면 얼마인가(단, 별도 언급이 없는 경우 적정하게 세금계산서를 수령하였다)?

매입내역	매입가액	매입세액
기계장치	500,000,000원	50,000,000원
개별소비세 과세대상 자동차	60,000,000원	6,000,000원
토지 조성을 위한 자본적 지출	30,000,000원	3,000,000원
비품(현금영수증 수령)	60,000,000원	6,000,000원

① 50,000,000원

② 56,000,000원

③ 57,000,000원

④ 59,000,000원

38 다음 중 부가가치세법상 세금계산서 및 영수증에 관한 설명으로 옳지 않은 것은?

① 소매업을 영위하는 일반과세자는 공급받는 자가 사업자등록증을 제시하고 세금계산서의 발급을 요구하더라도 세금계산서를 발급할 의무가 없다.

② 사업자가 공급시기가 되기 전에 재화 또는 용역에 대한 대가의 전부를 받고 세금계산서를 발급하는 경우에는 이를 적법한 세금계산서로 인정한다.

③ 위탁판매의 경우 수탁자가 재화를 인도하는 때에는 수탁자가 위탁자를 공급자로 하여 세금계산서를 발급한다.

④ 부동산임대용역 중 간주임대료가 적용되는 부분에 대해서는 세금계산서 발급의무가 면제된다.

39 다음은 제조업을 영위하는 ㈜삼일의 제 1 기 부가가치세 확정신고(2024 년 4 월 1 일 ~ 2024 년 6 월 30 일)와 관련된 자료이다. 확정신고시 ㈜삼일의 가산세를 포함한 차가감납부세액을 계산하면 얼마인가(아래의 금액은 부가가치세가 제외된 금액임)?

> ㄱ. 확정신고기간 중 ㈜삼일의 제품공급가액   50,000,000원
>
> 　(이 중 세금계산서를 발행하지 않은 공급가액은 2,500,000원이다)
>
> ㄴ. 확정신고기간 중 ㈜삼일의 매입액   40,000,000원
>
> 　(매입세액 불공제 대상인 매입액은 5,000,000원이다)
>
> ㄷ. 세금계산서 관련 가산세는 미교부금액의 2%를 적용한다.
>
> 　(그 외 가산세는 없다고 가정한다)

① 1,250,000원   ② 1,300,000원

③ 1,550,000원   ④ 1,600,000원

40 다음 중 간이과세제도에 관한 설명으로 옳은 것은?

① 간이과세제도를 채택하고 있는 이유는 영세사업자의 경우 납세편의와 세부담경감을 위하여 매출액에 일정률을 적용하여 간단하게 과세하기 위함이다.

② 간이과세자는 세금계산서 발급이 불가능하다.

③ 간이과세자란 업종에 관계없이 직전 연도의 공급대가(부가가치세를 포함한 가액)의 합계액이 1억 400만 원에 미달하는 개인사업자를 말한다.

④ 간이과세자는 간이과세를 포기하여 일반과세자가 될 수 없다.

01 다음 중 조세의 개념에 관한 설명으로 옳은 것은?

① 공공단체가 공공사업에 필요한 경비에 충당하기 위하여 부과하는 공과금도 조세에 해당한다.

② 조세는 위법행위에 대한 제재에 목적을 두고 있는 과태료와 그 성격이 매우 유사하다.

③ 납세는 국민의 당연한 의무이므로 조세의 과세요건은 법률로 규정할 필요가 없다.

④ 조세는 납부하는 금액에 비례하는 반대급부가 제공되지 않는다.

02 다음 중 국세기본법상 서류의 송달에 관한 설명으로 옳지 않은 것은?

① 서류의 송달에 대한 효력은 원칙적으로 도달주의에 의하나, 공시송달 등의 경우는 특례규정을 두고 있다.

② 서류는 교부, 우편 또는 전자송달에 의하여 송달함을 원칙으로 한다. 다만, 주소불명 등의 사유로 송달할 수 없는 경우에는 공시송달에 의한다.

③ 교부송달의 경우 우편법에 의한 우편날짜도장이 찍힌 날에 신고된 것으로 본다.

④ 납세고지서를 송달받아야 할 자의 주소를 주민등록표에 의해 확인할 수 없는 경우, 서류의 주요 내용을 공고한 날부터 14일이 지나면 서류 송달이 된 것으로 본다.

03 다음 중 국세기본법상 국세부과의 원칙 및 세법적용의 원칙에 관한 설명으로 옳지 않은 것은?

① 실질과세의 원칙은 조세평등주의를 구체화한 세법적용의 원칙이다.

② 소급과세금지의 원칙이란 세법의 해석이나 국세행정의 관행이 일반적으로 납세자에게 받아들여진 후에는 새로운 해석이나 관행에 의하여 소급하여 과세하지 아니하는 것을 말한다.

③ 세무공무원이 그 의무를 이행할 때 신의에 따라 성실하게 할 것을 요구하는 신의성실의 원칙은 납세자에게도 적용된다.

④ 근거과세의 원칙에 의해 국세를 조사·결정할 때, 장부의 기록내용이 사실과 다르거나 장부의 기록에 누락된 것이 있을 때에는 그 부분에 대해서만 과세관청이 조사한 사실에 따라 결정할 수 있다.

04 다음 중 국세기본법상 이의신청, 심사청구 및 심판청구에 관한 설명으로 옳지 않은 것은?

① 국세기본법에 따른 동일한 처분에 대하여 심사청구와 심판청구를 중복하여 제기할 수 있다.
② 이의신청을 하려면 처분이 있음을 안 날로부터 90일 이내에 신청하여야 한다.
③ 심판청구에 대한 결정이 있으면 해당 행정청은 결정의 취지에 따라 즉시 필요한 처분을 하여야 한다.
④ 행정소송은 행정소송법에도 불구하고 심사청구 또는 심판청구에 대한 결정의 통지를 받은 날부터 90일 이내에 제기하여야 한다.

05 다음 중 법인세법상 사업연도에 관한 설명으로 옳지 않은 것은?

① 법인의 사업연도는 법령 또는 정관상에서 정하고 있는 회계기간을 우선적으로 적용하며 원칙적으로 1년을 초과할 수 없다.
② 사업연도를 변경하려는 법인은 직전 사업연도의 종료일부터 3개월 이내에 사업연도 변경신고서를 제출하여 납세지 관할세무서장에게 신고하여야 한다.
③ 신설법인의 최초사업연도 개시일은 설립등기일이다.
④ 법인설립 이전에 발생한 손익은 어떠한 경우에도 신설법인의 최초사업연도의 손익에 산입할 수 없다.

06 다음 중 법인세의 계산구조에 따라 과세표준 계산시 고려되는 항목으로 옳지 않은 것은?

① 소득공제　　② 이월결손금
③ 비과세소득　　④ 기납부세액

07 다음 중 익금의 세무조정에 관한 설명으로 옳지 않은 것은?

① 법인이 최대주주인 대표이사로부터 유가증권을 시가보다 낮은 가액으로 매입하는 경우 매입가액과 시가의 차액은 익금으로 본다.

② 전기분 법인세 환급액은 익금불산입항목으로 본다.

③ 자산수증이익 중 이월결손금의 보전에 충당된 금액은 익금항목으로 본다.

④ 법인이 불공정한 유상증자를 통해 특수관계인으로부터 이익을 분여받은 경우 익금 항목으로 본다.

08 ㈜삼일은 2024 년 업무용 건물에 대한 재산세 960,000 원(가산세 60,000 원 포함)을 신고기한 경과 후 납부하고 아래와 같이 회계처리하였다. 이에 대한 세무조정으로 옳은 것은?

(차) 세금과공과	960,000원	(대) 현금	960,000원

① (손금불산입) 세금과공과 960,000원(기타사외유출)

② (손금불산입) 세금과공과 900,000원(기타사외유출)

③ (손금불산입) 세금과공과 60,000원(기타사외유출)

④ (손금불산입) 세금과공과 60,000원(상여)

09 다음은 ㈜삼일의 임원 또는 종업원을 위하여 지출한 복리후생비 보조원장의 일부이다. 이 중 법인세법 상 손금으로 인정받지 못하는 금액을 계산하면 얼마인가?

복 리 후 생 비
2024년 1월 1일 ~ 2024년 12월 31일

㈜삼일 (단위: 원)

월/일	적 요	금 액
01/23	우리사주조합운영비	5,000,000
01/25	건강검진비	500,000
02/03	대주주인 임원에 대한 사택유지비	3,000,000
02/27	고용보험료(사용자부담분)	500,000
03/10	직장체육비	1,000,000

① 3,000,000원   ② 5,000,000원

③ 5,500,000원   ④ 6,000,000원

10 제조업을 영위하는 ㈜삼일이 제 24 기(2024 년 1 월 1 일 ~ 2024 년 12 월 31 일)에 한국은행에서 1 년 만기 예금(만기 : 2025 년 6 월 30 일)에 가입하였다. 해당 예금의 만기시 이자수령액은 1 억 원이고 법인세법상 원천징수대상이다. 회사는 기말 결산시 기간경과분 이자수익 50,000,000 원을 영업외수익으로 계상하였다. 이러한 회계처리에 대한 회사의 제 24 기 세무조정으로 옳은 것은?

① 세무조정 없음

② (익금산입)   이자수익   50,000,000원(유보)

③ (익금불산입) 이자수익   50,000,000원(△유보)

④ (익금불산입) 이자수익   100,000,000원(△유보)

11 다음 중 법인세법상 감가상각범위액 결정요소인 취득가액에 관한 설명으로 옳지 않은 것은?

① 자본적지출은 자산의 취득원가에 가산되어 이후 감가상각과정을 통해 손금에 산입되나, 수익적지출은 지출 당시에 당기비용으로 처리된다.

② 재해로 멸실되어 자산의 본래 용도에 이용할 가치가 없는 건축물 등의 복구는 자본적지출에 해당한다.

③ 시설의 개체 또는 기술의 낙후로 인하여 생산설비의 일부를 폐기한 경우에는 당해 자산의 장부가액전액을 폐기일이 속하는 사업연도의 손금에 산입할 수 있다.

④ 개별자산별로 수선비로 지출한 금액이 600만 원 미만인 경우로서 그 수선비를 해당 사업연도의 손비로 계상한 경우에는 자본적 지출에 포함하지 아니하다.

12 다음 자료에 의한 ㈜삼일의 제 24 기(2024 년 1 월 1 일 ~ 2024 년 12 월 31 일) 사업연도의 세무조정 사항이 과세표준에 미치는 영향으로 옳은 것은?

구분	건물	기계장치	영업권
회사계상 상각비	5,000,000원	5,000,000원	1,000,000원
세법상 상각범위액	6,000,000원	3,500,000원	1,200,000원
내용 연수	40년	5년	5년
전기이월상각 부인액	500,000원	-	-

① 영향 없음
② 500,000원 감소
③ 500,000원 증가
④ 1,000,000원 증가

13 다음 중 법인세법상 기부금의 손익귀속시기에 관한 설명으로 옳지 않은 것은?

① 기부금의 손익귀속시기는 현금주의에 의한다.

② 기부금을 미지급금으로 계상한 경우에는 실제로 이를 지출할 때까지는 기부금으로 보지 않는다.

③ 기부금의 지출을 위하여 어음을 발행한 경우에는 해당 어음을 발행한 날에 기부금을 지출한 것으로 본다.

④ 기부금의 지출을 위하여 수표를 발행한 경우에는 해당 수표를 교부한 날에 기부금을 지출한 것으로 본다.

14 다음 중 법인세법상 기업업무추진비에 관한 설명으로 옳지 않은 것은?

① 광고·선전목적으로 달력 등을 불특정 다수인에게 기증한 것은 일반적으로 기업업무추진비로 보지 않고 전액 손금으로 인정한다.

② 기업업무추진비를 금전이 아닌 현물로 제공한 경우에는 '시가와 장부금액 중 큰 금액'을 기업업무추진비로 본다.

③ 특정 거래처에게 광고선전물품으로 10,000원 상당의 달력과 15,000원 상당의 컵을 기증하였다면 25,000원을 기업업무추진비로 본다.

④ 기업업무추진비 관련 부가가치세의 매입세액 불공제액은 기업업무추진비로 본다.

15 다음 중 업무무관가지급금에 관한 설명으로 옳은 것은?

> ㄱ. 사업연도 동안 발생한 지급이자 중 특수관계인에 대한 업무무관가지급금에 상당하는 금액은 손금불산입한다.
> ㄴ. 법인이 특수관계인에게 업무무관가지급금을 무상 또는 낮은 이율로 대여한 경우 법인세법상 적정이자율로 계산한 이자상당액과 실제 이자와의 차액을 익금산입한다.
> ㄷ. 특수관계인에 대한 업무무관가지급금은 대손충당금을 설정할 수 없다.

① ㄱ

② ㄱ, ㄷ

③ ㄴ, ㄷ

④ ㄱ, ㄴ, ㄷ

16 다음 자료를 이용하여 제조업을 영위하는 ㈜삼일의 제 24 기 사업연도(2024 년 1 월 1 일 ~ 2024 년 12 월 31 일)의 각사업연도소득금액을 계산하면 얼마인가?

---

(1) 결산서상 대손충당금 내역

    가. 기초잔액   15,000,000원

        (이 중 전기 세무조정시 한도초과로 부인된 금액은 4,000,000원임)

    나. 당기감소액   8,000,000원

        (이 중 대손사유 미충족으로 손금불산입된 금액은 2,000,000원임)

    다. 당기 추가설정액   3,000,000원

(2) 대손충당금 설정대상 채권가액(세무상 금액임)

    가. 전기말   120,000,000원

    나. 당기말   100,000,000원

(3) 결산서상 당기순이익은 50,000,000원이며, 위 자료 외의 다른 세무조정은 없는 것으로 가정한다.

---

① 48,000,000원

② 51,000,000원

③ 53,000,000원

④ 57,000,000원

17 다음 중 법인세법상 부당행위계산부인 규정에 관한 설명으로 옳지 않은 것은?

① 중소기업에 근무하는 직원(지배주주등인 직원은 제외한다)에게 주택전세자금을 대여하는 경우에는 부당행위계산부인 규정을 적용하지 않는다.

② 특수관계인과의 거래에 해당할 경우 그 법인의 소득에 대한 조세부담이 감소하지 않은 경우라 하더라도 부당행위계산부인 규정이 적용된다.

③ 부당행위계산부인 규정이 적용되기 위해서는 원칙적으로 특수관계인 사이에서 이루어진 거래이어야 한다.

④ 회사가 사택을 출자임원(지분율 0.9%)에게 무상으로 제공하는 경우에는 부당행위계산부인 규정을 적용하지 않는다.

18 ㈜삼일은 당기 초에 대표이사로부터 시가 5억 원인 건물을 10억 원에 매입하고 동 건물의 신고내용연수(40년, 정액법 상각률 0.025)에 따라 25,000,000원을 감가상각비로 계상하였다. ㈜삼일이 건물매입대금을 매입시점에 전액 현금으로 대표이사에게 지급하였다고 가정하는 경우 ㈜삼일에 필요한 세무조정으로 옳지 않은 것은?

① (손금산입)　　건　　　물　500,000,000원(△유보)
② (손금불산입)　고가매입액　500,000,000원(상여)
③ (손금불산입)　감가상각비　　12,500,000원(유보)
④ (익금불산입)　대표자상여　500,000,000원(기타사외유출)

19 다음 중 법인세법상 이월결손금에 관한 설명으로 옳지 않은 것은?

① 각 사업연도 소득금액에서 세법상 공제가능한 이월결손금을 공제한 금액을 초과하는 비과세소득은 다음 사업연도로 이월되지 않고 소멸한다.
② 각 사업연도의 익금총액보다 손금총액이 큰 경우 동 차액을 결손금이라 하며, 동 결손금이 다음 사업연도로 이월되는 경우 이를 법인세법상 이월결손금이라 한다.
③ 손익계산서상 당기순손실과 법인세법상 결손금이 항상 일치한다.
④ 과세표준계산시 공제받을 수 있는 이월결손금은 각 사업연도 개시일 전 15년(2020. 1. 1 전에 개시하는 사업연도 발생분은 10년) 이내에 개시한 사업연도에서 발생한 결손금으로 발생연도의 제한이 있다.

20 다음 중 법인세 신고 및 납부에 관한 설명으로 옳지 않은 것은?

① 각 사업연도의 기간이 6개월을 초과하는 법인은 사업연도 개시일부터 6개월간을 중간예납기간으로 하여 중간예납기간이 경과한 날로부터 2개월 이내에 그 기간에 대한 법인세를 신고·납부하여야 한다.

② 내국법인에게 이자소득금액을 지급하는 자는 소득금액의 25%를 원천징수하여 납부하여야 한다.

③ 과세표준을 신고할 때 개별내국법인의 재무상태표와 포괄손익계산서를 제출하지 아니한 경우에는 신고하지 않은 것으로 본다.

④ 법인이 납부할 세액이 4천만 원인 경우에는 2천만 원을 기한 내에 납부하고 나머지 2천만 원은 일정기한이 경과한 후에 분납할 수 있다.

21 다음 중 소득세법에 관한 설명으로 옳지 않은 것은?

① 원칙적으로 개인별로 과세하는 개인단위 과세제도이나 부부인 경우에 한하여 합산하여 과세한다.

② 개인의 인적사항을 고려하여 부담능력에 따른 과세를 채택하고 있다.

③ 소득세법은 원칙적으로 열거주의에 의해 과세대상소득을 규정하고 있으며 예외적으로 이자 및 배당소득에 한하여 유형별 포괄주의를 채택하고 있다.

④ 소득세는 신고납세제도를 채택하고 있으므로 납세의무자의 확정신고로 과세표준과 세액이 확정된다.

22 다음 중 무조건 분리과세대상 금융소득으로 옳지 않은 것은?

① 비영업대금의 이익

② 법원보증금 등의 이자

③ 직장공제회 초과반환금

④ 법인으로 보는 단체 이외의 단체 중 수익을 구성원에게 분배하지 아니하는 단체가 단체명을 표시하여 금융거래를 함으로써 금융기관으로부터 받는 이자소득 및 배당소득

23 다음 중 소득세법상 사업소득금액과 법인세법상 각 사업연도 소득금액에 관한 설명으로 옳지 않은 것은?

① 유가증권 처분시 발생하는 소득은 법인세법상 익금에 해당되나, 소득세법상 사업소득의 총수입금액에는 해당되지 않는다.

② 대표자의 대한 급여는 각 사업연도 소득금액의 계산에 있어서 손금으로 인정되나, 사업소득금액의 필요경비에는 해당되지 않는다.

③ 법인의 주주는 법인의 자금을 임의로 인출하여 사용할 수 없으며, 개인사업자 역시 출자금을 임의로 인출할 수 없다.

④ 재고자산의 자가소비에 관하여 법인세법에서는 부당행위부인에 적용되나, 소득세법에서는 개인사업자가 재고자산을 가사용으로 소비하거나 이를 사용인 또는 타인에게 지급한 경우에는 총수입금액에 산입한다.

24 다음 중 소득세법상 근로소득에 관한 설명으로 옳지 않은 것은?

① 근로소득이란 근로를 제공하고 대가로 받는 모든 금품을 의미하나, 비과세 금액과 근로소득으로 보지 않는 금액은 근로소득금액 계산시 제외한다.

② 근로소득금액은 총급여액에서 근로소득공제를 차감하여 계산한다.

③ 일용근로자의 근로소득에 대하여는 원천징수로서 과세가 종결된다.

④ 인정상여의 수입시기는 당해 소득처분에 대한 결산확정일이 속하는 사업연도이다.

25 다음은 근로자 김삼일씨의 2024년 기타소득금액 자료이다. 김삼일씨의 종합과세될 기타소득금액을 계산하면 얼마인가(단, 분리과세 신청은 하지 않았다)?

> • 복권당첨금   10,000,000원
> • 강연료(필요경비 차감 후)   6,000,000원
> • 법인세법에 따라 처분된 기타소득   7,000,000원

① 5,000,000원
② 8,000,000원
③ 11,000,000원
④ 13,000,000원

26 다음 자료를 이용하여 거주자 김삼일씨(남성, 52세)의 2024년 종합소득 과세표준 계산시 공제되는 인적공제액을 계산하면 얼마인가?

구분	나이	비고
배우자	45세	소득 없음
부 친	80세	2024년 5월 20일 사망함
모 친	65세	소득 없음
장 인	68세	주거형편상 별거하고 있으며, 소득 없음
장 남	23세	장애인이며, 사업소득금액 3,000,000원 있음
장 녀	18세	소득 없음

① 9,500,000원
② 10,000,000원
③ 11,000,000원
④ 13,000,000원

27 다음 자료를 이용하여 근로소득자인 김삼일씨의 교육비세액공제액을 계산하면 얼마인가?

- 본인의 대학원 학비   600만 원
- 총급여액이 500만원인 배우자의 대학 학비   400만 원
- 15세인 장녀의 중학교 학비   250만 원
- 7세인 차남의 유치원 학비   150만 원

① 900,000원   ② 1,000,000원

③ 1,500,000원   ④ 2,100,000원

28 다음 중 소득세법상 퇴직소득에 관한 설명으로 옳지 않은 것은?

① 사용자 부담금을 기초로 하여 현실적 퇴직을 원인으로 지급받는 소득은 퇴직소득으로 본다.

② 법인의 상근임원이 비상근임원이 된 경우 실제로 퇴직금을 지급받지 않았다면 퇴직으로 보지 않을 수 있다.

③ 과세이연된 퇴직소득금액을 연금외수령한 경우 기타소득으로 과세한다.

④ 퇴직소득에 대한 총수입금액의 수입시기는 원칙적으로 퇴직을 한 날로 한다.

29 다음 자료를 이용하여 등기된 토지의 양도로 인한 양도소득세 과세표준을 계산하면 얼마인가?

ㄱ. 양도가액 : 100,000,000원(양도당시 기준시가 : 80,000,000 원)

ㄴ. 취득가액 : 50,000,000원(취득당시 기준시가 : 40,000,000 원)

ㄷ. 양도비용 : 2,000,000원

ㄹ. 보유기간 : 2015년 5월 6일에 취득하여 2024년 8월 10일에 양도

ㅁ. 장기보유특별공제율(9년 이상 10년 미만 보유) : 18%

ㅂ. 2024년에 위 토지 외의 다른 양도소득세 과세대상 자산을 양도하지 아니함.

① 36,860,000원   ② 38,500,000원

③ 39,360,000원   ④ 41,000,000원

30 다음 중 소득세법상 신고납부에 관한 설명으로 옳지 않은 것은?

① 토지 양도시 양도일이 속하는 달의 말일부터 2개월 이내에 예정신고를 하여야 한다.

② 소득세법상 사업자는 사업자의 인적사항, 업종별 수입금액명세, 그 밖에 대통령령으로 정하는 사항이 포함된 사업장현황신고서를 해당 과세기간의 다음연도 3월 10일까지 보고하여야 한다.

③ 근로소득만 있는 자는 연말정산으로 모든 납세절차가 종결되기 때문에 확정신고는 원칙적으로 하지 않아도 된다.

④ 사업소득이 있는 자는 6개월간의 소득세를 미리 납부하는 중간예납제도 적용대상으로서, 11월 말까지 중간예납하여야 한다.

31 다음 중 부가가치세법에 관한 설명으로 옳지 않은 것은?

① 부가가치세는 납세의무자와 담세자가 일치하지 않을 것으로 예정된 간접세이다.

② 부가가치세는 모든 거래단계에서 창출된 부가가치에 대하여 각 단계별로 과세하는 다단계거래세이다.

③ 부가가치세는 매출세액에서 매입세액을 차감하여 납부세액을 계산하는 전단계세액공제법을 채택하고 있다.

④ 부가가치세는 국제적 이중과세의 문제를 해결하기 위하여 수출품에 대하여 부가가치세를 과세하지 않는 면세제도를 두고 있다.

32 다음 중 부가가치세 납세의무자인 사업자에 관한 설명으로 옳은 것은?

① 영세율을 적용받는 사업자는 부가가치세법상의 사업자 등록의무가 없다.

② 겸영사업자는 일반과세사업과 면세사업(비과세사업 포함)을 함께 영위하는 자를 말한다.

③ 주사업장총괄납부사업자는 본점 또는 주사무소에서 모든 사업장의 부가가치세를 총괄하여 신고 및 납부할 수 있다.

④ 비영리사업자는 납세의무자가 아니므로 부가가치세를 거래징수하지 않아도 된다.

33 다음 중 부가가치세 과세기간에 관한 설명으로 옳지 않은 것은?

① 폐업자의 최종과세기간은 폐업일이 속하는 과세기간의 개시일부터 폐업일까지로 한다.

② 사업개시일 이전에 사업자등록을 신청한 경우의 과세기간은 그 신청일부터 그 신청일이 속하는 과세기간의 종료일까지로 한다.

③ 신규사업자의 최초과세기간은 사업개시일부터 그 날이 속하는 과세기간의 종료일까지로 하는 것이 원칙이다.

④ 간이과세자의 과세기간은 1년을 2과세기간으로 나누어 6개월마다 신고·납부하도록 하고 있다.

34 다음 중 부가가치세의 납세지인 사업장에 관한 내용으로 옳지 않은 것은?

① 사업자가 주사업장총괄납부를 신청하면 주사업장에서 다른 사업장의 세액까지 총괄하여 납부할 수 있다.

② 부가가치세는 원칙적으로 각 사업장별로 납부하여야 하나, 직매장을 추가로 개설한 경우 사업자등록은 하지 않아도 된다.

③ 주사업장총괄납부를 하는 경우에도 사업자등록은 각 사업장마다 이행하여야 한다.

④ 사업자단위과세제도에 따라 사업자단위 신고·납부를 하는 경우에는 사업자등록 및 세금계산서의 발급과 수령까지도 단일화하여 본점 또는 주사무소에서 수행할 수 있다.

35 다음 중 부가가치세법상 과세대상 거래에 관한 설명으로 옳지 않은 것은?

① 사업자가 자기재화의 판매촉진을 위하여 거래상대자의 판매실적에 따라 일정률의 장려금품을 재화로 제공하는 것은 재화의 공급으로 본다.

② 개인적공급의 경우 해당 재화를 사용하는 때 세금계산서를 발급해야 한다.

③ 사업자가 자기의 사업과 관련하여 생산하거나 취득한 재화를 수선비 등에 대체하여 사용하거나 소비하는 경우에는 재화의 공급으로 보지 않는다.

④ 사업자가 자기의 사업과 관련하여 사업장 내에서 그 사용인에게 음식용역을 무상으로 제공하는 것은 용역의 자가공급으로 보아 부가가치세를 과세하지 않는다.

36 다음 중 부가가치세법상 재화와 용역의 공급시기에 관한 설명으로 옳지 않은 것은?

① 통상적인 용역공급 : 역무의 제공이 완료되는 때

② 장기할부판매 : 대가의 각 부분을 받기로 한 때

③ 사업상 증여 : 재화를 증여하는 때

④ 수출재화 : 수출신고 수리일

37 다음 중 부가가치세법상 영세율과 면세에 관한 설명으로 잘못 짝지어진 것은?

	구분	영세율	면세
①	목적	국제적인 이중과세방지	부가가치세의 역진성 완화
②	성격	부분면세제도	완전면세제도
③	세금계산서 발급의무	있음	없음
④	매입처별세금계산서 합계표제출의무	있음	있음

38 다음은 핸드폰를 판매하는 ㈜삼일의 거래내역이다. 제 1 기 예정신고 및 확정신고시의 과세표준을 계산하면 얼마인가?

> ㄱ. 2월 5일 : 핸드폰 1대를 100,000원에 현금판매함
>
> ㄴ. 3월 6일 : 핸드폰 3대를 300,000원에 할부판매하고 대금을 당월부터 매월 50,000원씩 회수함
>
> ㄷ. 3월 15일 : 핸드폰 10대를 1,000,000원에 할부판매하고 대금을 당월부터 매월 50,000원씩 회수함

	예정신고	확정신고
①	200,000원	300,000원
②	200,000원	1,200,000원
③	450,000원	150,000원
④	1,400,000원	0원

39 다음 중 과세사업을 영위하는 ㈜삼일의 부가가치세 신고시 매입세액공제가 가능한 항목으로 옳은 것은(단, 적격증빙은 적정하게 수령했다고 가정한다)?

① 사업과 무관한 별장건물의 구입

② 토지정지비용

③ 개별소비세 과세대상 자동차의 구입

④ 원재료의 구입

40 다음 중 부가가치세법상 가산세에 관한 설명으로 옳지 않은 것은?

① 매출처별세금계산서합계표를 확정신고시 제출하지 않은 경우와 예정신고분을 확정
신고시에 지연제출한 경우에 적용되는 가산세율은 다르다.

② 신규로 사업을 개시한 사업자가 기한 내에 사업자등록을 신청하지 않은 경우 미등록
에 대한 가산세를 적용한다.

③ 과소신고·초과환급신고가산세와 납부지연가산세가 동시에 적용되는 경우 과소신고·
초과환급신고가산세만을 적용한다.

④ 미등록가산세가 적용되는 경우 세금계산서 불성실가산세 또는 매출처별세금계산서
합계표 제출불성실가산세는 배제된다.

01 다음 뉴스를 보고 재무팀장과 사원이 나눈 대화 중 괄호 안에 들어갈 단어로 옳은 것은?

> ○○도의 지난해 지방세 수입액이 사상 처음으로 10조 원을 돌파했다. 세목별로는 보통세가 8조 2,694억 원으로 가장 많았고, 목적세가 2조 570억 원 이었다.
>
> 사　　원: "팀장님, 목적세라는 것이 무엇인가요?"
> 재무팀장: "목적세는 (　　)가 특별히 지정되어있는 조세로, 보통세와 구분이 되는 조세입니다."

① 조세의 사용용도　　　　　　　② 과세권자
③ 과세물건의 측정 단위　　　　　④ 조세부담의 전가여부

02 다음 중 국세기본법상 특수관계인에 관한 설명으로 옳지 않은 것은?

① 본인이 법인인 경우 해당 법인의 임원은 특수관계인에 해당한다.
② 본인이 법인인 경우 해당 법인에 지배적인 영향력을 행사하는 주주는 특수관계인에 해당한다.
③ 본인이 개인인 경우 해당 개인의 8촌 이내의 혈족은 특수관계인에 해당한다.
④ 본인이 개인인 경우 해당 개인의 배우자는 특수관계인에 해당한다.

03 다음 중 국세부과의 원칙에 해당하는 것으로 옳지 않은 것은?

① 실질과세의 원칙　　　　　　　② 소급과세 금지의 원칙
③ 근거과세의 원칙　　　　　　　④ 조세감면의 사후 관리

04 다음 중 국세기본법상 기한 후 신고제도에 관한 설명으로 옳지 않은 것은?

① 법정신고기한 내에 과세표준신고서를 제출하지 아니한 자는 기한 후 신고를 할 수 없다.

② 법정신고기한이 지난 후 1개월 초과 3개월 이내 기한 후 신고납부를 한 경우 무신고 가산세의 30%를 감면한다.

③ 관할세무서장이 세법에 의하여 해당 국세의 과세표준과 세액을 결정하여 통지하기 전까지 기한후과세표준신고서를 제출할 수 있다.

④ 기간후과세표준신고서를 제출한 자가 과세표준수정신고서를 제출한 경우 관할 세무서장은 세법에 따라 신고일부터 3개월 이내에 해당 국세의 과세표준과 세액을 결정 또는 경정하여 신고인에게 통지하여야 한다.

05 다음 중 법인의 유형에 따른 법인세 납세의무에 관한 설명으로 옳지 않은 것은?

① 내국영리법인은 각 사업연도 소득(국내·외 원천소득)과 청산소득 및 토지 등 양도소득, 미환류소득에 대해서 납세의무를 진다.

② 내국비영리법인은 각 사업연도 소득(국내·외 원천소득 중 수익사업소득) 및 토지 등 양도소득에 대해서 납세의무를 진다.

③ 외국영리법인은 각 사업연도 소득(국내원천소득)과 토지 등 양도소득에 대해서 납세의무를 진다.

④ 외국비영리법인은 각 사업연도 소득(국내원천소득 중 수익사업소득) 및 청산소득에 대해서 납세의무를 진다.

06 다음 자료를 기초로 ㈜삼일의 제 24 기(2024 년 1 월 1 일 ~ 2024 년 12 월 31 일) 법인세 산출세액을 계산하면 얼마인가?

손익계산서
2024년 1월 1일 ~ 2024년 12월 31일

㈜삼일 (단위: 원)

매출액	950,000,000
매출원가	600,000,000
급여	126,000,000
감가상각비	24,000,000
법인세비용차감전순이익	200,000,000

손익계산서의 수익과 비용은 다음을 제외하고 모두 세법상 적정하게 계상되어 있다.
- 급여 126,000,000원에는 대표이사에 대한 상여금 한도초과액 20,000,000원, 종업원에 대한 상여금 한도초과액 10,000,000원이 포함되어 있다.
- 감가상각비 24,000,000원에 대한 세법상 감가상각범위액은 14,000,000원이다.
- 법인세율(과세표준 2억 원 이하분 9%, 2억 원 초과 200억 원 이하분 19%)

---

① 19,900,000원
② 21,800,000원
③ 23,700,000원
④ 25,600,000원

07 다음 중 법인세법상 손금에 대한 결산조정사항과 신고조정사항에 관한 설명으로 옳지 않은 것은?

① 결산조정사항은 장부상 비용으로 회계처리하지 않은 경우 세무조정으로 손금에 산입할 수 없는 사항이다.
② 신고조정사항은 장부상 비용으로 회계처리하지 않은 경우에도 세무조정으로 손금에 산입할 수 있는 사항이다.
③ 결산조정사항을 장부상 손금에 산입하지 않고 법인세를 신고한 경우에는 경정청구를 통해 손금에 산입할 수 있다.
④ 퇴직급여충당금의 손금산입은 결산조정사항이지만, 퇴직연금충당금의 손금산입은 신고조정사항다.

08 다음 중 법인세법상 익금항목으로 옳지 않은 것은?

① 내국법인이 외국납부세액공제를 받는 경우 외국자회사 소득에 대해 부과된 외국법인세액 중 그 수입배당금액에 대응하는 금액으로서 세액공제 대상이 되는 금액

② 부동산임대업을 주업으로 하는 차입금과다 법인의 임대보증금 등의 간주익금

③ 특수관계에 있는 개인으로부터 저가로 매입한 유가증권의 매입가액과 시가와의 차액

④ 이월결손금 보전에 충당된 채무면제이익

09 다음 중 법인세법상 업무무관경비 관련 손금불산입항목에 관한 설명으로 옳지 않은 것은?

① 업무무관경비 관련 손금불산입항목의 범위에는 업무무관부동산 및 업무무관자산의 취득과 관리에 따른 비용, 유지비, 수선비와 이에 관련있는 비용이 포함된다.

② 출자자(소액주주 제외)나 출연자인 임원 또는 그 친족이 사용하고 있는 사택의 유지비, 사용료 및 이에 관련되는 지출금은 업무무관경비에 속한다.

③ 업무무관부동산 및 업무무관자산을 취득하기 위한 자금의 차입과 관련있는 비용 또한 업무무관경비에 포함된다.

④ 업무무관자산의 취득에 따른 취득세 등은 취득부대비용으로 인정하지 아니하므로 자산의 취득가액에 산입하지 아니한다.

10 다음 중 법인세법상 손익귀속시기에 관한 설명으로 옳지 않은 것은?

① 중소기업인 법인이 수행하는 계약기간이 1년 미만인 건설 용역의 경우 목적물의 인도일이 속하는 사업연도의 익금과 손금에 산입할 수 있다.

② 금융보험업 이외의 법인이 이자수익을 발생주의에 따라 회계처리한 경우 법인세법상 원천징수되지 아니하는 이자소득에 한하여 이를 인정한다.

③ 장기할부판매손익은 원칙적으로 작업진행률을 기준으로 하여 계산한 수익과 비용을 각 사업연도 익금과 손금에 산입한다.

④ 원칙적으로 제품 판매의 경우 법인세법상 손익귀속시기는 상품 등을 인도한 날이다.

11 다음 중 법인세법상 수익적 지출 대상이 되는 것은?

① 건물 또는 벽의 도장
② 자산의 내용연수 연장을 위한 개조비용
③ 건물 등의 냉·난방 장치의 설치
④ 빌딩의 피난시설 설치

12 ㈜삼일은 2023 년 1 월 1 일에 기계장치를 100,000,000 원에 취득하였다. 회사는 세법상 기계장치에 대한 감가상각방법을 정액법으로, 내용연수는 5 년(정액법 상각률 0.2)으로 신고하였으며 잔존가치는 없다고 가정한다. 회사가 2024 년 감가상각비로 18,000,000 원을 계상한 경우, 다음 각 상황에 따른 세무조정으로 옳은 것은?

> 상황1. 전기 상각부인액이 3,000,000원이 있는 경우
> 상황2. 전기 시인부족액이 2,000,000원이 있는 경우
> 상황3. 전기 상각부인액이나 전기 시인부족액이 없는 경우

	상황1	상황2	상황3
①	손금산입 2,000,000원	세무조정 없음	세무조정 없음
②	손금불산입 2,000,000원	손금산입 2,000,000원	손금불산입 2,000,000원
③	손금불산입 3,000,000원	손금불산입 2,000,000원	세무조정 없음
④	손금산입 2,000,000원	세무조정 없음	손금불산입 2,000,000원

13 다음 중 법인세법상 기부금에 관한 설명으로 옳지 않은 것은?

① 특수관계가 없는 자에게 정당한 사유없이 자산을 정상가액(시가±30%)보다 낮은 가액으로 양도함으로써 실질적으로 증여한 것으로 인정되는 금액은 기부금으로 본다.

② 특례기부금을 금전 외의 자산으로 제공하는 경우에는 장부가액으로 평가한다.

③ 기부금은 특수관계가 없는 자에게 사업과 직접 관련없이 지출하는 재산적 증여가액을 말한다.

④ 기부금을 지급하기로 약속하고 미지급금으로 계상한 경우에는 계상한 사업연도의 기부금으로 본다.

14 제조업을 영위하는 ㈜삼일의 제24기(2024년 1월 1일 ~ 2024년 12월 31일) 기업업무추진비와 관련된 자료가 다음과 같을 경우 기업업무추진비 관련 세무조정으로 인한 손금불산입 총금액을 계산하면 얼마인가(단, ㈜삼일은 중소기업이 아니다)?

> ㄱ. 기업업무추진비지출액 : 18,000,000원
>   위 금액 중 문화기업업무추진비 지출금액은 없으며, 건당 3만 원 초과 기업업무추진비 중 법정증빙을 수취하지 않은 기업업무추진비 2,000,000원이 포함되어 있다.
> ㄴ. 매출액 : 1,000,000,000원
>   (전액 제조업에서 발생한 금액으로서 특수관계인과의 거래분은 없음)
> ㄷ. 기업업무추진비 손금한도액 계산시 수입금액기준한도액 계산에 필요한 적용률은 수입금액 100억 원 이하분에 대하여 0.3%이다.

① 1,000,000원   ② 2,000,000원

③ 3,000,000원   ④ 4,000,000원

15 다음 중 법인세법상 업무무관자산 등 지급이자 손금불산입에 관한 설명으로 옳지 않은 것은?

① 지급이자 손금불산입하는 가지급금은 특수관계인에 대한 업무무관가지급금을 말한다.

② 유예기간 중 업무에 사용하지 않고 양도하는 업무무관부동산은 업무무관자산에 해당하지 아니한다.

③ 지급이자손금불산입액 계산시 지급이자는 선순위로 손금불산입된 금액을 제외한다.

④ 지급이자는 타인에게서 자금을 차용하는데 대응하여 지급되는 금융비용으로서 미지급이자는 포함하되 미경과이자는 제외한다.

16 다음은 제조업을 영위하는 ㈜삼일의 제 24 기(2024 년 1 월 1 일 ~ 2024 년 12 월 31 일) 대손충당금과 관련된 자료이다. 이 자료를 이용하여 대손충당금에 대한 세무조정 결과를 '자본금과 적립금조정명세서(을)'에 기입하고자 할 때, 빈칸에 들어갈 금액으로 올바르게 짝지어진 것은?

〈자료 1〉 대손충당금 관련 자료

ㄱ. 결산서상 대손충당금 내역

기초 대손충당금 잔액	20,000,000원
당기 대손 처리액(소멸시효 완성 채권)	5,000,000원
당기 추가 설정액	7,000,000원

ㄴ. 전기 대손충당금 부인액   8,000,000원

ㄷ. 세법상 대손충당금 설정대상 채권금액   500,000,000원

ㄹ. 당기 대손실적률은 3% 임

〈자료 2〉 자본금과 적립금조정명세서(을)

과목 또는 사항	기초잔액	당기중증감		기말잔액
		감소	증가	
대손충당금한도초과액	8,000,000	(ㄱ)	xxx	(ㄴ)

	(ㄱ)	(ㄴ)		(ㄱ)	(ㄴ)
①	0	7,000,000	②	0	22,000,000
③	8,000,000	7,000,000	④	8,000,000	22,000,000

17 다음 중 준비금에 관한 설명으로 옳지 않은 것은?

① 준비금은 중소기업지원 등 조세정책적 목적에서 조세의 납부를 일정기간 유예하는 조세지원 제도이다.

② 준비금은 손금에 산입하는 사업연도에는 조세부담을 경감시키고 환입하거나 상계하는 연도에는 조세부담을 증가시킨다.

③ 전입한 준비금은 일정기간이 경과한 후에 다시 익금산입하여야 한다.

④ 법인세법상 준비금은 책임준비금, 비상위험준비금, 고유목적사업준비금 및 신용회복목적회사의 손실보전준비금이 있다.

18 ㈜삼일은 2024년 1월 1일에 시가 10억 원(장부가액 4억 원)인 토지를 회사의 대표이사에게 양도하고 유형자산처분이익 2억 원을 인식하였다. 토지 매각과 관련하여 2024년에 필요한 세무조정으로 옳은 것은(단, 증여세는 고려하지 않는다)?

① (익금산입) 부당행위계산부인(저가양도) 2억 원(상여)

② (익금산입) 부당행위계산부인(저가양도) 3억 원(상여)

③ (익금산입) 부당행위계산부인(저가양도) 4억 원(상여)

④ (익금산입) 부당행위계산부인(저가양도) 6억 원(상여)

19 다음 중 법인세법상 과세표준의 계산에 관한 설명으로 옳지 않은 것은?

① 과세표준은 각사업연도소득에서 이월결손금, 비과세소득, 소득공제를 순서대로 차감하여 계산한다.

② 공제대상 이월결손금은 각사업연도소득의 80%(중소기업과 회생계획 이행중 기업 등은 100%) 범위에서 공제한다.

③ 각사업연도소득금액에서 이월결손금을 공제한 금액을 초과하는 비과세소득은 다음 사업연도로 이월되지 않고 소멸한다.

④ 자산수증이익이나 채무면제이익에 의해 충당된 이월결손금은 과세표준 계산시 공제 가능하다.

20 다음 중 법인세 신고와 납부에 관한 설명으로 옳지 않은 것은?

① 기납부세액은 중간예납, 원천징수 및 수시부과세액을 의미하며, 이는 사업연도 중에 납부한 세액이므로 회사가 총부담할 세액에서 이를 차감하여 납부세액을 구한다.

② 원천징수한 세액은 징수일이 속하는 달의 다음달 10일까지 납세지 관할세무서장에게 납부하여야 한다.

③ 사업연도의 기간이 6개월을 초과하는 법인은 해당 사업연도 개시일부터 6개월간을 중간예납기간으로 하여 중간예납기간이 경과한 날부터 2개월 이내에 그 기간에 대한 법인세를 신고·납부해야 한다.

④ 법인세 납세의무가 있는 내국법인은 각 사업연도소득금액이 없거나 결손금이 있는 경우 법인세 과세표준과 세액을 신고하지 않아도 된다.

21 다음 중 소득세의 납세의무자에 관한 설명으로 옳지 않은 것은?

① 거주자는 국내·외원천소득에 대하여 소득세를 과세하므로 거주자를 무제한납세의무자라고 한다.

② 비거주자에 대하여는 국내원천소득에 대해서만 소득세를 과세한다.

③ 1거주자로 보는 법인 아닌 단체의 경우 그 단체의 소득을 단체구성원들의 다른 소득과 합산하여 과세한다.

④ 국내에 주소를 두거나 1과세기간 중 183일 이상 거소를 둔 개인을 거주자라고 한다.

22 다음은 거주자 김삼일씨의 2024 년 귀속 금융소득(이자소득과 배당소득)과 관련된 자료이다. 김삼일씨의 금융소득 중 종합과세되는 금융소득금액을 계산하면 얼마인가?

ㄱ. 국내 예금이자	15,000,000원
ㄴ. 비상장 내국법인으로부터 받은 현금배당금	15,000,000원
ㄷ. 외국법인으로부터 받은 현금배당금(원천징수되지 않음)	5,000,000원

단, 배당소득 가산율은 10% 이다.

① 16,500,000원

② 35,000,000원

③ 36,500,000원

④ 37,200,000원

23 다음 중 소득세법상 사업소득금액과 법인세법상 각 사업연도 소득금액의 차이점에 관한 설명으로 옳지 않은 것은?

① 재고자산의 자가소비에 관하여 법인세법에서는 부당행위부인에 적용되나, 소득세법에서는 개인사업자가 재고자산을 가사용으로 소비하거나 이를 사용인 또는 타인에게 지급한 경우에는 총수입금액에 산입한다.

② 종업원 및 대표자에 대한 급여는 각 사업연도 소득금액의 계산에 있어서 손금으로 인정되며, 사업소득금액의 계산에 있어서도 필요경비로 인정된다.

③ 유가증권처분손익은 각 사업연도 소득금액의 계산에 있어서 익금 및 손금으로 보지만, 사업소득금액의 계산에 있어서는 총수입금액 및 필요경비로 보지 아니한다.

④ 이자수익과 배당금수익은 각 사업연도 소득금액에 포함하지만, 사업소득금액 계산시에는 제외한다.

24 다음 자료에 의하여 거주자 김삼일씨의 2024 년 근로소득금액을 계산하면 얼마인가?

ㄱ. 월급여 : 2,000,000원(자녀보육수당, 중식대 제외)

ㄴ. 상여 : 월급여의 400%

ㄷ. 6세 이하 자녀 보육수당 : 월 250,000원

ㄹ. 중식대 : 월 200,000원(식사를 별도 제공받음)

ㅁ. 연월차수당 : 4,000,000원

ㅂ. 거주자는 당해 1년 동안 계속 근무하였다.

연간급여액	근로소득공제액
1,500만 원 초과 4,500만 원 이하	750만 원 + 1,500만 원 초과액 × 15%
4,500만 원 초과 1억 원 이하	1,200만 원 + 4,500만 원 초과액 × 5%

① 25,350,000원
② 25,860,000원
③ 27,390,000원
④ 27,900,000원

25 다음 중 기타소득에 해당하지 않는 것은?

① 일시적인 문예창작소득

② 주택입주 지체상금

③ 복권당첨소득

④ 근무하는 회사에서 부여 받은 주식매수선택권을 퇴직 전에 행사함으로써 얻는 이익

26 거주자인 김삼일씨의 2024년도 소득자료는 다음과 같다. 이에 의하여 2025년 5월말까지 신고해야 할 종합소득금액을 계산하면 얼마인가?

ㄱ. 근로소득금액	35,000,000원
ㄴ. 양도소득금액	10,000,000원
ㄷ. 사업소득금액	15,000,000원
ㄹ. 퇴직소득금액	20,000,000원
ㅁ. 기타소득금액	6,000,000원

① 50,000,000원
② 56,000,000원
③ 60,000,000원
④ 66,000,000원

27 다음의 세액공제 중 개인과 법인 모두에게 적용될 수 있는 것은?

① 배당세액공제
② 기장세액공제
③ 연금계좌세액공제
④ 재해손실세액공제

28 다음 중 소득세법상 원천징수에 관한 설명으로 옳지 않은 것은?

① 분리과세대상소득은 원천징수로써 납세의무가 종결된다.
② 원천징수에 있어서 세금을 실제로 부담하는 납세의무자와 이를 실제 신고·납부하는 원천징수의무자는 서로 다르다.
③ 개인에게 소득을 지급하는 자가 법인인 경우에는 법인세법을, 개인인 경우에는 소득세법을 적용하여 원천징수한다.
④ 국외에서 지급하는 소득에 대하여는 소득세법에 따라 원천징수를 하지 않는다.

29 다음 중 양도소득세가 과세되는 소득은?

① 1세대 1주택(고가주택 아님)의 양도소득
② 사업용 기계장치처분이익
③ 건물과 함께 양도하는 영업권
④ 업무용승용차의 양도

30 다음 중 소득세법상 신고납부에 관한 설명으로 옳지 않은 것은?

① 소득세의 과세기간은 개인의 임의대로 변경할 수 없다.
② 모든 거주자는 소득의 종류와 관계없이 6개월간의 소득세를 미리 납부하는 중간예납제도 적용대상이다.
③ 중간예납세액이 50만 원 미만일 경우 중간예납세액을 징수하지 아니한다.
④ 근로소득만이 있는 자는 연말정산으로 모든 납세절차가 종결되기 때문에 확정신고는 원칙적으로 하지 않아도 된다.

31 다음 중 부가가치세법에 관한 설명으로 옳지 않은 것은?

① 부가가치세는 납세의무자와 담세자가 다를 것으로 예정된 조세이므로 간접세에 해당한다.
② 우리나라 부가가치세 제도는 전단계거래액공제법을 따르고 있다.
③ 부가가치세는 납세자의 소득수준과 관련없이 모두 동일한 세율이 적용된다.
④ 재화의 수입은 수입자가 사업자인지 여부과 관계없이 부가가치세가 과세된다.

32 다음 중 부가가치세법상 사업장에 관한 설명으로 옳지 않은 것은?

① 건설업의 경우 법인은 그 법인의 등기부상 소재지, 개인은 업무총괄장소를 사업장으로 본다.

② 제조업의 경우 최종 제품을 완성하는 장소를 사업장으로 본다.

③ 부동산임대업의 경우 그 부동산의 등기부상의 소재지를 사업장으로 본다.

④ 사업장을 설치하지 않은 경우 그 사업에 관한 업무총괄장소를 사업장으로 본다.

33 다음 중 부가가치세법상 과세기간에 관한 설명으로 옳지 않은 것은?

① 일반과세자인 경우 1년을 2개의 과세기간으로 나누어 매 6개월마다 확정신고·납부하도록 규정하고 있다.

② 간이과세자의 경우 과세기간을 1월 1일부터 12월 31일로 적용한다.

③ 신규사업자의 경우 사업개시일부터 개시일이 속하는 과세기간의 종료일까지를 최초 과세기간으로 한다.

④ 폐업자는 폐업일이 속하는 과세기간 개시일부터 종료일까지를 최종 과세기간으로 한다.

34 다음 중 부가가치세법상 재화 및 용역의 공급에 관한 설명으로 옳지 않은 것은?

① 고용관계에 의한 근로의 제공은 용역의 공급으로 보지 않는다.

② 사업자가 자기의 사업을 위해 직접 용역을 공급하는 경우에는 용역의 공급에 해당하지 아니한다.

③ 제조가공업자가 상대방으로부터 인도받은 재화에 주요 자재를 전혀 부담하지 아니하고 단순히 가공만 하는 것은 용역의 공급으로 본다.

④ 건설업에 있어서 건설업자가 건설자재의 전부 또는 일부를 부담하는 경우 재화를 공급한 것으로 본다.

35 다음 중 부가가치세법상 재화와 용역의 공급시기에 관한 설명으로 옳지 않은 것은?

① 수출재화의 공급 : 수출신고 수리일

② 완성도기준지급조건부 판매 : 대가의 각 부분을 받기로 한 때

③ 조건부판매 : 조건이 성취되어 판매가 확정된 때

④ 판매목적 타사업장 반출 : 재화를 반출하는 때

36 다음 중 부가가치세 영세율과 면세에 관한 설명으로 옳지 않은 것은?

① 영세율 제도가 국제적인 이중과세를 방지하는 효과가 있다면, 면세 제도는 부가가치
세의 역진성을 완화하는 효과가 있다.

② 영세율사업자와 면세사업자는 세금계산서 발급 등의 부가가치세법에서 규정하고 있
는 제반 사항을 준수해야 할 의무가 있다.

③ 영세율 적용대상자는 매입세액을 공제받지만, 면세사업자는 매입세액을 공제받지
못한다.

④ 면세사업자는 면세를 포기하고 과세사업자로 전환할 수 있으나, 영세율 적용대상자
는 영세율을 포기하고 면세를 적용받을 수 없다.

37 다음 중 부가가치세법상 과세표준에 포함되거나 과세표준에서 공제하지 않는 것은 몇 개인
가?

ㄱ. 매출에누리와 매출환입
ㄴ. 거래처의 부도 등으로 인하여 회수할 수 없는 매출채권 등의 대손금
ㄷ. 재화 또는 용역의 공급과 직접 관련되지 않은 국고보조금
ㄹ. 판매촉진 등을 위하여 거래수량이나 거래금액에 따라 지급하는 판매장려금
ㅁ. 재화 또는 용역을 공급한 후 대금의 조기회수를 사유로 당초의 공급가액에서 할인해준 금액

① 2개   ② 3개

③ 4개   ④ 5개

38 다음은 부가가치세 과세사업을 영위하는 ㈜삼일의 2024 년 제 1 기 예정신고기간의 거래내역이다. 2024 년 제 1 기 예정신고기간의 과세표준은 얼마인가(단, 아래의 금액은 부가가치세가 포함되어 있지 않다)?

- 특수관계인 매출액 : 30,000,000원(시가 40,000,000원)
- 특수관계인 이외의 매출 : 45,500,000원(매출환입 2,500,000원, 매출에누리 1,500,000원과 매출할인 1,000,000원이 포함된 금액)

① 70,500,000원
② 75,500,000원
③ 80,500,000원
④ 85,500,000원

39 다음은 제조업을 영위하는 과세업자인 ㈜삼일의 2024 년 10 월 1 일부터 2024 년 12 월 31 일까지의 매입내역이다. 2024 년 제 2 기 확정신고시 공제받을 수 있는 매입세액을 계산하면 얼마인가(단, 필요한 경우 적정하게 세금계산서를 수령하였다)?

매입내역	매입가액(부가가치세 포함)
기계장치	550,000,000원
개별소비세 과세대상자동차	66,000,000원
원재료	33,000,000원
비품	66,000,000원
기업업무추진비 관련 매입액	11,000,000원

① 50,000,000원
② 56,000,000원
③ 57,000,000원
④ 59,000,000원

40 다음 중 부가가치세의 신고 및 납부, 환급에 관한 설명으로 옳지 않은 것은?

① 사업자는 각 예정신고기간 또는 과세기간이 끝난 후 25일 이내에 사업장 관할 세무서장에게 과세표준을 신고하고 세액을 자진납부하여야 한다.

② 일반환급세액은 확정신고기한 경과 후 30일 이내에 환급한다.

③ 조기환급을 신청한 경우 환급세액은 신고기한 경과 후 10일 이내에 환급받을 수 있다.

④ 당해 과세기간 중 대손이 발생하였거나 대손금이 회수되었을 경우 확정신고시에 대손세액을 가감한다.

01 다음 중 조세법의 기본원칙에 관한 설명으로 옳지 않은 것은?

① 조세평등주의란 조세법의 입법과 조세의 부과 및 징수과정에서 모든 납세의무자는 평등하게 취급되어야 한다는 원칙을 말한다.

② 신의성실의 원칙은 세무공무원이 그 직무를 수행함에 있어서 신의에 따라 성실히 하여야 한다는 원칙이므로 납세자에게는 적용되지 않는다.

③ 조세법률주의란 조세의 부과와 징수는 법률에 의하여야 한다는 원칙을 말한다.

④ 조세평등주의에 바탕을 둔 규정으로는 실질과세의 원칙을 그 예로 들 수 있다.

02 다음 중 납세자의 우편신고와 과세관청의 우편송달 효력발생시기에 관한 설명으로 옳은 것은?

① 모두 도달주의에 의한다.

② 모두 발신주의에 의한다.

③ 납세자의 우편신고는 도달주의, 과세관청의 우편송달은 발신주의에 의한다.

④ 납세자의 우편신고는 발신주의, 과세관청의 우편송달은 도달주의에 의한다.

03 다음 중 소급과세금지에 관한 내용으로 옳지 않은 것은?

① 국세를 납부할 의무가 성립한 소득·수익·재산·행위 또는 거래에 대해서는 그 성립 후의 새로운 세법에 따라 소급하여 과세하지 아니한다.

② 법인세, 소득세, 부가가치세와 같이 과세기간 단위로 과세하는 세목의 경우 과세기간 진행 중에 세법을 개정하여 과세기간 개시일부터 개정 세법을 적용하는 것은 허용될 수 있다.

③ 유리한 소급효도 인정되지 않는 것이 통설이다.

④ 세법의 해석이나 국세행정의 관행이 일반적으로 납세자에게 받아 들여진 후에는 그 해석이나 관행에 의한 행위 또는 계산은 정당한 것으로 보며, 새로운 해석이나 관행에 의하여 소급하여 과세되지 아니한다.

04 ㈜삼일은 법인세를 신고납부하면서 원천징수당한 기납부세액을 차감하지 않고 법인세를 과오납부하였음을 신고 직후에 알게 되었다. 이 경우 과오납한 세금을 환급받기 위한 조치에 관한 설명으로 옳은 것은?

① 법인세는 신고납부제도를 취하고 있으므로 당초의 신고를 경정하기 위하여 수정신고를 하여야 한다.

② 이의신청·심사청구 또는 심판청구를 통해서만 환급받을 수 있다.

③ 당초에 신고한 과세표준과 세액의 경정을 청구하면 환급받을 수 있다.

④ 당초 신고를 잘못하였으므로 환급받을 수 없다.

05 다음은 ㈜삼일의 제24기(2024년 1월 1일 ~ 2024년 12월 31일) 세무조정계산서의 일부이다. 담당 회계사의 검토를 받던 중 회사는 아래와 같은 항목이 세무조정시 누락된 것을 확인하고 이를 수정하기로 했다. 수정 후 올바른 과세표준을 계산하면 얼마인가?(단, ㈜삼일은 조세특례제한법에 따른 중소기업에 해당한다)

(단위: 원)

① 각 사업연도 소득 계산	(101)결산서상당기순손익		01	400,000,000
	소득조정 금액	(102)익 금 산 입	02	40,000,000
		(103)손 금 산 입	03	70,000,000
	(104)차가감 소득금액 (101 + 102 − 103)		04	370,000,000
	(105)기부금한도초과액		05	0
	(106)기부금한도초과 이월액금손금산입		54	0
	(107)각 사업연도 소득금액{(104) + (105)−(106)}		06	370,000,000
② 과세 표준 계산	(108)각 사업연도 소득금액 (108=107)			370,000,000
	(109)이 월 결 손 금		07	0
	(110)비 과 세 소 득		08	0
	(111)소 득 공 제		09	0
	(112)과 세 표 준 (108 − 109 − 110 − 111)		10	370,000,000

〈누락사항〉

ㄱ. 이월결손금 2009년(제9기)   100,000,000원
              2015년(제15기)   30,000,000원
              2016년(제16기)   90,000,000원
              2018년(제18기)   20,000,000원
ㄴ. 일반기부금 한도초과액   30,000,000원

① 230,000,000원   ② 260,000,000원
③ 290,000,000원   ④ 300,000,000원

06 다음 자료를 바탕으로 ㈜삼일의 제 24 기(2024 년 1 월 1 일 ~ 2024 년 12 월 31 일) 각 사업연도 소득금액을 계산하면 얼마인가(단, 전기까지의 세무조정은 적절히 하였다고 가정한다)?

---

1. 제23기의 손익계산서

손익계산서
2024년 1월 1일 - 2024년 12월 31일

㈜삼일	(단위: 원)
매출액	1,700,000,000
매출원가	1,100,000,000
(중략)	…
급여	190,000,000
세금과공과	14,000,000
이자비용	30,000,000
(중략)	…
법인세비용차감전순이익	220,000,000

2. 세무조정 관련 추가정보

　가. 제24기 거래인 매출액 20,000,000원과 매출원가 16,000,000원이 누락되어 있으며, 제23기 매출액 10,000,000원이 포함되어 있다.

　나. 급여에는 세법상 임원상여금 한도초과액 30,000,000원이 포함되어 있다.

　다. 세금과공과에는 세법상 손금불산입금액 금액 4,000,000원이 포함되어 있다.

　라. 이자비용에는 세법상 손금불산입금액 10,000,000원이 포함되어 있다.

---

① 38,000,000원 　　② 48,000,000원

③ 250,000,000원 　　④ 258,000,000원

07 다음 중 법인세법상 익금으로 인정되는 금액을 계산하면 얼마인가?

• 부가가치세 매출세액	6,000,000원
• 자산수증이익(이월결손금 보전에 사용되지 않음)	10,000,000원
• 전기에 손금에 산입된 재산세의 환급액	3,000,000원
• 사무실 임대료 수익	2,000,000원
• 합병차익	1,000,000원
• 특수관계인인 법인으로부터 유가증권 저가매입액	3,000,000원

① 15,000,000원 　　　　　② 16,000,000원

③ 19,000,000원 　　　　　④ 21,000,000원

08 다음 중 법인세법상 업무무관자산의 세무상 처리방법에 관한 설명으로 옳지 않은 것은?

① 업무무관자산 취득시 지출한 취득세와 등록비용은 취득부대비용으로 취득원가에 가산한다.

② 업무무관자산에 대한 감가상각비, 유지비, 수선비 등은 손금불산입한다.

③ 업무무관자산 처분시 자산의 장부가액은 손금으로 인정하지 않는다.

④ 업무무관자산 등에 대한 지급이자는 손금불산입한다.

09 다음 자료는 ㈜삼일의 손익계산서에 비용처리된 내역이다. 이 중 법인세법상 손금불산입금 액을 계산하면 얼마인가?

• 직장체육비	2,000,000원
• 출자임원(소액주주 아님)에 대한 사택유지비	2,000,000원
• 직원의 업무 수행과 관련하여 발생한 교통벌과금	500,000원
• 국민건강보험료(사용자부담분)	1,500,000원
• 잉여금의 처분을 손비로 계상한 금액	1,000,000원
• 파손·부패 등으로 계상한 재고자산 평가차손	2,000,000원

① 2,500,000원 ② 3,500,000원
③ 4,500,000원 ④ 5,500,000원

10 다음 중 법인세법상 손익의 귀속사업연도에 관한 설명으로 옳지 않은 것은?

① 부동산의 양도는 대금청산일, 소유권이전등기일, 인도일 또는 사용수익일 중 빠른 날에 손익을 인식한다.

② 중소기업의 경우 장기할부판매는 결산상 인도기준으로 인식한 경우에도 회수기일도 래기준을 적용할 수 있다.

③ 법인이 이미 경과한 기간에 대응하는 이자 및 할인액을 해당 사업연도의 수익으로 계상한 경우 법인세법에 따라 원천징수되는 이자소득에 한해 인정한다.

④ 금융회사 등이 수입하는 이자 등에 대하여는 원칙적으로 현금주의에 의해 수익의 귀 속사업연도를 결정한다.

11 다음 중 법인세법상 자본적 지출 항목으로 옳지 않은 것은?

① 냉·난방장치의 설치

② 재해로 멸실되어 본래의 용도에 이용가치가 없는 건축물의 복구

③ 재해를 입은 자산에 대한 외장의 복구

④ 빌딩의 피난시설 설치

12 다음 자료에 의한 ㈜삼일의 제24기(2024년 1월 1일 ~ 2024년 12월 31일) 사업연도의 세무조정사항이 과세표준에 미치는 영향으로 옳은 것은?

구분	건물	비품	영업권
회사계상 상각비	10,000,000원	3,000,000원	1,000,000원
세법상 상각범위액	8,000,000원	4,000,000원	3,000,000원
내용연수	40년	5년	5년
전기이월 상각부인액	1,000,000원	–	1,000,000원

① 영향 없음
② 1,000,000원 감소
③ 1,000,000원 증가
④ 2,000,000원 증가

13 다음 중 법인세법상 기부금에 관한 설명으로 옳지 않은 것은?

① 현물로 기부할 경우 특수관계인이 아닌 자에게 기부한 일반기부금에 해당하는 기부자산가액은 시가로 평가한다.

② 특수관계 없는 자에게 정당한 사유없이 자산을 정상가액(시가±30%)보다 낮은 가액으로 양도함으로써 실질적으로 증여한 것으로 인정되는 금액은 기부금으로 본다.

③ 기부금은 특수관계가 없는 자에게 사업과 직접적인 관련없이 무상으로 지출하는 재산적 증여가액을 말한다.

④ 특례기부금 및 일반기부금의 한도초과액은 그 다음 사업연도의 개시일부터 10년 이내에 종료하는 각 사업연도에 이월하여 손금에 산입할 수 있다.

14 다음 중 법인세법상 기업업무추진비에 관한 설명으로 옳지 않은 것은?

① 기업업무추진비는 발생주의에 따라 접대행위가 이루어진 사업연도의 손금으로 본다.

② 기업업무추진비는 교제비·사례금 기타 명목여하에 불구하고 이와 유사한 성질의 비용으로서 법인의 업무와 관련하여 지출한 금액이다.

③ 광고·선전목적으로 달력 등을 불특정 다수인에게 기증한 것은 일반적으로 기업업무추진비로 보지 않고 전액 손금으로 인정한다.

④ 세무상 기업업무추진비 한도액을 초과하는 금액은 손금불산입하여 기업업무추진비를 사용한 임직원에 대한 상여로 처분한다.

15 다음의 지급이자 중 기타사외유출로 소득처분되는 금액은 모두 얼마인가?

(1) 채권자불분명 사채이자 (원천징수세액 없음)	10,000,000원
(2) 비실명 채권, 증권의 이자 중 원천징수세액	5,000,000원
(3) 공장건물의 취득과 관련된 특정차입금의 지급이자	12,000,000원
(4) 재고자산의 취득과 관련된 특정차입금의 지급이자	15,000,000원
(5) 토지의 취득과 관련된 일반차입금의 지급이자	5,000,000원
(6) 사업용이 아닌 토지(업무무관자산에 해당)과 관련된 지급이자	28,000,000원

① 23,000,000원   ② 28,000,000원

③ 33,000,000원   ④ 48,000,000원

16 다음은 제조업을 영위하는 ㈜삼일(중소기업임)의 법인세 신고를 위한 세무조정에 대한 자료이다. 당기(2024년 1월 1일 ~ 2024년 12월 31일)의 대손충당금 한도초과액을 계산하면 얼마인가?

---

(1) 전기 대손충당금설정대상 채권은 70,000,000원이다.

(2) 당기의 대손충당금계정은 다음과 같다.

대손충당금

(단위: 원)

당기상계액	1,400,000	전기이월액	1,000,000
차기이월액	2,000,000	당기설정액	2,400,000
	3,400,000		3,400,000

당기의 대손충당금 상계액은 대손요건을 구비한 대손금과 상계한 금액이다.

(3) 당기 재무상태표상 대손충당금 실정대상채권은 50,000,000원(특수관계인에 대한 업무무관 가지급금 10,000,000원 포함)이다.

---

① 1,200,000원

② 1,400,000원

③ 1,500,000원

④ 2,200,000원

---

17 다음 중 준비금에 관한 설명으로 옳지 않은 것은?

① 준비금은 손금에 산입하는 사업연도에는 조세부담을 경감시키고 환입하거나 상계하는 연도에는 조세부담을 증가시킨다.

② 전입한 준비금은 일정기간이 경과한 후에 다시 익금산입하여야 한다.

③ 준비금은 조세정책적 목적에서 조세의 납부를 일정기간 유예하는 조세지원 제도이다.

④ 고유목적사업준비금은 보험업을 영위하는 법인이 설정대상이다.

18 ㈜삼일은 대표이사에게 보유 중이던 비상장법인인 ㈜남산의 주식을 양도하였다. 다음 자료를 이용하여 ㈜삼일에 대하여 부당행위계산의 부인을 적용할 경우 세무조정으로 옳은 것은?

> (1) 양도주식수는 10,000주이며, 양도가액은 주당 6,000원이다.
> (2) 감정평가법인인 한국감정원에서 양도일부터 3개월 전에 ㈜남산의 주식을 감정평가하였는데, 1주당 평가액은 8,500원이었다.
> (3) 양도 당시 장외시장에서 거래되는 ㈜남산의 주식의 1주당 거래가격은 9,000원이며, 이 금액은 법인세법상 시가로 인정되는 금액이다.

① 세무조정 없음　　　　　　　② 익금산입 20,000,000원

③ 익금산입 25,000,000원　　　④ 익금산입 30,000,000원

19 다음 중 법인세법상 이월결손금에 관한 설명으로 옳지 않은 것은?

① 각 사업연도 소득금액에서 세법상 공제가능한 이월결손금을 공제한 금액을 초과하는 비과세소득은 다음 사업연도로 이월되지 않고 소멸한다.

② 각 사업연도의 익금총액보다 손금총액이 큰 경우 동 차액을 결손금이라 하며, 동 결손금이 다음 사업연도로 이월되는 경우 이를 법인세법상 이월결손금이라 한다.

③ 세무상 결손금은 과세표준 계산상 공제되거나 자산수증이익이나 채무면제이익에 의해 보전에 충당되면 소멸된다.

④ 과세표준계산시 공제받을 수 있는 이월결손금은 각 사업연도 개시일 전 10년(2020. 1. 1 전에 개시하는 사업연도 발생분은 5년) 이내에 개시한 사업연도에서 발생한 결손금으로 발생연도의 제한이 있다.

20 다음 중 법인세 과세표준 신고시 첨부하지 않으면 무신고로 보는 서류로 옳지 않은 것은 (단, 상장법인을 가정한다)?

① 개별내국법인의 재무상태표   ② 개별내국법인의 포괄손익계산서
③ 개별내국법인의 현금흐름표   ④ 이익잉여금처분계산서

21 다음 중 소득세의 특징에 관한 설명으로 옳지 않은 것은?

① 소득세법은 개인별 소득을 기준으로 과세하는 개인단위과세제도를 원칙으로 한다.

② 퇴직소득과 양도소득을 다른 소득과 합산하지 않고 별도로 과세하는 이유는 장기간에 걸쳐 발생한 소득이 일시에 실현되는 특징 때문이다.

③ 소득세법은 모든 소득에 대하여 열거주의에 의하여 과세대상 소득을 규정하고 있으므로 열거되지 아니한 소득은 과세되지 않는다.

④ 분리과세는 기간별로 합산하지 않고 그 소득이 지급될 때 소득세를 징수함으로써 과세를 종결하는 방식이다.

22 다음 중 소득세법상 이자소득에 관한 설명으로 옳지 않은 것은?

① 자금대여를 영업으로 하는 자가 금전을 대여하여 얻은 이익은 이자소득으로 과세된다.

② 보험기간이 10년 미만인 저축성보험의 보험차익은 이자소득으로 과세된다.

③ 이자소득을 발생시키는 거래·행위와 파생상품이 결합된 경우 해당 파생상품의 거래·행위로부터의 이익은 이자소득으로 과세된다.

④ 동일직장이나 동일직종에 종사하는 근로자로 구성된 공제조합 또는 공제회로부터 받는 공제회 반환금 중 납입원금을 초과하는 금액은 이자소득으로 과세된다.

23 다음 자료를 이용하여 개인사업자 김삼일씨(복식부기의무자 아님)의 2024년도 사업소득금액을 계산하면 얼마인가?

ㄱ. 손익계산서상 당기순이익	400,000,000원
ㄴ. 손익계산서에는 다음과 같은 수익과 비용이 포함되어 있다.	
– 본인에 대한 급여	40,000,000원
– 정기예금의 이자수익	5,000,000원
– 유형자산(건물)처분이익	3,000,000원
– 소득세	3,000,000원

① 400,000,000원
② 425,000,000원
③ 430,000,000원
④ 435,000,000원

24 ㈜삼일에 근무하는 김삼일 대리의 2024년 급여지급내역이 다음과 같을 때 2024년 총급여액을 계산하면 얼마인가(단, 근무기간은 2024년 1월 1일부터 2024년 12월 31일까지이다)?

ㄱ. 월급여 : 3,000,000원(아래 금액은 포함되어 있지 않음)

ㄴ. 상여 : 4,000,000원

ㄷ. 6세 이하 자녀보육수당 : 월 200,000원

ㄹ. 중식대 : 월 350,000원(별도의 식사를 제공받지 않음)

ㅁ. 자가운전보조금 : 3,000,000원(월 250,000원, 종업원 소유차량을 업무에 사용하고 소요
   비용을 별도로 지급받지 않음)

ㅂ. ㈜삼일로부터 법인세법상 상여로 처분된 금액 : 1,000,000원

① 42,800,000원
② 43,400,000원
③ 44,600,000원
④ 45,800,000원

25 ㈜서울에 근무하는 거주자 김삼일씨는 2024년 중 일시적으로 거래처인 ㈜부산의 직원들에게 ERP 사용 방법을 강의하고 강사료 600만 원을 받았다. 다음 중 강사료와 관련한 소득세법상 설명으로 옳지 않은 것은?

① 고용관계 없이 일시적으로 수령한 강사료는 기타소득에 해당한다.

② 강사료는 인적용역의 일시제공으로 인한 대가에 해당하므로 소득금액 계산시 필요경비는 실제 발생한 비용과 관계없이 총수입금액의 80%가 적용된다.

③ 기타소득의 수입시기는 원칙적으로 그 지급을 받는 날이다.

④ 기타소득금액이 300만 원 이하인 경우 종합과세와 분리과세 중 선택이 가능하다.

26 다음은 거주자 김삼일씨의 2024년 부양가족 현황이다. 김삼일씨가 소득공제로 적용받을 수 있는 인적공제(기본공제와 추가공제)의 합계를 계산하면 얼마인가?

가족구성원	연령	소득종류 및 금액
김삼일	42세	종합소득금액 5,000만 원
배우자(장애인)	40세	총급여 600만 원
부친(장애인)	72세	소득 없음
모친	69세	사업소득금액 100만 원
딸	10세	소득 없음
아들	8세	소득 없음

① 900만원

② 950만원

③ 1,050만원

④ 1,150만원

27 다음 중 소득세법상 의료비세액공제에 관한 설명으로 옳지 않은 것은?

① 근로소득이 있는 거주자는 소득 및 연령조건을 미충족한 기본공제대상자의 의료비에 대해서도 의료비세액공제 적용이 가능하다.

② 건강증진을 위한 의약품 구입비용은 공제대상 의료비에 해당하지 않는다.

③ 난임시술비는 국외의료기관에 지급한 경우에도 의료비세액공제 대상이 된다.

④ 시력보정용 안경 또는 콘택트렌즈 구입을 위하여 지출한 비용으로서 기본공제대상자(나이 및 소득제한 없음) 1명당 50만 원 이내의 금액은 공제대상 의료비에 해당한다.

28 다음 중 소득세법상 퇴직소득에 관한 설명으로 옳지 않은 것은?

① 사용자 부담금을 기초로 하여 현실적 퇴직을 원인으로 지급받는 소득은 퇴직소득으로 본다.

② 퇴직소득에 대한 총수입금액의 수입시기는 원칙적으로 퇴직을 한 날로 한다.

③ 법인의 상근임원이 비상근임원이 된 경우 실제로 퇴직금을 지급받지 않았다면 퇴직으로 보지 않을 수 있다.

④ 과세이연된 퇴직소득금액을 연금외수령한 경우 기타소득으로 과세한다.

29 다음 중 양도소득세 과세대상으로 옳지 않은 것은?

① 건설기계의 양도

② 등기된 부동산 임차권의 양도

③ 대주주가 양도하는 상장주식

④ 특정시설물이용권(골프회원권)의 양도

30 다음 중 종합소득 과세표준 확정신고 의무자는 누구인가?[단, 제시된 소득에 대한 원천징수 (연말정산 포함)는 적법하게 하였다.]

① 공적연금소득과 퇴직소득만 있는 자

② 연말정산대상인 사업소득과 근로소득만 있는 자

③ 근로소득과 퇴직소득만 있는 자

④ 퇴직소득만 있는 자

31 다음 중 부가가치세에 관한 설명으로 옳지 않은 주장을 하는 사람은 누구인가?

① 김철수 : 사업자란 사업목적이 영리이든 비영리이든 관계없이 사업상 독립적으로 재 화 또는 용역을 공급하는 자를 말합니다.

② 박다혜 : 부가가치세는 납세의무자와 담세자가 다를 것으로 예정된 조세이므로 간접 세에 해당합니다.

③ 김영희 : 사업설비를 취득하는 경우 부가가치세 조기환급 신청이 가능합니다.

④ 정민지 : 세금계산서의 임의적 기재사항의 전부 또는 일부가 기재되지 아니하거나 사실과 다를 경우 적법한 세금계산서로 보지 않으며, 가산세 등의 불이익이 있습니다.

32 다음 중 부가가치세 납세의무자인 사업자에 관한 설명으로 옳지 않은 것은?

① 면세사업자는 매출세액을 거래 징수할 필요는 없으며 매입세액 공제를 받을 수 없다.

② 면세사업자는 부가가치세법에 따른 사업자등록 의무는 없다.

③ 겸영사업자는 과세사업과 면세사업(비과세사업 포함)을 함께 영위하는 자를 말한다.

④ 비영리사업자는 부가가치세법상 납세의무자가 될 수 없다.

33 다음 중 부가가치세법상 과세기간에 관한 설명으로 옳지 않은 것은?

① 신규사업자가 사업개시일 이전에 사업자등록을 신청한 경우에도 사업개시일부터 개시일이 속하는 과세기간의 종료일까지를 최초 과세기간으로 한다.

② 폐업자의 경우 폐업일이 속하는 과세기간 개시일부터 폐업일까지를 최종 과세기간으로 한다.

③ 공급대가의 변동으로 간이과세자가 일반과세자로 변경되는 경우 그 변경 이전 1월 1일부터 6월 30일까지는 간이과세규정이 적용된다.

④ 공급대가의 변동으로 일반과세자가 간이과세자로 변경되는 경우 그 변경 이후 7월 1일부터 12월 31일까지는 간이과세규정이 적용된다.

34 다음 중 부가가치세법상 주사업장 총괄납부에 관한 설명으로 옳지 않은 것은?

① 법인의 지점은 본점을 대신하여 주사업장이 될 수 없다.

② 사업장이 둘 이상인 사업자가 주사업장총괄납부하려는 경우에는 총괄납부하려는 과세기간 개시 20일 전에 주사업장총괄납부신청서를 주사업장 관할 세무서장에게 제출하여야 한다.

③ 주사업장 총괄납부는 총괄납부할 과세기간 개시일부터 적용한다.

④ 주사업장 총괄납부를 하는 경우에도 사업자등록은 각 사업장마다 이행하여야 한다.

35 다음 중 부가가치세법상 재화의 공급에 해당하지 않는 것은?

① 종업원에게 직장 연예 및 직장 문화와 관련하여 제공한 재화

② 대물변제계약에 따라 채무를 변제하기 위하여 소유권을 이전하는 재화

③ 교환계약에 의하여 인도하는 재화

④ 현금판매하는 것으로서 구입시 매입세액공제를 받지 못한 재화

36 다음 중 부가가치세법상 공급시기에 관한 설명으로 옳은 것은?

① 장기할부판매의 경우에는 재화의 인도일을 공급시기로 한다.

② 2 과세기간 이상에 걸쳐 부동산임대용역을 제공하고 그 대가를 선·후불로 받는 경우 예정신고기간 또는 과세기간의 종료일을 공급시기로 한다.

③ 내국신용장에 의하여 공급하는 재화의 공급시기는 수출재화의 선(기)적일로 한다.

④ 무인판매기를 이용하여 재화를 공급하는 경우에는 고객이 현금을 투입하는 때를 공급시기로 한다.

37 다음은 김삼일씨의 2024 년 1 월 가계부 지출내역이다. 지출금액에 포함된 부가가치세 합계를 계산하면 얼마인가(단, 공급자는 부가가치세법에 따라 적정하게 부가가치세를 거래징수 하였다고 가정한다)?

일 자	적 요	금 액
1월 14일	식빵 구입	55,000원
1월 21일	책 구입	22,000원
1월 27일	택시비	33,000원

① 5,000원 ② 7,000원

③ 8,000원 ④ 10,000원

38 과세사업과 면세사업을 겸영하고 있는 ㈜삼일은 두 사업에서 공통으로 사용하고 있던 재화를 매각하였다. 다음 자료를 바탕으로 ㈜삼일의 2024년 제1기 확정신고시 공통사용재화와 관련된 매출세액을 계산하면 얼마인가?

- 공통사용재화 취득일 : 2024년 1월 2일
- 공통사용재화 공급일 : 2024년 6월 28일
- 공통사용재화 공급가액 : 10,000,000원(부가가치세 미포함)
- 과세사업과 면세사업의 공급가액

구분	2024년 제1기	2023년 제2기
과세	1억 원	2억 원
면세	9억 원	8억 원
계	10억 원	10억 원

① 100,000원 ② 200,000원
③ 300,000원 ④ 400,000원

39 다음은 제조업을 영위하는 ㈜삼일의 제1기 부가가치세 확정신고(2024년 4월 1일 ~ 2024년 6월 30일)와 관련된 자료이다. 확정신고시 ㈜삼일의 가산세를 포함한 차가감납부세액을 계산하면 얼마인가(아래의 금액은 부가가치세가 제외된 금액임)?

ㄱ. 확정신고기간 중 ㈜삼일의 제품공급가액   50,000,000원
   (이 중 세금계산서를 발행하지 않은 공급가액은 5,000,000원이다)
ㄴ. 확정신고기간 중 ㈜삼일의 매입액   40,000,000원
   (이 중 매입세액 불공제 대상인 매입액은 5,000,000원이다)
ㄷ. 세금계산서 관련 가산세는 미교부금액의 2%를 적용한다.
   (그 외 가산세는 없다고 가정한다)

① 1,250,000원 ② 1,300,000원
③ 1,550,000원 ④ 1,600,000원

40 다음 중 부가가치세법상 가산세에 관한 설명으로 옳지 않은 것은?

① 예정신고와 납부에 있어서는 해당 예정신고기간에 대한 과세표준과 납부세액으로 하되 가산세는 제외한다.

② 매출처별세금계산서합계표를 제출하지 않은 경우에는 가산세가 부과되나 매입처별 세금계산서합계표를 제출하지 않은 경우에는 가산세가 부과되지 않는다.

③ 전자세금계산서 발급의무자가 발급기간 내에 종이세금계산서를 발급하면 가산세가 부과되지 않는다.

④ 사업개시일부터 20일 이내에 사업자등록을 신청하지 아니한 경우에는 미등록가산세 가 부과된다.

01 다음 중 조세의 분류기준에 따른 구분과 세목을 연결한 것으로 옳지 않은 것은?

	분류기준	구분	조세항목
①	과세권자	국세	법인세, 소득세, 부가가치세
		지방세	취득세, 등록면허세, 주민세
②	사용용도의 특정여부	보통세	법인세, 소득세, 부가가치세
		목적세	교육세, 농어촌특별세
③	조세부담의 전가여부	직접세	법인세, 소득세
		간접세	부가가치세, 개별소비세
④	과세물건측정 단위	종량세	취득세
		종가세	법인세, 소득세

02 다음 중 세법상 기간과 기한의 규정에 관한 설명으로 옳지 않은 것은?

① 기간을 일·주·월·연으로 정한 때에는 기간의 초일은 기간 계산시 산입하는 것이 원칙이다.

② 기간의 계산은 국세기본법 또는 그 세법에 특별한 규정이 있는 것을 제외하고는 민법에 따른다.

③ 2023년 12월 31일로 사업연도가 종료하는 법인은 2024년 3월 31일까지 법인세를 신고·납부하여야 하는데 공교롭게도 2024년 3월 31일이 일요일인 경우에는 그 다음 날인 2024년 4월 1일까지 법인세를 신고·납부하여야 한다.

④ 신고서 등을 국세정보통신망을 이용하여 제출하는 경우에는 해당 신고서 등이 국세청장에게 전송된 때에 신고되거나 청구된 것으로 본다.

03 과세관청이 당초의 공적 견해표시에 반하는 적법한 행정처분을 함에 따라 납세자가 불이익을 받게 될 경우 납세자가 주장할 수 있는 국세부과의 원칙으로 타당한 것은?

① 실질과세의 원칙
② 근거과세의 원칙
③ 신의성실의 원칙
④ 조세감면 사후관리의 원칙

04 다음 중 납세자권리구제에 관한 설명으로 옳지 않은 것은?

① 납세자가 위법 또는 부당한 국세처분을 받은 경우, 납세고지서가 나오기 전에 구제 받을 수 있는 사전권리구제제도인 과세전적부심사가 있다.

② 세무조사결과에 관하여 납세의무자가 과세전적부심사를 청구하려면 세무조사결과통지서를 받은 날로부터 90일 이내에 통지서를 보낸 해당 세무서장(또는 지방국세청장)에게 청구서를 제출하여야 한다.

③ 국세의 과세처분 등이 있는 경우에 그 처분에 불복이 있는 자가 처분행정청에 대해서 그 처분을 취소하거나 변경하는 제도로서 이의신청, 심사청구, 심판청구 및 행정소송이 있다.

④ 납세자는 이의신청을 거쳐 심사청구 또는 심판청구를 하거나 이의신청을 거치지 않고 곧바로 심사청구 또는 심판청구를 할 수 있다.

05 다음 중 법인세법상 과세소득의 범위에 관한 설명으로 옳지 않은 것은?

① 영리내국법인 중 상호출자제한기업집단에 속하는 법인은 미환류소득에 대한 법인세의 납세의무가 있다.

② 외국법인은 비사업용토지의 양도소득에 대하여 법인세 납세의무가 없다.

③ 영리내국법인이 해산(합병이나 분할에 의한 해산 제외)한 경우 그 청산소득 금액은 해산에 의한 잔여재산의 가액에서 해산등기일 현재의 자기자본의 총액을 공제한 금액으로 한다.

④ 비영리내국법인은 주식의 양도로 인하여 생기는 수입에 대하여 법인세 납세의무가 있다.

06 ㈜삼일은 제24기(2024년 1월 1일 ～ 2024년 12월 31일) 사업연도 중에 보유하던 토지 A의 60%를 양도하였다. 토지 A에 대한 자료가 다음과 같은 경우 토지의 양도와 관련하여 제24기 사업연도에 필요한 세무조정으로 옳은 것은(단, 전기 이전의 세무조정은 적정하며, 주어진 자료 이외에는 고려하지 않음)?

(1) 제23기 사업연도의 자본금과 적립금조정명세서(을)

(단위: 원)

과목 또는 사항	기초잔액	당기중 증감		기말잔액
		감소	증가	
토지 A	8,000,000	–	–	8,000,000

(2) 제24기 토지 A 양도시 결산상 회계처리

(차) 현금	70,000,000	(대) 토 지	60,000,000*
		유형자산처분이익	10,000,000

* 양도 당시 결산상 토지 A의 장부가액 100,000,000원에 양도비율 60%를 곱한 금액임

① 익금산입 및 손금불산입 4,800,000원
② 손금산입 및 익금불산입 4,800,000원
③ 익금산입 및 손금불산입 3,200,000원
④ 손금산입 및 익금불산입 3,200,000원

07 다음 중 법인세법상 익금에 관한 설명으로 옳지 않은 것은?

① 자기주식처분이익은 익금에 산입한다.
② 보험업법에 따른 유형자산 평가이익은 익금에 산입한다.
③ 전기 손금으로 인정된 재산세가 환급되는 경우에는 이를 익금에 산입한다.
④ 특수관계인 개인과 법인으로부터 유가증권을 저가매입하는 경우, 시가와 매입가액의 차액은 익금으로 본다.

08 다음 중 손금불산입 항목으로 옳지 않은 것은?

① 강제징수비
② 법인세와 법인지방소득세
③ 개별소비세·주세 및 교통·에너지·환경세
④ 본사 건물에 대한 재산세

09 다음 중 법인세법상 손금불산입 항목에 관한 설명으로 옳지 않은 것은?

① 직원이 사용하고 있는 사택의 유지비, 사용료와 이에 관련되는 지출금은 손금에 산입하지 아니한다.
② 잉여금 처분항목은 확정된 소득의 처분사항이므로 잉여금의 처분을 손비로 계상한 경우 동 금액은 원칙적으로 손금으로 인정되지 않는다.
③ 토지에 대한 취득세는 토지 취득을 위한 부대비용이므로 취득시점에 손금으로 인정되지 않고 토지의 취득금액에 포함된다.
④ 법령이나 행정명령을 위반하여 부과된 벌금, 과태료를 손비로 계상한 경우 동 금액은 손금으로 인정되지 않는다.

10 제조업을 영위하는 ㈜삼일이 제24기(2024년 1월 1일 ~ 2024년 12월 31일) 7월 1일에 ㈜용산은행에서 1년 만기 정기예금(만기 : 2025년 6월 30일)에 가입하였다. 만기시 정기예금이자는 20억 원이며, ㈜삼일이 제24기 결산시 기간경과분 이자수익 10억 원을 영업외수익으로 계상한 경우 제24기 세무조정으로 옳은 것은(단, 정기예금이자는 법인세법상 원천징수 대상에 해당한다)?

① (익금산입)   미수이자 10억 원 (유보)
② (익금불산입) 미수이자 10억 원 (△유보)
③ (익금불산입) 미수이자 20억 원 (△유보)
④ (익금산입)   미수이자 20억 원 (유보)

11 다음 중 법인세법상 감가상각비에 관한 설명으로 옳지 않은 것은?

① 시설의 개체 또는 기술의 낙후로 인하여 생산설비의 일부를 폐기한 경우 해당 자산의 장부가액에서 1천원을 공제한 금액을 폐기일이 속하는 사업연도의 손금에 산입할 수 있다.

② 세법상 유형자산의 잔존가액은 취득가액의 5%로 하는 것이 원칙이다.

③ 기계장치의 감가상각방법을 신고하지 아니한 경우에는 정률법을 적용한다.

④ 사업연도 중에 취득하여 사업에 사용한 감가상각자산에 대한 상각범위액은 사업에 사용한 날부터 당해 사업연도 종료일까지의 월수에 따라 계산한다.

12 다음 자료에 의한 ㈜삼일의 제 24 기(2024 년 1 월 1 일 ~ 2024 년 12 월 31 일) 사업연도의 세무조정 사항이 각 사업연도 소득금액에 미치는 영향으로 옳은 것은?

구분	건물	기계	영업권
회사계상 상각비	5,000,000원	4,000,000원	1,000,000원
세법상 상각범위액	6,000,000원	3,000,000원	1,200,000원
내용연수	40년	5년	5년
전기이월상각 부인액	2,000,000원	–	–

① 영향 없음
② 500,000원 감소
③ 200,000원 감소
④ 1,000,000원 감소

13 다음 중 법인세법상 특례기부금에 해당하지 않는 것은?

① 사회복지공동모금회에 지출하는 기부금

② 정부로부터 인허가를 받은 학술연구단체의 고유목적사업비로 지출하는 기부금

③ 사립학교 시설비를 위해 지출하는 기부금

④ 천재·지변으로 인한 이재민을 위한 구호금품

14 다음은 중소기업이며 제조업을 영위하는 ㈜삼일의 제 24 기(2024 년 1 월 1 일 ~ 2024 년 12 월 31 일) 자료이다. 기업업무추진비와 관련된 세무조정으로 인한 손금불산입액의 총 합계는 얼마인가?

> ㄱ. 기업업무추진비지출액 : 54,500,000원
> [건당 3만 원 초과분 중 영수증 수취 금액 3,000,000원(1건)이 포함된 금액이며, 기업업무추진비 중 경조금은 없다.]
> ㄴ. 매출액 : 4,500,000,000원
> [전액 제조업 발생분으로, 특수관계인과의 거래분은 없다]
> ㄷ. 기업업무추진비 손금한도액 계산에서 수입금액기준한도액 계산시 수입금액 100억 원 이하분에 대한 적용률은 0.3% 이다.

① 2,000,000원   ② 3,000,000원
③ 5,000,000원   ④ 17,000,000원

15 다음 중 법인세법상 지급이자의 손금불산입에 관한 설명으로 옳지 않은 것은?

① 채권자가 불분명한 사채의 이자는 손금불산입하며, 동 이자에 대한 원천징수세액에 상당하는 금액은 기타사외유출로 소득처분한다.

② 사업용 유형자산 및 무형자산의 건설에 소요된지의 여부가 분명한 차입금에 대한 지급이자는 자본화를 선택할 수 있다.

③ 지급이자 손금불산입에 있어서 업무무관가지급금의 적수 계산 시 동일인에 대한 가지급금과 가수금이 함께 있는 경우에는 이를 상계한 금액으로 하되, 가지급금과 가수금의 발생 시에 각각 상환기간 및 이자율 등에 관한 약정이 있어 이를 상계할 수 없는 경우에는 상계하지 않는다.

④ 직원에 대한 월정액 급여액의 범위 안에서의 일시적인 급료의 가불금은 지급이자의 손금불산입 규정을 적용하는 업무무관가지급금으로 보지 않는다.

16 법인이 임원 또는 사용인에게 지급하는 퇴직금은 임원 또는 사용인이 현실적으로 퇴직하는 경우 지급하는 것에 한하여 손금에 산입할 수 있다. 현실적인 퇴직과 관련된 다음 대화 중 옳지 않은 주장을 하고 있는 사람은 누구인가?

> 홍과장 : 인사부장이 임원으로 취임하며 퇴직급여를 실제로 지급한 경우 현실적인 퇴직으로 볼 수 있습니다.
>
> 정과장 : 외국법인의 국내지점 종업원이 본점(본국)으로 전출하는 경우 현실적인 퇴직으로 볼 수 있습니다.
>
> 박과장 : 임원이 연임된 경우에는 현실적 퇴직으로 볼 수 없습니다.
>
> 김과장 : 현실적 퇴직사유에 해당하지 않는 임직원에게 퇴직금을 지급한 경우 손금불산입하며 해당 임직원에 대한 가지급금으로 분류합니다.

① 홍과장　　　　　　　　　　② 정과장
③ 박과장　　　　　　　　　　④ 김과장

17 다음 중 준비금에 관한 설명으로 옳지 않은 것은?

① 비영리내국법인은 법인세법에 따라 고유목적사업준비금을 손금에 산입할 수 있다.
② 준비금은 법인세법에서만 규정하고 있고, 조세특례제한법에서 규정하는 준비금은 현재 없다.
③ 보험업을 하는 내국법인은 비상위험준비금을 손금에 산입할 수 있다.
④ 전입한 준비금은 일정기간이 경과한 후에 다시 익금산입하여야 한다.

18 ㈜삼일은 2024년 1월 1일 대표이사에게 시가 2억 원인 토지를 장부가액인 1억 원에 매도하고 다음과 같이 회계처리 하였다. 다음 중 해당 토지 처분과 관련하여 2024년에 필요한 세무조정으로 옳은 것은?

(차) 현금	1억 원	(대) 토지	1억 원

① (익금산입) 저가양도 1억 원 (상여)

② (익금산입) 저가양도 1억 원 (상여), (손금산입) 토   지 1억 원 (△유보)

③ (익금산입) 토   지 1억 원 (유보)

④ (손금산입) 토   지 1억 원 (△유보)

19 ㈜삼일의 당기(2024년 1월 1일 ~ 2024년 12월 31일) 결산서상 당기순이익은 250,000,000원이며 세무조정 결과 익금산입·손금불산입 금액은 80,000,000원, 손금산입·익금불산입 금액은 40,000,000원이 발생하였다. 이월결손금 내역이 다음과 같을 때 ㈜삼일의 법인세 과세표준을 계산하면 얼마인가(단, ㈜삼일은 중소기업기본법상 중소기업이며, 기부금·비과세소득·소득공제 금액은 없다)?

발생연도	세법상 이월결손금
2009년	6,000,000원
2016년	5,000,000원

① 279,000,000원

② 284,000,000원

③ 285,000,000원

④ 290,000,000원

20 다음 중 사업연도가 1월 1일에서 12월 31일인 법인의 2024년 각사업연도소득에 관한 법인세 과세표준의 확정신고기한은 언제인가(단, 성실신고 확인서를 제출하지 않았고 신고기한 연장신청도 하지 않았다고 가정한다)?

① 2025년 2월 29일

② 2025년 3월 31일

③ 2025년 4월 30일

④ 2025년 5월 31일

21 다음 중 소득세법에 관한 설명으로 옳은 것은?

① 소득세법상 과세기간은 1월 1일부터 12월 31일까지 1년간이나 사업자인 경우에는 사업자가 1년 이내의 기간으로 과세기간을 정하여 신고할 수 있다.

② 개인단위로 과세하는 것이 원칙이나 부부인 경우에는 종합소득을 합산하여 과세한다.

③ 비거주자는 국내외원천소득에 대하여 소득세를 납부하여야 한다.

④ 일용근로자의 근로소득은 원천징수로 납세의무를 종결하는 분리과세 대상 소득이다.

22 다음 중 금융소득에 관한 총수입금액의 수입시기로 옳은 것은?

① 무기명 공채의 경우 : 약정에 의한 이자지급개시일

② 보통예금·정기예금의 경우 : 이자의 발생일

③ 저축성보험의 보험차익 : 보험금 또는 환급금의 지급일
   (단, 기일전 해지하는 경우에는 그 해지일)

④ 인정배당의 경우 : 실제로 지급받는 날

23 다음 중 사업소득에 관한 설명으로 옳지 않은 것은?

① 개인사업자가 재고자산을 가사용으로 소비한 경우 총수입금액에 산입한다.

② 개인사업자가 출자금을 인출하는 경우에도 가지급금인정이자를 계산하지 아니한다.

③ 복식부기의무자는 부동산을 제외한 사업용 유형자산 처분손익을 사업소득에 포함한다.

④ 1주택을 소유하는 자의 주택임대소득(기준시가 12억 원을 초과하는 주택 포함)에 대해서는 비과세가 적용된다.

24 다음 자료에 의하여 거주자 김삼일 대리의 2024년 근로소득금액을 계산하면 얼마인가(단, 김삼일 대리는 2023년 1년 동안 계속 근무하였다)?

> ㄱ. 월급여 : 3,000,000원(상여, 자가운전보조금, 식사대 제외)
> ㄴ. 상여 : 월급여의 350%
> ㄷ. 실비변상적 성격의 자가운전보조금 : 월 250,000원
> ㄹ. 식사대 : 월 200,000원(식사는 제공하지 않음)

연간급여액	근로소득공제액
4,500만 원 초과 1억 원 이하	1,200만 원 + 4,500만 원 초과액 × 5%

① 12,105,000원　　　　　　② 34,995,000원

③ 36,705,000원　　　　　　④ 46,600,000원

25 다음은 거주자 김삼일씨의 2024년 귀속 기타소득에 대한 자료이다. 김삼일씨가 기타소득에 대한 필요경비로 공제가능한 최대금액은 얼마인가(단, 제시된 소득은 사업소득이 아니며, 주어진 자료 외에는 고려하지 않음)?

구 분	총수입금액	실제 필요경비
계약의 위약으로 인하여 받는 위약금 중 주택입주지체상금	6,000,000원	4,000,000원
신문에 기고한 원고에 대한 원작자로서 받는 대가	10,000,000원	7,000,000원
다수가 순위 경쟁하는 대회에서 입상자가 받는 상금	3,000,000원	1,000,000원

① 12,800,000원　　　　　　② 13,200,000원

③ 13,900,000원　　　　　　④ 14,200,000원

26 다음은 2024년 근로소득에 대한 연말정산 과정에서 거주자 김성실(여, 50세)씨가 계산한 자신의 인적공제 계산내역이다. 부양가족 공제는 우선적으로 김성실씨가 공제받는 것으로 가정할 때, 아래의 부양가족현황을 참고하여 김성실씨의 인적공제금액을 계산한 내용 중 옳지 않은 것은?

〈 부양가족 현황 〉

부양가족	연령(만)	소득종류 및 금액
김성실(본인)	50세	근로소득금액 1억 원
배우자	52세	총급여액 500만 원
모친	81세	소득없음
장남(장애인)	24세	소득없음
장녀	15세	소득없음

〈 인적공제액 〉

ㄱ. 기본공제액 = 750만 원

　5명(본인, 배우자, 모친, 장남, 장녀)×150만 원 = 750만 원

ㄴ. 추가공제액 = 350만 원

　경로우대공제액 = 1명(모친)×150만 원 = 150만 원

　장애인공제액 = 1명(장남)×200만 원 = 200만 원

ㄷ. 부녀자공제액 = 해당사항 없음

① 기본공제액　　750만 원 　　② 경로우대공제액　150만 원

③ 장애인공제액　200만 원 　　④ 부녀자공제액　　　0원

27 다음 중 소득세법상 종합소득공제와 세액공제에 관한 대화에서 옳지 않은 설명을 하고 있는 사람은 누구인가?

> 김서울 : 저는 근로소득자인데요, 저를 위한 의료비 뿐만 아니라 배우자, 직계존속, 직계비속을 위한 의료비 모두 공제대상이더군요
>
> 이경기 : 아, 그렇군요. 저도 근로소득자인데요, 올해 연말정산 시 특별세액공제신청서를 제출하지 않았는데 그러면 항목별 특별세액공제 대신 표준세액공제 13만 원만 적용 받는 것이 맞나요?
>
> 박부산 : 네, 맞아요. 저는 근로소득이 없고 기타소득만 있어서 항목별 특별세액공제를 적용 받지 못해 좀 아쉽네요. 얼마 전 둘째 딸이 수술을 받아서 의료비지출이 많았거든요.
>
> 조대전 : 아, 정말 아쉽군요. 저는 둘째 아들을 위해 일반대학 등록금을 지출했는데, 아들이 소득은 없지만 20세가 넘어 기본공제대상자가 아니기 때문에 교육비세액공제를 받을 수 없었어요.

① 김서울
② 이경기
③ 박부산
④ 조대전

28 다음 중 근로소득 연말정산 및 연말정산시 공제와 관련된 설명으로 옳지 않은 것은?

① 일반적으로 다음해 2월분 급여를 지급하는 때 연말정산을 수행한다.
② 중도 퇴직한 경우 퇴직한 달의 급여를 지급하는 때에 연말정산을 한다.
③ 공적 연금보험료 납입액은 전액 연금보험료공제를 적용받을 수 있다.
④ MRI 촬영비는 진료·질병 예방목적으로 지급된 경우에도 연말정산시 의료비 세액공제를 받을 수 없다.

29 다음 중 양도소득세 과세대상은 몇 개인가(단, 제시된 소득은 사업소득에 해당하지 않는다)?

- 토지의 현물출자
- 건물의 무상이전
- 임대하던 점포를 양도한 경우
- 3년 동안 거주한 1세대 1주택(고가주택 아님)에 해당하는 주택의 양도
- 직전 사업연도말 현재 상장법인의 총발행주식의 0.5% (시가 5억)를 보유한 주주가 보유주식을 전부 매각한 경우(장외거래분 아님)
- 토지, 건물, 부동산상의 권리와 함께 양도하는 영업권

① 2개   ② 3개

③ 4개   ④ 5개

30 다음 중 소득세법상 신고·납부에 관한 설명으로 옳은 것은?

① 소득세 중간예납 적용대상은 원칙적으로 종합소득이 있는 거주자 중 사업소득이 있는 자로 한다.
② 부가가치세법에 따른 사업자가 예정신고 또는 확정신고를 한 경우에도 사업장 현황신고를 하여야 한다.
③ 근로소득과 공적연금소득이 있는 거주자는 소득세 확정신고 의무가 없다.
④ 소득세 과세표준과 세액의 결정 및 경정방법은 추계조사를 원칙으로 한다.

31 다음 중 부가가치세법에 관한 설명으로 옳은 것은?

① 부가가치세는 원칙적으로 모든 재화 또는 용역을 과세대상으로 하는 일반소비세에 해당한다.
② 부가가치세는 납세의무자와 실질적인 담세자가 일치하는 직접세이다.
③ 부가가치세는 일정기간 동안 사업자가 공급한 매출액에서 매입액을 차감하여 부가가치를 계산한 다음 세율을 적용하는 전단계거래액공제방법을 채택하고 있다.
④ 부가가치세는 2단계 초과누진세율을 적용한다.

32 다음 중 부가가치세법상 사업자에 관한 설명으로 옳지 않은 것은?

① 사업자가 되기 위해서는 영리목적의 유무와는 무관하다.

② 사업자에 해당하더라도 사업자등록을 하지 않으면 부가가치세 납세의무가 없다.

③ 면세사업자는 부가가치세법의 적용을 받지 아니하므로 매출세액을 거래징수할 필요가 없으며, 매입세액을 공제받을 수도 없다.

④ 과세사업자에 해당하더라도 면세대상 재화·용역을 공급하면 부가가치세가 면제된다.

33 다음 중 부가가치세법상 과세기간에 관한 설명으로 옳은 것은?

① 간이과세자의 과세기간은 1년을 2과세기간으로 나누어 6개월마다 신고·납부하도록 하고 있다.

② 폐업자는 폐업일이 속하는 과세기간 개시일부터 폐업일이 속하는 과세기간 종료일까지를 최종 과세기간으로 한다.

③ 신규사업자가 사업개시일 전에 사업자등록을 신청한 경우에는 사업개시일부터 신청일이 속하는 과세기간의 종료일까지를 최초 과세기간으로 한다.

④ 간이과세자가 간이과세를 포기함으로써 일반과세자로 되는 경우 그 적용을 받고자 하는 달의 전달 마지막 날까지 간이과세 포기신고를 해야한다.

34 다음 중 부가가치세법상 주사업장총괄납부에 관한 설명으로 옳지 않은 것은?

① 법인의 지점은 본점을 대신하여 주사업장이 될 수 없다.

② 사업장이 둘 이상인 사업자가 주사업장총괄납부하려는 경우에는 총괄납부하려는 과세기간 개시 20일 전에 주사업장총괄납부신청서를 주사업장 관할 세무서장에게 제출하여야 한다.

③ 주사업장 총괄납부는 총괄납부할 과세기간 개시일부터 적용한다.

④ 주사업장 총괄납부를 하는 경우에도 사업자등록은 각 사업장마다 이행하여야 한다.

35 다음 중 부가가치세 과세대상에 관한 설명으로 옳지 않은 것은?

① 광고선전 목적으로 불특정다수인에게 무상으로 견본품을 공급하는 것은 재화의 공급에 해당한다.

② 사업자가 자기생산·취득재화를 대가없이 사용인의 개인적인 목적으로 사용하는 것은 부가가치세 과세대상이다.

③ 과세사업을 위해 취득한 기계장치를 면세사업용으로 전용하는 경우 부가가치세 과세대상에 포함한다.

④ 고용관계에 의하여 근로를 제공하는 것은 부가가치세 과세대상인 용역의 공급으로 보지 아니한다.

36 다음 중 부가가치세법상 재화의 공급시기에 관한 설명으로 옳지 않은 것은?

① 간주공급 중 사업상 증여는 재화를 증여하는 때를 재화의 공급시기로 본다.

② 폐업시 잔존재화의 공급시기는 원칙적으로 폐업일이다.

③ 내국신용장에 의하여 공급하는 재화의 공급시기는 선적일이다.

④ 공급단위를 구획할 수 없는 재화를 계속적으로 공급하는 경우에는 각 대가의 각 부분을 받기로 한 때가 공급시기이다.

37 다음은 겸용주택의 임대와 관련된 사항이다. 면세되는 건물과 토지의 면적으로 옳은 것은 (단, 제시된 건물은 모두 단층 건물이다)?

경우 1(도시계획구역내)	경우 2(도시계획구역내)
(1) 주택 60m²이고 점포 30m²	(1) 주택 30m²이고 점포 60m²
(2) 부수토지 600m²	(2) 부수토지 600m²

	경우 1		경우 2	
	면세건물	면세토지	면세건물	면세토지
①	90m²	450m²	30m²	150m²
②	90m²	600m²	30m²	150m²
③	60m²	450m²	30m²	200m²
④	90m²	600m²	90m²	200m²

38 제조업을 영위하는 일반과세자인 ㈜삼일의 다음 자료를 이용하여 2024년 제2기 예정신고기간(2024년 7월 1일 ~ 2024년 9월 30일)의 부가가치세 과세표준을 계산하면 얼마인가(단, 다음 자료의 금액에는 부가가치세가 포함되어 있지 않음)?

일자	내용
2024년 7월 10일	제품A를 12,000,000원에 판매하고 그 대금은 2024년 7월 말일부터 매월 말일에 1,000,000원씩 12회로 나누어 받기로 하였다.
2024년 8월 9일	제품B를 20,000,000원에 주문제작하여 판매하기로 계약을 맺었다. 계약상 그 대금은 ① 계약시 10%, ② 40% 완성시 40%, ③ 70% 완성시 30%, ④ 인도시 20%를 받기로 하였다. 2023년 9월 30일 현재 거래처가 확인한 완성도는 40% 이다.
2024년 9월 20일	제품C를 제작하여 10,000,000원에 판매하기로 하고 거래처와 계약을 맺었다. 계약상 대금은 계약시 2,000,000원을 받고 잔금 8,000,000원은 2024년 12월 31일에 제품C를 인도하면서 받기로 하였다.

① 8,000,000원   ② 13,000,000원

③ 17,000,000원   ④ 22,000,000원

39 다음 자료는 제조업을 영위하는 일반과세자인 ㈜삼일이 2024년 제2기 확정신고기간 (2024년 10월 1일 ~ 2024년 12월 31일) 중에 공급받은 재화의 거래내역이다. ㈜삼일의 2024년 제2기 확정신고시 부가가치세 매출세액에서 공제하는 매입세액을 계산하면 얼마인가?

> - 국내거래처로부터 2024년 10월 1일에 원자재를 구입하였으나 그에 대한 세금계산서(공급가액 50,000,000원, 부가가치세 5,000,000원)는 2024년 11월 10일에 발급받았다.
> - 명절선물을 구입하여 거래처에 접대목적으로 증정하였다. 기념품 구입시 세금계산서(공급가액 4,000,000원, 부가가치세 400,000원)를 발급받았다.
> - 직원들의 작업화를 구입하고 세금계산서(공급가액 6,000,000원, 부가가치세 600,000원)를 발급받았다.
> - 직원 40명에게 증정할 명절선물(1인당 100,000원)을 구입하고 세금계산서(공급가액 4,000,000원, 부가가치세400,000원)를 발급받았다.

① 1,000,000원
② 1,900,000원
③ 6,000,000원
④ 6,400,000원

40 다음 중 부가가치세의 신고 및 납부, 환급에 관한 설명으로 옳지 않은 것은?

① 예정고지대상이 아닌 일반과세자는 각 예정신고기간 또는 과세기간이 끝난 후 25일 이내에 사업장 관할 세무서장에게 과세표준을 신고하고 세액을 자진납부하여야 한다.

② 일반환급세액은 확정신고기한이 지난 후 20일 이내에 환급한다.

③ 조기환급을 신청한 경우 환급세액은 신고기한이 지난 후 15일 이내에 환급받을 수 있다.

④ 당해 과세기간 중 대손이 발생하였거나 대손금이 회수되었을 경우 확정신고시에 대손세액을 가감한다.

01 다음 중 조세법의 기본원칙에 관한 설명으로 옳지 않은 것은?

① 조세평등주의란 조세법의 입법과 조세의 부과 및 징수과정에서 모든 납세의무자는 평등하게 취급되어야 한다는 원칙을 말한다.

② 국세기본법에서 규정하고 있는 실질과세의 원칙에 반하는 규정을 다른 세법에서 규정하고 있는 경우 국세기본법에서 규정하고 있는 실질과세의 원칙을 우선하여 적용한다.

③ 신의성실의 원칙이란 납세자가 그 의무를 이행하거나 세무공무원이 그 직무를 수행함에 있어서 신의에 따라 성실히 하여야 한다는 원칙을 말한다.

④ 납세의무자가 세법에 따라 장부를 갖추어 기록하고 있는 경우에는 해당 국세 과세표준의 조사와 결정은 그 장부와 이에 관계되는 증거자료에 의하여야 한다.

02 다음 중 세법상 특수관계인에 관한 설명으로 옳지 않은 것은?

① 어느 일방을 기준으로 특수관계에 해당하는 경우 본인도 그 특수관계인의 특수관계인으로 본다.

② 특수관계인인 배우자는 사실혼 관계에 있는 자를 포함한다.

③ 본인이 민법에 따라 인지한 혼외출생자의 생부와 생모는 생계를 함께해도 특수관계인에 해당하지 아니한다.

④ 법인과 경영지배관계에 있는 주주는 특수관계인에 해당한다.

03 다음 중 신문기사의 괄호 안에 들어갈 국세부과의 원칙으로 옳은 것은?

인테리어 공사 업체를 운영하던 오 씨는 지난 20X1년 인테리어 면허가 있는 직원 김 씨에게 "당장 공사를 위해 인테리어 면허가 있는 사업자등록이 필요하다"라며 김 씨에게 명의를 빌렸으나, 이후 김 씨 앞으로 나온 매출에 따른 세금 6천 2백여 만 원을 부담하지 않아 사기 혐의 등으로 기소됐다.

대법원 재판부는 "( )에 따라 과세관청은 타인의 명의로 사업자등록을 하고 실제로 사업을 영위한 사람에 대해 세법을 적용해 과세하는 것이 당연하다"면서… (이하 생략)

① 실질과세의 원칙　　　　　　　　② 근거과세의 원칙
③ 신의성실의 원칙　　　　　　　　④ 조세감면의 사후관리

04 다음 중 수정신고에 관한 설명으로 옳지 않은 것은?

① 법정신고기한까지 과세표준과 세액을 신고한 자 및 기한 후 과세표준신고를 한 자는 수정신고를 할 수 있다.
② 과세표준신고서에 기재된 결손금액 또는 환급세액이 세법에 따라 신고하여야 할 금액을 초과할 때 수정신고를 할 수 있다.
③ 수정신고는 관할세무서장이 당해 국세에 대한 과세표준과 세액의 결정 또는 경정통지를 하기 전으로서 국세부과의 제척기간이 끝나기 전까지 할 수 있다.
④ 수정신고를 법정신고기한 경과 후 2년 이내에 한 자에 대해서는 기간경과 정도에 따라 과소신고·초과환급신고 가산세와 납부지연가산세의 일정비율을 감면한다.

05 ㈜삼일은 2024년부터 사업연도를 변경하기로 하고 2024년 4월 18일에 사업연도 변경 신고를 하였다. 다음 중 법인세법상 사업연도의 구분으로 옳은 것은(단, ㈜삼일은 법령에 따라 사업연도가 정하여지는 법인이 아님)?

> (1) 변경 전 사업연도(제23기) : 2023년 1일 1일 ~ 2023년 12월 31일
> (2) 변경하려는 사업연도 : 7월 1일 ~ 다음 연도 6월 30일

① 제24기 : 2024년 1월 1일 ~ 2024년 4월 18일
② 제24기 : 2024년 1월 1일 ~ 2024년 6월 30일
③ 제24기 : 2024년 1월 1일 ~ 2024년 12월 31일
④ 제24기 : 2024년 4월 19일 ~ 2024년 12월 31일

06 다음 거래에 대한 세무조정 결과 기타사외유출로 소득처분하는 것은?

① 대주주에 대한 사택유지비용을 손익계산서에 비용으로 계상하였다.
② 토지를 취득하며 부담한 취득세를 손익계산서에 비용으로 계상하였다.
③ 기업업무추진비 한도초과액을 손익계산서에 비용으로 계상하였다.
④ 임원상여금 한도초과액을 손익계산서에 비용으로 계상하였다.

07 다음 중 법인세법상 익금으로 인정되는 금액은 얼마인가?

> ㄱ. 주식발행초과금   5,000,000원
> ㄴ. 채무면제이익 (세무상 이월결손금의 보전에 충당하는 금액 없음)   2,000,000원
> ㄷ. 국세·지방세 과오납금의 환급금 이자   6,000,000원
> ㄹ. 유형자산인 토지의 양도금액   4,000,000원

① 4,000,000원   ② 6,000,000원
③ 12,000,000원   ④ 13,000,000원

08 다음 자료는 ㈜삼일의 손익계산서에 비용처리된 내역이다. 이 중 법인세법상 손금불산입금액을 계산하면 얼마인가?

• 직장 회식비	2,000,000원
• 우리사주조합운영비	2,000,000원
• 직원의 업무 수행과 관련하여 발생한 교통사고벌과금	500,000원
• 국민건강보험료(사용자부담분)	1,500,000원
• 의무적으로 납부하는 것이 아닌 공과금	1,000,000원
• 주식할인발행차금	2,000,000원

① 2,500,000원

② 3,500,000원

③ 4,500,000원

④ 5,500,000원

09 ㈜삼일은 2024년도 업무용 토지에 대한 종합부동산세 927,000원(납부지연가산세 27,000원 포함)을 납부기한 경과 후 납부하고 아래와 같이 회계처리하였다. 이에 대한 세무조정으로 옳은 것은?

(차) 세금과공과	927,000원	(대) 현금	927,000원

① (손금불산입) 세금과공과 927,000원(기타사외유출)

② (손금불산입) 세금과공과   27,000원(기타사외유출)

③ (손금불산입) 세금과공과 927,000원(상여)

④ (손금불산입) 세금과공과   27,000원(상여)

10 ㈜삼일은 제24기(2024년 1월 1일 ~ 2024년 12월 31일)에 회사가 제조한 기계를 할부판매하고 인도한 후 다음과 같이 회계처리 하였다. 제24기 회사에 필요한 세무조정으로 옳은 것은(단, ㈜삼일은 중소기업이 아니며 매출원가는 고려하지 않는다)?

> ㄱ. 계약일 : 2024년 2월 25일
> ㄴ. 판매금액 : 50,000,000원
> ㄷ. 대금결제조건 : 2024년 2월 25일 계약금 5,000,000원, 6개월이 경과할 때마다 9,000,000원씩 5회에 분할하여 결제함
> ㄹ. 회사의 회계처리 : 회사는 당기에 50,000,000원을 매출로 인식함

① 세무조정 없음

② (익금불산입) 할부매출액 36,000,000원(△유보)

③ (익금불산입) 할부매출액 41,000,000원(△유보)

④ (익금불산입) 할부매출액 45,000,000원(△유보)

11 다음 중 법인세법상 자본적 지출 항목으로 옳지 않은 것은?

① 냉·난방장치의 설치

② 재해로 멸실되어 본래의 용도에 이용가치가 없는 건축물의 복구

③ 재해를 입은 자산에 대한 외장의 복구

④ 빌딩의 피난시설 설치

12 ㈜삼일은 2023년 1월 1일에 기계장치를 100,000,000원에 취득하였다. 회사는 세법상 기계장치에 대한 감가상각방법을 정액법으로, 내용연수는 5년으로 신고하였으며 잔존가치는 없다고 가정한다. 회사가 2024년 감가상각비로 18,000,000원을 계상한 경우, 다음 각 상황에 따른 2024년 세무조정으로 옳은 것은?

> 상황 1. 전기 상각부인액이 3,000,000원이 있는 경우
> 상황 2. 전기 시인부족액이 3,000,000원이 있는 경우

	상황1	상황2
①	손금산입 3,000,000원	세무조정 없음
②	손금불산입 3,000,000원	손금산입 3,000,000원
③	손금불산입 2,000,000원	손금불산입 3,000,000원
④	손금산입 2,000,000원	세무조정 없음

13 다음 중 법인세법상 기부금에 관한 설명으로 옳은 것은?

① 현물로 기부할 경우 특수관계인에게 기부한 일반기부금에 해당하는 기부자산가액은 시가로 평가한다.

② 특수관계 없는 자에게 정당한 사유없이 자산을 정상가액(시가± 50%)보다 낮은 가액으로 양도함으로써 실질적으로 증여한 것으로 인정되는 금액은 기부금으로 본다.

③ 기부금은 특수관계가 없는 자에게 사업과 관련하여 무상으로 지출하는 재산적 증여가액을 말한다.

④ 특례기부금 및 일반기부금의 한도초과액은 그 다음 사업연도의 개시일부터 10년 이내에 종료하는 각 사업연도에 이월하여 손금에 산입할 수 있다.

14 도매업을 영위하는 ㈜삼일(중소기업 아님)의 제 24 기(2024 년 1 월 1 일 ~ 2024 년 12 월 31 일) 기업업무추진비 세무조정을 위한 자료이다. 손금불산입 세무조정 금액으로 옳은 것은?

> (1) 손익계산서상 매출액은 15,000,000,000원(특수관계인과의 거래분은 없음)이며, 이 금액은 매출에누리 1,000,000,000원이 차감된 후의 금액이다.
>
> (2) 손익계산서상 기업업무추진비로 비용처리한 금액은 75,000,000원으로 그 내역은 다음과 같다. 기업업무추진비 중에는 문화기업업무추진비와 전통시장에서 제출한 기업업무추진비 및 경조금 해당액은 없다.
>
> | 구분 | 건당 3만 원 이하분 | 건당 3만 원 초과분 |
> |---|---|---|
> | 적격증명서류 수취분 | 15,000,000원 | 57,000,000원 |
> | 영수증 수취분 | 1,500,000원 | 1,500,000원 |
>
> (3) 수입금액 적용률
>
> | 수입금액 | 적용률 |
> |---|---|
> | 100억 원 이하 | 3 / 1,000 |
> | 100억 원 초과 500억 원 이하 | 3천만 원 + (수입금액 − 100억 원) × 2 / 1,000 |

① 15,000,000원 ② 21,500,000원
③ 23,000,000원 ④ 24,500,000원

15 다음 중 법인세법상 업무무관자산 등 지급이자 손금불산입에 관한 설명으로 옳지 않은 것은?

① 지급이자 손금불산입하는 가지급금은 업무무관가지급금을 말하며, 상대방이 특수관계인지는 고려하지 아니한다.

② 유예기간 중 업무에 사용하지 않고 양도하는 업무무관부동산은 업무무관자산에 해당한다.

③ 지급이자손금불산입액 계산시 지급이자는 선순위로 손금불산입된 금액을 제외한다.

④ 지급이자는 타인에게서 자금을 차용하는데 대응하여 지급되는 금융비용으로서 미지급이자는 포함하되 미경과이자는 제외한다.

16 다음 자료를 이용하여 제조업을 영위하는 ㈜삼일의 제24기 사업연도(2024년 1월 1일 ~ 2024년 12월 31일)의 각 사업연도 소득금액을 계산하면 얼마인가?

> (1) 결산서상 대손충당금 내역
>   가. 기초잔액 : 15,000,000원
>   (이 중 전기 세무조정시 한도초과로 부인된 금액은 4,000,000원임)
>   나. 당기감소액 : 8,000,000원
>   (이 중 대손사유 미충족으로 손금불산입된 금액은 2,000,000원임)
>   다. 당기 추가설정액 : 3,000,000원
> (2) 대손충당금 설정대상 채권가액(세무상 금액임)
>   가. 전기말 : 120,000,000원
>   나. 당기말 : 100,000,000원
> (3) 결산서상 당기순이익은 50,000,000원이며, 위 자료 외의 다른 세무조정은 없는 것으로 가정한다.

① 48,000,000원

② 51,000,000원

③ 53,000,000원

④ 56,000,000원

17 다음 중 법인세법상 손금으로 인정되는 준비금으로 옳지 않은 것은?

① 책임준비금

② 손실보전준비금

③ 비상위험준비금

④ 고유목적사업준비금

18 제조업을 영위하는 ㈜삼일의 제 24 기(2024 년 1 월 1 일 ~ 2024 년 12 월 31 일) 자료이다. 가지급금 인정이자로 익금에 산입할 금액으로 옳은 것은?

> (1) ㈜삼일이 특수관계인들에게 2023년 5월 1일에 대여한 법인세법상 업무무관가지급금(대여기간 : 3년)의 내역은 다음과 같으며, 이자수익은 전액 장부에 계상하였다.
>
> | 구분 | 대여 이자율 | 대여금 | 이자수익 | 비고 |
> |---|---|---|---|---|
> | 갑 | 무상대여 | 30,000,000원 | – | |
> | 을 | 연 4% | 40,000,000원 | 1,600,000원 | 이자는 매년 말 지급함 |
>
> (2) ㈜삼일의 당기 말 현재 차입금과 지급이자의 내역은 다음과 같으며, 차입금은 모두 은행(특수관계인 아님)으로부터 2023년 4월 1일에 차입하였다.
>
> | 구분 | 차입이자율 | 차입금 | 지급이자 |
> |---|---|---|---|
> | 기업구매자금대출 | 연 8% | 600,000,000원 | 48,000,000원 |
> | 운영자금대출 | 연 10% | 900,000,000원 | 90,000,000원 |
>
> (3) 「법인세법 시행규칙」으로 정하는 당좌대출이자율은 연 4.6% 이며, ㈜삼일은 제23기 사업연도의 법인세 신고시 당좌대출이자율을 시가로 신고하였다.

① 1,380,000원
② 1,620,000원
③ 1,720,000원
④ 1,840,000원

19 다음 중 법인세법상 과세표준의 계산에 관한 설명으로 옳지 않은 것은?

① 과세표준은 각사업연도소득에서 비과세소득, 이월결손금, 소득공제를 순서대로 차감하여 계산한다.

② 공제대상 이월결손금은 각사업연도소득의 80%(중소기업과 회생계획 이행중 기업 등은 100%) 범위에서 공제한다.

③ 각사업연도소득금액에서 이월결손금을 공제한 금액을 초과하는 비과세소득은 다음 사업연도로 이월되지 않고 소멸한다.

④ 자산수증이익이나 채무면제이익에 의해 충당된 이월결손금은 과세준 계산시 공제할 수 없다.

20 다음 중 법인세 신고납부제도에 관한 설명으로 옳지 않은 것은?

① 법인세 신고시 현금흐름표를 첨부하지 않으면 신고하지 않은 것으로 본다.

② 중간예납세액은 중간예납기간이 경과한 날로부터 2개월 이내에 신고·납부하여야 한다.

③ 내국법인에게 이자소득금액을 지급하는 자는 원천징수세율을 적용하여 계산한 금액에 상당하는 법인세를 징수하여 그 징수일이 속하는 달의 다음달 10일까지 납세지에 납부하여야 한다.

④ 법인세법에서는 법인세포탈의 우려가 있어 조세채권을 조기에 확보하여야 할 것으로 인정되는 경우에 사업연도 중이라도 법인세를 수시로 부과할 수 있다.

21 다음 중 소득세의 특징에 관한 설명으로 옳지 않은 것은?

① 소득세법은 개인별 소득을 기준으로 과세하는 개인단위과세제도를 원칙으로 한다.

② 퇴직소득과 양도소득을 다른 소득과 합산하지 않고 별도로 과세하는 이유는 장기간에 걸쳐 발생한 소득이 일시에 실현되는 특징 때문이다.

③ 소득세법은 모든 소득에 대하여 열거주의에 의하여 과세대상 소득을 규정하고 있으므로 열거되지 아니한 소득은 과세되지 않는다.

④ 소득세는 신고납세주의를 채택하고 있으므로 납세의무자의 확정신고로 과세표준과 세액이 확정된다.

22 다음은 2024년 중 각 거주자가 얻은 금융소득에 대한 자료이다. 금융소득에 대하여 종합과세를 적용받는 사람은 누구인가(단, 자료 이외의 금융소득은 없으며, 소득세법상 원천징수대상은 모두 원천징수되었다고 가정한다)?

지수 : 비실명 이자소득	5,000,000원
제니 : 보험기간이 5년인 저축성보험의 보험차익	20,000,000원
로제 : 국외 상장주식에서 받은 배당금 수령액으로 원천징수되지 않은 금액	20,000,000원
리사 : 국내 비상장법인에서 받은 현금배당금	20,000,000원

① 지수　　　　　　　　　　　② 제니
③ 로제　　　　　　　　　　　④ 리사

23 다음 중 소득세법상 사업소득에 관한 설명으로 옳지 않은 것은?

① 기준시가 15억 원인 주택 1개를 소유하는 자의 주택임대소득은 비과세된다.
② 논·밭을 작물생산에 이용하게 함으로서 발생하는 소득은 비과세대상이다.
③ 개인사업체의 대표자 급여는 사업소득의 필요경비가 아니다.
④ 사업소득에서 발생한 이월결손금이 있는 경우에는 이를 공제 할 수 있다.

24 ㈜삼일(중소기업 아님)의 총무부서 직원인 거주자 갑의 2024년 근로소득 관련 자료이다. 거주자 갑의 2024년 근로소득 총급여액을 계산하면 얼마인가?

> (1) 급여 : 24,600,000원(월 2,050,000원×12개월)
> (2) 「발명진흥법」에 따른 직무발명보상금 : 4,000,000원
>   (직무와 관련된 발명으로 인해 회사로부터 지급받은 금액임)
> (3) 주택의 구입에 소요되는 자금을 회사로부터 무상으로 대여받음으로써 얻은 이익 : 2,400,000원
> (4) 초과근로로 지급받은 초과근로수당 : 2,000,000원
> (5) 학자금 : 10,000,000원
>   (회사 규정에 따라 자녀의 대학등록금으로 지급받은 금액임)

① 32,000,000원   ② 35,000,000원

③ 37,000,000원   ④ 39,000,000원

25 다음 중 소득세법상 기타소득에 관한 설명으로 옳지 않은 것은?

① 고용관계 없는 자가 다수인에게 강연을 하고 받는 강연료는 기타소득으로 분류되며 증빙이 없더라도 총수입금액의 60%를 필요경비 인정률로 적용받을 수 있다.

② 국가지정문화재로 지정된 서화·골동품의 양도로 발생하는 소득은 기타소득으로 과세되지 않는다.

③ 복권당첨소득은 기타소득으로 분류되며 무조건 분리과세되므로 종합과세 되지 않는다.

④ 기타소득은 종합과세하는 것이 원칙이나 기타소득금액이 연 600만 원 이하인 경우 분리과세를 선택할 수 있다.

26 다음 중 소득세법상 인적공제에 관한 설명으로 옳지 않은 것은?

① 부양가족이 장애인에 해당하는 경우에는 연령의 제한을 받지 않는다.

② 부양가족의 범위에는 계부 및 계모는 포함되나 의붓자녀는 포함되지 않는다.

③ 직계비속이 장애인이고 그 직계비속의 배우자가 장애인인 경우 당해 배우자도 기본 공제 대상자에 포함된다.

④ 부양가족의 범위에는 아동복지법에 따라 가정위탁을 받아 양육하는 아동으로서 6개 월 이상 직접 양육한 위탁아동도 포함된다.

27 다음 자료를 기초로 근로자 김삼일씨의 2024년 보험료 소득공제 금액과 보험료 세액공제 금액을 계산하면 얼마인가(단, 장남과 장녀는 소득금액이 없다고 가정한다)?

대상	지출대상	지출금액
본인(50세)	국민건강보험료	2,000,000원
	고용보험료	150,000원
	자동차보험료	1,200,000원
장남(20세)	장애인전용 상해보험료	2,000,000원
장녀(18세)	저축성 보험료	3,400,000원

	소득공제	세액공제
①	2,000,000원	240,000원
②	2,150,000원	240,000원
③	2,000,000원	270,000원
④	2,150,000원	270,000원

28 다음 중 소득세법상 원천징수세율에 관한 내용으로 옳지 않은 것은?

① 일용근로자 근로소득의 원천징수세율은 6% 이다.

② 비영업대금이익의 원천징수세율은 25%(금융위원회에 등록한 온라인 투자연계금융업자를 통하여 지급되는 경우 14%) 이다.

③ 배당소득의 원천징수세율은 지급액의 20% 이다.

④ 인적용역과 의료·보건용역에 해당하는 특정 사업소득의 원천징수세율은 특정사업소득수입금액의 3% 이다.

29 다음 중 소득세법상 양도소득세에 관한 설명으로 옳지 않은 것은?

① 소득세법상 양도자산의 취득시기 및 양도시기는 원칙적으로 대금청산일을 기준으로 한다.

② 양도소득세 계산시 양도가액 및 취득가액은 양도 및 취득시의 실지거래가액과 추계방법 중 선택하여 적용 가능하다.

③ 장기보유특별공제는 등기된 토지 및 건물을 3년 이상 보유한 경우, 보유기간별로 공제율을 달리하여 적용된다.

④ 양도소득세율은 양도소득세 대상자산에 따라 상이하게 적용된다.

30 다음 중 개인의 소득세 신고에 관한 내용으로 옳지 않은 것은(단, 소득세법상 원천징수대상은 모두 원천징수 되었다고 가정한다)?

① 사업장 현황신고는 부가가치세 면세사업자의 총수입금액을 파악하기 위한 제도로써 다음연도 1월 10일까지 자진신고하여야 한다.

② 성실신고확인대상자가 성실신고확인서를 제출하는 경우 종합소득세 확정신고기간은 다음연도 5월 1일부터 6월 30일까지이다.

③ 매년 국내은행에서 발생하는 정기예금이자 1,500만 원 이외의 소득이 없는 거주자 김철수 할아버지는 종합소득세 확정신고를 안해도 된다.

④ 매년 근로소득 총수입금액 1억 원 이외의 다른 소득이 없는 거주자 김삼일씨는 종합소득세 확정신고를 안해도 된다.

31 다음 중 부가가치세법에 대하여 옳은 주장을 하는 사람은 누구인가?

① 김철수 : 부가가치세가 과세되는 재화란 재산 가치가 있는 유체물을 말한다. 따라서 동력이나 열과 같은 무체물은 부가가치세 과세대상이 아니다.

② 김영희 : 우리나라의 부가가치세 제도는 전단계세액공제법을 채택하고 있다.

③ 김영수 : 재화의 수입은 수입자가 사업자인 경우에만 부가가치세가 과세된다. 따라서 사업자가 아닌 개인이 재화를 수입하는 경우에는 부가가치세가 과세되지 않는다.

④ 김순희 : 간접세에 대한 국제적 중복과세의 문제를 해결하기 위하여 수출국에서만 간접세를 과세할 수 있도록 생산지국과세원칙을 채택하고 있다.

32 다음 중 부가가치세 납세의무자에 관한 설명으로 옳지 않은 것은?

① 사업목적이 영리이든 비영리이든 관계없이 납세의무를 부담하므로 국가·지방자치단체도 납세의무자가 될 수 있다.

② 재화를 수입하는 자는 사업자인지 여부에 관계없이 납세의무자에 해당한다.

③ 고용관계에 따라 근로를 제공하는 종업원은 납세의무자에 해당하지 않는다.

④ 면세사업자도 부가가치세의 납세의무를 진다.

33 다음 중 부가가치세법상 과세기간에 관한 설명으로 옳지 않은 것은?

① 간이과세자의 경우 과세기간을 1월 1일 부터 12월 31일로 한다.

② 부가가치세의 과세기간은 1년을 4과세기간으로 나누어 3개월마다 신고·납부하도록 하고 있다.

③ 폐업자는 폐업일이 속하는 과세기간 개시일부터 폐업일까지를 최종 과세기간으로 한다.

④ 신규사업자가 사업개시일 전에 사업자등록을 신청한 경우에는 그 신청한 날부터 신청일이 속하는 과세기간의 종료일까지를 최초 과세기간으로 한다.

34 다음 중 법인사업자의 업종과 부가가치세법상 사업장을 연결한 것으로 옳지 않은 것은?

① 부동산임대업 - 그 부동산의 등기부상 소재지

② 부동산매매업 - 법인의 등기부상 소재지(지점소재지 포함)

③ 운수업 - 법인의 등기부상 소재지(지점소재지 포함)

④ 제조업 - 원재료를 투입하는 장소

35 다음 중 간주공급에 관한 설명으로 옳지 않은 것은?

① 개인적공급의 간주공급에 해당할 경우 세금계산서 발급의무가 면제된다.

② 개인적공급의 간주공급시기는 당해 용도에 사용한 때이며, 폐업시 잔존재화의 간주공급시기는 폐업일이 된다.

③ 사업을 위하여 무상으로 다른 사업자에게 인도 또는 양도하는 견본품은 사업상 증여에 해당하지 아니한다.

④ 주사업장 총괄납부 사업자가 판매목적 타사업장 반출시 세금계산서를 발급하고 부가가치세법상 신고 규정에 따라 신고하여야 한다.

36 다음 중 부가가치세법상 재화의 공급시기에 관한 설명으로 옳지 않은 것은?

① 현금판매·외상판매에 의한 재화의 공급 : 재화가 인도되거나 이용 가능하게 되는 때

② 조건부 판매 : 조건이 성취되거나 기한이 경과되어 판매가 확정되는 때

③ 장기할부판매 : 대가의 각 부분을 받기로 한 때

④ 무인판매기에 의한 판매 : 재화가 인도되는 때

37 다음은 김삼일씨의 2024 년 1 월 가계부 지출내역이다. 지출금액에 포함된 부가가치세 합계를 계산하면 얼마인가(단, 공급자는 부가가치세법에 따라 적정하게 부가가치세를 거래징수 하였다고 가정한다)?

일 자	적 요	금 액
1월 14일	돼지고기 구입	55,000원
1월 21일	수도료 납부	22,000원
1월 27일	KTX 요금	33,000원

① 3,000원
② 7,000원
③ 8,000원
④ 10,000원

38 부가가치세 과세사업을 영위하던 일반과세자 김삼일씨는 2024 년 10 월 10 일 당해 사업을 폐지하였다. 다음 폐업시 잔존재화 자료를 보고 부가가치세 과세표준을 계산하면 얼마인가?

자산의 종류	취득일	취득원가	시가
상 품	2024년 9월 15일	20,000,000원[*]	25,000,000원
토 지	2021년 7월 16일	200,000,000원	300,000,000원
건 물	2023년 10월 15일	100,000,000원[*]	130,000,000원

* 매입세액공제액를 적용받은 취득가액

① 45,000,000원
② 85,000,000원
③ 90,000,000원
④ 115,000,000원

39 일반과세자 ㈜삼일의 2024년 제2기 예정신고기간(2024년 7월 1일 ~ 2024년 9월 30일) 세금계산서 및 신용카드매출전표 수취내역이다. 2024년 제2기 예정신고기간의 매입세액공제액으로 옳은 것은?

(1) 세금계산서 수취내역

일자	내 역	공급가액	부가가치세
7월 10일	원재료 구입	100,000,000원	10,000,000원
8월 16일	거래처 접대용 물품 구입	15,000,000원	1,500,000원
9월 10일	업무무관자산 구입	300,000,000원	30,000,000원

(2) 신용카드매출전표(부가가치세 구분표시) 수취내역

일자	내 역	공급가액	부가가치세	공급대가
9월 25일	생산직 직원들의 작업복 구입*	20,000,000원	2,000,000원	22,000,000원

* 일반과세자로부터 구입함

① 12,000,000원

② 13,500,000원

③ 42,000,000원

④ 43,500,000원

40 다음 중 부가가치세법상 가산세가 부과되는 경우로 옳지 않은 것은?

① 예정신고시 매입처별세금계산서 합계표를 제출하지 않고 확정신고시 제출한 경우

② 가공세금계산서를 발행한 경우

③ 재화를 공급받고 타인 명의로 세금계산서를 발급받은 경우

④ 사업자등록을 하지 않은 경우

국가공인
재경관리사 시험

재경관리사
기출문제집
원가관리회계

01 다음 중 내부이용자의 경제적 의사결정에 유용한 정보를 제공하는 회계분야에 관한 설명으로 가장 올바르지 않은 것은?

① 의사결정, 계획과 통제 및 성과평가에 유용한 정보를 제공한다.

② 비영리단체에도 적용이 가능하다.

③ 기업회계기준에 따라 일년에 한번 이상 보고해야 한다.

④ 주로 미래지향적이며, 목적적합성을 강조한다.

02 ㈜삼일은 매출원가에 10%의 이익을 가산하여 제품을 판매한다. 다음 자료를 참고하여 기말재공품원가를 계산하면 얼마인가? (단, 기초제품재고는 30,000 원, 기말제품재고는 0 원)

ㄱ. 직접재료원가	200,000원	ㄹ. 기초재공품원가	40,000원
ㄴ. 직접노무원가	150,000원	ㅁ. 매출액	440,000원
ㄷ. 제조간접원가	60,000원		

① 40,000원

② 50,000원

③ 80,000원

④ 90,000원

03 다음 중 원가배분기준에 관한 설명으로 가장 올바르지 않은 것은?

① 부담능력기준은 원가대상이 원가를 부담할 수 있는 능력에 따라 원가를 배분하는 기준으로, 본사에서 발생하는 공통원가를 각 지점의 매출액 기준으로 배분하는 경우가 대표적인 예이다.

② 수혜기준은 원가배분대상이 공통원가로부터 제공받은 경제적 효익의 정도에 따라 원가를 배분하는 것으로 가장 이상적인 원가배분 기준이다.

③ 인과관계기준은 원가대상과 배분대상 원가간의 인과관계에 따라 원가를 배분하는 기준이다.

④ 공정성과 공평성기준은 정부와의 계약에서 상호 만족할만한 가격을 설정하기 위한 수단으로 주로 사용된다.

04 다음 중 보조부문 원가배분에 관한 설명으로 가장 올바르지 않은 것은?

① 보조부문의 원가를 변동원가와 고정원가로 구분하는지 여부에 따라 직접배분법과 단계배분법으로 구분된다.

② 직접배분법에 의하면 보조부문의 원가는 다른 보조부문에 전혀 배분되지 않는다.

③ 상호배분법에서는 각 보조부문간의 상호 관련성을 모두 고려한다.

④ 단계배분법을 적용할 경우 보조부문간의 배분 순서에 따라 배분 금액이 달라진다.

05 ㈜삼일은 개별원가계산제도를 채택하고 있으며, 직접노무원가를 기준으로 제조간접원가를 배분한다. 20X1년의 제조간접원가 배부율은 A부문에 대해서는 180% , B부문에 대해서는 60% 이다. 제조지시서 #04는 20X1년 중에 시작되어 완성되었으며, 원가 발생액은 다음과 같다. 제조지시서 #04와 관련된 총제조원가는 얼마인가?

	A부문	B부문
직접재료원가	50,000원	16,000원
직접노무원가	?	40,000원
제조간접원가	90,000원	?

① 170,000원   ② 190,000원

③ 210,000원   ④ 270,000원

06 ㈜삼일의 박원가 회계팀장은 회사의 업무흐름을 더욱 투명하게 관리하고자 영업활동 flowchart 를 작성하려 하고 있다. ㈜삼일이 개별원가계산을 채택하고 있을 때 (ㄱ)과 (ㄴ)에 각각 들어갈 내용은?

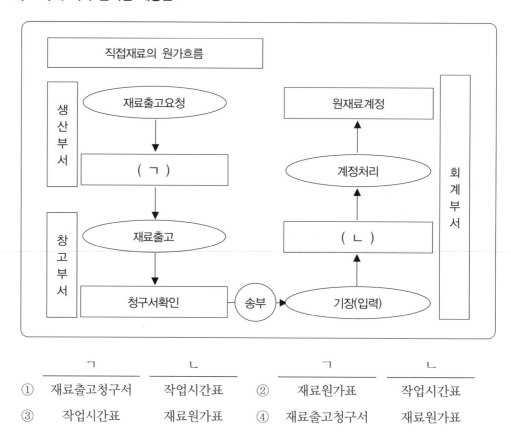

	ㄱ	ㄴ		ㄱ	ㄴ
①	재료출고청구서	작업시간표	②	재료원가표	작업시간표
③	작업시간표	재료원가표	④	재료출고청구서	재료원가표

07 다음 중 종합원가계산 절차에 관한 설명으로 가장 올바르지 않은 것은?

① 완성품 환산량은 제조공정별로 집계된 제품원가를 완성품과 기말재공품에 배분하는 기준이 된다.

② 완성품 환산량의 계산 다음 단계에서 물량 흐름의 파악이 이루어진다.

③ 완성품과 기말재공품에 배분할 원가는 원가요소별로 각각 파악되어야 한다.

④ 종합원가계산 절차의 가장 마지막 단계는 완성품과 기말재공품에 원가를 배분하는 것이다.

08 다음은 ㈜삼일의 당기 생산활동과 관련된 자료이다. 모든 제조원가는 공정 진척정도에 따라 투입되는 것으로 가정할 때, 완성품환산량 단위당 원가가 200 원이면 기말재공품의 완성도는 얼마인가?

> 기초재공품 : 없음
> 당기착수량 : 1,600단위(당기투입 원가 240,000원)
> 당기완성품 : 800단위

① 30% ② 40%

③ 50% ④ 60%

09 다음 중 종합원가계산의 회계처리로 가장 올바르지 않은 것은?(단, 제조공정이 2 개인 경우를 가정한다)

① 제1공정에서 원가 발생시

(차) 재공품(1공정)	XXX	(대) 원재료	XXX
		노무원가	XXX
		제조간접원가	XXX

② 제1공정에서 제2공정으로 대체시

(차) 재공품(2공정)	XXX	(대) 재공품(1공정)	XXX
(전공정대체원가)		(차공정대체원가)	

③ 제2공정에서 원가발생시

(차) 재공품(2공정)	XXX	(대) 원재료	XXX
		노무원가	XXX
		제조간접원가	XXX

④ 제2공정에서 완성품원가의 대체시

(차) 매출원가	XXX	(대) 재공품(2공정)	XXX

10 ㈜삼일은 선입선출법에 따라 종합원가계산을 하고 있다. 당월 완성품환산량 단위당 원가는 재료원가 5원, 가공원가 15원이며, 당월 중 생산과 관련된 자료는 다음과 같다. 원재료는 공정초기에 전량 투입되며, 가공원가는 공정 전반에 걸쳐 균등하게 발생할 경우 당월에 실제 발생한 가공원가는 얼마인가?

기초재공품	500단위 (완성도 40%)
기말재공품	800단위 (완성도 50%)
당기완성품	4,200단위

① 22,000원　　　　　　　　　② 60,000원

③ 66,000원　　　　　　　　　④ 80,000원

11 다음 중 표준원가계산의 목적에 관한 설명으로 가장 올바르지 않은 것은?

① 신속한 원가 보고

② 회계업무의 간소화

③ 적시성 있는 원가정보 제공

④ 제품별 발생원가의 정확한 계산

12 표준원가의 종류는 이상적표준, 정상적표준 및 현실적표준으로 구분할 수 있다. 다음 중 이상적표준을 기준으로 표준원가를 설정할 경우 나타날 수 있는 영향으로 가장 옳은 것은?

① 최선의 조건 하에서만 달성할 수 있는 최저목표원가이다.

② 이상적표준을 달성하는 경우가 거의 없기 때문에 유리한 차이가 발생할 가능성이 크다.

③ 실제원가와의 차이가 크지 않으므로 재고자산가액과 매출원가가 항상 적절하게 계상된다.

④ 근로자들의 임금상승 효과를 가져온다.

13 다음 중 원가차이의 배분방법에 관한 설명으로 가장 올바르지 않은 것은?

① 매출원가조정법이란 모든 원가차이를 매출원가에 가감하는 방법으로서, 불리한 원가차이는 매출원가에 가산하고 유리한 원가차이는 매출원가에서 차감한다.

② 기타손익법은 비례배분법에 해당하며, 이 방법에 의할 경우 재공품과 제품계정은 모두 표준원가로 기록된다.

③ 총원가 비례배분법은 재고자산 계정과 매출원가 계정의 총원가(기말잔액)를 기준으로 원가차이를 배분하는 방법이다.

④ 원가요소별 비례배분법은 재고자산 계정과 매출원가 계정의 원가요소를 기준으로 각 해당되는 원가요소의 원가차이를 배분하는 방법이다.

14 ㈜삼일의 원가계산자료가 다음과 같을 때, 직접재료원가 차이를 계산한 것으로 가장 옳은 것은?(단, ㈜삼일은 가격차이를 구입시점에 분리한다)

예산생산량	2,000개
실제생산량	1,800개
직접재료 구입량	5,400kg(648,000원)
직접재료 사용량	5,200kg
단위당 표준 직접재료원가	2.5kg(100원/kg)

① 가격차이 - 104,000원(불리한 차이)

② 가격차이 - 108,000원(불리한 차이)

③ 능률차이 - 20,000원(불리한 차이)

④ 능률차이 - 70,000원(유리한 차이)

15 ㈜삼일은 표준원가제도를 사용하고 있다. 표준노무시간은 제품 한 단위당 4시간이며, 제품의 실제생산량은 2,200단위, 고정제조간접원가 실제발생액은 24,920,000원이다. ㈜삼일의 고정제조간접원가는 노무시간을 기준으로 배부되며 기준조업도는 10,000 노무시간이다. 고정제조간접원가 예산차이가 4,360,000원 불리하다면 조업도차이는 얼마인가?

① 2,056,000원 유리   ② 2,056,000원 불리

③ 2,467,200원 유리   ④ 2,467,200원 불리

16 변동원가계산에 의한 공헌이익 손익계산서 작성을 위한 자료가 아래와 같을 경우 변동원가계산에 의한 영업이익은 얼마인가?

판매수량	5,000개
단위당 판매가격	3,500원/개
단위당 변동제조원가	2,400원/개
단위당 변동판매비와관리비	300원/개
고정제조간접원가	2,000,000원
고정판매비와관리비	500,000원

① 1,500,000원   ② 2,000,000원

③ 3,000,000원   ④ 3,500,000원

17 다음 중 변동원가계산과 전부원가계산에 관한 설명으로 가장 올바르지 않은 것은?

구분	변동원가계산	전부원가계산
① 기본목적	내부계획과 통제 등 경영관리	외부보고목적
② 제품원가	직접재료원가 + 직접노무원가 + 변동제조간접원가	직접재료원가 + 직접노무원가 + 변동제조간접원가 + 고정제조간접원가
③ 보고양식	공헌이익접근법의 손익계산서	전통적 손익계산서
④ 이익결정요인	생산량 및 판매량	생산량

18 다음 자료를 참고하여 ㈜삼일의 전부원가계산에 따른 매출총이익, 변동원가계산에 따른 공헌이익, 초변동원가계산에 따른 재료처리량공헌이익을 각각 올바르게 구한 것은 어느 것인가?(단, 기초제품과 기말제품은 없다)

제품단위당 직접재료원가	100원
제품단위당 직접노무원가	120원
제품단위당 변동제조간접원가	50원
제품단위당 변동판매비와관리비	30원
고정제조간접원가	500,000원
고정판매비와관리비	400,000원
단위당 판매가격	1,500원
생산량 = 판매량	10,000개

	전부원가계산 매출총이익	변동원가계산 공헌이익	초변동원가계산 재료처리량공헌이익
①	12,300,000원	12,300,000원	14,000,000원
②	12,300,000원	12,300,000원	12,800,000원
③	11,800,000원	12,000,000원	14,000,000원
④	11,800,000원	12,000,000원	12,800,000원

19 20X1 년 3 월에 영업을 시작한 ㈜삼일은 선입선출법에 의한 실제원가계산제도를 채택하고 있으며, 20X1 년 3 월과 4 월의 생산과 판매에 관한 자료는 다음과 같다. 20X1 년 4 월 중 변동원가계산에 의한 영업이익이 1,400,000 원이라고 할 때, 전부원가계산에 의한 영업이익은 얼마인가?

	3월	4월
생 산 량	8,000단위	9,000단위
판 매 량	7,000단위	10,000단위
고정제조간접원가	1,600,000원	1,620,000원

① 800,000원   ② 1,000,000원

③ 1,200,000원   ④ 1,400,000원

20 다음 빈칸에 들어가는 말로 가장 올바르게 짝지어진 것은?

> 초변동원가계산에서의 순이익을 변동원가계산의 순이익으로 전환하기 위해서는 재고자산에 포함된 (ㄱ)을 가감해야 하고, 이를 다시 전부원가계산의 순이익으로 전환하기 위해서는 재고자산에 포함된 (ㄴ)을 조정해 주어야 한다.

① ㄱ : 변동가공원가   ㄴ : 고정제조간접원가
② ㄱ : 가공원가   ㄴ : 고정제조간접원가
③ ㄱ : 변동가공원가   ㄴ : 제조간접원가
④ ㄱ : 가공원가   ㄴ : 제조간접원가

21 다음 중 활동기준원가계산(ABC)에 관한 설명으로 가장 올바르지 않은 것은?

① 단일기준으로 원가를 배부하는 전통적인 배부기준에 대한 비판에 따른 새로운 배부기준의 필요에 의해 발생하였다.
② 직접노무원가와 같은 직접원가의 증가로 인해 새로운 원가배부기준이 필요하게 되었다.
③ 제조간접원가를 활동별로 배부함으로써 원가동인에 따른 원가계산이 가능해진다.
④ 다품종 소량생산 기업에 보다 적합하다.

22 다음 중 원가추정방법의 장·단점에 관한 설명으로 가장 올바르지 않은 것은?

① 공학적 방법 – 정확성이 높으나, 시간과 비용이 많이 소요된다.
② 계정분석법 – 과거의 원가자료가 존재하지 않는 경우에도 적용이 가능하다.
③ 산포도법 – 예비적 검토시에 활용도가 높으나, 분석자의 주관적 판단이 개입될 여지가 있다.
④ 고저점법 – 원가함수가 모든 원가자료를 대표하지 못한다는 단점이 있다.

23 다음은 단일제품을 판매하는 ㈜삼일의 20X1 년 상반기 원가자료이다. ㈜삼일의 변동제조간접원가가 직접노무시간을 기준으로 배부된다고 할 때, 고저점법에 의해 추정되는 7 월 총 제조간접원가는 얼마인가?

구분	직접노무시간(h)	제조간접원가
1월	125	23,000원
2월	140	25,000원
3월	160	24,000원
4월	110	22,000원
5월	130	19,000원
6월	145	20,000원
7월	150	?

① 23,600원　　　　　　　② 25,100원
③ 26,600원　　　　　　　④ 28,100원

24 다음 중 원가-조업도-이익 도표(CVP 도표)에 관한 설명으로 가장 옳은 것은?

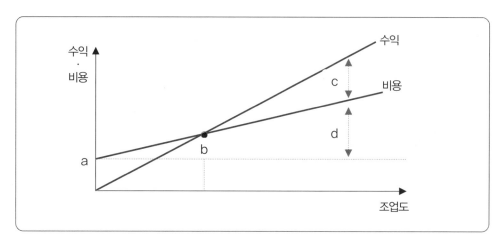

① a는 단위당 고정원가를 의미한다.　　② b는 손익분기점 생산량을 의미한다.
③ c는 공헌이익을 의미한다.　　　　　④ d는 총변동비를 의미한다.

25 ㈜삼일의 20X1 년 공헌이익은 500,000 원이고, 영업이익은 100,000 원이다. 만일 20X2 년에 판매량이 20% 증가한다면 영업이익의 증가율은 얼마가 될 것으로 예상되는가(단, 20X1 년과 20X2 년의 단위당 판매가격, 단위당 변동원가, 총고정원가는 동일하다고 가정한다)?

① 40%   ② 60%

③ 80%   ④ 100%

26 다음 중 책임회계제도에 관한 설명으로 가장 올바르지 않은 것은?

① 책임회계제도는 실제 성과와 예산과의 차이를 쉽게 파악할 수 있게 해줌으로써 예외에 의한 관리가 가능하게 해준다.

② 책임회계제도가 그 기능을 효율적으로 발휘하기 위해서는 각 책임중심점의 경영자가 권한을 위임받은 원가항목들에 대해 통제권을 행사할 수 없어야 한다.

③ 책임중심점은 책임의 성격 및 책임범위에 따라 원가중심점, 수익중심점, 이익중심점 및 투자중심점으로 분류할 수 있다.

④ 원가중심점이란 통제가능한 원가의 발생에 대해서만 책임을 지는 가장 작은 활동단위로서의 책임중심점이다.

27 다음 중 변동예산을 사용하는 목적에 관한 설명으로 가장 옳은 것은?

① 기준 조업도 수준에서 예산원가와 실제원가를 비교 평가하기 위하여

② 실제 조업도 수준에서 예산원가와 실제원가를 비교 평가하기 위하여

③ 하부 경영자들에게 권한을 위양하기 위하여

④ 예산설정에 소요되는 총시간을 감소시키기 위하여

28 다음 중 판매부서의 성과평가에 관한 설명으로 가장 올바르지 않은 것은?

① 판매부서의 성과평가는 수익중심점보다 이익중심점으로 운영하는 것이 바람직하다.

② 판매부서의 성과평가는 예산매출액과 실제매출액의 비교를 통해 이루어진다.

③ 매출총차이는 매출가격차이와 매출조업도차이로 구분된다.

④ 매출조업도차이는 매출배합차이와 시장점유율차이로 구분된다.

29 다음 중 효율적인 성과평가제도를 설계하기 위해 고려해야 할 사항에 관한 설명으로 가장 올바르지 않은 것은?

① 기업전체목표의 극대화보다 기업 구성원들의 성과극대화가 달성될 수 있도록 설계되어야 한다.

② 성과평가치의 성과측정오류가 최소화 되도록 설계되어야 한다.

③ 적시성과 경제성을 적절히 고려하여야 한다.

④ 각 책임중심점의 행동에 미치는 영향을 적절히 고려하여야 한다.

30 다음 자료를 이용하여 ㈜삼일의 시장점유율차이를 계산하면 얼마인가?

단위당 예산평균공헌이익	100원
실제시장점유율	45%
예산시장점유율	40%
실제시장규모	100,000개
예산시장규모	120,000개

① 800,000원(불리) 　　② 800,000원(유리)

③ 500,000원(유리) 　　④ 500,000원(불리)

31 20X1 년 ㈜삼일 터치패널 사업부의 투자수익률은 18% 이며 동 사업부의 가중평균자본비용은 13% 이다. 만약 20X1 년 터치패널 사업부의 투하자본이 3,500,000 원이었다면 경제적부가가치(EVA)는 얼마인가(단, ㈜삼일의 터치패널 사업부에 영업 관련 유동부채는 없다고 가정하며, 세금은 고려하지 않는다.)?

① 125,000원 ② 150,000원
③ 175,000원 ④ 200,000원

32 ㈜삼일은 6 개월 전에 차량을 4,000,000 원에 구입하였으나 침수로 인해 이 차량을 더이상 사용할 수 없게 되었다. 회사는 동 차량에 대하여 수리비용 2,000,000 원을 들여 2,500,000 원에 팔거나 현재 상태로 거래처에 1,000,000 원에 팔 수 있다. 이런 경우에 총매몰원가는 얼마인가?

① 1,000,000원 ② 2,000,000원
③ 4,000,000원 ④ 6,000,000원

33 ㈜삼일은 최근 고객사로부터 제품 300 단위를 단위당 19,000 원에 구입하겠다는 제안을 받았다. 기업가치 극대화 측면에서 이 주문의 수락여부와 회사의 이익에 미치는 영향이 가장 올바르게 짝지어진 것은?(단, 제품과 관련된 자료는 다음과 같으며 동 주문을 수락하더라도 고정원가에는 아무런 영향을 초래하지 않는다)?

	제품단위당 원가
직접재료원가	10,000원
직접노무원가(변동원가)	4,000원
변동제조간접원가	2,500원
고정제조간접원가	3,000원
변동판매비와관리비	1,500원
고정판매비와관리비	1,000원
	22,000원

① 수락, 150,000원의 이익 증가 ② 수락, 300,000원의 이익 증가
③ 거절, 150,000원의 손실 증가 ④ 거절, 300,000원의 손실 증가

34 ㈜삼일은 제품 제조에 필요한 일부 부품을 자가제조할 것인지 아니면 외부구입할 것인지에 대하여 의사결정 하고자 한다. 이와 관련하여 논의된 내용 중 가장 옳은 것은?

① 오주임 : 공급업자와의 관계와 같은 비재무적 측면도 반드시 고려되어야 합니다.

② 박과장 : 외부구입을 선택할 경우 발생하는 유휴생산시설의 활용방안은 단기 의사결 정에 있어 영향을 미치지 않습니다.

③ 이대리 : 자가제조원가 중에서는 고정원가를 제외한 변동원가만이 고려 대상이 됩니다.

④ 유차장 : 제품에 특별한 지식이나 기술이 요구된다면 외부구입시 품질 유지가 어려 울 가능성이 높습니다.

35 다음은 세 사업부문(A, B, C)을 보유한 ㈜삼일의 손익자료이다. 다음 중 자료에 관한 분석 으로 가장 올바르지 않은 것은?

(단위: 원)

	A사업부	B사업부	C사업부	전체
매 출 액	4,000	3,000	2,000	9,000
변 동 원 가	2,400	2,000	1,200	5,600
공 헌 이 익	1,600	1,000	800	3,400
회피 불능 원가	1,900	1,200	400	3,500
이 익 (손 실)	(300)	(200)	400	(100)

① 사업부 A, B를 폐쇄하면 회사의 전체손실은 2,700원이 된다.

② 사업부 B, C를 폐쇄하면 회사의 전체손실은 1,900원이 된다.

③ 사업부 A, C를 폐쇄하면 회사의 전체손실은 2,500원이 된다.

④ 사업부 A, B, C 중 일부는 폐쇄하는 것이 전체를 유지하는 것보다 유리하다.

36 다음 중 자본예산에 관한 설명으로 가장 올바르지 않은 것은?

① 자본예산은 고정자산에 대한 투자안의 현금흐름이나 이익에 미치는 영향을 평가하는 기법이다.

② 자본예산은 기업의 장기적 경영계획에 바탕을 둔 장기투자에 관한 의사결정이다.

③ 자본예산에 의한 투자는 불확실성(경제상황, 소비자 선호, 기술진보 등)으로 인한 위험이 작다.

④ 자본예산에 의한 투자는 장기간이 소요되므로 투자된 자금이 장기간 고정된다.

37 장기의사결정시에는 미래 현금흐름을 추정하는 것이 중요하다. 다음 중 장기의사결정을 위한 현금흐름 추정의 기본원칙이 아닌 것은?

① 증분기준에 의한 현금흐름을 측정하여야 한다.

② 이자비용은 할인율을 통해 반영되므로 현금흐름 산정시 이자비용은 반영하지 않는다.

③ 법인세는 회사가 통제할 수 없기 때문에 현금흐름을 추정할 때 고려대상이 아니다.

④ 감가상각비 감세효과는 현금흐름을 추정할 때 고려해야 한다.

38 다음 중 순현재가치(NPV)법과 내부수익률(IRR)법에 관한 설명으로 가장 올바르지 않은 것은?

① 내부수익률(IRR)법에서는 내부수익률이 최저필수수익률을 상회하는 투자안을 채택한다.

② 순현재가치(NPV)법은 가치가산의 원칙이 적용되나 내부수익률(IRR)법은 그렇지 않다.

③ 두 방법 모두 화폐의 시간가치를 고려하는 방법이다.

④ 순현재가치(NPV)법에서는 순현재가치가 투자금액보다 큰 투자안을 채택한다.

39 ㈜삼일은 내용연수가 3년인 기계장치에 투자하려고 하고 있다. 기계장치를 구입하면, 향후 3년 동안 매년 말 기준 6,000,000원의 현금지출운용비를 줄일 것으로 판단하고 있다. 회사의 최저필수수익률은 12%이고 기계장치에 대한 투자액의 현재가치는 8,000,000원이라고 할 때, 기계장치에 대한 투자안의 순현재가치(NPV)는 얼마인가(단, 이자율 12%의 1원당 연금의 현재가치는 1년은 0.89, 2년은 1.69, 3년은 2.40이며 법인세는 없는 것으로 가정한다)?

① 1,060,000원   ② 2,140,000원

③ 4,300,000원   ④ 6,400,000원

40 다음 중 품질성과를 통제하고 적절한 의사결정을 내리기 위해 분석되는 품질원가(Cost of quality)에 해당하지 않는 것은?

① 예방원가   ② 목표원가

③ 내부실패원가   ④ 외부실패원가

01 다음 중 원가회계의 한계점에 관한 설명으로 가장 올바르지 않은 것은?

① 비화폐성 정보와 질적인 정보는 제공하지 못한다.

② 객관적으로 측정가능한 회계자료를 기초로 수익과 비용을 인식해야 하므로 자료수집에 어려움이 있다.

③ 경영자의 목적에 따라 다양한 회계절차를 적용해야 하는 어려움이 있다.

④ 특정한 시점에서 모든 의사결정에 목적적합한 원가정보를 제공할 수는 없다.

02 다음은 ㈜삼일의 20X1년 한 해 동안의 제조원가 자료이다. ㈜삼일의 20X1년 제조원가명세서상의 당기제품제조원가를 계산하면 얼마인가?

	기 초	기 말
직접재료	5,000원	7,000원
재 공 품	12,000원	8,000원
제 품	10,000원	8,000원
직접재료 매입액		25,000원
가공원가		35,000원

① 58,000원

② 60,000원

③ 62,000원

④ 68,000원

03 다음 중 원가배분에 관한 설명으로 가장 옳은 것은?

① 공장전체 제조간접원가 배분율을 사용하는 경우에는 보조부문원가 배분방법에 의해 제조간접원가 배분율이 영향을 받지 않는다.

② 이중배분율법은 변동원가와 고정원가를 구분해서 변동원가는 최대사용가능량을 기준으로 배분하고 고정원가는 서비스의 실제사용량을 기준으로 배분한다.

③ 부문별 제조간접원가 배분율을 사용하는 경우에는 보조부문원가 배분방법에 의해 제조간접원가 배분율이 영향을 받지 않는다.

④ 단계배분법의 경우 특정보조부문의 배분할 총원가는 자기부문의 발생원가와 다른 부문으로부터 배분된 원가의 합으로 표시된다.

04 ㈜삼일은 보조부문원가를 배분하는 방법으로 단계배분법과 직접배분법을 검토하고 있다. 동력부문은 전력량을, 공장관리부문은 공장면적을 배부기준으로 하며, 단계배분법을 적용하는 경우 동력부문원가부터 먼저 적용한다. 다음 설명 중 가장 옳은 것은?

구분	제조부문		보조부문	
	기계가공부문	조립부문	공장관리부문	동력부문
발생원가	64,000원	73,000원	48,000원	69,000원
공장면적	2,400m^2	1,600m^2	800m^2	500m^2
전력량	1,200kw	800kw	300kw	200kw

① 기계가공부문에 대체된 동력부문 대체액은 단계배분법이 직접배분법보다 크다.

② 기계가공부문에 대체된 공장관리부문 대체액은 직접배분법이 단계배분법보다 크다.

③ 조립부문에 대체된 동력부문 대체액은 두 방법 간에 5,400원의 차이가 있다.

④ 조립부문에 대체된 공장관리부문 대체액은 두 방법 간에 3,600원의 차이가 있다.

05 다음 중 개별원가계산에 관한 설명으로 가장 옳은 것은?

① 제조간접원가는 개별작업과 관련하여 직접적으로 추적할 수 없으므로 이를 배부하는 절차가 필요하다.

② 개별원가계산은 해당 제품이나 공정으로 직접 추적할 수 있기 때문에 실제원가계산에만 적용이 가능하다.

③ 개별원가계산은 제품원가를 개별작업별로 구분하여 집계하므로 제조직접비와 제조간접비의 구분이 중요하지 않다.

④ 각 작업별로 원가가 계산되기 때문에 원가계산자료가 상세하고 복잡하며 오류가 발생할 가능성이 적어진다.

06 ㈜삼일은 개별원가계산제도를 채택하고 있으며, 제품 A 의 작업원가표가 아래와 같을 때 제조간접원가배부율(직접노동시간당)을 계산하면 얼마인가?

ㄱ. 직접재료 투입액	100,000원
ㄴ. 직접노동시간	200시간
ㄷ. 직접노무원가 임률	800원/시간
ㄹ. 제품 A의 제조원가	360,000원

① 500원　　　　　　　　　② 　750원

③ 800원　　　　　　　　　④ 1,000원

07 다음 중 일반적인 개별원가계산절차를 나열한 것으로 가장 옳은 것은?

> ㄱ. 집계된 제조간접원가를 배부하기 위한 배부기준을 설정한다.
> ㄴ. 원가집적대상이 되는 개별작업을 파악한다.
> ㄷ. 원가배부기준에 따라 제조간접원가 배부율을 계산하여 개별작업에 배부한다.
> ㄹ. 개별작업에 대한 제조직접원가를 계산하여 개별작업에 직접 추적한다.
> ㅁ. 개별작업에 직접 대응되지 않는 제조간접원가를 파악한다.

① ㄱ-ㄴ-ㄷ-ㄹ-ㅁ ② ㄴ-ㄱ-ㄹ-ㅁ-ㄷ

③ ㄴ-ㄱ-ㅁ-ㄷ-ㄹ ④ ㄴ-ㄹ-ㅁ-ㄱ-ㄷ

08 당기에 영업을 개시한 ㈜삼일은 종합원가계산을 적용하여 제품의 원가를 계산하고 있다. 재료는 공정 초기에 전량 투입되며 기말재공품 400개에 대한 가공원가는 80%의 완성도를 보이고 있다. 완성품환산량 단위당 재료원가와 가공원가가 각각 1,500원, 500원으로 계산된 경우의 기말재공품 원가는 얼마인가?

① 640,000원 ② 680,000원

③ 720,000원 ④ 760,000원

09 다음 중 평균법과 선입선출법에 의한 종합원가계산의 차이점에 관한 설명으로 가장 올바르지 않은 것은?

① 평균법은 완성품환산량 산출시 기초재공품의 기완성도를 고려한다.
② 평균법의 완성품환산량 단위당 원가에는 전기의 원가가 포함되어 있다.
③ 평균법의 원가배분대상액은 기초재공품원가와 당기투입원가의 합계액이다.
④ 선입선출법은 완성품환산량 산출시 기초재공품과 당기투입량을 구분한다.

10 ㈜삼일은 평균법에 의한 종합원가계산을 채택하고 있다. 기초와 기말의 재공품 물량은 동일하나 기초에 비하여 재공품 기말 잔액이 증가하였다. 다음 중 이 현상을 설명할 수 있는 것으로 가장 옳은 것은?

① 전년도에 비해 판매량이 감소하였다.

② 전년도에 비해 제조간접원가가 감소하였다.

③ 전년도에 비해 노무임률이 상승하였다.

④ 기초보다 기말의 재공품 완성도가 감소하였다.

11 ㈜삼일은 종합원가계산을 채택하고 있으며, 선입선출법에 의하여 완성품환산량을 계산한다. 재료는 공정 초기에 전량 투입되며 가공원가는 공정 전반에 걸쳐 균등하게 발생한다. ㈜삼일의 기말재공품 원가는 얼마인가?

수량	기초재공품 400개 (완성도 50%)	완성품 1,000개
	착수량 800개	기말재공품 200개 (완성도 80%)
원가	재료원가	가공원가
기초재공품원가	200,000원	500,000원
당기 발생원가	2,000,000원	3,000,000원

① 900,000원　　　　　　　　② 1,000,000원

③ 1,050,000원　　　　　　　④ 1,125,000원

12 다음 중 정상원가계산에 관한 설명으로 가장 올바르지 않은 것은?

① 정상원가와 실제원가의 차이는 제조간접원가 배부차이와 같다.

② 제조간접원가 실제 발생액이 예정 배부액보다 적을 경우 이를 과소배부라고 한다.

③ 매출원가조정법은 모든 배부차이를 매출원가에 가감하는 방법으로서 비배분법에 해당한다.

④ 비례배분법을 사용할 경우 매출원가조정법에 비하여 실제원가계산의 금액에 근접할 수 있다.

13 다음 중 표준원가계산에 관한 설명으로 가장 올바르지 않은 것은?

① 표준원가제도는 전부원가계산 및 변동원가계산제도 모두에 적용할 수 있다.

② 원가표준은 기본적으로 수량표준과 가격표준으로 이루어진다.

③ 원가발생의 예외를 관리하여 통제하기에 적절한 원가계산방법이다.

④ 표준원가계산제도를 채택할 경우 계량적인 정보를 무시할 가능성이 있다.

14 다음은 ㈜삼일의 20X1년 1월 직접노무원가에 관한 자료이다. 당월의 실제직접노무시간이 2,500시간이었을때 실제 생산량에 허용된 표준직접노무시간은 얼마인가?

ㄱ. 실제 직접노무원가	7,500원
ㄴ. 직접노무원가 가격차이	2,500원(유리)
ㄷ. 직접노무원가 능률차이	1,400원(불리)

① 1,800시간　　　　　　　　② 2,000시간

③ 2,150시간　　　　　　　　④ 2,350시간

15 ㈜삼일의 생산 및 원가와 관련된 자료는 다음과 같다. 변동제조간접원가 소비차이는 얼마인가?

변동제조간접원가 실제 발생액	6,200,000원
실제 투입시간에 허용된 표준 변동제조간접원가	6,500,000원
실제 산출량에 허용된 표준 변동제조간접원가	6,300,000원

① 200,000원(유리)　　　　　② 200,000원(불리)

③ 300,000원(유리)　　　　　④ 300,000원(불리)

16 다음 중 변동원가계산의 유용성으로 가장 올바르지 않은 것은?

① 이익계획과 예산편성에 필요한 원가-조업도-이익에 관련된 자료를 변동원가계산
제도에 의한 공헌손익계산서로부터 쉽게 얻을 수 있다.

② 특정기간의 이익이 생산량에 의해 영향을 받지 않는다.

③ 일반적으로 인정된 회계원칙으로 기업회계측면의 외부보고자료로서 이용될 수 있다.

④ 이익이 매출액과 동일한 방향으로 움직이므로 경영자의 입장에서 이해하기 쉽다.

17 다음 중 전부원가계산제도의 제품원가를 구성하는 원가항목으로 가장 옳은 것은?

① 직접재료원가, 직접노무원가, 변동제조간접원가

② 직접재료원가, 직접노무원가, 변동제조간접원가, 고정제조간접원가

③ 직접재료원가, 직접노무원가, 변동제조간접원가, 고정제조간접원가,
고정판매비와관리비

④ 직접재료원가, 직접노무원가, 변동제조간접원가, 고정제조간접원가,
변동판매비와관리비

18 다음은 ㈜삼일의 7월 한달 간 변동원가계산에 관한 자료이다. 7월의 총매출액을 계산하면
얼마인가?

제품 단위당 판매가격	8,000원
단위당 변동원가	4,500원
총고정원가	2,100,000원
영업이익	14,700,000원

① 33,600,000원　　　　　　② 38,400,000원

③ 38,590,000원　　　　　　④ 40,000,000원

19 전기와 당기의 단위당 고정제조간접원가가 동일하고 기초재고액보다 기말재고액이 큰 경우에 변동원가계산에 의한 순이익과 전부원가계산에 의한 순이익을 비교한 결과로 가장 옳은 것은?

① 변동원가계산에 의한 순이익이 더 크다.

② 전부원가계산에 의한 순이익이 더 크다.

③ 순이익은 같다.

④ 상황에 따라 이익의 크기가 달라진다.

20 20X1 년 3 월에 영업을 시작한 ㈜삼일은 선입선출법에 의한 실제원가계산제도를 채택하고 있으며, 20X1 년 3 월과 4 월의 생산과 판매에 관한 자료는 다음과 같다. 20X1 년 4 월 중 전부원가계산에 의한 영업이익이 변동원가계산에 의한 영업이익보다 200,000 원 작다고 할 때, 3 월 고정제조간접원가는 얼마인가?

	3월	4월
생 산 량	8,000단위	9,000단위
판 매 량	7,000단위	10,000단위

① 1,200,000원 ② 1,600,000원

③ 1,800,000원 ④ 2,000,000원

21 다음 중 활동기준원가계산의 절차로 가장 옳은 것은?

ⓐ 각 활동별로 제조간접원가를 집계 ⓑ 활동별 원가동인(배부기준)의 결정

ⓒ 활동분석 ⓓ 활동별 제조간접원가 배부율의 결정

ⓔ 원가대상별 원가계산

① ⓐ - ⓓ - ⓑ - ⓒ - ⓔ ② ⓐ - ⓔ - ⓓ - ⓑ - ⓒ

③ ⓒ - ⓐ - ⓑ - ⓓ - ⓔ ④ ⓔ - ⓐ - ⓓ - ⓑ - ⓒ

22 다음 중 원가추정방법에 관한 설명으로 가장 올바르지 않은 것은?

① 공학적 방법은 과거의 원가 자료를 이용할 수 없는 경우에도 사용 가능한 원가추정 방법이다.

② 계정분석법과 산포도법은 분석자의 주관적 판단이 개입될 수 있는 원가추정방법이다.

③ 고저점법은 최고조업도와 최저조업도의 원가자료를 이용하여 원가함수를 추정하는 방법이다.

④ 고저점법과 회귀분석법은 상대적으로 적용이 쉽고 시간과 비용이 적게 소요된다는 장점이 있다.

23 다음 중 CVP 분석에 필요한 가정으로 가장 올바르지 않은 것은?

① 수익과 원가행태는 관련범위 내에서 선형이다.

② 모든 원가는 변동원가와 고정원가로 분류할 수 있다.

③ 제품의 종류가 복수인 경우에는 판매량 변화에 따라 매출의 배합이 변동한다.

④ 판매량만큼 생산하는 것으로 가정함으로써 기초재고자산과 기말재고자산의 변화가 손익에 영향을 미치지 않는 것으로 본다.

24 다음은 신제품 도입과 관련한 ㈜삼일의 회의내용이다. 다음 중 괄호 안에 들어갈 수량으로 가장 옳은 것은(단, 세금은 없는 것으로 가정한다)?

> 사　　장 : 이전에 지시한 신제품 도입에 대한 타당성검토는 잘 이루어지고 있습니까?
>
> 상　　무 : 일단 원가·조업도·이익(CVP)분석으로 대략적인 윤곽은 드러났습니다.
>
> 생산부장 : 신제품 제조원가에 대한 내역이 다음과 같이 조사되었습니다.
>
> | 제품 단위당 예상 판매가격 | 5,000원 |
> |---|---|
> | 제품 단위당 예상 변동원가 | 2,500원 |
> | 예상 총 고정원가 | 1.2억 원 |
>
> 영업부장 : 사장님께서 지시하신 목표이익 1.8억 원을 달성하기 위해서는 (　　)를 생산하여 판매하면 됩니다.
>
> 사　　장 : 좋습니다. 이것으로 오늘 회의는 마치겠습니다.

① 60,000개
② 80,000개
③ 100,000개
④ 120,000개

25 다음 중 안전한계와 영업레버리지에 관한 설명으로 가장 올바르지 않은 것은?

① 안전한계는 손실을 발생시키지 않으면서 허용할 수 있는 매출액의 최대 감소액을 의미하므로 기업의 안전성을 측정하는 지표로 많이 사용된다.

② 안전한계가 높을수록 기업의 안전성이 높다고 말할 수 있으며, 안전한계가 낮을수록 기업의 안전성에 문제가 있다고 말할 수 있다.

③ 영업레버리지도는 손익분기점에서 가장 크고 매출액이 증가함에 따라 점점 커진다.

④ 영업레버리지는 고정원가로 인하여 매출액의 변화율보다 영업이익의 변화율이 더 커지는 현상을 말한다.

26 다음 중 고정예산과 변동예산의 차이에 관한 설명으로 가장 옳은 것은?

① 고정예산의 범위는 회사전체인 반면, 변동예산의 범위는 특정부서에 한정된다.

② 변동예산은 변동원가만을 고려하고, 고정예산은 변동원가와 고정원가 모두를 고려한다.

③ 고정예산은 특정조업도를 기준으로 하여 사전에 수립되는 예산이고, 변동예산은 일정 범위의 조업도 변동에 따라 조정되어 작성되는 예산이다.

④ 변동예산에서는 권한이 하부 경영자들에게 위양되나, 고정예산에서는 그렇지 않다.

27 다음 자료를 이용하여 ㈜삼일의 시장점유율차이를 계산하면 얼마인가?

단위당 예산평균공헌이익	100원
실제시장점유율	40%
예산시장점유율	32%
실제시장규모	100,000개
예산시장규모	120,000개

① 500,000원(유리)   ② 500,000원(불리)

③ 800,000원(불리)   ④ 800,000원(유리)

28 ㈜삼일은 A와 B의 두 제품을 생산·판매하고 있다. 예산에 의하면 제품 A의 단위당 공헌이익은 20원이고, 제품 B의 단위당 공헌이익은 4원이다. 20X1년의 예산매출수량은 제품 A가 1,000단위, 제품 B는 1,500단위로 총 2,500단위였다. 그러나 실제매출수량은 제품 A가 500단위, 제품 B가 1,500단위로 총 2,000단위였다. ㈜삼일의 20X1년 매출배합차이와 매출수량차이를 계산하면 각각 얼마인가?

	매출배합차이	매출수량차이		매출배합차이	매출수량차이
①	4,800원 불리	5,200원 불리	②	4,800원 유리	5,200원 유리
③	10,000원 불리	5,200원 불리	③	10,000원 불리	5,200원 불리

29 다음 중 투자중심점의 성과지표로 투자수익률(return on investment, ROI)을 사용할 때의 특징으로 가장 올바르지 않은 것은?

① 자본예산기법에 의한 성과평가에 비하여 장기적인 성과를 강조한다.

② 현금의 흐름이 아닌 회계이익을 기준으로 성과를 평가한다.

③ 사업부의 경영자가 자신의 사업부 투자액에 대한 통제권한이 있는 경우 그 경영자의 성과측정 지표로 활용될 수 있다.

④ 준최적화 현상이 발생하지 않도록 유의해야 한다.

30 ㈜삼일은 A, B 두 개의 사업부만 두고 있다. 투자수익률과 잔여이익을 이용하여 사업부를 평가할 때, 이에 관한 설명으로 가장 옳은 것은? (단, 최저필수수익률은 6%라고 가정한다.)

구 분	A 사업부	B 사업부
투자금액	250,000,000원	300,000,000원
감가상각비	25,000,000원	28,000,000원
영업이익	20,000,000원	22,500,000원

① A 사업부가 투자수익률로 평가하든 잔여이익으로 평가하든 더 우수하다.

② B 사업부가 투자수익률로 평가하든 잔여이익으로 평가하든 더 우수하다.

③ 투자수익률로 평가하는 경우 B 사업부, 잔여이익으로 평가하는 경우 A 사업부가 각각 더 우수하다.

④ 투자수익률로 평가하는 경우 A 사업부, 잔여이익으로 평가하는 경우 B 사업부가 각각 더 우수하다.

31 아래에 주어진 재무자료를 이용하여 계산한 경제적부가가치(EVA)가 13억인 경우, 자기자본비용을 계산하면 얼마인가?(단, 아래의 자료에서 법인세효과는 무시한다)?

매출액	100억 원
매출원가	60억 원
판매비와관리비	10억 원
영업외수익 중 영업관련수익	5억 원
영업외비용 중 영업관련비용	7억 원
투하자본(타인자본 100억 원, 자기자본 100억 원)	200억 원
타인자본비용	5%

① 10%
② 11%
③ 12%
④ 13%

32 ㈜삼일은 6개월 전에 차량을 4,000,000원에 구입하였으나 침수로 인해 이 차량을 더 이상 사용할 수 없게 되었다. 회사는 동 차량에 대하여 수리비용 2,000,000원을 들여 2,500,000원에 팔거나 현재 상태로 거래처에 1,000,000원에 팔 수 있다. 이런 경우에 매몰원가는 얼마인가?

① 1,000,000원
② 2,000,000원
③ 2,500,000원
④ 4,000,000원

33 ㈜삼일은 부품 A 를 자가제조하고 있으며, 이와 관련된 연간 생산 및 원가자료는 다음과 같다. 최근 ㈜삼일은 외부업체로부터 부품 A 250 단위를 단위당 500 원에 공급하겠다는 제안을 받았다. 외부업체의 제안을 수락할 경우 자가제조보다 연간 얼마나 유리(또는 불리)한가(단, 고정제조간접원가는 전액 회피 가능하다.)?

직접재료원가	43,000원
변동직접노무원가	17,000원
변동제조간접원가	13,000원
고정제조간접원가	30,000원
생산량	250단위

① 22,000원 불리
② 22,000원 유리
③ 52,000원 불리
④ 52,000원 유리

34 다음은 세 사업부문(A, B, C)을 보유한 ㈜삼일의 손익자료이다. 다음 중 자료에 관한 분석으로 가장 올바르지 않은 것은?

(단위: 원)

	A사업부	B사업부	C사업부	전 체
매 출 액	4,000	3,000	2,000	9,000
변 동 원 가	2,400	2,000	1,200	5,600
공 헌 이 익	1,600	1,000	800	3,400
회피 불능 원가	1,900	1,200	400	3,500
이 익 (손 실)	(300)	(200)	400	(100)

① 사업부 A, B를 폐쇄하면 회사의 전체손실은 2,700원이 된다.
② 사업부 B, C를 폐쇄하면 회사의 전체손실은 1,900원이 된다.
③ 사업부 A, C를 폐쇄하면 회사의 전체손실은 2,500원이 된다.
④ 사업부 A, B, C 모두를 폐쇄하면, 손실은 발생하지 않는다.

35 다음 중 의사결정에 관한 설명으로 가장 올바르지 않은 것은?

① 어떤 고정원가가 당해 의사결정과 관계없이 계속 발생한다면 그 고정원가는 비관련 원가이다.

② 현재 시설능력을 100% 활용하고 있는 기업이 특별주문의 수락 여부를 고려할 때 동 주문생산에 따른 추가 시설 임차료를 고려하여야 한다.

③ 부품의 자가제조 또는 외부구입 의사결정시 제품라인을 폐지한 후 유휴생산시설을 이용하여 발생시키는 수익은 의사결정시 고려해서는 안된다.

④ 부품의 자가제조 또는 외부구입 의사결정시 회피가능원가가 외부구입원가보다 큰 경우에는 외부구입하는 것이 바람직하다.

36 다음 중 자본예산에 관한 설명으로 가장 올바르지 않은 것은?

① 자본예산은 고정자산에 대한 효율적인 투자 수행을 위해 투자안의 타당성을 평가하는 기법이다.

② 자본예산은 고정자산에 대한 투자안의 현금흐름이나 이익에 미치는 영향을 평가하는 기법이다.

③ 자본예산은 기업의 장·단기적 경영계획에 바탕을 둔 장·단기투자에 관한 의사결정이다.

④ 자본예산에 의한 투자는 불확실성(경제상황, 소비자 선호, 기술진보 등)으로 인한 위험이 크다.

37 다음 중 자본예산을 편성하기 위해 현금흐름을 추정할 때 주의해야 할 사항으로 가장 올바르지 않은 것은?

① 이자비용은 현금흐름 유출에 해당하므로 현금흐름 추정에 반영해야 한다.

② 세금을 납부하는 것은 현금의 유출에 해당하므로 세금을 차감한 후의 현금흐름을 기준으로 추정하여야 한다.

③ 감가상각비를 계상함으로써 발생하는 세금의 절약분인 감가상각비 감세 효과는 현금흐름을 파악할 때 고려해야 한다.

④ 명목현금흐름은 명목할인율로 할인해야 하며, 실질현금흐름은 실질할인율로 할인해야 한다.

38 ㈜삼일은 내용연수가 3년인 기계장치에 투자하려고 하고 있다. 기계장치를 구입하면, 처음 2년 동안은 매년 6,000,000원을, 그리고 3년째에는 3,000,000원의 현금지출운용비를 줄일 것으로 판단하고 있다. 회사의 최저필수수익률은 12%이고 기계장치에 대한 투자액의 현재가치는 10,000,000원이라고 할 때, 기계장치에 대한 투자안의 순현재가치(NPV)는 얼마인가(단, 이자율 12%의 1원당 연금의 현재가치는 1년은 0.89, 2년은 1.69, 3년은 2.40이며 법인세는 없는 것으로 가정한다. 또한, 기계장치 구입으로 인한 현금흐름 변동 효과는 매년 말에 발생함을 가정한다)?

① 2,270,000원   ② 3,650,000원

③ 4,270,000원   ④ 5,100,000원

39 ㈜삼일은 A 사업부와 B 사업부로 구성되어 있다. B 사업부는 A 사업부에서 생산되는 부품을 가공하여 완제품을 제조한다. B 사업부에서 부품 한 단위를 완제품으로 만드는데 소요되는 추가가공원가는 500원이며, 완제품의 단위당 판매가격은 1,100원이다. 부품의 외부시장가격이 단위당 550원인 경우, B 사업부가 받아들일 수 있는 최대대체가격은 얼마인가?

① 500원   ②   550원

③ 600원   ④ 1,100원

40 다음 중 수명주기원가계산(LCC)에 관한 설명으로 가장 올바르지 않은 것은?

① 수명주기원가계산(life-cycle costing : LCC)이란 제품수명주기 동안 연구개발, 설계, 제조, 마케팅, 유통, 고객서비스에서 발생하는 모든 원가를 제품별로 집계하는 원가계산제도이다.

② 제조이후단계에서 대부분의 제품원가가 결정된다는 인식을 토대로 생산단계와 마케팅단계에서 원가절감을 위한 노력을 기울여야 한다는 것을 강조한다.

③ 제품 또는 서비스의 수명주기 매 단계마다 모든 가치사슬단계에서 발생하는 수익과 비용에 대한 집계를 가능하게 하여 프로젝트 전체에 대한 이해가 향상된다.

④ 프로젝트와 관련하여 언제 어떤 가치사슬단계에서 얼마만큼의 원가가 발생하는지를 (비율로) 알게 됨으로써 상이한 가치사슬단계에서 원가발생의 상호관계 파악이 가능하다.

01 다음 중 원가회계 용어에 관한 설명으로 가장 올바르지 않은 것은?

① 원가대상(cost object)이란 원가를 따로 측정하고자 하는 활동이나 항목을 의미한다.

② 간접원가를 일정한 배분기준에 따라 원가대상에 배분하는 과정을 원가배분(cost allocation)이라고 한다.

③ 원가행태(cost behavior)란 조업도 수준의 변동에 따른 원가발생액의 변동양상을 의미한다.

④ 원가집합(cost pool)이란 원가대상의 총원가에 변화를 유발시키는 요인으로 작업시간, 생산량 등으로 원가대상에 따라 매우 다양하다.

02 다음은 ㈜삼일의 20X1년 한 해 동안의 제조원가 자료이다. ㈜삼일의 20X1년 제조원가명세서상의 당기제품제조원가를 계산하면 얼마인가?

	기 초	기 말
직접재료	5,000원	7,000원
재 공 품	10,000원	8,000원
제 품	12,000원	10,000원
직접재료 매입액		25,000원
기초원가		60,000원
가공원가		45,000원

① 60,000원

② 64,000원

③ 68,000원

④ 70,000원

03 ㈜삼일은 보조부문(S1, S2)과 제조부문(P1, P2)을 이용하여 제품을 생산하고 있으며, 단계배분법을 사용하여 보조부문원가를 제조부문에 배분한다. 각 부문 간의 용역수수관계와 보조부문원가가 다음과 같을 때 P2에 배분될 보조부문원가를 계산하면 얼마인가?(단, 보조부문원가는 S1, S2의 순으로 배분한다.)

	보조부문		제조부문		합계
	S1	S2	P1	P2	
부문원가	120,000원	100,000원	–	–	
S1	–	25%	50%	25%	100%
S2	20%	–	30%	50%	100%

① 92,500원   ② 95,000원

③ 111,250원   ④ 120,500원

04 다음 중 원가배분 기준에 관한 설명으로 가장 올바르지 않은 것은?

① 공정성과 공평성기준은 공정성과 공평성에 따라 공통원가를 원가배분대상에 배분해야 한다는 원칙을 강조하는 포괄적인 기준이다.

② 수혜기준은 원가배분대상이 공통원가로부터 제공받은 경제적 효익의 크기에 따라 원가를 배분하는 기준으로 수익자 부담의 원칙에 입각한 배분기준이다.

③ 인과관계기준은 원가대상과 배분대상원가 간의 인과관계에 따라 원가를 배분하는 기준이다.

④ 부담능력기준은 원가대상이 원가를 부담할 수 있는 능력에 따라 원가를 배분하는 기준으로, 품질검사원가를 품질검사시간을 기준으로 배분하는 경우가 대표적인 예이다.

05 ㈜삼일은 A 와 B 의 두 제조부문이 있으며, 제조과정에서 필요한 설비의 수선을 할 수 있는 수선부문을 보조부문으로 두고 있다. 두 제조부문의 최대사용가능시간은 A 가 4,000 시간이고 B 가 6,000 시간이며, 실제로 사용한 수선시간은 A, B 모두 4,000 시간이고, 고정원가는 6,000,000 원, 변동원가는 4,000,000 원이다. 단일배분율을 사용하는 경우에 이중배분율을 사용하는 경우와 비교하여 제조부문 A 에 배부되는 수선부문원가는 얼마나 차이가 나는가?

① 400,000원 　　　　　　　② 500,000원
③ 600,000원 　　　　　　　④ 700,000원

06 다음 중 개별원가계산에 관한 설명으로 가장 옳은 것은?

① 제조간접원가는 개별작업과 관련하여 직접적으로 추적할 수 없으므로 이를 배부하는 절차가 필요하다.

② 개별원가계산은 해당 제품이나 공정으로 직접 추적할 수 있기 때문에 실제원가계산만 가능하다.

③ 개별원가계산은 제품원가를 개별작업별로 구분하여 집계하므로 제조직접비와 제조간접비의 구분이 중요하지 않다.

④ 각 작업별로 원가가 계산되기 때문에 원가계산자료가 상세하고 복잡하며 오류가 발생할 가능성이 적어진다.

07 ㈜삼일은 개별원가계산제도를 채택하고 있으며, 직접노무원가를 기준으로 제조간접원가를 배분한다. 20X1 년의 제조간접원가 배부율은 A 부문에 대해서는 200%, B 부문에 대해서는 50% 이다. 제조지시서 #04 는 20X1 년 중에 시작되어 완성되었으며, 원가 발생액은 다음과 같다. 제조지시서 #04 와 관련된 총제조원가를 계산하면 얼마인가?

제조지시서 #04	A부문	B부문
직접재료원가	50,000원	10,000원
직접노무원가	?	40,000원
제조간접원가	60,000원	?

① 170,000원
② 190,000원
③ 210,000원
④ 270,000원

08 ㈜삼일은 종합원가계산을 채택하고 있다. 원재료는 공정 초기에 전량 투입되며 가공원가는 공정전반에 걸쳐서 균등하게 발생한다. 완성품환산량 계산을 위해 기말재공품의 완성도를 파악할 때, 직접재료와 가공원가를 혼동한 경우 발생하는 결과로 가장 옳은 것은?

① 기말재공품 가공원가가 과대계상된다.
② 기말재공품 직접재료원가가 과대계상된다.
③ 제품 계정과 재공품 계정에 미치는 영향은 없다.
④ 당기완성품의 완성품환산량이 과대계상된다.

09 ㈜삼일은 선입선출법에 따라 종합원가계산을 하고 있다. 당월 완성품환산량 단위당 원가는 재료원가 5 원, 가공원가 10 원이며, 당월 중 생산과 관련된 자료는 다음과 같다. 재료는 공정초기에 전량 투입되고, 가공원가는 공정전반에 걸쳐 균등하게 발생한다고 할 때 ㈜삼일의 당월에 실제 발생한 가공원가를 계산하면 얼마인가?

기초재공품	500단위 (완성도 40%)
기말재공품	800단위 (완성도 50%)
당기완성품	4,200단위

① 42,000원 ② 43,000원

③ 44,000원 ④ 45,000원

10 ㈜삼일은 종합원가계산제도를 채택하고 있다. 원재료는 공정초기에 전량 투입되며, 가공원가는 공정 전반에 걸쳐서 완성도에 따라 균등하게 발생한다. 재료원가의 경우 평균법에 의한 완성품환산량은 2,000 단위이고, 선입선출법에 의한 완성품환산량은 1,500 단위이다. 또한 가공원가의 경우 평균법에 의한 완성품환산량은 1,800 단위이고, 선입선출법에 의한 완성품환산량은 1,600 단위이다. 기초재공품의 완성도를 계산하면 얼마인가?

① 20% ② 40%

③ 60% ④ 80%

11 다음 중 표준원가시스템에 관한 설명으로 가장 옳은 것은?

① 예외에 의한 관리는 책임을 명확히 하여 종업원의 동기를 유발시키는 방법으로 적절하다.

② 관리목적상 표준원가에 근접하는 원가항목을 보다 중점적으로 관리해야 한다.

③ 원가통제를 포함한 표준원가시스템을 잘 활용하여도 원가감소를 유도할 수는 없다.

④ 표준원가와 실제발생원가의 차이분석시 중요한 불리한 차이뿐만 아니라 중요한 유리한 차이도 검토할 필요가 있다.

12 다음 중 차이분석에 관한 설명으로 올바른 것은 모두 몇 개인가?

> 가. 차이분석이란 표준원가와 실제원가를 비교하여 그 차이를 분석하는 것으로서, 일종의 투입-
> 산출 분석이다.
> 나. 직접재료원가 차이분석시 표준투입량은 사전에 미리 설정해 놓은 최대 조업도에 대한 표준
> 투입량이다.
> 다. 가격차이는 실제원가와 실제투입량에 대한 표준원가와의 차이이다.
> 라. 능률차이는 실제투입량에 대한 표준원가와 표준투입량에 대한 표준원가와의 차이이다.

① 0개
② 1개
③ 2개
④ 3개

13 ㈜삼일의 생산 및 원가와 관련된 자료는 다음과 같다. 이와 관련된 설명으로 가장 올바르지 않은 것은?(단, 직접재료원가의 가격차이를 사용시점에 분리한다)

> 실제 생산량 : 1,100개
> 단위당 실제 직접재료 사용량 : 3.2Kg   단위당 표준 직접재료 사용량 : 3Kg
> Kg당 실제 직접재료원가 : 28원   Kg당 표준 직접재료원가 : 30원

① 직접재료원가 표준원가는 99,000원이다.
② 직접재료원가 실제원가는 92,400원이다.
③ 직접재료원가 가격차이는 7,040원 유리하게 나타난다.
④ 직접재료원가 능률차이는 6,600원 불리하게 나타난다.

14 ㈜삼일의 20X1 년 4 월 직접노무원가 관련 자료는 다음과 같다. 직접노무원가 가격차이를 계산하면 얼마인가?

직접노무원가 능률차이	3,075원(유리)	실제발생액	126,000원
실제직접노동시간	40,000시간	표준직접노동시간	41,000시간

① 3,000원 불리

② 3,000원 유리

③ 3,075원 불리

④ 3,075원 유리

15 다음 중 표준원가의 차이분석에 관한 설명으로 가장 올바르지 않은 것은?

① 고정제조간접원가 예산의 기준조업도를 최대 생산가능조업도로 할 경우 불리한 고정제조간접원가 조업도차이는 발생하지 않는다.

② 실제 고정제조간접원가 발생액과 고정제조간접원가 예산의 차이를 고정제조간접원가 예산차이라고 한다.

③ 고정제조간접원가 예정배부율에 의한 고정제조간접원가 배부액과 고정제조간접원가 예산의 차이를 고정제조간접원가 조업도차이라고 한다.

④ 조업도와 관계없이 일정하게 발생하는 고정제조간접원가는 생산활동의 능률적인 관리를 통해 발생액을 변화시킬 수 없으므로 고정제조간접원가 능률차이는 발생하지 않는다.

16 다음 중 초변동원가계산에 관한 설명으로 가장 올바르지 않은 것은?

① 초변동원가계산에 의한 영업이익은 단위당 현금창출공헌이익에 판매수량을 곱하고 운영비용을 차감하여 계산한다.

② 생산량이 증가할수록 영업이익이 감소되므로 재고자산 보유를 최소화하도록 유인을 제공한다.

③ 기간비용으로 처리하는 제조간접원가에 포함되는 혼합원가를 변동원가와 고정원가로 구분하는 것이 필요하다.

④ 변동원가계산제도와 마찬가지로 원가회피개념에 근거를 두고 있다.

17 다음 설명 중 변동원가계산제도의 특징을 모두 고른 것으로 가장 옳은 것은?

> ㄱ. 변동원가계산제도는 기업회계기준에서 인정하는 원가계산제도이다.
>
> ㄴ. 특정기간의 이익이 생산량에 의해 영향을 받지 않는다.
>
> ㄷ. 공통고정원가를 부문이나 제품별로 배부하기 때문에 부문별, 제품별 의사결정 문제에 왜곡을 초래할 가능성이 존재한다.
>
> ㄹ. 변동원가계산제도에서 매출액과 이익은 동일한 방향으로 움직이므로 경영자의 입장에서 이해하기 쉽다.

① ㄱ

② ㄴ, ㄷ

③ ㄱ, ㄴ, ㄷ

④ ㄴ, ㄹ

18 다음 자료를 참고하여 ㈜삼일의 전부원가계산에 따른 매출총이익, 변동원가계산에 따른 공헌이익, 초변동원가계산에 따른 재료처리량공헌이익을 각각 올바르게 계산한 것은 어느 것인가?

제품단위당 직접재료원가	100원
제품단위당 직접노무원가	120원
제품단위당 변동제조간접원가	50원
제품단위당 변동판매비와관리비	30원
고정제조간접원가	500,000원
고정판매비와관리비	400,000원

기초제품과 기말제품은 없으며 ㈜삼일은 당기 10,000 개를 생산하여 전량 판매하였다. 제품 단위당 판매가격은 1,500 원이다.

	전부원가계산 매출총이익	변동원가계산 공헌이익	초변동원가계산 재료처리량공헌이익
①	12,300,000원	12,300,000원	14,000,000원
②	12,300,000원	12,300,000원	12,800,000원
③	11,800,000원	12,000,000원	14,000,000원
④	11,800,000원	12,000,000원	12,800,000원

19 ㈜삼일의 원가 관련 자료를 기초로 전부원가계산에 의한 순이익을 계산하면 얼마인가?

기초 재고자산에 포함된 가공원가	3,000,000원
기말 재고자산에 포함된 가공원가	1,500,000원
초변동원가계산의 순이익	5,000,000원

① 500,000원   ② 3,500,000원

③ 6,500,000원   ④ 9,500,000원

20 ㈜삼일의 6월 중 영업자료는 아래와 같다. 전부원가계산에 의한 영업이익이 변동원가계산에 의한 영업이익보다 21,000원 더 클 경우, 6월 발생한 고정제조간접원가를 계산하면 얼마인가?(재고자산은 평균법으로 평가한다.)

생 산 량	1,500개
판 매 량	1,200개
기초재고량	300개 (단위당 고정제조간접원가 50원)

① 84,000원   ② 90,000원

③ 93,000원   ④ 105,000원

21 다음 중 활동기준원가계산(ABC)에 관한 설명으로 가장 올바르지 않은 것은?

① 활동분석과 원가동인의 파악에 소요되는 비용과 시간이 크다는 단점이 존재한다.

② 활동기준원가계산을 통해 산출된 정보는 원가계산뿐만 아니라 관리회계의 의사결정과 성과평가에도 활용할 수 있다.

③ 제품원가를 계산하기 위한 활동은 분석이 가능하나 고객이나 서비스 등의 원가대상에 대해서는 활동분석이 불가능하여 활동기준원가계산을 적용할 수 없다.

④ 각 활동별로 적절한 배부기준을 사용하여 원가를 배부하기 때문에 종전에는 제품별로 추적 불가능하던 제조간접원가도 개별제품에 추적가능한 직접원가로 인식되어 원가계산이 보다 정확해진다.

22 ㈜삼일의 과거 원가자료를 바탕으로 총제조간접원가를 추정한 원가함수는 다음과 같다. 이에 관한 설명으로 가장 올바르지 않은 것은?(단, 조업도는 기계시간이다.)

$$y = 200,000 + 38x$$

① 200,000은 총고정원가 추정치를 의미한다.

② x는 기계시간을 의미한다.

③ 38은 기계시간당 고정제조간접원가를 의미한다.

④ 조업도가 1,000기계시간일 경우 총제조간접비는 238,000 원으로 추정된다.

23 다음 중 CVP 분석에 필요한 가정에 관한 설명으로 가장 올바르지 않은 것은?

① 화폐의 시간가치를 고려하지 않는 분석 방법이다.

② 모든 원가는 변동원가와 고정원가로 분류할 수 있다.

③ 제품의 종류가 복수인 경우에는 판매량 변화에 따라 매출의 배합이 변동한다.

④ 판매량만큼 생산하는 것으로 가정함으로써 기초재고자산과 기말재고자산의 변화가 손익에 영향을 미치지 않는 것으로 본다.

24 다음 중 영업레버리지에 관한 설명으로 가장 올바르지 않은 것은?

① 영업레버리지란 고정원가로 인하여 매출액의 변화율보다 영업이익의 변화율이 더 커지는 현상을 말한다.

② 영업레버리지는 영업레버리지도로 측정하는데, 영업레버리지도는 공헌이익을 영업이익으로 나누어 계산한다.

③ 영업레버리지도가 높다는 것은 그 기업의 영업이익이 많다는 것을 의미한다.

④ 영업레버리지도는 손익분기점 근처에서 가장 크고 매출액이 증가함에 따라 점점 작아진다.

25 ㈜삼일은 회계프로그램을 판매하는 회사로 단위당 판매가격은 100 원이며, 단위당 변동원가는 60 원이다. 연간 고정원가는 50,000 원이며, 당기에 10,000 원의 영업이익을 목표로 하고 있다. 이와 관련한 설명으로 가장 올바르지 않은 것은(단, 세금효과는 고려하지 않는다)?

① 공헌이익률은 40%이다.
② 단위당 공헌이익은 40원이다.
③ 손익분기점 매출액은 100,000원이다.
④ 목표이익을 달성하려면 150,000원의 매출을 달성해야 한다.

26 다음 중 단위당 판매가격과 단위당 변동원가가 불변이고 총고정원가가 감소할 경우 가장 옳은 것은?

① 공헌이익이 감소한다.
② 공헌이익이 증가한다.
③ 손익분기점 매출액이 증가한다.
④ 손익분기점 매출액이 감소한다.

27 다음 중 ㈜삼일의 성과평가에 관한 내용으로 가장 옳은 것은?

① 구매팀장 : 최근 글로벌 경기침체로 원유가격이 크게 떨어져 ㈜삼일의 구매원가 하락으로 이어지자 구매팀장의 임금을 인상하였다.
② 영업부장 : ㈜삼일의 영업부장은 기말에 매출액을 늘리기 위해 대리점으로 밀어내기식 매출을 감행하여 매출액을 무려 120% 인상시키는 공로를 세워 이사로 승진하였다.
③ 부산공장장 : 태풍의 피해로 부산공장가동이 10여 일간 중단되어 막대한 손실을 입은 ㈜삼일은 그 책임을 물어 공장장을 해고하였다.
④ 채권회수팀장 : 채권회수율과 고객관계(고객불만 전화의 횟수로 측정)에 의하여 성과평가를 받았으며 자체적으로 매너교육을 실시하여 채권회수율을 증가시킴과 동시에 고객불만 전화를 크게 감소시켜 좋은 성과평가 점수를 얻었다.

28 다음 중 효율적인 성과평가제도를 설계하기 위해 고려해야 할 사항에 관한 설명으로 가장 올바르지 않은 것은?

① 성과평가는 객관적인 결과에 기초하여야 하므로 종업원의 만족도나 동기부여 등 주관적인 요소는 성과평가시 냉정하게 배제되어야 한다.

② 성과평가치의 성과측정 오류가 최소화 되도록 설계되어야 한다.

③ 적시성과 경제성을 적절히 고려하여야 한다.

④ 각 책임중심점의 행동에 미치는 영향을 적절히 고려하여야 한다.

29 다음은 ㈜삼일의 20X1년 이익중심점의 통제책임이 있는 A사업부의 공헌이익 손익계산서이다. A사업부의 성과평가목적에 가장 적합한 이익은 얼마인가?

매 출 액	5,000,000원
변 동 원 가	2,000,000원
공 헌 이 익	3,000,000원
추적가능·통제가능고정원가	500,000원
사업부경영자공헌이익	2,500,000원
추적가능·통제불능고정원가	500,000원
사업부공헌이익	2,000,000원
공통고정원가배분액	400,000원
법인세비용차감전순이익	1,600,000원
법인세비용	600,000원
순 이 익	1,000,000원

① 1,000,000원   ② 2,000,000원

③ 2,500,000원   ④ 3,000,000원

30 ㈜삼일은 A 와 B 의 두 제품을 생산·판매하고 있다. 예산에 의하면 제품 A 의 단위당 공헌이익은 10 원이고, 제품 B 의 공헌이익은 5 원이다. 20X1 년의 예산매출수량은 제품 A 가 800 단위, 제품 B 는 1,200 단위로 총 2,000 단위였다. 그러나 실제매출수량은 제품 A 가 500 단위, 제품 B 가 2,000 단위로 총 2,500 단위였다. ㈜삼일의 20X1 년 매출배합차이와 매출수량차이를 계산하면 각각 얼마인가?

	매출배합차이	매출수량차이
①	2,500원 유리	3,500원 불리
②	2,500원 불리	3,500원 유리
③	3,000원 유리	2,000원 불리
④	3,000원 불리	2,000원 유리

31 다음은 ㈜삼일의 A 와 B 의 두 개의 사업부와 관련한 성과평가 자료이다. 다음 중 ㈜삼일의 투자수익률과 잔여이익에 관한 설명으로 가장 옳은 것은(단, 최저필수수익률은 4% 임)?

구분	A사업부	B사업부
평균영업자산	100억 원	200억 원
영업이익	20억 원	35억 원
매출액	300억 원	400억 원

① A사업부의 매출액영업이익률은 9.25%이며, B사업부의 매출액영업이익률은 8.75%이다.

② A사업부의 투자수익률은 15%이며, B사업부의 투자수익률은 20%이다.

③ A사업부의 영업자산회전율은 3회이며, B사업부의 영업자산회전율은 2회이다.

④ A사업부의 잔여이익은 16억 원이며, B사업부의 잔여이익은 20억 원이다.

32 ㈜삼일이 제조에 필요한 부품을 자가제조할 것인지 아니면 외부구입할 것인지의 의사결정 시 고려할 사항에 관한 설명으로 가장 옳은 것은?

① 당해 의사결정에 따라 회피가능한 고정원가는 관련원가가 아니다.

② 고정원가가 당해 의사결정과 관계없이 계속 발생한다면 고정원가도 관련원가이다.

③ 기존설비를 다른 용도로 사용함에 따라 발생할 수 있는 기회비용도 관련원가이다.

④ 회피가능고정원가가 외부구입원가보다 큰 경우에는 자가제조하는 것이 바람직하다.

33 선박 제조회사인 ㈜삼일은 소형모터를 자가제조하고 있다. 소형모터 10,000 개를 자가제조하는 경우, 단위당 원가는 다음과 같다.

직접재료원가	7원
직접노무원가	3원
변동제조간접원가	2원
특수기계 감가상각비	2원
공통제조간접원가 배부액	5원
제품원가	19원

외부 회사에서 ㈜삼일에 소형모터 10,000 개를 단위당 16 원에 공급할 것을 제안하였다. ㈜삼일이 외부업체의 공급제안을 수용하는 경우, 소형모터 제작을 위하여 사용하던 특수기계는 다른 용도로 사용 및 처분이 불가능하며, 소형모터에 배부된 공통제조간접원가의 20% 를 절감할 수 있다. ㈜삼일이 외부업체의 공급제안을 수용한다면, 자가제조하는 것보다 얼마나 유리 또는 불리한가?

① 30,000원 불리　　　　　　② 30,000원 유리

③ 40,000원 불리　　　　　　④ 40,000원 유리

34 ㈜삼일의 프로젝트 A 에 대한 매출액은 1,000,000 원, 변동원가는 400,000 원이고, 고정원가는 500,000 원이다. 고정원가 중 200,000 원은 프로젝트 A 를 포기하더라도 계속하여 발생하는 금액이다. 만약 ㈜삼일이 프로젝트 A 를 포기한다면 회사의 순이익은 어떻게 변화하는가?

① 100,000원 감소   ② 100,000원 증가

③ 300,000원 감소   ④ 300,000원 증가

35 ㈜삼일의 부품생산부분은 최대생산량인 360,000 단위를 생산하여 외부시장에 전량 판매하고 있다. 부품생산부분의 관련정보는 다음과 같다.

단위당 외부판매가격	100원
단위당 변동제조원가	58원
단위당 변동판매비	8원
단위당 고정제조원가	14원
단위당 고정관리비	10원

단위당 고정비는 최대생산량 360,000 단위 기준의 수치이다. 부품생산부문의 이익을 극대화시키기 위해 내부대체를 허용할 수 있는 단위당 최소대체가격을 계산하면 얼마인가?(단, 내부대체에 대해서는 변동판매비가 발생하지 않는다.)

① 58원   ② 66원

③ 90원   ④ 92원

36 다음 중 자본예산을 편성하기 위해 현금흐름을 추정할 때 주의해야 할 사항으로 가장 올바르지 않은 것은?

① 현금유입과 현금유출의 차이를 순현금흐름이라 한다.

② 현금흐름의 추정시에는 이자비용이 전혀 없는 상황을 가정하여 현금흐름을 추정해야 한다.

③ 세금을 납부하는 것은 현금의 유출에 해당하므로 세금을 차감한 후의 현금흐름을 기준으로 추정하여야 한다.

④ 감가상각비를 계상함으로써 발생하는 세금의 절약분인 감가상각비 감세 효과는 현금흐름을 파악할 때 고려해서는 안된다.

37 ㈜삼일은 내용연수가 3년인 기계장치에 5,000,000 원을 투자할 예정이다. 기계장치를 구입하면, 아래의 표와 같이 현금운영비를 줄일 것으로 판단하고 있다. 회사의 자본비용은 12% 라고 할 때 ㈜삼일의 신규 기계장치 투자에 대한 순현재가치(NPV)를 계산하면 얼마인가(단, 현금운영비의 감소효과는 매년 말에 발생하며 법인세 및 잔존가치는 없다고 가정한다)?

	1년	2년	3년
현가계수(이자율 12%)	0.89	0.80	0.71
현금운영비 감소액	3,000,000원	3,000,000원	2,000,000원

① 650,000원

② 990,000원

③ 1,490,000원

④ 2,090,000원

38 다음 자료에 의하여 회수기간법에 따른 의사결정을 할 경우 가장 옳은 것은?

> ㈜삼일은 190,000원에 기계를 구입하고자 하며, 조건은 다음과 같다.
>
> • 5년 이내에 회수가 되어야 한다.
> • 연중 현금흐름은 일정하게 발생한다고 가정하며, 회수기간이 짧은 기계를 선택한다.
>
> | 연도 | 기계A 연간 원가절감액 | 기계B 연간 원가절감액 |
> |------|------------------|------------------|
> | 1 | 100,000원 | 50,000원 |
> | 2 | 50,000원 | 50,000원 |
> | 3 | 30,000원 | 50,000원 |
> | 4 | 20,000원 | 50,000원 |
> | 5 | 20,000원 | 50,000원 |

① 기계 A를 구입한다.

② 기계 B를 구입한다.

③ 둘 중 어떤 것을 구입해도 관계없다.

④ 기계 A, B 모두 조건에 충족하지 않아 구입하지 않는다.

39 다음 중 신제품 출시 초기에 높은 시장점유율을 얻기 위한 가격정책으로 초기시장진입가격을 낮게 설정하는 가격정책으로 가장 옳은 것은?

① 약탈가격

② 입찰가격

③ 상층흡수가격

④ 시장침투가격

40 프린터를 생산하여 판매하고 있는 ㈜삼일의 품질원가와 관련한 정보이다. 외부실패원가를 계산하면 얼마인가?

작업폐물	3,000원
생산직원 교육원가	1,000원
제품 검사원가	1,500원
반품원가	3,000원
구입재료 검사원가	2,000원
소비자 고충처리비	4,000원

① 3,000원   ② 7,000원

③ 9,000원   ④ 10,000원

01 다음은 원가의 분류에 관한 설명이다. 괄호 안에 들어갈 용어로 가장 옳은 것은?

> 원가란 특정목적을 달성하기 위해 소멸된 경제적 자원의 희생을 화폐가치로 측정한 것으로, 발생한 원가 중 기업의 수익획득에 아직 사용되지 않은 부분은 (a)(으)로, 수익획득에 사용된 부분은 (b)(으)로 재무제표에 계상되며 수익획득에 기여하지 못하고 소멸된 부분은 (c)(으)로 계상된다.

① (a) 손실, (b) 비용, (c) 자산
② (a) 비용, (b) 자산, (c) 손실
③ (a) 자산, (b) 손실, (c) 비용
④ (a) 자산, (b) 비용, (c) 손실

02 다음은 ㈜삼일의 20X1년 한 해 동안의 제조원가 자료이다. ㈜삼일의 20X1년 손익계산서상의 매출원가를 계산하면 얼마인가?

	기 초	기 말
직접재료	5,000원	7,000원
재 공 품	10,000원	8,000원
제 품	12,000원	10,000원
직접재료 매입액		25,000원
가공원가		35,000원

① 58,000원
② 60,000원
③ 62,000원
④ 68,000원

03 ㈜삼일은 두 개의 제조부문 C, D 와 두 개의 보조부문 A, B 를 두고 있다. 보조부문 A 와 B 의 발생원가는 각각 400,000 원과 480,000 원이며, 각 부문의 용역수수관계는 다음과 같다. 직접배분법을 사용할 경우 D 가 배분받은 보조부문 원가를 계산하면 얼마인가?

사용 제공	보조부문		제조부문	
	A	B	C	D
A	–	20%	30%	50%
B	40%	–	40%	20%

① 280,000원
③ 410,000원

② 330,000원
④ 470,000원

04 다음 신문기사를 바탕으로 ㈜삼일의 원가배분에 관한 정책을 설명한 것으로 가장 옳은 것은?

㈜삼일은 명문 축구구단 B의 후원금 200억 원을 5개 사업 부문에서 골고루 지불하기로 했다. 이에 따라 B구단의 유니폼에 새겨지는 로고는 휴대폰사업부 로고에서 ㈜삼일 그룹사의 단일 로고로 변경되었다. ㈜삼일 관계자는 "지금까지 휴대폰 사업부가 후원금 전액을 홀로 지불하였으나, 향후에는 전 사업 부문의 통일된 이미지 개선을 위해 십시일반으로 후원액을 분담하기로 했다"고 밝혔다. 후원금액은 각 사업부문 매출액기준에 따라 차등 배분된다.

① ㈜삼일은 후원금에 대하여 부담능력기준을 사용한다.
② ㈜삼일은 후원금을 완성품원가와 재공품원가로 구분한다.
③ ㈜삼일은 후원금에 대하여 상호배분법을 사용한다.
④ ㈜삼일은 후원금에 대하여 비재무적 배분기준을 사용한다.

05 다음 중 개별원가계산의 절차에 관한 설명으로 가장 올바르지 않은 것은?

① 개별원가계산에서 작업원가표는 통제계정이며, 재공품 계정은 보조계정이 된다.

② 원가가 작업원가표에 기재되면 동일한 금액이 재공품계정의 차변에 기록된다.

③ 제조원가 중 직접원가는 발생시점에 작업원가표에 기록된다.

④ 재료출고청구서로 생산부서에 출고된 원재료가 간접재료원가일 경우에는 제조간접원가 통제계정에 기입한다.

06 ㈜삼일은 일반형 전화기와 프리미엄 전화기 두 종류의 제품을 생산하고 있다. 4월 한 달 동안 생산한 두 제품의 작업원가표는 아래와 같다.

	일반형 전화기	프리미엄 전화기
직접재료 투입액	400,000원	600,000원
직접노동시간	100시간	200시간
직접노무원가 임률	1,000원/시간	2,000원/시간

㈜삼일은 실제 발생한 제조간접원가를 실제조업도에 의해 배부하는 원가계산방식을 채택하고 있다. 동 기간 동안 발생한 회사의 총제조간접원가는 3,000,000 원이며, 제조간접원가를 직접노무원가 기준으로 배부할 경우 4월 한 달 동안 생산한 일반형 전화기와 프리미엄 전화기의 총제조원가 차이는 얼마인가?

① 1,000,000원

② 1,800,000원

③ 2,300,000원

④ 2,500,000원

07 ㈜삼일은 개별원가계산제도를 채택하고 있으며, 직접노무원가를 기준으로 제조간접원가를 배분한다. 20X1 년의 제조간접원가배분율은 200% 이며, 제조지시서 #11 와 관련된 총제조원가는 295,000 원이다. 제조지시서 #11 는 20X1 년 중에 시작되어 완성되었으며, 원가 발생 세부내역은 다음과 같다. B 부문 제조간접원가 배분액을 계산하면 얼마인가?

구분	A부문	B부문
직접재료원가	40,000원	30,000원
직접노무원가	30,000원	?
제조간접원가	60,000원	?

① 40,000원
② 60,000원
③ 70,000원
④ 90,000원

08 다음 종합원가계산의 특징 및 장단점에 대한 설명으로 옳은 것을 모두 고르시오.

> ㄱ. 특정기간 동안 특정 공정에서 생산된 제품은 원가측면에서 서로가 동일하다고 가정한다. 즉 제품원가를 평균개념에 의해서 산출한다.
> ㄴ. 원가의 집계가 공정별로 이루어지는 것이 아니기 때문에 개별작업별로 작업지시서를 작성해야 한다.
> ㄷ. 동일제품을 연속적으로 대량생산하지만 일반적으로 어떤 공정에 있어서든지 기말시점에서는 부분적으로 가공이 완료되지 않은 재공품이 존재하게 된다.
> ㄹ. 원가통제와 성과평가가 공정별로 이루어지는 것이 아니라 개별작업별로 이루어진다.
> ㅁ. 기장절차가 간단한 편이므로 시간과 비용이 절약된다.

① ㄱ, ㄴ, ㄷ
② ㄱ, ㄷ, ㅁ
③ ㄴ, ㄷ, ㄹ
④ ㄷ, ㄹ, ㅁ

09 다음은 ㈜삼일의 원가자료이다. 원재료는 공정초기에 전량 투입되고 가공원가는 공정전반에 균등하게 발생된다. ㈜삼일이 선입선출법을 적용하여 계산한 가공원가의 당기 완성품환산량이 2,020개일 경우. 기초재공품의 완성도(%)를 계산하면 얼마인가?

〈수량〉

| 기초재공품수량 | 400개(?%) | 완성품수량 | 1,700개 |
| 당기투입량 | 2,100개 | 기말재공품수량 | 800개(60%) |

① 30%   ② 40%

③ 50%   ④ 60%

10 ㈜삼일은 종합원가계산을 채택하고 있으며, 선입선출법에 의하여 완성품환산량을 계산한다. 재료는 공정초기에 전량 투입되며 가공원가는 공정 전반에 걸쳐 균등하게 발생한다. ㈜삼일의 완성품원가를 계산하면 얼마인가?

수량	기초재공품 400개 (완성도 50%)	완성품 1,000개
	착수량 800개	기말재공품 200개 (완성도 80%)

구분	재료원가	가공원가
기초재공품원가	200,000원	500,000원
당기 발생원가	2,000,000원	3,000,000원

① 3,375,000원   ② 4,000,000원

③ 4,075,000원   ④ 4,700,000원

11 다음 중 표준원가계산의 한계점에 관한 설명으로 가장 올바르지 않은 것은?

① 표준원가가 적정하게 산정되었는지의 여부에 객관성이 보장되기 힘들고 많은 비용이 소요된다.

② 표준원가의 적정성을 사후 관리하지 않을 경우 미래원가계산을 왜곡할 소지가 있다.

③ 표준원가계산제도를 채택할 경우 계량적인 정보를 무시할 가능성이 있다.

④ 예외에 의한 관리기법을 사용할 경우 근로자에게 동기부여 측면에서 문제가 발생할 수 있다.

12 다음 중 차이분석의 가격차이와 능률차이 계산방법으로 가장 옳은 것은?

① 가격차이 = (표준가격 − 실제가격) × 표준투입량

② 능률차이 = (실제투입량 − 표준투입량) × 표준가격

③ 가격차이 = (표준가격 − 표준투입량) × 실제가격

④ 능률차이 = (표준가격 − 실제가격) × 표준투입량

13 다음 중 차이분석에 관한 설명으로 가장 올바르지 않은 것은?

① 고정제조간접원가는 조업도와 관계없이 일정하게 발생하므로 원가통제 목적상 실제 고정제조간접원가 발생액과 고정제조간접원가 예산을 총액으로 비교하여 그 차이를 예산차이로 관리하게 된다.

② 생산부문 책임자의 감독소홀이나 일정계획의 차질 등으로 인해 변동제조간접원가 능률차이가 발생할 수 있다.

③ 생산에 투입되는 노동력의 질에 따라 직접노무원가 가격차이가 발생할 수 있다.

④ 생산과정에서 원재료를 효율적으로 사용하지 못함으로써 직접재료원가 가격차이가 발생할 수 있다.

14 ㈜삼일의 직접재료원가에 관한 자료는 다음과 같다. 직접재료원가 능률차이를 계산하면 얼마인가?

제품실제생산량	2,000개
제품 1개당 실제투입수량	4kg
kg당 실제재료원가	400원
제품 1개당 표준투입수량	5kg
직접재료원가 kg당 표준가격	300원

① 300,000원(유리) ② 300,000원(불리)
③ 600,000원(유리) ④ 600,000원(불리)

15 ㈜삼일의 기준조업도 정상작업시간은 월 700 시간이며, 3 월 중 발생한 제조간접원가 자료는 다음과 같다. 3 월 중 제조간접원가의 조업도차이를 계산하면 얼마인가?

실제 제품생산량	400단위	고정제조간접원가 예산액	700,000원
실제 고정제조간접원가	680,000원	제품 단위당 표준작업시간	2시간

①　20,000원 유리 ②　20,000원 불리
③ 100,000원 유리 ④ 100,000원 불리

16 다음 중 변동원가계산과 전부원가계산에 관한 설명으로 가장 옳은 것은?

① 변동원가계산은 의사결정에 유용하므로 전부원가계산에 비하여 외부보고용으로 적절한 원가계산방법이다.
② 기초재고자산이 없고 당기 생산량과 판매량이 동일하다면 변동원가계산 순이익이 전부원가계산보다 크다.
③ 변동원가계산과 전부원가계산 모두 표준원가를 사용할 수 있다.
④ 변동원가계산은 변동판매비와관리비를 제품원가로 인식하고, 전부원가계산은 고정제조간접원가를 제품원가로 인식한다.

17 다음 중 초변동원가계산에서 재고자산가액에 포함되는 원가항목을 모두 나열한 것으로 가장 옳은 것은?

① 직접재료원가

② 직접재료원가, 직접노무원가, 변동제조간접원가

③ 직접재료원가, 직접노무원가, 변동제조간접원가, 고정제조간접원가

④ 직접재료원가, 직접노무원가, 제조간접원가, 판매비와관리비

18 다음은 ㈜삼일의 20X1년 손익 관련 자료이다. 변동원가계산에 의한 ㈜삼일의 기말제품재고액과 영업이익을 계산하면 얼마인가?

순매출액	5,000,000원	변동판매관리비	260,000원
변동제조원가	1,350,000원	고정판매관리비	550,000원
고정제조원가	500,000원	생산량	90,000단위
판매량	70,000단위	기초제품재고	없음

	기말제품재고액	영업이익
①	300,000원	2,640,000원
②	300,000원	2,840,000원
③	350,000원	2,640,000원
④	350,000원	2,840,000원

19 ㈜삼일은 20X1년에 사업을 개시하였다. 20X1년 전부원가계산에 의한 순이익이 370,000 원일 때, 다음 자료를 이용하여 변동원가계산에 의한 순이익을 계산하면 얼마인가?

구 분	제조간접원가 배부액	
	변동제조간접원가	고정제조간접원가
재 공 품	20,000원	40,000원
제 품	60,000원	60,000원
매출원가	200,000원	100,000원

① 270,000원   ② 330,000원

③ 450,000원   ④ 470,000원

20 20X1년 1월에 영업을 시작한 ㈜삼일은 선입선출법에 의한 실제원가계산제도를 채택하고 있으며, 20X1년 1월의 생산과 판매에 관한 자료는 다음과 같다. 20X1년 1월 변동원가 계산에 의한 영업이익이 1,500,000원이라면 1월 전부원가계산에 의한 영업이익을 계산 하면 얼마인가?

생 산 량	10,000단위
판 매 량	7,000단위
고정제조간접비	2,000,000원

①   900,000원   ② 1,200,000원

③ 1,800,000원   ④ 2,100,000원

21 다음 중 활동기준원가계산의 절차를 나열한 것으로 가장 옳은 것은?

> ⓐ 각 활동별로 제조간접원가를 집계   ⓑ 활동별 원가동인(배부기준의 결정)
>
> ⓒ 활동분석   ⓓ 활동별 제조간접원가 배부율 계산
>
> ⓔ 원가대상별 원가계산

① ⓐ - ⓓ - ⓑ - ⓒ - ⓔ   ② ⓐ - ⓔ - ⓓ - ⓑ - ⓒ

③ ⓔ - ⓐ - ⓓ - ⓑ - ⓒ   ④ ⓒ - ⓐ - ⓑ - ⓓ - ⓔ

22 다음 중 원가추정에 관한 설명으로 가장 올바르지 않은 것은?

① 원가추정의 목적은 계획과 통제 및 의사결정에 유용한 미래원가를 추정하기 위함이다.

② 원가추정은 조업도와 원가 사이의 관계를 규명하여 원가함수를 추정하는 것이다.

③ 원가추정시 원가에 영향을 미치는 요인은 조업도 뿐이라고 가정한다.

④ 원가추정시 전범위에서 단위당 변동원가와 총고정원가가 일정하다고 가정한다.

23 다음 중 영업레버리지에 관한 설명으로 가장 올바르지 않은 것은?

① 영업레버리지란 고정원가로 인하여 매출액의 변화율보다 영업이익의 변화율이 더 커지는 현상을 말한다.

② 영업레버리지는 영업레버리지도로 측정하는데, 영업레버리지도는 공헌이익을 영업 이익으로 나누어 계산한다.

③ 어떤 기업의 영업레버리지도가 7일 경우 경기불황으로 인하여 매출액이 20% 감소 하면 영업이익은 40% 감소할 것이다.

④ 영업레버리지도는 손익분기점 근처에서 가장 크고 매출액이 증가함에 따라 점점 작 아진다.

24 단일제품을 생산·판매하고 있는 ㈜삼일의 단위당 판매가격은 50 원, 단위당 변동원가는 35 원, 연간 고정원가는 30,000 원이다. ㈜삼일은 올해의 목표이익을 12,000 원으로 책정하고 있다. 다음 설명 중 가장 올바르지 않은 것은? (단, 법인세는 고려하지 않는다.)

① 공헌이익률은 30% 이다.

② 손익분기점 매출액은 100,000원이다.

③ 목표이익을 달성한 경우 안전한계율은 30% 이다.

④ 목표이익을 달성하기 위해서는 2,800단위의 제품을 팔아야 한다.

25 다음은 ㈜삼일의 원가·조업도·이익(CVP) 도표이다. 이에 관한 설명으로 가장 올바르지 않은 것은?

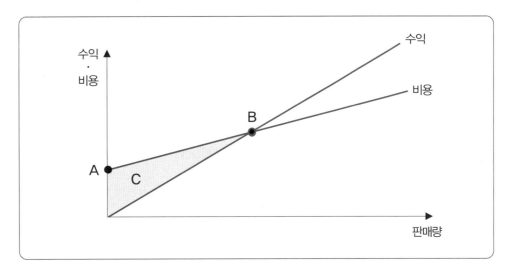

① 점 A는 회사의 총고정원가를 나타낸다.

② 점 B는 회사의 손익분기점을 나타낸다.

③ C부분은 회사의 손실을 나타내는 부분으로 이 부분에서 회사는 제품 1단위를 판매할 때마다 손실이 증가한다.

④ 회사의 단위당 판매가격은 단위당 변동원가보다 크다.

26 기업은 미래의 불확실성에 대처하기 위하여 계획을 수립하며, 이러한 계획의 일부분으로서 예산을 편성한다. 예산은 다양하게 분류할 수 있는데 조업도 변동에 따라 작성되는 예산으로 실제원가를 실제조업도 수준의 예산원가와 비교하는 예산으로 가장 옳은 것은?

① 종합예산 ② 재무예산

③ 고정예산 ④ 변동예산

27 다음 중 책임중심점의 종류에 관한 설명으로 가장 올바르지 않은 것은?

① 원가중심점이란 통제 불가능한 원가의 발생에 대해서만 책임을 지는 가장 작은 활동 단위로서의 책임중심점이다.

② 수익중심점은 매출액에서 대해서만 통제책임을 지는 책임중심점이다.

③ 이익중심점은 원가와 수익 모두에 대해서 통제책임을 지는 책임중심점이다.

④ 투자중심점은 원가 및 수익 뿐만 아니라 투자의사결정에 대해서도 책임을 지는 책임중심점이다.

28 다음 중 책임회계제도 하에서 작성되는 성과보고서에 관한 설명으로 가장 옳은 것은?

① 원가는 통제가능원가와 통제불가능원가의 구분이 불가능하므로 통합하여 작성한다.

② 책임중심점으로의 추적가능성에 따라 책임중심점별 원가와 공통원가로 구분하지 않는 것이 바람직하다.

③ 여러 책임중심점에서 공통으로 사용되는 공통고정원가는 특정사업부에 부과시키거나 임의로 배분하는 경우 성과의 왜곡이 발생할 수 있으므로 총액으로 관리해야 한다.

④ 특정 책임중심점의 경영자에 대한 성과평가시 통제불가능원가를 포함하는 것이 바람직하다.

29 ㈜삼일은 다음과 같은 방법을 사용하여 성과를 평가하고 있다. 다른 조건이 일정할 때 ㈜삼일이 투자수익률(ROI) 25%을 달성하기 위한 영업자산 감소액을 계산하면 얼마인가?

$$\frac{1,200,000원(매출액)}{1,000,000원(영업자산)} \times \frac{200,000원(영업이익)}{1,200,000원(매출액)} = 20\% \ (투자수익률)$$

① 200,000원　　　　　　② 220,000원

③ 240,000원　　　　　　④ 250,000원

30 다음 자료를 이용하여 ㈜삼일의 시장규모차이를 계산하면 얼마인가?

단위당 예산평균공헌이익	100원	실제시장규모	100,000개
실제시장점유율	35%	예산시장규모	120,000개
예산시장점유율	40%		

① 500,000원(유리)　　　　② 500,000원(불리)

③ 800,000원(유리)　　　　④ 800,000원(불리)

31 다음은 두 개의 사업부(A, B)가 있는 ㈜삼일의 성과평가 관련 자료이다. 자본비용이 10%일 때, 각 사업부에 대하여 투자수익률과 잔여이익에 의한 평가로 가장 옳은 것은?

구 분	A 사업부	B 사업부
투자액	2,000억 원	4,000억 원
순이익	400억 원	720억 원

① 투자수익률로 평가하는 경우 A 사업부, 잔여이익으로 평가하는 경우 B 사업부가 각각 더 우수하다는 결과가 나온다.

② A 사업부가 투자수익률이나 잔여이익 모두 더 우수하다는 결과가 나온다.

③ B 사업부가 투자수익률이나 잔여이익 모두 더 우수하다는 결과가 나온다.

④ 투자수익률로 평가하는 경우 B 사업부, 잔여이익으로 평가하는 경우 A 사업부가 각각 더 우수하다는 결과가 나온다.

32 ㈜삼일은 부품의 자가제조 또는 외부구입에 대한 의사결정을 하려고 한다. 이 때 고려해야 하는 비재무적 정보에 관한 설명으로 가장 올바르지 않은 것은?

① 부품을 자가제조 할 경우 부품의 공급업자에 대한 의존도를 줄일 수 있는 장점이 있다.

② 부품을 자가제조 할 경우 기존 외부공급업자와의 유대관계를 상실하게 되는 단점이 있다.

③ 부품을 외부구입 할 경우 향후 주문량의 변동에 유연하게 대응할 수 있다는 장점이 있다.

④ 부품을 외부구입 할 경우 제품에 특별한 지식이나 기술이 요구될 때 품질을 유지하기 위한 관리가 별도로 필요하게 되는 단점이 있다.

33 ㈜삼일은 제품 A 의 생산을 위하여 부품 X 를 직접 생산하여 사용하고 있다. ㈜삼일의 부품 X 제조에 대한 원가자료는 다음과 같다.

부품단위당 직접재료원가	500원
부품단위당 직접노무원가	100원
부품단위당 변동제조간접원가	200원
부품 X 관련 고정제조간접원가	500,000원
생산량	5,000단위

㈜삼일은 현재 원가절감을 위하여 부품 X 전량의 외부구매를 검토하고 있다. 부품을 외부에서 구입할 경우에도 고정제조간접원가의 60%는 계속해서 발생할 것이다. ㈜삼일이 최대한 허용할 수 있는 부품의 단위당 구입가격은 얼마인가?

① 800원
② 840원
③ 860원
④ 900원

34 ㈜삼일은 여러 사업부를 운영하고 있는 기업이며, 20X1 년의 당기순이익은 1,000,000 원이다. 여러 사업부 중에서 사업부 갑의 공헌이익은 200,000 원이고, 사업부 갑에 대한 공통원가 배분액은 100,000 원이다. 공통원가배분액 중 60,000 원은 사업부 갑을 폐지하더라도 계속하여 발생한다. 만약 회사가 사업부 갑을 폐지할 경우 20X1 년 당기순이익을 계산하면 얼마인가?

① 800,000원
② 840,000원
③ 900,000원
④ 940,000원

35 ㈜삼일은 진부화된 의류 500 벌을 보유하고 있다. 이 제품에 대한 총제조원가는 45,000,000 원이었으나 현재로는 의류 한벌당 25,000 원에 처분하거나, 11,000,000 원을 투입하여 개조한 후 의류 한벌당 50,000 원에 판매할 수 있는 상황이다. 다음 설명 중 가장 옳은 것은?

① 개조하여 판매하면 11,000,000원의 추가적인 손실이 발생한다.

② 개조하여 판매하는 것이 그대로 처분하는 것보다 1,500,000원 만큼 유리하다.

③ 11,000,000원의 추가비용을 지출하지 않고 의류 한벌당 25,000원에 판매하는 것이 유리하다.

④ 그대로 의류 한벌당 25,000원에 처분하면 32,500,000원의 손실이 발생하므로 처분해서는 안된다.

36 다음 중 특별주문에 대한 의사결정에서 유휴생산능력이 부족할 경우 고려해야 할 항목을 모두 나열한 것으로 가장 옳은 것은?

① 증분지출원가

② 증분지출원가, 기회원가

③ 증분지출원가, 추가설비원가

④ 증분지출원가, 추가설비원가, 기존 판매량 감소분의 공헌이익

37 다음 중 순현재가치(NPV)법과 내부수익률(IRR)법에 관한 설명으로 가장 올바르지 않은 것은?

① 내부수익률법은 가치가산의 원칙이 적용되나 순현재가치법은 그렇지 않다.

② 내부수익률법은 투자안의 내부수익률이 최저필수수익률을 상회하면 그 투자안을 채택하게 된다.

③ 두 방법 모두 화폐의 시간적 가치를 고려하는 방법이다.

④ 순현재가치법은 독립적 투자안의 순현재가치가 '0(영)' 보다 크면 그 투자안을 채택한다.

38 ㈜삼일은 자료처리의 신속·정확화를 위해 새로운 전산정보시스템을 설치하고자 한다. 이 설비의 초기투자액은 480,000 원이며, 설비이용으로 인하여 연간 400,000 원의 노무비를 절약할 수 있을 것으로 기대된다. 그러나 설비의 유지보수와 교육훈련을 위하여 추가로 200,000 원의 운영경비가 증가하게 된다. 이 설비의 내용연수는 6 년, 잔존가치는 없으며, 정액법으로 감가상각한다. 법인세율은 30% 이며, 자본비용은 20% 라고 할 경우, 설비 이용기간 중 연간순현금유입액을 계산하면 얼마인가?

① 164,000원　　　　　　　② 184,000원

③ 200,000원　　　　　　　④ 210,000원

39 ㈜삼일은 당기 초에 새로운 프로젝트에 투입하기 위하여 새 기계를 2,000,000 원에 구입했다. 내용연수는 5 년이고 정액법으로 감가상각할 것이며 잔존가치는 없다. 이 프로젝트는 매년 1,000,000 원의 법인세비용차감전순이익을 창출할 것으로 기대된다. ㈜삼일은 12% 의 할인율을 사용하고, 법인세율은 매년 30% 라고 가정한다. 이 프로젝트의 순현재가치를 계산하면 얼마인가(단, 감가상각비를 제외한 모든 수익과 비용은 현금의 유출입을 수반하며, 현금흐름은 매년 말에 발생함을 가정한다)?

> 5년, 12% 할인율의 1원에 대한 단일화폐의 현재가치는 0.57이며,
> 5년, 12% 할인율의 1원에 대한 연금화폐의 현재가치는 3.61이다.

①　　960,200원　　　　　　② 1,971,000원

③ 2,960,200원　　　　　　④ 3,610,000원

40 다음 중 균형성과표의 관점과 그에 대한 적절한 성과평가지표를 연결한 것으로 가장 올바르지 않은 것은?

① 재무적 관점 – 총자산수익률, 고객확보율

② 고객 관점 – 고객만족도, 고객수익성

③ 내부프로세스 관점 – 서비스대응시간, 배송시간

④ 학습과 성장 관점 – 종업원만족도, 이직률

01 ㈜삼일통신은 매월 기본요금 15,000원과 10초당 18원의 통화료를 사용자에게 부과하고 있다. 이 경우 사용자에게 부과되는 매월 통화료의 원가행태로 가장 옳은 것은?

① 준고정원가   ② 순수고정원가

③ 준변동원가   ④ 순수변동원가

02 다음은 ㈜삼일의 20X1년 한 해 동안의 제조원가 자료이다. 자료를 바탕으로 ㈜삼일의 20X1년 제조원가명세서상의 당기제품제조원가를 계산하면 얼마인가?

	기 초	기 말
직접재료	5,000원	7,000원
재 공 품	10,000원	8,000원
제 품	12,000원	10,000원
직접재료 매입액		45,000원
기초원가		50,000원
가공원가		35,000원

① 78,000원   ② 80,000원

③ 82,000원   ④ 84,000원

03 ㈜삼일의 수선부문에서 발생한 변동원가는 1,800,000원이고, 고정원가는 1,000,000원이었다. 수선부문은 두 개의 제조부문에 용역을 공급하고 있는데 각 제조부문의 실제사용시간 및 최대사용가능시간은 다음과 같다. 자료를 바탕으로 이중배분율법을 사용할 경우 제조1부문에 배분될 수선부문의 원가를 계산하면 얼마인가?

	제조 1부문	제조 2부문
최대사용가능시간	800시간	450시간
실제 사용한 시간	550시간	350시간

① 1,540,000원   ② 1,740,000원

③ 1,792,000원   ④ 2,240,000원

04 다음 중 보조부문의 원가배분 방법에 관한 설명으로 가장 올바르지 않은 것은?

① 직접배분법이란 보조부문 상호간에 행해지는 용역의 수수를 완전히 무시하고 보조
   부문의 원가를 배분하는 방법이다.
② 직접배분법의 경우 각 제조부문이 사용한 용역의 상대적인 비율에 따라 각 보조부문
   원가가 다른 보조부문에 배분된다.
③ 단계배분법이란 보조부문원가의 배분순서를 정하여 그 순서에 따라 단계적으로 보
   조부문 원가를 다른 보조부문과 제조부문에 배분하는 방법이다.
④ 단계배분법의 경우에도 보조부문간의 용역수수관계를 일부 인식하며, 보조부문간의
   배분순위 결정이 부적절한 경우 원가배분 결과가 왜곡될 수 있다.

05 다음 중 개별원가계산에 관한 설명으로 가장 올바르지 않은 것은?

① 개별제품별 또는 개별작업별로 원가가 집계되기 때문에 직접원가와 간접원가의 구
   분이 중요하다.
② 기말재공품의 작업원가표에 집계된 원가를 바탕으로 기말 제품과 재공품의 원가배
   분절차가 필요하다.
③ 개별원가계산을 적용하는 경우에도 제조간접원가의 배분절차가 필요하다.
④ 회계법인 등과 같이 수요자의 주문에 기초하여 서비스를 제공하는 경우에 이용할 수
   있다.

06 ㈜삼일은 직접노동시간을 기준으로 제조간접원가를 예정배부하고 있으며 연간 제조간접원가는 2,000,000 원, 연간 직접노동시간은 40,000 시간으로 예상하고 있다. 20X1 년 12 월 중 작업지시서 #369 와 #248 을 시작하여 #369 만 완성하였다면 12 월 말 완성품의 원가를 계산하면 얼마인가(단, 월초에 재공품은 없다고 가정한다)?

	#369(완성)	#248(미완성)	계
직접재 직접재료원가	150,000원	90,000원	240,000원
직접노무원가	60,000원	30,000원	90,000원
직접노동시간	2,400시간	1,600시간	4,000시간

① 180,000원　　　　　　　　② 200,000원

③ 330,000원　　　　　　　　④ 530,000원

07 ㈜삼일은 개별원가계산제도를 사용하고 있으며, 제조간접원가를 직접노무원가 발생액에 비례하여 배부한다. 다음의 원가자료에서 작업지시서 #112 는 완성이 되었으나, #111 과 #113 은 미완성이다. 기초재공품이 없다면 기말재공품원가를 계산하면 얼마인가?

	#111	#112	#113	합계
직접재료원가	30,000원	10,000원	20,000원	60,000원
직접노무원가	24,000원	5,200원	10,800원	40,000원
제조간접원가	(　　)	9,100원	(　　　)	(　　)

① 24,300원　　　　　　　　② 49,700원

③ 74,000원　　　　　　　　④ 145,700원

08 다음 중 종합원가계산의 평균법과 선입선출법 비교에 관한 설명으로 가장 올바르지 않은 것은?

① 평균법의 경우 원가배분 대상액은 기초재공품원가와 당기투입원가의 합계액이지만, 선입선출법의 경우 기초재공품원가는 완성품원가의 일부가 되며, 당기투입원가는 완성품원가와 기말재공품원가에 배분한다.

② 평균법의 경우 완성품원가는 기초재공품원가와 당기투입원가 중 완성품에 배분된 금액의 합계이지만, 선입선출법의 경우 당기완성품수량에 완성품환산량 단위당 원가를 곱한 금액이다.

③ 평균법의 경우 완성품환산량 단위당 원가에는 전기의 원가가 포함되어 있지만, 선입선출법의 경우 당기투입원가로만 구성된다.

④ 평균법의 경우 완성품환산량 산출시 기초재공품은 당기에 착수된 것으로 간주한다. 즉, 평균법은 기초재공품의 완성도를 무시하지만, 선입선출법은 기초재공품과 당기투입량을 구분한다.

09 다음은 ㈜삼일의 원가자료이다. 원재료는 공정시작 시점에서 전량 투입되고 가공원가는 공정전반에 걸쳐 균등하게 투입된다.

〈수량〉

기초재공품수량	500개(60%)	완성수량	1,800개
착수수량	2,000개	기말재공품수량	700개(40%)

평균법과 선입선출법을 적용하여 종합원가계산을 하는 경우 가공원가 완성품환산량 차이는 얼마인가?

① 평균법이 200개 더 크다.
② 평균법이 200개 더 작다.
③ 선입선출법이 300개 더 크다.
④ 선입선출법이 300개 더 작다.

10 ㈜삼일은 평균법을 이용한 종합원가계산제도를 채택하고 있다. 재료는 공정초기에 전량 투입되며, 가공원가는 공정전반에 걸쳐 균등하게 투입된다. 자료를 바탕으로 (a)완성품원가와 (b)기말재공품원가를 계산하면 얼마인가?

<수량>

기초재공품	50개(완성도 40%)	완 성 품	400개
착수량	450개	기말재공품	100개(완성도 50%)

<원가>

	재료원가	가공원가
기초재공품원가	8,000,000원	6,000,000원
당기발생원가	32,000,000원	24,240,000원

① (a) 60,800,000원, (b) 9,440,000원

② (a) 58,880,000원, (b) 11,360,000원

③ (a) 60,800,000원, (b) 11,360,000원

④ (a) 58,880,000원, (b) 9,440,000원

11 정상원가계산을 채택하고 있는 ㈜삼일의 20X1년 원가자료가 아래와 같을 경우 제조간접원가 배부차이로 가장 옳은 것은?

제조간접원가 예산	255,000원
기준조업도(직접노동시간)	100,000시간
제조간접원가 실제발생액	270,000원
실제직접노동시간	105,000시간

① 2,250원 과소배부

② 2,250원 과대배부

③ 2,550원 과소배부

④ 2,550원 과대배부

12 다음 중 표준원가와 표준원가계산제도에 관한 설명으로 가장 올바르지 않은 것은?

① 계량정보와 비계량정보를 모두 포함하는 종합적인 원가계산제도이다.

② 표준원가와 실제원가의 차이를 분석함으로써 효과적인 원가통제를 수행할 수 있다.

③ 사전에 설정된 표준원가를 적용함으로써 예산편성을 위한 원가자료를 수집하는데 소요되는 시간을 절약할 수 있다.

④ 표준원가계산제도를 통해 재무제표상의 재고자산가액과 매출원가를 산출할 때 근거가 되는 원가정보를 제공할 수 있다.

13 ㈜삼일은 표준원가계산제도를 채택하고 있다. 다음은 재료비 표준원가와 실제원가의 차이에 관한 자료이다. 자료를 바탕으로 ㈜삼일의 제품 2,000 단위 표준재료비는 얼마인가?

[실제원가]	직접재료원가 실제사용량	3,200kg, 11원/kg
	실제완성품 생산수량	2,000단위
[재료비 원가차이]	직접재료비 가격차이	9,600원(유리한 차이)
	직접재료비 능률차이	2,800원(불리한 차이)

① 42,000원 ② 44,800원

③ 35,200원 ④ 47,600원

14 ㈜삼일의 표준원가계산제도는 제조간접원가의 배부에 있어서 직접작업시간을 배부기준으로 사용한다. 다음은 이 회사의 원가차이분석에 필요한 자료이다. 자료를 바탕으로 변동제조간접원가 소비차이를 계산하면 얼마인가?

제조간접비 실제발생액	15,000원
고정제조간접비 실제발생액	7,800원
실제작업시간	3,000시간
표준작업시간	3,500시간
변동제조간접비 표준배부율	작업시간당 2.5원

① 300원 유리 　　　　　　　　② 300원 불리

③ 950원 유리 　　　　　　　　④ 950원 불리

15 다음 중 표준원가계산에서 원가차이의 처리방법인 매출원가조정법에 관한 설명으로 가장 올바르지 않은 것은?

① 매출원가조정법에서는 재공품과 제품계정은 모두 표준원가로 기록된다.

② 불리한 원가차이는 매출원가에 가산하고 유리한 원가차이는 매출원가에서 차감한다.

③ 매출원가조정법은 모든 원가차이를 매출원가와 재고자산에 가감하여 차이를 조정하는 방법이다.

④ 비례배분법을 사용하면 매출원가조정법에 비하여 실제원가계산제도의 금액에 근접할 수 있다.

16 다음 설명 중 변동원가계산제도의 특징으로 옳은 것을 모두 고르면?

> 가. 이익에 영향을 미치는 주요 요인은 판매량이며 생산량은 이익에 영향을 미치지 않는다.
> 나. 변동원가계산제도는 기업회계기준에서 인정하는 원가계산제도이다.
> 다. 변동원가계산제도에서의 이익은 매출액과 동일한 방향으로 움직이므로 경영자의 입장에서 이해하기 쉽다.
> 라. 공통고정원가를 부문이나 제품별로 배분하기 때문에 부문별, 제품별 의사결정문제에 왜곡을 초래할 가능성이 존재한다.

① 가, 나 　　　　　　　　　　　② 가, 다
③ 가, 다, 라 　　　　　　　　　　④ 나, 라

17 다음 중 변동원가계산과 전부원가계산의 차이에 관한 설명으로 가장 옳은 것은?

① 고정판매비와관리비 또한 고정제조간접원가와 마찬가지로 변동원가계산과 전부원가계산간의 처리방법이 상이하다.
② 변동원가계산은 표준원가를 사용할 수 있으나 전부원가계산은 표준원가를 사용할 수 없다.
③ 변동원가계산은 고정제조간접원가를 제품원가로 인식하고 전부원가계산은 고정제조간접원가를 기간원가로 인식한다.
④ 기초재고자산이 없고 당기 생산량과 판매량이 동일하다면 변동원가계산과 전부원가계산의 순이익은 같게 된다.

18 ㈜삼일의 20X1년 2월의 제품 생산 및 판매와 관련된 자료는 다음과 같다. 초변동원가계산을 이용한 ㈜삼일의 20X1년 2월 재료처리량 공헌이익을 계산하면 얼마인가?

생산량	5,000개
판매량	4,500개
판매가격	350원
제품단위당 직접재료원가	80원
제품단위당 직접노무원가	20원
제품단위당 변동제조간접원가	30원
고정제조간접원가	75,000원
단, 기초 제품재고는 없다.	

① 915,000원   ② 990,000원

③ 1,125,000원   ④ 1,215,000원

19 20X1년에 영업을 시작한 ㈜삼일은 당기에 1,000 단위의 제품을 생산하여 800 단위의 제품을 판매하였다. 당기의 판매가격 및 원가자료가 다음과 같을 때, 전부원가계산의 영업이익을 계산하면 얼마인가?

판매가격	100원
제품단위당 직접재료원가	25원
제품단위당 직접노무원가	20원
제품단위당 변동제조간접원가	6원
제품단위당 변동판매비와관리비	10원
고정제조간접원가	16,000원

① 15,200원   ② 16,400원

③ 18,400원   ④ 19,200원

20 ㈜삼일의 3월 중 영업자료는 아래와 같다. 전부원가계산에 의한 영업이익이 변동원가계산에 의한 영업이익보다 14,000원 더 크다면 3월 발생한 고정제조간접원가는 얼마인가(재고자산은 평균법으로 평가한다.)?

생 산 량	2,000개
판 매 량	1,800개
기초재고량	200개(단위당 고정제조간접원가 50원)

① 110,000원 ② 112,000원

③ 120,000원 ④ 122,000원

21 다음 중 활동기준원가계산의 도입배경에 관한 설명으로 가장 올바르지 않은 것은?

① 직접노무원가와 같은 직접원가의 증가로 인해 새로운 원가배부기준이 필요하게 되었다.

② 제조환경의 변화로 단일배부기준에 의한 원가의 배부가 원가의 왜곡현상을 초래하였다.

③ 컴퓨터통합시스템의 도입으로 제조와 관련된 활동에 대한 원가를 수집하는 것이 용이해졌다.

④ 최근에는 종전에 비해 원가개념이 확대되어 연구개발, 제품설계 등의 기타원가를 포함한 정확한 원가계산이 요구되었다.

22 다음은 ㈜삼일의 월별 원가자료이다. 5월 직접노동시간이 10,000시간으로 예상되는 경우, 고저점법을 이용하여 총제조원가를 계산하면 얼마인가?

월별	직접노동시간	총제조원가
1월	8,000시간	1,150,000원
2월	13,000시간	1,600,000원
3월	6,000시간	500,000원
4월	4,000시간	700,000원

① 950,000원

② 1,025,000원

③ 1,150,000원

④ 1,300,000원

23 다음은 회의 중에 일어난 사장과 이사의 대화이다. 원가·조업도·이익(CVP) 분석과 관련하여 괄호 안에 들어갈 용어는 무엇인가?

> 사장 : 재무담당이사! 올해 우리 회사 매출은 손익분기점 매출액을 얼마나 초과하나?
>
> 이사 : 10억 원만큼 초과합니다. 이것을 (   )(이)라고 합니다.
>
> 사장 : (   )? 처음 듣는 용어군.
>
> 이사 : (   )는(은) 손실을 발생시키지 않으면서 허용할 수 있는 매출액의 최대 감소액을 의미하며, 기업의 안전성을 측정하는 지표로 많이 사용됩니다.

① 안전한계

② 공헌이익

③ 영업이익

④ 목표이익

24 ㈜삼일은 회계프로그램을 판매하는 회사로 단위당 판매가격은 50 원이며, 단위당 변동원가는 30 원이다. 연간 고정원가는 30,000 원이며 당기에 10,000 원의 이익을 목표로 하고 있다. 다음 설명 중 가장 올바르지 않은 것은?

① 공헌이익률은 40% 이다.

② 단위당 공헌이익은 20원 이다.

③ 목표이익을 달성하려면 100,000원의 매출을 하여야 한다.

④ 손익분기점을 달성하기 위한 매출수량은 3,000단위이다.

25 다음 자료를 이용하여 공헌이익률을 계산하면 얼마인가?

제품단위당 판매가격	400원
제품단위당 변동제조원가	150원
제품단위당 변동판매비	90원
고정제조간접원가	500,000원
고정판매비와관리비	1,500,000원

① 10% ② 20%

③ 30% ④ 40%

26 ㈜삼일에 새로 부임한 박상무는 올해 철저한 성과평가제도의 도입을 검토하고 있다. 성과 평가제도의 도입과 관련하여 가장 올바르지 않은 주장을 펼치고 있는 실무담당자는 누구 인가?

> 유팀장 : 효율적인 성과평가제도는 기업 구성원들의 성과극대화 노력이 기업전체 목표의 극대화로 연결될 수 있도록 설계되어야 합니다.
>
> 장과장 : 각 책임중심점의 성과평가를 수행하는 과정에서 성과측정의 오류가 발생하는 것이 일반 적인데, 효율적인 성과평가제도는 성과평가치의 성과측정오류가 최소화되도록 설계되 어야 합니다.
>
> 김대리 : 많은 시간과 비용을 투입할수록 더욱 정확하고 공정한 성과평가가 가능하므로 성과평가 제도의 운영을 적시성 및 경제성의 잣대로 바라보지 않도록 주의해야 합니다.
>
> 최사원 : 성과평가를 한다는 사실 자체가 피평가자의 행위에 영향을 미치는 현상도 고려하여 이를 적절히 반영해야 합니다.

① 유팀장   ② 장과장
③ 김대리   ④ 최사원

27 다음 중 고정예산과 변동예산의 차이에 관한 설명으로 가장 옳은 것은?

① 고정예산의 범위는 회사전체인 반면, 변동예산의 범위는 특정부서에 한정된다.
② 변동예산은 변동원가만을 고려하고, 고정예산은 변동원가와 고정원가 모두를 고려 한다.
③ 고정예산은 조업도의 변동을 고려하지 않고 특정조업도를 기준으로 작성되는 예산 이고, 변동예산은 조업도의 변동에 따라 조정되어 작성되는 예산이다.
④ 변동예산에서는 권한이 하부 경영자들에게 위양되나, 고정예산에서는 그렇지 않다.

28 다음은 ㈜삼일의 20X1 년 이익중심점의 통제책임이 있는 A 사업부의 공헌이익 손익계산서이다. A 사업부의 성과평가목적에 가장 적합한 이익은 얼마인가?

매 출 액	5,000,000원
변 동 원 가	2,000,000원
공 헌 이 익	3,000,000원
추적가능·통제가능고정원가	500,000원
사업부경영자공헌이익	2,500,000원
추적가능·통제불능고정원가	500,000원
사업부공헌이익	2,000,000원
공통고정원가배분액	400,000원
법인세비용차감전순이익	1,600,000원
법인세비용	600,000원
순 이 익	1,000,000원

① 1,000,000원 ② 2,000,000원
③ 2,500,000원 ④ 3,000,000원

29 다음 중 책임중심점의 종류에 관한 설명으로 가장 올바르지 않은 것은?

① 원가중심점이란 통제 불가능한 원가의 발생에 대해서만 책임을 지는 가장 작은 활동 단위로서의 책임중심점이다.
② 수익중심점은 매출액에 대해서만 통제책임을 지는 책임중심점이다.
③ 이익중심점은 원가와 수익 모두에 대해서 통제책임을 지는 책임중심점이다.
④ 투자중심점은 원가 및 수익 뿐만 아니라 투자의사결정에 대해서도 책임을 지는 책임중심점이다.

30 다음은 ㈜삼일의 A 와 B 의 두 개의 사업부와 관련한 성과평가 자료이다. 다음 중 ㈜삼일의 투자수익률과 잔여이익을 계산한 것으로 가장 옳은 것은(단, 최저필수수익률은 4% 임)?

구분	A사업부	B사업부
평균영업자산	100억 원	200억 원
영업이익	20억 원	35억 원
매출액	300억 원	400억 원

① A사업부의 매출액영업이익율은 9.25%이며, B사업부의 매출액영업이익율은 8.75% 이다.

② A사업부의 투자수익률은 15%이며, B사업부의 투자수익률은 20% 이다.

③ A사업부의 영업자산회전율은 3회이며, B사업부의 영업자산회전율은 2회이다.

④ A사업부의 잔여이익은 16억 원이며, B사업부의 잔여이익은 20억 원이다.

31 ㈜삼일의 20X1 년 고정예산 대비 실적자료는 다음과 같다. 동 자료를 토대로 당초 예상보다 영업이익이 차이가 나는 원인을 (i) 매출가격차이, (ii) 변동원가차이, (iii) 고정원가차이 이외에 중요한 차이항목인 매출조업도차이를 추가하여 경영진에게 의미 있게 요약·보고하고자 한다. 매출조업도차이를 계산하면 얼마인가?

	실적	고정예산
판매량	400개	300개
단위당 판매가격	18원	22원
단위당 변동원가	12원	10원
단위당 공헌이익	6원	12원
고정원가	1,400원	1,800원

① 1,000원 유리

② 1,000원 불리

③ 1,200원 유리

④ 1,200원 불리

32 ㈜삼일은 특별추가생산 요청을 받았다. 현재 여유생산시설이 있는 상황이라면 이 회사의 경영자가 특별추가생산 의사결정에서 고려하지 않아도 되는 원가로 가장 옳은 것은?

① 직접재료원가   ② 직접노무원가

③ 고정제조간접원가   ④ 변동제조간접원가

33 다음 중 의사결정시에 필요한 원가용어와 그에 대한 정의를 연결한 것으로 가장 올바르지 않은 것은?

① 관련원가는 과거원가이거나 대안 간에 차이가 나지 않는 미래원가이다.

② 지출원가는 미래에 현금 등의 지출을 수반하는 원가이다.

③ 기회원가는 자원을 현재 용도 이외의 다른 용도에 사용할 경우 얻을 수 있는 최대금액이다.

④ 매몰원가는 과거에 발생한 역사적 원가로서 현재 또는 미래에 회수할 수 없는 원가이다.

34 ㈜삼일은 최근 고객사로부터 제품 400단위를 단위당 20,000원에 구입하겠다는 제안을 받았다. 이 주문의 수락여부와 회사의 이익에 미치는 영향은 어떠한가(단, 제품과 관련된 자료는 다음과 같으며 동 주문을 수락하더라도 고정원가에는 아무런 영향을 초래하지 않는다)?

	제품단위당 원가
직접재료원가	11,000원
직접노무원가(변동원가)	4,000원
변동제조간접원가	2,500원
고정제조간접원가	3,000원
변동판매비와관리비	500원
고정판매비와관리비	1,000원
	22,000원

① 수락, 400,000원의 이익 증가　② 수락, 800,000원의 이익 증가
③ 거절, 400,000원의 손실 증가　④ 거절, 800,000원의 손실 증가

35 ㈜삼일은 진부화된 의류 300벌을 보유하고 있다. 이 제품에 대한 총 제조원가는 21,000,000원이었으나 현재로는 의류 한벌당 30,000원에 처분하거나 3,000,000원을 투입하여 개조한 후 의류 한벌당 50,000원에 판매할 수밖에 없는 상황이다. 다음 설명 중 가장 옳은 것은?

① 한벌당 30,000원에 처분하면 12,000,000원의 손실이 발생하므로 처분하면 안된다.
② 개조하여 판매하는 것이 그대로 처분하는 것보다 3,000,000원만큼 유리하다.
③ 개조하여 판매하면 9,000,000원의 추가적인 손실이 발생한다.
④ 3,000,000원의 추가비용을 지출하지 않고 한벌당 30,000원에 판매하는 것이 가장 유리하다.

36 다음은 투자안 타당성 평가와 관련한 담당이사들의 대화내용이다. 각 담당이사별로 선호하는 자본예산모형을 가장 올바르게 짝지은 것은?

> 최이사 : 저는 투자안 분석의 기초자료가 재무제표이기 때문에 자료확보가 용이한 (a)모형을 가장 선호합니다.
>
> 박이사 : (a)모형의 경우 현금흐름이 아닌 회계이익에 기초하고 있다는 단점이 있습니다. 그래서 저는 현금흐름을 기초로 화폐의 시간가치를 고려하는 (b)모형을 가장 선호합니다. 이 모형은 투자기간 동안 자본비용으로 재투자된다고 보기 때문에 가장 현실적인 가정을 하고 있습니다.

① (a) 회계적이익률법 (b) 회수기간법 　② (a) 내부수익률법 (b) 순현재가치법

③ (a) 회계적이익률법 (b) 순현재가치법 　④ (a) 회수기간법 　(b) 내부수익률법

37 ㈜삼일은 내용연수가 3년인 기계장치에 투자하려고 하고 있다. 기계장치를 구입하면 첫해에는 5,000,000원, 2년째에는 6,000,000원, 그리고 3년째에는 3,000,000원의 현금지출운용비를 줄일 것으로 판단하고 있다. 회사의 최저필수수익률은 12%이고 기계장치에 대한 투자액의 현재가치는 8,000,000원이라고 할 때, 기계장치에 대한 투자안의 순현재가치(NPV)를 계산하면 얼마인가(단, 이자율 12%의 1원당 현재가치는 1년은 0.89, 2년은 0.80, 3년은 0.71이며 법인세는 없는 것으로 가정한다)?

① 2,580,000원　　　　　　　　② 3,380,000원

③ 4,270,000원　　　　　　　　④ 5,100,000원

38 ㈜삼일은 당기 말 순장부가액이 300,000원인 기존의 기계장치를 700,000원에 처분하고, 새로운 기계장치를 1,000,000원에 매입하였다. 법인세율이 20%라고 가정하면, 위 거래로 인한 순현금지출액은 얼마인가(단, 감가상각비는 고려하지 않는다)?

① 220,000원　　　　　　　　② 300,000원

③ 380,000원　　　　　　　　④ 400,000원

39 다음 중 일반적으로 사용되는 대체가격 결정방법으로 가장 올바르지 않은 것은?

① 시장가격기준　　　　　　　② 화폐가치기준
③ 원가기준　　　　　　　　　④ 협상가격기준

40 다음 중 균형성과표(BSC)의 장점으로 가장 올바르지 않은 것은?

① 기존의 재무적 측정치와 고객, 내부프로세스, 학습과 성장 등의 관점에 의한 비재무적 측정치간의균형있는 성과평가를 달성할 수 있다.
② 비재무적 측정치에 대한 객관적인 측정을 쉽게 할 수 있다.
③ 재무적 관점 및 고객관점에 의한 외부적 측정치와 내부프로세스 관점 및 학습과 성장관점에 의한 내부측정치 간의 균형을 이룰 수 있다.
④ 투자수익률 등의 과거노력에 의한 결과측정치와 종업원 교육시간 등과 같이 미래 성과를 유발하는성과동인 간의 균형을 이룰 수 있다.

01 ㈜삼일은 공장에서 100명의 직원 모두가 팀 구분 없이 승용차와 트럭을 생산하고 있다. 승용차 생산과 관련하여 원가를 원가행태와 추적가능성에 따라 아래와 같이 분류하는 경우 (ㄱ)의 사례로 옳은 것은?

	직접원가	간접원가
변동원가	(ㄱ)	(ㄴ)
고정원가	(ㄷ)	(ㄹ)

① 승용차용 타이어 원가   ② 공장 감가상각비
③ 공장장 급여   ④ 식당 운영비

02 다음은 ㈜삼일의 20X1년 2분기 제조원가명세서이다. 아래의 (A)와 (B)에 들어갈 금액의 합계액을 계산하면 얼마인가?

<table>
<tr><td colspan="3" align="center">제조원가명세서
20X1년 4월 1일 ~ 20X1년 6월 30일</td></tr>
<tr><td>㈜삼일</td><td></td><td align="right">(단위: 원)</td></tr>
<tr><td>Ⅰ. 재료비</td><td></td><td align="right">3,800,000</td></tr>
<tr><td>　기초재고액</td><td align="right">500,000</td><td></td></tr>
<tr><td>　당기매입액</td><td align="right">6,500,000</td><td></td></tr>
<tr><td>　기말재고액</td><td align="center">(A)</td><td></td></tr>
<tr><td>Ⅱ. 노무비</td><td></td><td align="right">2,000,000</td></tr>
<tr><td>Ⅲ. 제조경비</td><td></td><td align="right">3,000,000</td></tr>
<tr><td>Ⅳ. 당기총제조원가</td><td></td><td align="right">8,800,000</td></tr>
<tr><td>Ⅴ. 기초재공품</td><td></td><td align="right">1,000,000</td></tr>
<tr><td>Ⅵ. 기말재공품</td><td></td><td align="center">(B)</td></tr>
<tr><td>Ⅶ. 당기제품제조원가</td><td></td><td align="right">9,000,000</td></tr>
</table>

① 3,600,000원   ② 3,800,000원
③ 4,000,000원   ④ 4,400,000원

03 다음 중 보조부문과 제조부문을 포함한 원가배분의 절차에 관한 설명으로 옳지 않은 것은?

① 부문공통원가의 배분은 공통적으로 발생한 원가를 회사의 각 부문에 배분하는 과정이다.

② 보조부문원가의 배분은 보조부문에 집계되거나 보조부문이 배분받은 공통원가를 제조부문에 배분하는 과정이다.

③ 제조간접원가의 배부는 제조부문에 집계된 원가를 제품제조원가와 판매관리비로 배부하는 과정이다.

④ 제품원가계산은 제품별로 집계된 제조원가를 기초로 매출원가와 기말 재고자산가액을 산출하는 과정이다

04 두 개의 제조부문과 두 개의 보조부문으로 이루어진 ㈜삼일의 부문간 용역수수에 관련된 자료는 다음과 같다.

	보조부문		제조부문	
	A	B	C	D
A부문 용역제공	–	40%	20%	40%
B부문 용역제공	20%	–	60%	20%
발생원가	200,000원	300,000원	450,000원	600,000원

단계배분법을 사용할 경우 제조부문 D 에 배분되는 보조부문의 원가를 계산하면 얼마인가 (단, 보조부문원가는 A 부문의 원가를 우선 배분한다)?

① 95,000원

② 175,000원

③ 285,000원

④ 325,000원

05 연간 제조간접원가는 2,000,000 원, 연간 직접노동시간은 40,000 시간으로 예상하고 있다. 20X1 년 12 월 중 작업지시서 #A 와 #B 를 시작하여 #A 만 완성하였다면 제품제조원가(a)와 기말 재공품원가(b)는 각각 얼마인가(단, 월초에 재공품은 없다고 가정한다)?

	#A	#B	계
직접재료원가	130,000원	90,000원	240,000원
직접노무원가	60,000원	50,000원	90,000원
직접노동시간	2,400시간	1,600시간	4,000시간

① a : 270,000원, b : 260,000원   ② a : 310,000원, b : 220,000원

③ a : 530,000원, b : 0원   ④ a : 0원, b : 530,000원

06 ㈜삼일의 박원가 회계팀장은 회사의 업무흐름을 더욱 투명하게 관리하고자 영업활동 flowchart 를 작성하려 하고 있다. ㈜삼일이 개별원가계산을 채택하고 있을 때 (ㄱ)과 (ㄴ)에 각각 들어갈 내용으로 옳은 것은?

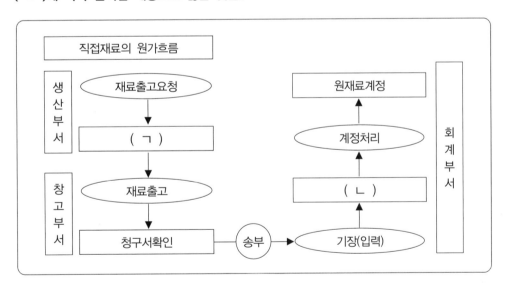

	ㄱ	ㄴ		ㄱ	ㄴ
①	재료출고청구서	작업시간표	②	재료원가표	작업시간표
③	작업시간표	재료원가표	④	재료출고청구서	재료원가표

07 다음 중 개별원가계산과 종합원가계산에 관한 설명으로 옳지 않은 것은?

① 소량주문생산의 경우에는 개별원가계산이 합리적이며, 연속대량생산의 경우에는 종합원가계산이 적합하다.

② 종합원가계산은 원가관리 및 통제가 제품별이나 작업별로 수행되므로 직접원가와 간접원가의 구분이 불필요하다.

③ 개별원가계산은 제품별로 손익분석 및 계산이 용이한 반면, 종합원가계산은 관리비용이 적다.

④ 조선업, 기계제작업 등에서는 개별원가계산을, 섬유업, 제분업 등에서는 종합원가계산을 사용한다.

08 다음 중 종합원가계산제도를 적용함에 있어 선입선출법과 평균법에 관한 설명으로 옳지 않은 것은?

① 평균법 적용하의 완성품환산량은 선입선출법 적용하의 완성품환산량보다 크거나 같다.

② 평균법에서는 완성품환산량 계산시 기초재공품을 당기에 착수한 것으로 간주한다.

③ 원재료 단가 산정시 선입선출법을 사용하는 기업이라면 종합원가계산제도 적용시 평균법을 사용할 수 없다.

④ 기초재공품이 없는 경우 평균법과 선입선출법의 완성품환산량 단위당 원가는 같다.

09 ㈜삼일은 선입선출법을 이용한 종합원가계산제도를 채택하고 있다. 재료는 공정초기에 전량 투입되며, 가공원가는 공정전반에 걸쳐 발생한다. 당기 완성품원가와 기말재공품원가를 계산하면 얼마인가?

〈수량〉			
기초재공품	80개(완성도 40%)	당기완성품	400개
당기투입량	420개	기말재공품	100개(완성도 40%)

〈원가〉	재료원가	가공원가
기초재공품원가	8,000,000원	5,720,000원
당기발생원가	32,340,000원	28,560,000원

	당기완성품원가	기말재공품원가
①	47,040,000원	10,500,000원
②	48,720,000원	12,180,000원
③	62,440,000원	12,180,000원
④	64,120,000원	10,500,000원

10 ㈜삼일은 종합원가계산제도를 채택하고 있다. 기말재공품에 대한 완성도가 실제보다 과대평가된 경우, 이 오류가 각 항목에 끼치는 영향으로 옳지 않은 것은(기초재공품은 없다고 가정한다)?

① 기말재공품 완성품환산량은 실제보다 과대평가 되어 있을 것이다.

② 완성품환산량 단위당 원가는 실제보다 과소평가 되어 있을 것이다.

③ 완성품원가는 실제보다 과소평가되어 있을 것이다.

④ 기말재공품 원가는 실제보다 과소평가 되어 있을 것이다.

11 다음 중 정상원가계산에 관한 설명으로 옳지 않은 것은?

① 제조간접원가의 배부가 기말까지 지연되어 제품원가계산이 지연되는 표준원가계산의 문제점을 보완하기 위한 원가계산제도이다.

② 제품원가를 정상원가로 측정하는 원가계산제도로서 평준화원가계산이라고도 한다.

③ 직접재료원가와 직접노무원가는 실제원가로 측정하지만 제조간접원가는 사전에 정해 놓은 제조간접원가 예정배부율에 의해 예정배부된 원가로 측정한다.

④ 제조간접원가 예정배부율에 의한 배부를 함으로써 특정 작업이 종료됨과 동시에 제품원가를 계산할 수 있도록 하고 매월 제품원가가 변동하지 않도록 하는 원가계산제도이다.

12 다음 중 표준원가와 표준원가계산제도에 관한 설명으로 옳지 않은 것은?

① 표준원가계산제도는 원가절감을 위한 원가통제를 포함한다.

② 표준원가는 한번 설정된 영구불변의 원가가 아니라 기업 내적인 요소나 기업 외부환경의 변화에 따라 수시로 수정을 필요로 하는 원가이다.

③ 표준지표로 이상적 표준을 사용하게 되면 종업원들에게 강한 동기를 부여하는 효과가 있다.

④ 표준원가를 사용함으로써 예산편성을 위한 원가자료를 수집하는 데 소요되는 시간을 절약할 수 있다.

13 다음 자료는 구입시점에서 직접재료원가 가격차이를 분리하기 위한 자료이다. 직접재료원가의 단위당 표준가격을 계산하면 얼마인가?

기초재고액	120,000원
기말재고액	145,000원
생산공정 투입액	285,500원
단위당 실제 구입가격	180원
불리한 가격차이	13,800원

① 168원
② 170원
③ 172원
④ 178원

14 다음 중 직접노무원가 능률차이의 발생 원인으로 옳지 않은 것은?

① 작업량 증가에 따른 초과근무수당의 지급
② 노동의 비능률적 사용
③ 생산에 투입되는 원재료의 품질 향상
④ 생산부문 책임자의 감독 소홀

15 ㈜삼일은 직접노동시간을 기준으로 고정제조간접원가를 배부하고 있다. 당기 고정제조간접원가 예산과 실제자료는 다음과 같다.

	예 산	실 제
직접노동시간	8,000시간	9,000시간
고정제조간접원가	4,000원	5,000원

제품 단위당 표준직접노동시간은 4시간이고, 당기 실제생산량은 2,500개이다. 또한 회사는 기준조업도로 예산조업도를 사용한다. 이 경우 당기 고정제조간접원가 조업도차이를 계산하면 얼마인가?

① 500원 유리
② 500원 불리
③ 1,000원 유리
④ 1,000원 불리

16 다음 중 변동원가계산과 전부원가계산에 관한 설명으로 옳지 않은 것은?

	구분	변동원가계산	전부원가계산
①	기본목적	내부계획과 통제 등 경영관리	외부보고
②	제품원가	직접재료원가 + 직접노무원가 + 변동제조간접원가	직접재료원가 + 직접노무원가 + 변동제조간접원가 + 고정제조간접원가
③	보고양식	공헌이익접근법의 손익계산서	전통적 손익계산서
④	이익결정요인	생산량 및 판매량	생산량

17 20X1 년 ㈜삼일은 신제품 A 를 500 단위 생산하였는데 이에 대한 단위당 변동원가는 10 원이고, 단위당 고정원가는 3 원이다. 20X1 년에 신제품에 대한 기초재고액은 없었으며 기말재고 수량만이 200 단위일 경우, 전부원가계산방법 대신에 변동원가계산방법을 적용한다면 20X1 년 12 월 31 일의 기말재고액은 전부원가계산방법에 비해 얼마나 변동할 것인가?

① 600원 증가 ② 600원 감소

③ 2,000원 증가 ④ 2,000원 감소

18 ㈜삼일의 20X1년 손익에 대한 자료가 다음과 같을 경우 (a) 전부원가계산에 따른 매출총이익, (b) 변동원가계산에 따른 공헌이익, (c) 초변동원가계산에 따른 재료처리량공헌이익을 계산하면 얼마인가?

단위당 판매가격	500원	고정제조간접원가	200,000원
단위당 직접재료원가	130원	고정판매비와관리비	70,000원
단위당 직접노무원가(변동원가)	100원	기초제품	없음
단위당 변동제조간접원가	70원	생산량	25,000개
단위당 변동판매비와관리비	30원	판매량	20,000개

① (a) 3,800,000원 (b) 3,000,000원 (c) 7,000,000원
② (a) 3,800,000원 (b) 3,400,000원 (c) 7,000,000원
③ (a) 3,840,000원 (b) 3,000,000원 (c) 7,400,000원
④ (a) 3,840,000원 (b) 3,400,000원 (c) 7,400,000원

19 다음 중 초변동원가계산방법에 관한 설명으로 옳지 않은 것은?

① 매출액에서 판매된 제품의 직접재료원가를 차감하여 재료처리량공헌이익을 계산한다.
② 이익은 판매량에 의해서만 결정된다.
③ 초변동원가계산방법이 변동원가계산방법보다 불필요한 재고누적 방지효과가 크다.
④ 외부보고목적의 재무제표 작성에는 이용될 수 없다.

20 ㈜삼일의 6월 중 영업자료는 아래와 같다. 전부원가계산에 의한 영업이익이 변동원가계산에 의한 영업이익보다 10,500원 더 크다면 6월 발생한 고정제조간접원가는 얼마인가(재고자산은 평균법으로 평가한다)?

생 산 량	1,800개
판 매 량	1,500개
기초재고량	200개(단위당 고정제조간접원가 50원)

① 50,000원   ② 72,000원

③ 73,800원   ④ 90,000원

21 다음 중 활동기준원가계산에 관한 설명으로 옳지 않은 것은?

① 활동기준원가계산은 기업의 기능을 여러가지 활동으로 구분한 다음, 활동을 기본적인 원가대상으로 삼아 원가를 집계하고 이를 토대로 하여 다른 원가대상들의 원가를 보다 정확하게 계산할 수 있다.

② 활동기준원가계산은 제조간접원가의 추적가능성을 향상시켜 보다 정확한 원가자료를 산출할 수 있다.

③ 활동기준원가계산은 소품종 다량생산 시스템하에서 제조간접원가의 비중이 낮은 기업에 적합하다.

④ 활동기준원가계산은 '제품은 활동을 소비하고, 활동은 자원을 소비한다.'는 사고에 근거한다.

22 다음 중 원가추정에 관한 설명으로 옳지 않은 것은?

① 원가추정의 목적은 계획과 통제 및 의사결정에 유용한 미래원가를 추정하기 위함이다.

② 원가추정은 조업도(종속변수)와 원가(독립변수) 사이의 관계를 규명하여 원가함수를 추정하는 것이다.

③ 원가추정시 원가에 영향을 미치는 요인은 조업도 뿐이라고 가정한다.

④ 원가추정시 관련범위에서 단위당 변동원가와 총고정원가가 일정하다고 가정한다.

23 원가를 추정하는 방법 중 변동비와 고정비의 분류에 있어서 원가담당자의 주관이 개입될 수 있다는 단점을 가진 원가추정방법은 무엇인가?

① 공학적 분석방법　　　　　② 계정분석법
③ 고저점법　　　　　　　　④ 회귀분석법

24 ㈜삼일의 제품생산에 관한 자료는 다음과 같다. 자료를 바탕으로 (ㄱ)손익분기점 판매량과 (ㄴ)손익분기점 매출액을 계산하면 얼마인가?

ㄱ. 제품단위당 판매가격	100원
ㄴ. 제품단위당 변동제조원가	50원
ㄷ. 제품단위당 변동판매비와관리비	10원
ㄹ. 고정제조간접원가	100,000원
ㅁ. 고정판매비와관리비	20,000원

	ㄱ	ㄴ		ㄱ	ㄴ
①	2,000단위	200,000원	②	3,000단위	300,000원
③	3,550단위	355,000원	④	3,750단위	375,000원

25 ㈜삼일의 20X1년 공헌이익은 400,000원이고, 영업이익은 100,000원이다. 만일 20X2년에 판매량이 25% 증가한다면 영업이익의 증가율은 얼마가 될 것으로 예상되는가(단, 20X1년과 20X2년의 단위당 판매가격, 단위당 변동원가, 총고정원가는 동일하다고 가정한다)?

① 40%　　　　　　　　　② 60%
③ 80%　　　　　　　　　④ 100%

26 다음 중 고정예산에 관한 설명으로 옳은 것은?

① 특정수준의 조업도를 기준으로 하여 사전에 수립되는 예산이다.
② 특정기간의 조업도의 변화여부를 고려하여 고정예산을 조정할 필요가 있다.
③ 특정산출량에 대하여 사용된 투입량의 정도에 대한 정보를 제공한다.
④ 통제를 위한 정보로서 적합하며 경영관리적 측면에서 큰 의미를 갖는다.

27 다음 중 사업부별 성과평가에 관한 설명으로 옳은 것은?

① 여러 사업부에 공통으로 관련되는 공통고정원가를 특정사업부에 임의로 배분하는 경우 성과의 왜곡이 발생할 수 있다.
② 특정사업부로의 추적가능성에 따른 사업부별 추적가능고정원가와 공통고정원가는 구분하지 않는 것이 바람직하다.
③ 통제가능원가와 통제불능원가의 구분은 불가능하므로 구분의 실익이 없다.
④ 특정사업부의 경영자에 대한 성과평가시 통제불능원가를 포함하는 것이 바람직하다.

28 다음은 ㈜삼일의 12월 예산 및 실제성과 관련 자료이다. 자료를 바탕으로 매출조업도차이를 계산하면 얼마인가?

	실 제	예 산
단위당 판매가격	92원	88원
단위당 변동원가	36원	35원
고정제조간접원가	55,000원	48,000원
고정판매관리비	15,000원	18,000원
판매량	2,000단위	2,100단위

① 5,300원 불리 ② 5,300원 유리
③ 8,000원 불리 ④ 8,000원 유리

29 ㈜삼일은 휴대폰 및 모바일 부품을 제조하여 판매하는 전자기업으로, 분권화된 세 개의 제품별 사업부를 운영하고 있다. 이들은 모두 투자중심점으로 설계되어 있으며, 회사의 최저 필수수익률은 20% 이다. 각 사업부의 영업자산, 영업이익 및 매출액에 관한 정보는 다음과 같다. 각 사업부를 잔여이익법으로 평가했을 경우 잔여이익이 높은 사업부의 순서로 옳은 것은?

구분	A사업부	B사업부	C사업부
평균영업자산	500,000원	1,000,000원	2,000,000원
영업이익	150,000원	270,000원	480,000원
매출액	1,000,000원	3,000,000원	2,000,000원

① B 〉 C 〉 A

② B 〉 A 〉 C

③ C 〉 B 〉 A

④ A 〉 B 〉 C

30 다음 자료를 이용하여 ㈜삼일의 시장점유율차이와 시장규모차이를 계산하면 얼마인가?

단위당 예산평균공헌이익	120원
실제시장규모	100,000개
예산시장규모	120,000개
실제시장점유율	35%
예산시장점유율	30%

① 시장점유율차이 : 720,000원(불리), 시장규모차이 : 600,000원(유리)

② 시장점유율차이 : 720,000원(유리), 시장규모차이 : 600,000원(불리)

③ 시장점유율차이 : 600,000원(불리), 시장규모차이 : 720,000원(유리)

④ 시장점유율차이 : 600,000원(유리), 시장규모차이 : 720,000원(불리)

31 다음 중 투자중심점의 성과지표로 투자수익률(return on investment, ROI)을 사용할 때의 특징으로 옳지 않은 것은?

① 자본예산기법에 의한 성과평가에 비하여 장기적인 성과를 강조한다.

② 현금의 흐름이 아닌 회계이익을 기준으로 성과를 평가한다.

③ 사업부의 경영자가 자신의 사업부 투자액에 대한 통제권한이 있는 경우 그 경영자의 성과측정 지표로 활용될 수 있다.

④ 준최적화 현상이 발생하지 않도록 유의해야 한다.

32 다음은 로스쿨과 관련한 신문기사 내용이다. 의사결정과 관련하여 괄호 안에 들어갈 용어로 옳은 것은?

로스쿨은 도전할 만한 가치가 있는 것일까?

로스쿨의 연간 등록금은 최소 8백만 원에서 최대 2천만 원이 넘는 곳까지 천차만별이다. 책값과 생활비 등을 감안하면 사립대의 경우 로스쿨에 다니는 동안 9천만 원 ~ 1억 원 정도는 투자해야 할 각오를 해야 한다.

하지만 등록금보다 더 큰 부담은 (   )로 볼 수 있다. 직장에서 휴직을 허용하고, 로스쿨 진학 비용을 대주지 않는 한 직장인이 로스쿨에 다니려면 사표를 내야 한다. 연봉 3천만 원인 직장인이 로스쿨을 다니기 위해 사표를 낸다면 3년 동안 (   )가 1억 원에 이른다. 사립대 로스쿨에 들어간다면 (   )와 등록금까지 감안하여 2억 원에 이르는 돈을 투자하는 것이다.

---

① 추적불능원가   ② 추적가능원가

③ 기회원가   ④ 매몰원가

33 다음 중 부품을 자가제조하고 있는 어떤 기업이 외부에서 부품을 구입하는 대안을 고려하고 있다고 가정할 경우 부적절한 의사결정은 무엇인가(단, 고정제조간접원가는 당해 부품 생산설비의 감가상각비만 존재한다고 가정한다)?

① 금액적인 증분수익과 증분원가 이외에 외부공급처의 지속적 확보 여부, 품질의 동질성 등 비재무적 요인도 고려하여야 한다.

② 유휴설비를 1년간 임대해 주고 임대료를 받을 수 있는 경우에는 변동제조원가 절감액과 임대료 수입액의 합계에서 외부부품 구입대금을 차감한 금액이 0(영)보다 큰 경우 외부구입 대안을 선택한다.

③ 유휴설비의 다른 용도가 없는 경우에는 변동제조원가 절감액에서 외부부품 구입대금을 차감한 금액이 0(영)보다 큰 경우 외부구입 대안을 선택한다.

④ 유휴설비를 다른 제품의 생산에 이용할 수 있는 경우에는 변동제조원가 절감액에서 외부부품 구입대금을 차감한 금액이 0(영)보다 작은 경우 외부구입 대안을 선택한다.

34 ㈜삼일이 A 제품 1,000 단위를 단위당 200 원에 판매할 경우의 예산자료는 다음과 같다. 거래처 ㈜부산으로부터 A 제품 400 단위를 단위당 90 원에 제공해 달라는 특별주문을 요청받았다. 연간 최대생산능력이 1,400 단위일 경우 특별주문 수락여부와 회사의 이익에 미치는 영향으로 옳은 것은?

직접재료비	20,000원(@10)	직접노무비	10,000원(@10)
변동제조간접비	10,000원(@10)	변동판매비와관리비	20,000원(@30)
고정제조간접비	30,000원(@30)	고정판매비와관리비	40,000원(@40)

① 수락, 12,000원 이익증가　　② 수락, 16,000원 이익증가

③ 거절, 4,000원 이익감소　　④ 거절, 12,000원 이익감소

35 ㈜삼일이 자가제조하고 있는 부품의 원가자료는 다음과 같다.

부품단위당 직접재료원가	1,050원
부품단위당 직접노무원가(변동비)	800원
부품단위당 변동제조간접원가	400원
고정제조간접원가	10,000,000원
생산량	40,000단위

부품을 자가제조하지 않는 경우 고정제조간접원가의 20%를 회피할 수 있다면 부품을 외부 구입할 때 지불할 수 있는 최대가격은 얼마인가?

① 2,250원
② 2,300원
③ 2,450원
④ 2,500원

36 다음 중 순현재가치법과 내부수익률법에 관한 설명으로 옳지 않은 것은?

① 순현재가치법과 내부수익률법에 따른 투자안 평가결과는 항상 동일하다.
② 순현재가치법은 투자기간동안 현금흐름을 자본비용으로 재투자한다고 가정한다.
③ 내부수익률법은 투자안의 내부수익률이 최저필수수익률을 상회하면 그 투자안을 채택하게 된다.
④ 두 방법 모두 화폐의 시간적 가치를 고려하는 방법이다.

37 다음 중 자본예산을 편성하기 위해 현금흐름을 추정할 때 주의해야 할 사항으로 옳지 않은 것은?

① 이자비용은 현금흐름 유출에 해당하므로 현금흐름 추정에 반영해야 한다.

② 세금을 납부하는 것은 현금의 유출에 해당하므로 세금을 차감한 후의 현금흐름을 기준으로 추정하여야 한다.

③ 감가상각비를 계상함으로써 발생하는 세금의 절약분인 감가상각비 감세 효과는 현금흐름을 파악할 때 고려해야 한다.

④ 명목현금흐름은 명목할인율로 할인해야 하며, 실질현금흐름은 실질할인율로 할인해야 한다.

38 ㈜삼일은 투자종료시점에 보유하고 있던 건물(취득가 500,000,000 원, 감가상각누계액 100,000,000 원)을 300,000,000 원에 매각하였다. 법인세율이 20%라고 가정했을때 투자종료시점의 현금흐름을 계산하면 얼마인가?

① 280,000,000원   ② 300,000,000원
③ 320,000,000원   ④ 380,000,000원

39 ㈜삼일은 A 사업부와 B 사업부로 구성되어 있다. B 사업부는 A 사업부에서 생산되는 부품을 가공하여 완제품을 제조한다. B 사업부에서 부품 한 단위를 완제품으로 만드는데 소요되는 추가가공원가는 550 원이며, 완제품의 단위당 판매가격은 1,150 원이다. 부품의 외부시장가격이 단위당 650 원인 경우, B 사업부가 받아들일 수 있는 최대대체가격을 계산하면 얼마인가?

① 1,150원   ② 650원
③ 600원   ④ 550원

40 다음 중 각 원가관리시스템에 관한 설명으로 옳은 것은?

① 품질원가계산은 제품의 수명주기가 줄어들고 제조기술의 변화가 빨라지는 현상에 대응하여 대두되었다.

② 목표원가계산은 품질프로그램의 전반적 유효성을 평가하기 위한 것이다.

③ 목표원가계산에서 목표원가 설정을 위해서는 먼저 목표가격을 결정하고, 그 이후에 잠재고객의 요구를 충족하는 제품을 개발한다.

④ 품질원가는 예방원가, 평가원가, 내부실패원가 및 외부실패원가의 네 가지 종류로 구분된다.

01 다음 중 원가회계의 한계점에 관한 설명으로 옳지 않은 것은?

① 비화폐성 정보와 질적인 정보는 제공하지 못한다.

② 객관적으로 측정가능한 회계자료를 기초로 수익과 비용을 인식해야 하므로 자료수집에 어려움이 있다.

③ 경영자의 목적에 따라 다양한 회계절차를 적용해야 하는 어려움이 있다.

④ 특정한 시점에서 모든 의사결정에 목적적합한 원가정보를 제공할 수는 없다.

02 다음은 ㈜삼일의 20X1년 6월 한달 동안의 제조원가 자료이다. ㈜삼일의 20X1년 6월 제조원가명세서상의 당기제품제조원가를 계산하면 얼마인가?

	6월 1일	6월 30일
원 재 료	7,000원	12,000원
재 공 품	10,000원	8,000원
원재료 매입액		24,000원
가공원가		35,000원

① 50,000원　　　　　　　② 52,000원

③ 54,000원　　　　　　　④ 56,000원

03 다음 중 상호배분법에 관한 설명으로 옳지 않은 것은?

① 특정보조부문의 배분할 총원가는 자기부문의 발생원가와 다른 부문으로부터 배분된 원가의 합으로 표시된다.

② 다른 보조부문에 대한 용역제공비율이 큰 보조부문부터 배부해야 원가배분 왜곡이 없다.

③ 보조부문과 제조부문의 배분전 원가 합계와 배분후 원가 합계는 같다.

④ 보조부문 상호간의 용역수수를 완전히 반영한다.

04 ㈜삼일은 단계배분법을 이용하여 보조부문원가를 배분하고 있다. 다음의 자료를 이용하여 물음에 답하시오(단, 보조부문 A 의 원가부터 배분한다).

사용부문 제공부문	보조부문		제조부문		합계
	A	B	갑	을	
부문원가	6,000원	7,000원	12,000원	15,000원	40,000원
A	–	30%	30%	40%	100%
B	25%	–	33%	42%	100%

위의 자료에서 보조부문 B 가 제조부문 을에 배분해야 하는 금액을 계산하면 얼마인가?

① 3,276원 ② 3,872원

③ 4,928원 ④ 7,328원

05 다음 중 개별원가계산에 관한 설명으로 옳지 않은 것은?

① 여러 종류의 제품을 주문에 의해 생산하거나 또는 동종의 제품을 일정 간격을 두고 비반복적으로 생산하는 업종에 적합한 원가계산제도이다.

② 각 제품별로 원가를 집계하기 때문에 제품에 직접대응이 불가능한 제조간접원가의 구분이 중요한 의미를 갖는다.

③ 개별원가계산은 제조간접원가의 배부절차가 반드시 필요하므로, 개별원가계산을 사용하면서 변동원가계산제도를 채택할 수 없다.

④ 제조과정에서 발생한 원가는 개별제품별로 작성된 작업원가표에 집계되므로 재공품 원가를 집계하는 것이 용이하다.

06 다음은 ㈜삼일의 20X1년 12월 원가자료이다. 회사는 직접노무비를 기준으로 하여 제조간접원가를 예정배부하고 있다. 다음 자료에 따라 12월에 완성된 제품 #101의 제조원가를 계산하면 얼마인가?

ㄱ. 당월 제조간접비 발생총액	5,000,000원
ㄴ. 당월 노무비 발생총액	4,000,000원
ㄷ. 제조간접비 예정배부율	직접노무비 1원당 ₩ 0.5
ㄹ. 제품 #101의 직접원가	직접재료비 550,000원
	직접노무비 500,000원

① 1,300,000원
② 1,550,000원
③ 3,800,000원
④ 9,550,000원

07 다음은 개별원가계산제도를 이용하고 있는 ㈜삼일의 원가계산 자료이다. 제조간접원가는 기초원가(prime costs)를 기준으로 배부한다.

원가항목	작업#1	작업#2	작업#3	합계
기초재공품	2,000원	4,000원	–	6,000원
직접재료원가	2,800원	3,000원	2,200원	8,000원
직접노무원가	4,000원	5,000원	3,000원	12,000원
제조간접원가	( )	( )	( )	6,000원

작업#2와 작업#3은 완성되었고, 작업#1은 미완성되었다. ㈜삼일이 기말재공품으로 계상할 금액을 계산하면 얼마인가?

① 8,840원
② 10,400원
③ 10,840원
④ 14,400원

08 ㈜삼일은 종합원가계산제도를 채택하고 있으며 원재료는 공정의 초기에 전량 투입된다. 가공원가는 공정 전반에 걸쳐서 진척도에 따라 균등하게 발생한다. 선입선출법과 평균법을 각각 적용한 종합원가계산 시 각 방법에 의한 완성품환산량이 동일하게 산출되는 경우로 옳은 것은?

① 기초 제품이 전혀 없는 경우
② 기초 재공품이 모두 완성품이 되는 경우
③ 기말 제품이 모두 판매되는 경우
④ 기초 재공품이 전혀 없는 경우

09 ㈜삼일은 종합원가계산 방식을 채택하고 있으며, 선입선출법에 의해 완성품환산량을 계산한다. 재료는 공정 초기에 전량 투입되며 가공원가는 공정 전반에 걸쳐 균등하게 발생한다. 다음 자료를 이용하여 재료원가와 가공원가의 원가요소별 완성품환산량 단위당 원가를 계산하면 얼마인가?

수량	기초재공품 400개 (완성도 50%)	완성품 1,000개
	착수량 800개	기말재공품 200개 (완성도 80%)
원가	재료원가	가공원가
기초재공품원가	200,000원	500,000원
당기 발생원가	2,000,000원	3,000,000원

① 재료원가 1,666.6원 / 가공원가 3,125원
② 재료원가 2,500원 / 가공원가 3,125원
③ 재료원가 2,500원 / 가공원가 3,750원
④ 재료원가 2,750원 / 가공원가 3,645.8원

10 ㈜삼일은 단일제품을 대량으로 생산하고 있으며, 평균법에 의한 종합원가계산을 채택하고 있다. 원재료는 공정초기에 전량 투입되고, 가공원가는 공정전반에 걸쳐 균등하게 발생하고 있다. 기초재공품이 4,000 단위이고 당기착수량이 22,000 단위이다. 기말재공품이 3,000 단위이고, 완성도는 40% 이다. 기초재공품에 포함된 가공원가가 28,000 원이고, 당기발생 가공원가가 165,600 원이면 기말재공품에 포함된 가공원가는 얼마인가?

① 9,600원   ② 9,680원

③ 10,800원   ④ 14,400원

11 다음 중 원가계산제도에 관한 설명으로 옳지 않은 것은?

① 정상원가계산에서는 직접재료원가만을 실제원가로 측정하고 노무원가와 제조간접원 가는 사전에 정해놓은 배부율에 의해 배부한다.

② 종합원가계산은 동종의 제품을 반복적으로 대량생산하는 업종에서 주로 사용되는 원가계산방법이다.

③ 정상원가계산은 평준화원가계산이라고도 한다.

④ 실제원가계산에 의할 경우 기말이 되어야 제조간접원가의 실제 발생액과 배부기준 의 총계가 확정된다.

12 다음 중 표준원가계산의 한계점에 관한 설명으로 옳지 않은 것은?

① 표준원가가 적정하게 산정되었는지의 여부에 객관성이 보장되기 힘들고 많은 비용 이 소요된다.

② 표준원가의 적정성을 사후 관리하지 않을 경우 미래원가계산을 왜곡할 소지가 있다.

③ 표준원가계산제도를 채택할 경우 계량적인 정보를 무시할 가능성이 있다.

④ 예외사항에 대해 객관적인 기준이 없을 경우 양적인 정보만으로 판단하기 때문에 질 적인 예외사항을 무시하기 쉽다.

13 다음은 표준원가계산제도를 채택하고 있는 ㈜삼일의 재료비 표준원가와 실제원가의 차이에 관한 자료이다. ㈜삼일의 제품 1 단위당 직접재료 표준투입량을 계산하면 얼마인가?

[실제원가]	직접재료원가 실제사용량	3,200kg, 11원/kg
	실제완성품 생산수량	2,000단위
[재료비 원가차이]	직접재료비 가격차이	9,600원(유리한 차이)
	직접재료비 능률차이	8,400원(불리한 차이)

① 1.3kg
② 1.5kg
③ 2.0kg
④ 2.5kg

14 ㈜삼일은 표준원가제도를 사용하고 있다. 표준노무시간은 제품 한 단위당 5.2 시간이며, 제품의 실제생산량은 2,200 단위, 고정제조간접원가 실제발생액은 24,920,000 원이다. ㈜삼일의 고정제조간접원가는 노무시간을 기준으로 배부되며 기준조업도는 12,000 노무시간이다. 고정제조간접원가 예산차이가 3,580,000 원 유리하다면 조업도차이는 얼마인가?

① 1,330,000원 유리
② 1,330,000원 불리
③ 2,250,000원 유리
④ 2,250,000원 불리

15 표준원가의 종류는 이상적표준, 정상적표준 및 현실적표준으로 구분할 수 있다. 다음 중 이상적표준을 기준으로 표준원가를 설정할 경우 나타날 수 있는 영향으로 옳은 것은?

① 근로자들의 임금상승 효과를 가져온다.
② 이상적표준을 달성하는 경우가 거의 없기 때문에 유리한 차이가 발생할 가능성이 크다.
③ 실제원가와의 차이가 크지 않으므로 재고자산가액과 매출원가가 항상 적절하게 계상된다.
④ 최선의 조건 하에서만 달성할 수 있는 최저목표원가이다.

16 다음 원가구성에 따른 원가계산방법에 관한 설명으로 올바르지 않은 것을 모두 고르면?

> ㄱ. 전부원가계산과 초변동원가계산에서 이익의 결정 요인은 판매량과 생산량이다.
> ㄴ. 기초재고수량이 기말재고수량보다 적다면 초변동원가계산에 의한 영업이익이 변동원가계산에 의한 영업이익보다 크다.
> ㄷ. 원가부착개념에 근거를 두는 전부원가계산은 운영비용의 중요성을 간과한다는 한계점을 갖는다.
> ㄹ. CVP 분석이 목적이라면 재료처리량공헌이익이 표시되는 손익계산서가 가장 유용하다.

① ㄱ, ㄴ
② ㄴ, ㄷ
③ ㄷ, ㄹ
④ ㄴ, ㄷ, ㄹ

17 초변동원가계산제도 하에서 재고자산가액에 포함되는 원가항목을 올바르게 나열한 것은?

① 직접재료원가
② 직접재료원가, 직접노무원가
③ 직접재료원가, 직접노무원가, 변동제조간접원가
④ 직접재료원가, 직접노무원가, 변동제조간접원가, 변동판매비와관리비

18 다음은 올해 개업한 ㈜삼일의 원가자료이다. 전부원가계산하의 영업이익이 변동원가계산하의 영업이익보다 20,400 원이 많다면, 당기 생산수량은 몇 개인가?

매출액	391,500원	단위당 판매가격	900원
단위당 변동제조원가	300원	단위당 고정제조간접원가	240원

① 80개
② 350개
③ 430개
④ 520개

19 다음은 ㈜삼일의 20X1 년 동안의 수익 및 원가에 관한 자료이다. 변동원가계산에 의한 ㈜
삼일의 기말제품재고액을 계산하면 얼마인가?

순매출액	4,000,000원	변동판매관리비	240,000원
변동제조원가	1,280,000원	고정판매관리비	320,000원
고정제조원가	700,000원	생산량	80,000단위
판매량	60,000단위	기초제품	없음

① 280,000원
② 320,000원
③ 380,000원
④ 495,000원

20 ㈜삼일의 20X1 년 손익에 대한 자료가 다음과 같을 경우 (a) 전부원가계산에 따른 매출총
이익, (b) 변동원가계산에 따른 공헌이익, (c) 초변동원가계산에 따른 재료처리량공헌이익
은 각각 얼마인가?

단위당 판매가격	500원	고정제조간접원가	200,000원
단위당 직접재료원가	150원	고정판매비와관리비	70,000원
단위당 직접노무원가	120원	기초제품	없음
단위당 변동제조간접원가	50원	생산량	20,000개
단위당 변동판매비와관리비	30원	판매량	10,000개

① (a) 1,700,000원 / (b) 1,500,000원 / (c) 3,500,000원
② (a) 1,700,000원 / (b) 1,230,000원 / (c) 2,300,000원
③ (a) 3,400,000원 / (b) 1,500,000원 / (c) 3,500,000원
④ (a) 3,400,000원 / (b) 1,230,000원 / (c) 2,300,000원

21 ㈜삼일은 활동기준원가계산제도(ABC)를 사용하며, 작업활동별 예산자료와 생산관련자료는 다음과 같다.

〈작업활동별 예산자료(제조간접원가)〉

작업활동	배부기준	배부기준당 예정원가
포 장	생산수량	300원
재료처리	부품의 수	15원
절 삭	부품의 수	20원
조 립	직접작업시간	150원

〈생산관련자료〉

제 품	보 급 형	특 수 형
생산수량	5,000개	4,000개
부품의 수	90,000개	80,000개
직접작업시간	6,000시간	4,000시간
직접재료원가	6,000,000원	8,000,000원
직접노무원가	5,000,000원	4,000,000원

㈜삼일이 생산하는 제품 중 보급형 제품의 단위당 제조원가를 계산하면 얼마인가?

① 2,200원 ② 2,671원

③ 3,310원 ④ 4,150원

22 다음 중 원가추정에 관한 설명으로 옳지 않은 것은?

① 원가추정의 목적은 계획과 통제 및 의사결정에 유용한 미래원가를 추정하기 위함이다.

② 원가추정은 조업도와 원가 사이의 관계를 규명하여 원가함수를 추정하는 것이다.

③ 원가추정시 원가에 영향을 미치는 요인은 조업도와 수율 뿐이라고 가정한다.

④ 원가행태가 관련범위 내에서 선형(직선)이라고 가정한다.

23 ㈜삼일은 단일 제품을 생산하여 판매하고 있으며 제조간접원가에 대한 원가동인은 기계가 동시간이다. 과거 6 개월간의 원가 자료가 다음과 같을 때, 고저점법으로 추정한 고정제조간접원가가 9,800,000 원이라면 5 월의 총제조간접원가는 얼마인가?

대상기간	기계가동시간(h)	제조간접원가
1월	285	19,500,000원
2월	260	19,160,000원
3월	290	19,950,000원
4월	310	21,200,000원
5월	350	?
6월	305	20,600,000원

① 21,000,000원　　　　② 22,050,000원

③ 22,400,000원　　　　④ 22,750,000원

24 예산 또는 실제 매출액이 손익분기점 매출수준을 초과하는 부분으로 손실을 발생시키지 않으면서 허용할 수 있는 매출액의 최대 감소액을 의미하는 용어로 옳은 것은?

① 영업레버리지　　　　② 공헌이익

③ 예산 매출액　　　　④ 안전한계

25 다음 자료를 이용하여 ㈜삼일의 20X1 년 손익분기점 매출액을 계산하면 얼마인가?

단위당 판매가격	1,500원
단위당 변동제조원가	700원
단위당 변동판매비와관리비	300원
연간 고정제조간접원가	1,100,000원
연간 고정판매비와관리비	1,275,000원

① 2,968,750원　　　　　　　　② 3,562,500원

③ 4,453,125원　　　　　　　　④ 7,125,000원

26 다음 중 예산에 관한 설명으로 옳지 않은 것은?

① 성과평가의 기준을 제공한다.

② 예산편성 성격에 따라 고정예산과 변동예산으로 구분된다.

③ 예산편성 대상에 따라 종합예산과 부문예산으로 구분된다.

④ 조직구성원에게 동기를 부여하고 의사전달과 조정의 역할을 수행한다.

27 다음 중 책임회계제도에 관한 설명으로 옳지 않은 것은?

① 책임회계제도는 실제 성과와 예산과의 차이를 쉽게 파악할 수 있게 해줌으로써 예외에 의한 관리가 가능하다.

② 책임회계제도가 그 기능을 효율적으로 수행하기 위해서는 각 책임중심점의 경영자가 권한을 위임받은 원가항목들에 대해 통제권을 행사할 수 없어야 한다.

③ 책임중심점은 책임의 성격 및 책임범위에 따라 원가중심점, 수익중심점, 이익중심점 및 투자중심점으로 분류할 수 있다.

④ 책임회계제도 하에서는 권한을 위임 받은 관리자가 책임범위 내에서 독자적인 의사결정을 내릴 수 있다.

28 다음 중 사업부별 성과평가시 사업부경영자의 성과를 평가할 때 포함하여야 하는 원가는 무엇인가?

① 추적가능하고 통제가능한 고정원가 ② 공통 고정원가

③ 통제불가능한 고정원가 ④ 추적불가능한 고정원가

29 다음 중 분권화, 책임회계, 성과평가에 관한 설명으로 옳은 것은?

① 잔여이익에 의하여 채택되는 투자안은 투자수익률에 의해서도 항상 채택된다.

② 잔여이익이 갖고 있는 준최적화의 문제점을 극복하기 위하여 투자수익률이라는 개념이 출현하였으므로 투자수익률에 의한 성과평가기법이 잔여이익보다 더 우월하다고 볼 수 있다.

③ 하부경영자가 자신의 성과측정치를 극대화할 때 기업의 목표도 동시에 극대화될 수 있도록 하부경영자의 성과측정치를 설정해야 하는데, 이를 목표일치성이라고 한다.

④ 투자수익률은 투자규모가 다른 투자중심점을 상호 비교하기가 어렵다는 문제점이 있는 반면에 잔여이익에는 이런 문제점이 없다.

30 ㈜삼일은 계산기를 생산하여 판매하고 있다. 올해 계산기의 예산판매량 및 예산판매가격은 각각 11,000 단위와 180 원이며, 단위당 표준변동제조원가와 표준변동판매비는 각각 80 원과 60 원이다. 올해 실제 매출수량과 단위당 판매가격은 다음과 같다.

생산 및 매출수량	10,000단위
단위당 판매가격	200원

이 경우 매출가격차이와 매출조업도차이를 계산하면 각각 얼마인가?

	매출가격차이	매출조업도차이
①	200,000원 불리	40,000원 유리
②	200,000원 유리	40,000원 불리
③	220,000원 불리	50,000원 유리
④	220,000원 유리	50,000원 불리

31 다음 중 투자중심점의 성과지표로 투자수익률(ROI : return on investment)을 사용할 때의 특징으로 옳은 것은?

① 준최적화 현상이 발생하지 않는다.

② 현금의 흐름을 기준으로 성과를 평가하므로 적용되는 회계기준과 무관한 결과를 도출한다.

③ 사업부의 경영자가 자신의 사업부 투자액에 대한 통제권한이 있더라도 그 경영자의 성과측정 지표로 활용될 수 없다.

④ 자본예산기법에 의한 성과평가에 비하여 단기적인 성과를 강조한다.

32 ㈜삼일은 흠집이 있는 제품 A 를 4 개 보유하고 있다. 흠집이 없는 정상적 제품 A 의 판매 가격은 300 원이다. 제품 A 의 생산에는 단위당 변동제조원가 80 원과 단위당 고정제조원 가 20 원이 투입되었다. 흠집이 있는 제품 A 를 외부에 단위당 150 원에 처분하려면 단위 당 판매관리비가 15 원이 소요될 것으로 추정된다. 이 의사결정에 고려될 관련원가로 옳은 것은?

① 정상판매가격　　　　300원　　　　② 단위당 변동제조원가　80원

③ 단위당 고정제조원가　20원　　　　④ 단위당 판매관리비　　15원

33 ㈜삼일의 사업부 X 의 매출액은 300,000 원, 변동원가는 280,000 원이고 고정원가는 120,000 원이다. 고정원가 중 20,000 원은 회피불능원가에 해당한다. 만약 회사가 사업부 X 를 폐지한다면 회사 전체 순이익은 어떻게 변화하겠는가?

① 30,000원 감소　　　　　　② 30,000원 증가

③ 80,000원 감소　　　　　　④ 80,000원 증가

34 식자재가공업을 영위하는 ㈜삼일은 매월 30,000 단위의 단일 제품을 개당 135 원의 가격으로 납품하고 있으며, 4 월의 매출총이익으로 1,170,000 원을 보고하였다. 그러나 ㈜삼일의 월간 생산능력은 37,000 단위이므로 5 월부터는 유휴설비를 임대하여 월 70,000 원의 추가 수익을 얻을 수 있을 것으로 기대하고 있다. 4 월의 변동제조원가 내역은 다음과 같다.

직접재료비	750,000원
직접노무비	990,000원
변동제조간접비	540,000원

한편, 5 월 초에 기존의 거래처가 아닌 ㈜용산으로부터 개당 95 원에 8,000 단위의 특별주문을 제안받았다. ㈜삼일의 (ㄱ) 동 주문 수락 여부와 (ㄴ) 수락 시의 증분이익으로 옳게 짝지어진 것은(단, 동 특별주문 수락 여부는 8,000 단위 전체에 대하여 판단되어야 하며, 특별주문 수락에 따라 50,000 원의 추가 고정제조간접비가 발생될 예정이다)?

	(ㄱ)	(ㄴ)
①	수락	(+) 23,000원
②	수락	(+) 82,000원
③	거절	(−) 27,000원
④	거절	(−) 32,000원

35 다음의 기업경영 사례에서 밑줄 친 부분을 의미하는 원가용어는 무엇인가?

> 영국, 프랑스가 공동 개발한 초음속 여객기 '콩코드'는 개발과정에서 막대한 비용을 들였고, 완성하더라도 채산을 맞출 가능성이 없었다. 그러나, 이미 거액의 개발자금을 투자했기 때문에 도중에 중지하는 것은 낭비라는 이유로 개발작업이 계속 이어졌다고 한다.

① 기회원가
② 매몰원가
③ 추적가능원가
④ 추적불능원가

36 다음 중 장기의사결정을 위한 자본예산 과정의 현금흐름 추정원칙으로 옳은 것은?

① 감가상각비는 현금흐름에 직·간접적으로 어떠한 영향도 미치지 않는다.

② 현금흐름 파악시 법인세 차감 후 금액을 기준으로 한다.

③ 증분현금흐름을 측정할 때 과거의 투자결정에 의한 매몰원가를 포함한다.

④ 현금흐름계산에서 이자비용은 현금흐름 유출에 반영하여 계산한다.

37 다음 중 자본예산모형에 관한 설명으로 옳은 것은?

① 자본예산모형은 장기 투자에 대한 타당성을 평가하기 위한 것이므로 모든 모형에서 화폐의 시간가치가 필수적으로 고려된다.

② 둘 이상의 상호 독립적인 투자안의 우선순위를 결정함에 있어 순현재가치법과 내부수익률법이 서로 다른 결과를 노출할 수 있다.

③ 회수기간법에서는 손익계산서 상의 순이익으로 자본예산을 실행하며, 계산이 간단하다는 장점이 있는 반면 회수기간 이후의 순이익을 무시한다는 단점이 있다.

④ 내부수익률법에서 향후 예상되는 연간 현금흐름이 동일할 경우에는 시행착오법으로 내부수익률을 산정하는 것이 효율적이다.

38 다음 중 투자안으로부터 얻어지는 현금유입액의 현재가치와 투자에 소요되는 현금유출액의 현재가치를 같게 해주는 할인율을 산출하는 자본예산모형으로 옳은 것은?

① 수익성지수(PI)법   ② 회계적이익률(ARR)법

③ 순현재가치(NPV)법   ④ 내부수익률(IRR)법

39 다음의 조건에 적합한 특별가격 결정방법으로 옳은 것은?

- 단기이익을 극대화하기 위한 초기시장진입가격 결정이다.
- 제품의 가격탄력성이 낮고 시장에 제품 진입이 한정되어 있을 경우 적합하다.

---

① 상층흡수가격
② 시장침투가격
③ 입찰가격
④ 약탈적 가격정책

40 다음 중 균형성과표(BSC)의 장점으로 옳지 않은 것은?

① 재무적 관점에 의한 단기적 성과와 고객관점, 기업내부프로세스 관점, 학습과 성장 관점에 의한 장기적 성과 간의 균형을 이룰 수 있다.
② 기존의 재무적 측정치와 고객, 기업내부프로세스, 학습과 성장 등의 관점에 의한 비재무적 측정치간의 균형 있는 성과평가를 달성할 수 있다.
③ 비재무적 측정치에 대해 객관적인 측정이 가능하며, 업종을 불문하고 정형화된 측정 수단까지도 제공한다.
④ 투자수익률 등의 과거 노력에 의한 결과측정치와 종업원 교육시간 등과 같이 미래 성과를 유발하는 성과동인 간의 균형을 이룰 수 있다.

01 다음은 재무회계와 관리회계의 차이점에 관한 설명이다. 올바른 설명을 모두 고르면?

> ㄱ. 재무회계에서는 관련 법에 의하여 보고서의 작성이 강제된다.
> ㄴ. 관리회계는 그 정보의 속성상 목적적합성이 강조되며 과거지향적인 특성을 가진다.
> ㄷ. 재무회계의 보고수단은 외부이용자를 위한 일반목적 재무제표이다.
> ㄹ. 관리회계에는 준거 기준이 존재하지 않는다.

① ㄱ, ㄷ
② ㄱ, ㄴ, ㄷ
③ ㄱ, ㄷ, ㄹ
④ ㄴ, ㄷ, ㄹ

02 다음 중 A, B에 해당하는 용어로 옳은 것은?

> A : 당기에 완성되어 제품으로 대체된 완성품의 제조원가
> B : 당기에 판매된 제품의 제조원가

① A : 당기총제조원가 B : 당기제품제조원가
② A : 당기총제조원가 B : 매출원가
③ A : 당기제품제조원가 B : 매출원가
④ A : 당기제품제조원가 B : 당기총제조원가

03 다음 중 보조부문원가의 배분방법인 직접배분법, 단계배분법, 상호배분법에 관한 설명으로 옳은 것은?

① 보조부문 간의 용역수수관계를 고려하는 가장 합리적인 보조부문원가의 배분방법은 단계배분법이다.
② 용역의 수수관계를 완전히 무시하고 보조부문의 원가를 각 제조부문이 사용한 용역의 상대적 비율에 따라 각 제조부문에 직접 배분하는 방법은 직접배분법이다.
③ 배분순서가 중요한 계산방법은 상호배분법이다.
④ 보조부문원가의 배분방법에 따라 공장 전체의 제조간접원가가 달라진다.

04 두 개의 제조부문과 두 개의 보조부문으로 이루어진 ㈜삼일의 부문간 용역수수에 관련된 자료는 다음과 같다. 상호배분법을 사용할 경우 제조부문 D 에 배분되는 보조부문의 원가를 계산하면 얼마인가(단, 계산 과정에서 발생하는 소수점 이하 숫자는 반올림한다)?

	보조부문		제조부문	
	A	B	C	D
A부문 용역제공	–	40%	20%	40%
B부문 용역제공	20%	–	60%	20%
발생원가	200,000원	300,000원	450,000원	600,000원

① 195,652원 ② 213,043원

③ 233,333원 ④ 291,304원

05 다음 중 개별원가계산에 관한 설명으로 옳지 않은 것은?

① 수요자의 요구에 따라 개별적으로 제품을 생산하는 업종에서 주로 사용한다.
② 직접원가와 간접원가의 구분이 중요하다.
③ 개별작업에 집계되는 실제원가를 예산액과 비교하여 미래예측에 이용할 수 있다.
④ 실제원가계산에서만 적용이 가능하다.

06 다음 중 일반적인 개별원가계산절차를 나열한 것으로 옳은 것은?

> ㄱ. 집계된 제조간접원가를 배부하기 위한 배부기준을 설정한다.
> ㄴ. 원가집적대상이 되는 개별작업을 파악한다.
> ㄷ. 원가배부기준에 따라 제조간접원가 배부율을 계산하여 개별작업에 배부한다.
> ㄹ. 개별작업에 대한 제조직접원가를 계산하여 개별작업에 직접 추적한다.
> ㅁ. 개별작업에 직접 대응되지 않는 제조간접원가를 파악한다.

① ㄱ-ㄴ-ㄷ-ㄹ-ㅁ ② ㄴ-ㄱ-ㄹ-ㅁ-ㄷ

③ ㄴ-ㄱ-ㅁ-ㄷ-ㄹ ④ ㄴ-ㄹ-ㅁ-ㄱ-ㄷ

07 ㈜삼일은 직접노동시간을 기준으로 제조간접원가를 예정배부하고 있으며 연간 제조간접원가는 1,400,000 원으로, 연간 직접노동시간은 40,000 시간으로 예상하고 있다. 20X1 년 12 월 중 작업지시서 #A 와 #B 를 시작하여 #A 만 완성되었다면 제품제조원가(a)와 재공품원가(b)는 얼마인가(단, 월초에 재공품은 없다고 가정한다)?

	#A	#B	계
직접재료원가	230,000원	130,000원	360,000원
직접노무원가	100,000원	50,000원	150,000원
직접노동시간	3,000시간	2,000시간	5,000시간

① a : 250,000원, b : 435,000원   ② a : 285,000원, b : 400,000원

③ a : 400,000원, b : 285,000원   ④ a : 435,000원, b : 250,000원

08 다음은 평균법에 의한 기말재공품원가를 계산하는 식을 나타낸 것이다. 괄호 안에 들어갈 내용으로 적절한 것은?

$$(\text{기초재공품원가} + \text{당기발생원가}) \times \frac{\text{기말재공품의 완성품환산량}}{(\qquad\qquad)} = \text{기말재공품원가}$$

① 기초재공품수량 + 당기투입수량 − 기말재공품수량

② 완성품수량 + 기말재공품의 완성품환산량

③ 기초재공품의 완성품환산량 + 완성품수량 − 기말재공품의 완성품환산량

④ 완성품수량 + 기말재공품의 완성품환산량 − 기초재공품의 완성품환산량

09 다음은 ㈜삼일의 원가자료이다. 재료는 공정 초기에 전량 투입되며, 가공원가는 공정전반에 걸쳐 균등하게 발생한다. ㈜삼일이 선입선출법을 사용할 경우 기말재공품의 완성도(%)는 얼마인가(단, 가공원가의 당기 완성품환산량은 1,720 개라고 가정한다)?

〈 수량 〉

기초재공품수량	200개(60%)	완성수량	1,600개
착수수량	1,800개	기말재공품수량	400개(?%)

① 40% ② 60%

③ 80% ④ 100%

10 ㈜삼일은 종합원가계산방법을 사용하고 있다. 재료는 공정초기에 전량 투입되며, 가공원가는 공정전반에 걸쳐 균등하게 발생한다. 다음 설명 중 옳지 않은 것은?

	물량자료	재료원가	가공원가
기초재공품	100개(60%)	20,000원	9,000원
당기착수	200개	52,000원	34,200원
당기완성량	200개		
기말재공품	100개(40%)		

① 선입선출법의 완성품 환산량은 재료원가 200개, 가공원가 180개이며 기초재공품의 완성품환산량은 재료원가 100개, 가공원가 60개이다. 선입선출법 완성품환산량에 기초재공품 완성품환산량을 가산하면 평균법 완성품환산량이다.

② 선입선출법의 경우 전기의 완성품환산량 단위당 원가는 재료원가 200원, 가공원가 150원이며, 당기의 완성품환산량 단위당 원가는 재료원가 260원, 가공원가 190원 이다.

③ 선입선출법의 완성품에 포함된 재료원가가 평균법보다 작다.

④ 평균법의 완성품에 포함된 가공원가가 선입선출법보다 작다.

11 다음 중 정상원가계산에 관한 설명으로 옳지 않은 것은?

① 직접재료원가는 실제원가로 측정하지만 가공원가는 사전에 정해 놓은 제조간접원가 예정배부율에 의해 예정배부된 원가로 측정한다.

② 제품원가를 정상원가로 측정하는 원가계산제도로서 평준화원가계산이라고도 한다.

③ 제조간접원가의 배부가 기말까지 지연되어 제품원가계산이 지연되는 실제원가계산의 문제점을 보완하기 위한 원가계산제도이다.

④ 제조간접원가 예정배부율에 의한 배부를 함으로써 특정 작업이 종료됨과 동시에 제품원가를 계산할 수 있도록 하고 매월 제품원가가 변동하지 않도록 하는 원가계산제도이다.

12 다음 중 표준원가계산제도에 관한 설명으로 옳지 않은 것을 모두 고르면?

> ㄱ. 변동원가계산제도에서 적용할 수 있다.
> ㄴ. 직접재료원가 가격차이를 원재료 구입시점에서 분리하든 사용시점에서 분리하든 직접재료원가 능률차이에는 영향을 주지 않는다.
> ㄷ. 원가통제를 포함한 표준원가시스템을 잘 활용하여도 원가절감을 유도할 수는 없다.
> ㄹ. 기말에 원가차이를 매출원가에서 조정할 경우 불리한 차이는 매출원가에서 차감하고 유리한 차이는 매출원가에 가산한다.

① ㄱ, ㄷ   ② ㄱ, ㄹ

③ ㄴ, ㄷ   ④ ㄷ, ㄹ

13 ㈜삼일의 직접재료원가에 관한 자료는 다음과 같다. 직접재료원가의 능률차이는 얼마인가?

제품예산생산량	2,000개
제품실제생산량	2,500개
kg당 실제재료원가	400원
제품 1개당 표준투입수량	4kg
직접재료원가 kg당 표준가격	300원
직접재료원가 가격차이(불리한차이)	900,000원

① 300,000원(유리)　　　　② 300,000원(불리)

③ 600,000원(유리)　　　　④ 600,000원(불리)

14 다음은 20X1년 ㈜삼일의 직접노무원가에 관한 자료이다. 20X1년 ㈜삼일의 제품단위당 실제작업시간은 얼마인가?

실제제품생산량	5,000개
실제직접노무원가 발생액	22,000,000원
제품단위당 표준시간	4시간
직접노무원가 가격차이	2,000,000원(유리)
직접노무원가 능률차이	4,800,000원(불리)

① 5시간　　　　② 5.25시간

③ 6.25시간　　　　④ 6.5시간

15 ㈜삼일의 기준조업도 정상작업시간은 월 620 시간이며, 3 월 중 발생한 제조간접원가 자료는 다음과 같다. 3 월 중 제조간접원가의 조업도차이를 계산하면 얼마인가?

실제 제품생산량	400단위	고정제조간접원가 예산액	638,600원
실제 고정제조간접원가	680,000원	제품 단위당 표준작업시간	1.5시간

① 20,600원 유리

② 20,600원 불리

③ 41,400원 유리

④ 41,400원 불리

16 다음 중 변동원가계산에 의한 손익계산서에 관한 내용으로 옳은 것을 모두 나열한 것은?

ㄱ. 공헌이익을 계산한다.
ㄴ. 변동제조간접원가를 기간비용으로 처리한다.
ㄷ. 고정제조간접원가는 공헌이익 산출에 포함되지 않는다.
ㄹ. 제품생산량이 영업이익에 영향을 미친다.
ㅁ. 판매비와관리비를 변동비와 고정비로 분리하여 보고한다.

① ㄱ, ㄴ, ㄷ

② ㄱ, ㄷ, ㅁ

③ ㄴ, ㄷ, ㄹ

④ ㄴ, ㄷ, ㅁ

17 다음 중 괄호 안에 들어갈 알맞은 용어를 올바르게 짝지은 것은?

> 전부원가계산제도는 (A)개념에 근거를 두고 있다. (A)개념이란 제품생산과 관련한 원가는 원가의 행태에 관계없이 모두 제품의 원가로 보는 것이다. 변동원가계산제도는 (B)개념에 근거를 두고 있다. (B)개념이란 발생한 원가가 미래에 동일한 원가의 발생을 방지할 수 없다면 그 원가는 자산성을 인정할 수 없다는 것이다.

	A	B		A	B
①	원가부착	원가회피	②	원가회피	원가부착
③	원가부착	기간원가	④	원가회피	기간원가

18 ㈜삼일은 당기에 영업을 개시하여 단일 종류의 제품 50,000 단위를 생산하였다. 당기 영업이익으로 200,000 원을 외부보고 하였는데 이는 변동원가계산에 의한 영업이익보다 90,000 원 더 큰 것이다. 당기 ㈜삼일의 원가 구성이 다음과 같을 때, 당기의 (ㄱ)판매수량과 (ㄴ)단위당 판매 가격은 각각 얼마인가?

	변동원가	고정원가
직접재료원가	30원/개	–
직접노무원가	20원/개	–
변동제조간접원가	15원/개	–
고정제조간접원가	–	500,000원
변동판매비와관리비	10원/개	–
고정판매비와관리비	–	415,000원

	(ㄱ)	(ㄴ)		(ㄱ)	(ㄴ)
①	41,000개	95원	②	41,000개	100원
③	48,000개	95원	④	48,000개	100원

19 ㈜삼일의 20X1 년 2 월의 제품 생산 및 판매와 관련된 자료는 다음과 같다. 초변동원가계산을 이용한 ㈜삼일의 20X1 년 2 월 재료처리량 공헌이익을 계산하면 얼마인가?

생산량	5,000개
판매량	4,500개
제품단위당 판매가격	370원
제품단위당 직접재료원가	120원
제품단위당 직접노무원가	60원
제품단위당 변동제조간접원가	30원
고정제조간접원가	75,000원
단, 기초 제품재고는 없다.	

① 855,000원   ② 950,000원

③ 1,125,000원   ④ 1,250,000원

20 ㈜삼일은 당기 초에 영업활동을 시작하여 당기에 제품 1,100 단위를 생산하였으며, 당기의 원가자료는 다음과 같다. 당기 판매량이 800 단위였다면, 전부원가계산에 의한 기말제품재고액은 얼마인가?

단위당 직접재료원가	800원
단위당 직접노무원가	300원
단위당 변동제조간접원가	100원
단위당 변동판매비와관리비	300원
고정제조간접원가	220,000원
고정판매비와관리비	110,000원

① 140,000원   ② 420,000원

③ 450,000원   ④ 540,000원

21 활동기준원가계산(Activity-Based Costing)의 활동분석 단계에서는 기업의 기능을 여러 가지 활동으로 구분하여 분석한다. 다음 중 배치(batch)수준 활동에 해당하는 것으로 옳은 것은?

① 작업준비활동　　　　　　　　② 연구개발활동
③ 건물임차활동　　　　　　　　④ 동력소비활동

22 다음 중 원가추정방법에 관한 설명으로 옳지 않은 것은?

① 공학적 방법은 과거의 원가 자료를 이용할 수 없는 경우에도 사용 가능한 원가추정 방법이다.
② 계정분석법과 산포도법은 분석자의 주관적 판단이 개입될 수 있는 원가추정방법이다.
③ 고저점법은 최고원가 발생월과 최저원가 발생월의 조업도자료를 이용하여 원가함수를 추정하는 방법이다.
④ 회귀분석법에 의한 추정에 있어 통계적 가정이 충족되지 않을 때는 무의미한 결과가 산출될 수 있다.

23 다음 중 CVP 분석에 관한 설명으로 옳지 않은 것은?

① 공헌이익률은 원가구조와 밀접한 관련이 있으며 변동원가 비중이 높으면 공헌이익률이 낮게 나타난다.
② 영업레버리지도가 3이라는 의미는 매출액이 1% 변화할 때 영업이익이 3% 변화한다는 의미이다.
③ 법인세를 고려하는 경우 손익분기점 분석결과는 변화한다.
④ 복수제품인 경우 매출배합은 일정하다고 가정한다.

24 ㈜삼일은 단일 제품을 생산·판매하고 있다. 단위당 판매가격 10,000 원, 단위당 변동원가 6,000 원, 총고정원가 500,000 원이다. 다음 중 옳지 않은 것은?

① 단위당 공헌이익은 4,000원 이다.

② 변동비율은 60% 이다.

③ 공헌이익률은 40% 이다.

④ 손익분기점 매출액은 1,200,000원이다.

25 다음은 매출액과 영업이익이 동일한 ㈜삼일과 ㈜용산의 영업활동에 관한 자료이다.

	㈜삼일	㈜용산
매 출 액	2,000,000원	2,000,000원
변동원가	1,400,000원	500,000원
공헌이익	600,000원	1,500,000원
고정원가	300,000원	1,200,000원
영업이익	300,000원	300,000원

다음 중 ㈜삼일과 ㈜용산의 영업레버리지에 관한 설명으로 옳지 않은 것은?

① 영업레버리지도는 손익분기점에 접근할수록 점점 1의 값에 가까워진다.

② ㈜용산의 경우 영업레버리지도는 5이다.

③ ㈜삼일의 경우 매출액이 2,000,000원 증가하면 영업이익은 900,000원으로 증가한다.

④ 경기침체로 인해 매출액이 감소할 때 ㈜용산의 영업이익 감소율이 ㈜삼일의 영업이익 감소율보다 항상 크다.

26 다음 중 고정예산과 변동예산의 차이에 관한 설명으로 옳은 것은?

① 고정예산의 범위는 회사전체인 반면, 변동예산의 범위는 특정부서에 한정된다.

② 변동예산은 변동원가만을 고려하고, 고정예산은 변동원가와 고정원가 모두를 고려한다.

③ 고정예산은 조업도의 변동을 고려하지 않고 특정조업도를 기준으로 작성되는 예산이고, 변동예산은 조업도의 변동에 따라 조정되어 작성되는 예산이다.

④ 변동예산에서는 권한이 하부 경영자들에게 위양되나, 고정예산에서는 그렇지 않다.

27 책임회계제도에 기반을 둔 경영체제가 운영되기 위해서는 책임중심점이 있어야 한다. 다음 중 책임중심점별로 통제책임을 지는 부문과 부서의 연결이 옳은 것은?

① 원가중심점 – 분권화된 조직   ② 수익중심점 – 영업소

③ 이익중심점 – 제조부문   ④ 투자중심점 – 판매부서

28 다음 중 효율적인 성과평가제도를 설계하기 위해 고려해야 할 사항에 관한 설명으로 옳지 않은 것은?

① 성과평가는 객관적인 결과에 기초하여야 하므로 종업원의 만족도나 동기부여 등 주관적인 요소는 성과평가시 최대한 배제되어야 한다.

② 성과평가치의 성과측정 오류가 최소화 되도록 설계되어야 한다.

③ 적시성과 경제성을 적절히 고려하여야 한다.

④ 각 책임중심점의 행동에 미치는 영향을 적절히 고려하여야 한다.

29 ㈜삼일은 다음과 같은 3개의 사업부(A, B, C)를 갖고 있다. 다음 자료를 이용하여 각 사업부를 잔여이익으로 평가했을 때 성과가 높은 사업부 순서대로 올바르게 배열한 것은?

구 분	A	B	C
영업자산	1,000,000원	4,000,000원	3,000,000원
영업이익	900,000원	1,500,000원	1,500,000원
최저필수수익률	20%	30%	15%

① A 〉 B 〉 C   ② A 〉 C 〉 B

③ B 〉 A 〉 C   ④ C 〉 A 〉 B

30 다음 자료를 이용하여 ㈜삼일의 시장점유율차이를 계산하면 얼마인가?

단위당 예산평균공헌이익	100원
실제시장점유율	40%
예산시장점유율	45%
실제시장규모	100,000개
예산시장규모	120,000개

① 500,000원(유리)   ② 500,000원(불리)

③ 800,000원(유리)   ④ 800,000원(불리)

31 다음 재무자료를 이용하여 계산한 경제적부가가치(EVA)가 12억인 경우, 자기자본비용을 계산하면 얼마인가(단, 아래의 자료에서 법인세효과는 무시한다)?

매출액	120억 원
매출원가	75억 원
판매비와관리비	15억 원
영업외수익 중 영업관련수익	5억 원
영업외비용 중 영업관련비용	7억 원
투하자본(타인자본 120억 원, 자기자본 80억 원)	200억 원
타인자본비용	6%

① 10%
② 11%
③ 12%
④ 13%

32 다음은 철수와 친구 동철이의 대화내용이다. 의사결정과 관련하여 괄호 안에 들어갈 원가용어로 옳은 것은?

철수 : 동철아, 아직 결혼 소식 없어?

동철 : 그러게 말야. 더 이상 나이 먹기 전에 결혼을 해야겠는데 영희는 결혼 생각이 없는 거 같아. 헤어져야 할지 말아야 할지 고민이야.

철수 : 잘 생각해서 판단해. 네가 영희와 사귀기 위해 쓴 데이트비용, 시간 등이 정말 많은데 헤어지면 너무 아깝지 않겠어?

동철 : 물론 아깝긴 하지. 그러나, 그런 것들은 전부 (   ) 일 뿐이야. 이미 과거에 지출된 원가라서 내가 영희와 헤어질 것인가를 결정하는 것과는 관계가 없어. 하지만 알면서도 자꾸 미련이 남아.

① 매몰원가
② 추적가능원가
③ 추적불능원가
④ 기회원가

33 다음 제시된 원가 중 의사결정을 위한 관련원가에 해당되는 원가의 합으로 옳은 것은?

기회원가	14,000원	매몰원가	20,000원
회피가능원가	16,000원	회피불능원가	5,000원

① 16,000원

② 21,000원

③ 30,000원

④ 35,000원

34 ㈜삼일은 최근에 제품을 단위당 10,000 원에 800 단위 구입하겠다는 특별주문을 받았다. 주문을 수락하더라도 기존 판매가격이나 고정원가에는 아무런 영향을 주지 않으며 유휴생산능력은 충분하다. 단위당 원가가 다음과 같을 경우, ㈜삼일의 특별주문 수락여부와 회사의 이익에 미치는 영향으로 옳은 것은?

	금액
직접재료원가	3,000원
직접노무원가(변동비)	3,000원
변동제조간접원가	3,500원
고정제조간접원가	3,000원
제품단위당 원가	12,500원

① 거절, 100,000원의 추가손실 발생

② 거절, 400,000원의 추가손실 발생

③ 수락, 100,000원의 추가이익 발생

④ 수락, 400,000원의 추가이익 발생

35 ㈜삼일의 부품제조에 관한 원가자료는 다음과 같다. 외부의 제조업자가 이 부품을 납품하겠다고 제의하였으며, 부품을 외부에서 구입할 경우 고정제조간접원가의 2/3 를 회피할 수 있다면 ㈜삼일이 최대한 허용할 수 있는 부품의 단위당 구입가격은 얼마인가?

부품단위당 직접재료원가	200원
부품단위당 직접노무원가	80원
부품단위당 변동제조간접원가	120원
고정제조간접원가	600,000원
생산량	10,000단위

① 280원
② 400원
③ 420원
④ 440원

36 다음 중 순현재가치(NPV)법과 내부수익률(IRR)법에 관한 설명으로 옳지 않은 것은?

① 내부수익률(IRR)법에서는 내부수익률이 최저필수수익률을 상회하는 투자안을 채택한다.
② 순현재가치(NPV)법은 가치가산의 원칙이 적용되나 내부수익률(IRR)법은 그렇지 않다.
③ 두 방법 모두 화폐의 시간가치를 고려하는 방법이다.
④ 순현재가치(NPV)법에서는 순현재가치가 투자금액보다 큰 투자안을 채택한다.

37 장기의사결정시에는 미래 현금흐름을 추정하는 것이 중요하다. 다음 중 장기의사결정을 위한 현금흐름 추정의 기본원칙으로 옳지 않은 것은?

① 이자비용은 할인율을 통해 반영되므로 현금흐름 산정시 이자비용은 없는 것으로 가정한다.
② 감가상각비 감세효과는 현금흐름을 추정할 때 고려해야 한다.
③ 명목현금흐름은 명목할인율로 할인해야 하며, 실질현금흐름은 실질할인율로 할인해야 한다.
④ 법인세는 회사가 통제할 수 없기 때문에 현금흐름을 추정할 때 고려해서는 안 된다.

38 ㈜삼일은 35,000 원에 기계를 구입할 예정이며, 기계를 사용할 때 연간 원가절감액은 아래의 표와 같다. 연중 현금흐름이 고르게 발생한다고 가정하고 이 투자안의 회수기간을 계산하면 얼마인가?

연도	1년	2년	3년	4년
연간 원가절감액	8,500원	9,000원	10,000원	10,000원

① 2.75년   ② 2.95년

③ 3.75년   ④ 3.80년

39 ㈜삼일은 A 사업부와 B 사업부로 구성되어 있다. B 사업부는 A 사업부에서 생산되는 부품을 가공하여 완제품을 제조한다. B 사업부에서 부품 한 단위를 완제품으로 만드는 데 소요되는 추가가공원가는 500 원이며, 완제품의 단위당 판매가격은 1,050 원이다. 부품의 외부시장가격이 단위당 600 원인 경우, B 사업부가 받아들일 수 있는 최대대체가격은 얼마인가?

① 550원   ② 600원

③ 650원   ④ 1,150원

40 다음은 프린터를 생산하여 판매하고 있는 ㈜삼일의 품질원가와 관련한 정보이다. 외부실패원가를 계산하면 얼마인가?

제품 검사원가	1,500원
생산직원 교육원가	2,500원
작업폐물	3,000원
반품원가	3,000원
구입재료 검사원가	2,000원
소비자 고충처리비	4,000원

① 3,000원   ② 7,000원

③ 9,000원   ④ 10,000원

삼일회계법인 자격시험
www.samilexam.com

13320

ISBN 979-11-6784-263-3

NCS 국가직무능력표준
National Competency Standards

국가공인
재경관리사

기출문제집

삼일회계법인 저

정답 및 해설

삼일회계법인
삼일인포마인

국가공인
재경관리사 시험

재경관리사 기출문제집
정답 및 해설

Answer

Explanation

01	④	02	④	03	④	04	②	05	②
06	①	07	①	08	①	09	③	10	④
11	①	12	③	13	③	14	②	15	④
16	③	17	①	18	②	19	②	20	④
21	①	22	④	23	②	24	③	25	③
26	③	27	③	28	①	29	③	30	③
31	④	32	①	33	①	34	④	35	③
36	①	37	④	38	②	39	④	40	④

01 ④ 국제회계기준은 연결실체가 재무제표를 작성하는 것을 전제로 제정되어 있다. 따라서 종속회사가 있는 경우에는 경제적 실질에 따라 지배회사와 종속회사의 재무제표를 결합하여 보고하는 연결재무제표를 기본 재무제표로 제시하고 있다.

02 ④ 보고기업의 경제적 자원과 청구권의 변동은 그 기업의 재무성과, 그리고 채무상품 또는 지분상품의 발행과 같은 그 밖의 사건 또는 거래에서 발생한다.

03 ④ 보강적 질적 특성은 정보가 목적적합하지 않거나 나타내고자 하는 바를 충실하게 표현하지 않으면 개별적으로든 집단적으로든 그 정보를 유용하게 할 수 없다.

04 ② 포괄손익계산서에서 당기순손익과 총포괄손익 간에 차이를 발생시키는 항목은 기타포괄손익을 의미하며, 유형자산의 재평가잉여금은 기타포괄손익에 해당한다.

05 ② 주요 매출처는 특수관계자의 범위에 포함되지 않는다.

06 ① 매출원가 : 600,000 + 1,000,000 - 520,000 = 1,080,000원

07 ① 한국채택국제회계기준에서는 후입선출법을 허용하고 있지 않다.

08 ① 완성될 제품이 원가 이상으로 판매될 것으로 예상하는 경우에는 그 생산에 투입하기 위해 보유하는 원재료 및 기타 소모품을 감액하지 않는다. 제품의 경우 단위당 원가보다 단위당 순실현가능가치가 크기 때문에 제품은 감액하지 않는다. 따라서 완성될 제품이 원가 이상으로 판매될 것으로 예상되기 때문에 원재료에 대해서도 감액하지 않는다.

09 ③ (1) 풍력발전소 취득원가 = 974,607 + 300,000 × 0.75131 = 1,200,000원
(2) 감가상각비 = (1,200,000 - 0)×1/3 = 400,000원

10 ④ 정률법은 내용연수 초기에 감가상각비를 많이 계상하다가 내용연수 후기로 갈수록 감가상각비를 적게 계상하는 방법인데, 이를 체감잔액법이라고도 한다.

11 ① (1) 20X2년말 장부금액 = min(①, ②) = 60,000원
  ① 20X1년말에 손상차손을 인식하지 않았다고 가정할 경우 20X2년말 장부금액
    : 100,000 - (100,000 - 0)×2/5 = 60,000원
  ② 20X2년말 회수가능액 : 80,000원
(2) 20X3년말 감가상각비 :(60,000 - 0)×1/3 = 20,000원

12 ③ 총비용 : 3,000,000 + 27,000,000 + 7,000,000 + (30,000,000 - 0)×1/5 × 3/12 = 38,500,000원

13 ③ 내용연수가 유한한 무형자산의 상각방법은 자산의 경제적 효익이 소비되는 형태를 반영한 방법이어야 한다. 다만, 소비되는 형태를 신뢰성 있게 결정할 수 없는 경우에는 정액법을 사용한다.

14 ② 20X1년 말 투자부동산평가손실 : 8억 원 - 10억 원 = (-)2억 원

15 ④ 당기손익-공정가치 측정 금융자산 취득시 지출된 거래원가는 지출시점에 당기비용으로 처리한다.

16 ③ 이자수익 = (100,000×0.79719 + 10,000×1.69004)× 12% = 11,594원

17 ① 기타포괄손익-공정가치측정 금융자산으로 분류되는 지분상품은 공정가치 변동분을 기타포괄손익에 반영하며, 처분시점에도 기타포괄손익을 당기손익으로 재분류조정 하지 않는다. 따라서 당기손익으로 인식할 처분이익은 0원이다.

18 ② 계약에 의하지 않은 부채나 자산은 금융부채나 금융자산이 아니다. 이러한 예로는 정부가 부과하는 법적 요구사항에 따라 발생하는 법인세와 관련된 부채를 들 수 있다.

19 ② (1) 사채의 발행금액 : 100,000,000 × 0.79383 + 6,000,000 × 2.57710 = 94,845,600원
(2) 총이자비용 : (100,000,000 + 6,000,000 × 3) - 94,845,600 = 23,154,400원

20 ④ ① 미래의 예상 영업손실은 부채의 정의에 부합하지 아니할 뿐만 아니라 충당부채의 인식요건을 충족시키지 못하므로 충당부채로 인식하지 아니한다.
② 충당부채로 인식하여야 하는 금액에 대한 최선의 추정치는 관련된 사건과 상황에 대한 불확실성이 고려되어야 한다.
③ 충당부채는 과거사건에 의해서 발생한 현재의무(법적의무 또는 의제의무)로 지출하는 시기 또는 금액이 불확실한 부채를 의미한다.

21 ① 주식배당과 무상증자는 자본금이 증가하지만, 주식분할은 자본금이 불변이다.

22 ④

구분	자본총계
20X1년 1월 1일	38,500,000 - 13,500,000 = 25,000,000원
유상증자	200주 ×@6,500 = 1,300,000원
자기주식 처분	800,000원
총포괄이익	1,300,000 + 500,000 = 1,800,000원
20X1년 12월 31일	28,900,000원

23 ② 자산의 소유에 따른 유의적인 위험과 보상이 고객에게 있는 경우가 고객이 자산을 통제하는 시점의 적절한 예에 해당한다.

24 ③ 매출액 : 1,000개 × @300 × (1 - 10%) = 270,000원

25 ③

(1) 20X1년 말 공사대금청구액 : 18,000,000원
(2) 20X1년 말 누적공사수익 : 120,000,000 × 20,000,000/100,000,000 = 24,000,000원
(3) 누적공사수익이 공사대금청구액 보다 크기 때문에 계약자산이 발생한다.
   계약자산 = 24,000,000 - 18,000,000 = 6,000,000원

26 ③

(1) 20X1년말 누적진행률 = 100억 원 ÷ 250억 원 = 40%
(2) 20X2년말 누적진행률 = (100억 원 + 110억 원) ÷ 300억 원 = 70%
(3) 20X2년 계약수익 = 400억 원 × (70% - 40%) = 120억 원

27 ③

장기종업원 급여의 재측정요소는 당기손익으로 인식한다.

28 ①

20X2년 당기보상비용 : 100명×10개×1,000원×0.9×2/3 - 100명×10개×1,000원×0.9×1/3 = 300,000원

29 ③

차감할 일시적차이가 사용될 수 있는 미래과세소득의 발생가능성이 높은 경우에 이연법인세자산을 인식한다.

30 ③

(1) 당기법인세 : (1,000,000 - 200,000 + 30,000 + 100,000) × 30% = 279,000원
(2) 이연법인세부채 증가 : 200,000 × 30% = 60,000원
(3) 자기주식처분이익에 대한 법인세 효과 : 100,000 × 30% = 30,000원
(4) 법인세비용 : 당기법인세 + 이연법인세부채의 증가 - 자기주식처분이익에 대한 법인세 효과
   = 279,000 + 60,000 - 30,000 = 309,000원

31 ④

유형자산 감가상각방법의 변경은 회계추정의 변경에 해당한다.

32 ①

기본주당순이익 : $\dfrac{500,000,000원 - 50,000,000원}{50,000주}$ = 9,000원

33 ①

영업권의 상각은 허용되지 않는다.

34 ④ 관계기업투자주식의 장부금액 : 900,000 + 500,000 × 40% = 1,100,000원

35 ③ 화폐성항목의 결제시점에 생기는 외환차이는 그 외환차이가 생기는 회계기간의 당기손익으로 인식한다.

36 ① 매매목적으로 보유하고 있는 파생상품의 평가손익은 당기손익으로 처리한다.

37 ④ 감가상각비 : (200,000×3.7908 + 100,000)×1/5 = 171,632원

38 ② 배당금의 지급은 재무자원을 획득하는 비용이므로 재무활동 현금흐름으로 분류할 수 있다.

39 ④

매출액	100,000원
대손상각비	(-)5,000원
매출채권의 증가	(-)5,000원
대손충당금의 증가	1,000원
현금유입액	91,000원

40 ④

당기순이익	100,000원
법인세비용	2,000원
감가상각비	1,000원
유형자산처분손실	3,000원
매출채권의 증가	(-)2,000원
재고자산의 증가	(-)3,000원
매입채무의 증가	3,000원
영업에서 창출된 현금	104,000원

2023년 2회 — 2023년 3월 25일 시행

01	②	02	④	03	④	04	②	05	④
06	②	07	②	08	①	09	②	10	①
11	③	12	③	13	④	14	③	15	②
16	②	17	②	18	①	19	②	20	③
21	①	22	①	23	④	24	②	25	③
26	④	27	③	28	④	29	③	30	④
31	③	32	①	33	①	34	③	35	④
36	①	37	①	38	①	39	①	40	①

01 ②
① 원칙중심의 회계기준
③ 공시의 강화
④ 공정가치 적용의 확대

02 ④
보고기업의 경제적 자원과 청구권의 변동은 그 기업의 재무성과, 그리고 채무상품 또는 지분상품의 발행과 같은 그 밖의 사건 또는 거래에서 발생한다.

03 ④
완벽한 표현충실성을 위해서는 서술은 완전하고, 중립적이며, 오류가 없어야 한다.

04 ②
포괄손익계산서에서 당기순손익과 총포괄손익 간에 차이를 발생시키는 항목이 기타포괄손익을 의미하며, 유형자산의 재평가잉여금은 기타포괄손익에 해당한다.

05 ④
중간재무보고서는 당해 회계연도 누적기간을 직전 회계연도의 동일기간과 비교하는 형식으로 작성한 현금흐름표를 포함하여야 한다.

06 ②
① 재고자산을 현재의 장소에 현재의 상태로 이르게 하는 데 기여하지 않은 관리간접원가는 재고자산의 취득원가에 포함할 수 없으며 발생기간의 비용으로 인식하여야 한다.
③ 판매시 발생한 판매수수료는 재고자산의 취득원가에 포함할 수 없으며 발생기간의 비용으로 인식하여야 한다.
④ 매입할인, 리베이트 및 기타 유사한 항목은 매입원가를 결정할 때 차감한다.

07 ② 매출원가 : 100개 × @100 + 250개 × @200 + 50개 × @225 = 71,250원

08 ① 매출원가 등 관련비용 : 1,000,000 + 3,000,000 - 1,500,000 = 2,500,000원

09 ② 자산의 장부금액이 재평가로 인하여 증가된 경우에 그 증가액은 기타포괄이익으로 인식하고 재평가잉여금의 과목으로 자본(기타포괄손익누계액)에 가산한다. 그러나 동일한 자산에 대하여 이전에 당기손익으로 인식한 재평가감소액이 있다면 그 금액을 한도로 재평가증가액만큼 당기손익으로 인식한다. 따라서 20X2년말 재평가 인한 증가액 8,000원 중 20X1년말 재평가감소액 3,000원은 당기손익으로 인식하고 5,000원은 기타포괄손익으로 인식한다.

10 ① (1) 연평균지출액 = 10,000,000 × 12/12 + 8,000,000 × 6/12 + 9,000,000 × 4/12 = 17,000,000원
(2) 특정차입금 차입원가 자본화 = 8,000,000 × 12/12 × 6% = 480,000원
(3) 일반차입금 차입원가 자본화 = (17,000,000 - 8,000,000 × 12/12) × 8% = 720,000원
(4) 20X1년에 자본화 할 차입원가 = 480,000 + 720,000 = 1,200,000원

11 ③

	취득원가
유형자산 B 의 매입가격	100,000,000원
최초의 운송	5,000,000원
설치 및 조립	3,000,000원
정상적인 가동 여부를 확인하는데 소요된 원가	2,000,000원
유형자산 B 의 취득과 관련하여 전문가에게 지급하는 수수료	10,000,000원
합 계	120,000,000원

12 ③ 내용연수가 유한한 무형자산의 상각방법은 자산의 경제적 효익이 소비되는 형태를 반영한 방법이어야 한다. 다만, 소비되는 형태를 신뢰성 있게 결정할 수 없는 경우에는 정액법을 사용하여 상각한다.

13 ④ (1) 손상차손 인식 전 20X1년말 장부금액
: 500,000 - (500,000 - 0)×1/5 = 400,000원
(2) 20X1년말 회수가능액 : max(300,000, 360,000)= 360,000원
(3) 손상차손 인식 후 20X1년말 장부금액: min(400,000, 360,000)= 360,000원
(4) 20X1년말 손상차손 : 400,000 - 360,000 = 40,000원

14 ③   12억 원 - 10억 원 = 2억 원 투자부동산평가이익

15 ②   20X1년말 기타포괄손익누계액 = 20X1년말 공정가치 - 취득원가
         = 130,000 - (100,000 + 10,000) = 20,000원

16 ②   이자수익 = (100,000×0.79719 + 10,000×1.69004)× 12% = 11,594원

17 ②   (1) 사채의 발행금액 : 50,000,000 × 0.8396 + 4,500,000 × 2.6730 = 54,008,500원
         (2) 총이자비용 : (50,000,000 + 4,500,000 × 3) - 54,008,500 = 9,491,500원

18 ①   ② 복합금융상품의 발행금액에서 금융부채의 공정가치를 차감한 잔액은 지분상품(자본)으로 인식한다.
         ③ 일반적으로 전환사채에 포함되어 있는 전환권은 자본항목으로 분류한다.
         ④ 현금 등 금융자산을 인도하기로 하는 계약 부분은 금융부채요소에 해당한다.

19 ②   당기손익-공정가치 측정 금융부채와 관련되는 거래원가는 당기손익으로 처리한다.

20 ③   충당부채를 설정하는 의무는 법적의무 뿐만 아니라 의제의무도 포함한다.

21 ①   주식배당과 무상증자는 자본금이 증가하지만, 주식분할은 자본금이 불변이다.

22 ①   자기주식을 처분하는 경우 처분가액과 취득원가와의 차액을 자기주식처분손익으로 자본항목에 반영
         한다.

23 ④   재화나 용역을 제공하고 대가를 현금 외에 재화 또는 용역으로 수령하는 경우 재화 등의 성격이 유사
         하다면 별도 거래로 보지 않는다.

24 ②   반품될 것으로 예상되는 10,000,000원을 환불부채로 인식한다.

25 ③

(1) 20X1년말 누적진행률 = 10,000,000 ÷ 40,000,000 = 25%

(2) 20X2년말 누적진행률 = (10,000,000 + 30,000,000) ÷ 40,000,000 = 100%

(3) 20X2년 계약이익 = (60,000,000 – 40,000,000) × (100% – 25%) = 15,000,000원

26 ④

(1) 20X1년 말 공사대금청구액 : 18,000,000원

(2) 20X1년 말 누적공사수익 : 120,000,000 × 20,000,000/100,000,000 = 24,000,000원

(3) 누적공사수익이 공사대금청구액 보다 크기 때문에 계약자산이 발생한다.

계약자산 = 24,000,000 – 18,000,000 = 6,000,000원

27 ③

기타포괄손익으로 인식할 재측정요소 =

확정급여채무의 현재가치 증가액 – 사외적립자산의 공정가치 감소액

= 100 + 200 = 300원 손실

28 ④

공정가치의 변동액은 당기손익으로 회계처리한다.

29 ③

차감할 일시적차이가 사용될 수 있는 미래과세소득의 발생가능성이 높은 경우에 이연법인세자산을 인식한다.

30 ④

법인세비용 = 당기법인세 + 이연법인세부채의 증가

= 1,000,000 + 1,000,000 = 2,000,000원

31 ③

재평가모형을 원가모형으로 변경하는 것은 회계정책의 변경에 해당한다.

32 ①

$$기본주당순이익 = \frac{12,000,000원 - 3,000,000원}{18,000주 + 8,000주×3/12} = 450원$$

33 ①

영업권의 상각은 허용되지 않는다.

34 ③

관계기업투자주식의 장부금액 : 3,000,000 + 1,000,000 × 30% = 3,300,000원

35 ④   외화거래를 보고기간 말에 기능통화로 환산할 때 공정가치로 측정하는 비화폐성항목은 공정가치가 결정된 날의 환율로 환산한다. 공정가치평가손익을 당기손익으로 인식하는 경우에는 외환차이도 당기손익으로 인식하고, 공정가치평가손익을 기타포괄손익으로 인식하는 경우에는 외환차이도 기타포괄손익으로 인식한다.

36 ①   위험회피수단으로 지정되지 않고 매매목적으로 보유하고 있는 파생상품의 평가손익은 당기손익으로 처리한다.

37 ①   리스부채는 사용권자산에서 차감하는 형식으로 표시하지 않는다. 재무상태표에서 부채를 유동과 비유동으로 구분하여 표시하고 있다면 리스부채도 동일하게 구분하여 표시하며, 사용권자산과 리스부채는 다른 자산과 부채와 구분하여 표시하거나 공시한다.

38 ①

법인세비용차감전순이익	50,000원
감가상각비	300,000원
유형자산처분손실	150,000원
재고자산의 증가	(-)300,000원
매입채무의 증가	300,000원
영업활동현금흐름	500,000원

39 ①   유형자산의 처분으로 인한 현금유입은 투자활동으로만 분류할 수 있다.

40 ①

매출원가	(-)60,000원
재고자산의 감소	2,000원
매입채무의 증가	2,000원
현금유출액	(-)56,000원

2023년

3회 **2023년 5월 20일 시행**

01	④	**02**	②	**03**	④	**04**	②	**05**	④
06	③	**07**	④	**08**	①	**09**	③	**10**	④
11	①	**12**	②	**13**	②	**14**	③	**15**	④
16	③	**17**	②	**18**	③	**19**	④	**20**	②
21	④	**22**	③	**23**	④	**24**	②	**25**	②
26	①	**27**	③	**28**	④	**29**	②	**30**	②
31	④	**32**	④	**33**	②	**34**	②	**35**	③
36	③	**37**	④	**38**	④	**39**	③	**40**	④

01 ④ 보고기업의 경영진도 해당 기업에 대한 재무정보에 관심이 있다. 그러나 경영진은 그들이 필요로 하는 재무정보를 내부에서 구할 수 있기 때문에 일반목적재무보고서에 의존할 필요가 없다.

02 ② 재무정보가 예측가치를 갖기 위해서 그 자체가 예측치 또는 예상치일 필요는 없다.

03 ④ ① 현행원가 : 측정일 현재 동등한 자산의 원가로서 측정일에 지급할 대가와 그 날에 발생할 거래원가를 포함한다.
② 역사적 원가 : 자산의 취득 또는 창출에 발생한 원가의 가치로서, 자산을 취득 또는 창출하기 위하여 지급한 대가와 거래원가를 포함한다.
③ 사용가치 : 기업이 자산의 사용과 궁극적인 처분으로 얻을 것으로 기대하는 현금흐름 또는 그 밖의 경제적효익의 현재가치이다.

04 ② 재고자산에 대한 재고자산평가충당금과 매출채권에 대한 대손충당금과 같은 평가충당금을 차감하여 관련 자산을 순액으로 측정하는 것은 상계표시에 해당하지 아니한다.

05 ④ 중간재무보고서는 요약재무상태표, 요약포괄손익계산서, 요약자본변동표, 요약현금흐름표 및 선별적 주석사항이 포함되어야 한다.

06 ③ 재고자산 = ($800 - $80)×1,100 + 80,000 + 15,000 = 887,000원

07 ④　　(1) 총평균법 :

$$\frac{100,000원 + 230,000원 + 90,000원}{1,000개 + 2,000개 + 500개} \times 2,500개 = 300,000원$$

(2) 선입선출법 : 1,000개 × @100 + 1,500개 × @115 = 272,500원

08 ①　　선입선출법은 물량의 실제흐름과는 관계없이, 먼저 구입한 상품이 먼저 사용되거나 판매된 것으로 가정하여 기말재고액을 결정하는 방법이다.

09 ③　　동 지출은 기계장치의 장부금액에 포함되며, 감가상각을 통해 내용연수 동안 비용화 되어 당기손익에 영향을 미친다.

10 ④　　자산의 장부금액이 재평가로 인하여 감소된 경우에 그 감소액은 당기손실로 인식한다.

11 ①　　자본화 할 차입원가 = 10,000,000 × 12/12 × 6% + 20,000,000 × 6/12 × 9% = 1,500,000원

12 ②　　① 내부적으로 창출한 영업권은 무형자산으로 인식하지 않는다.
③ 연구단계에서는 미래경제적효익을 창출할 무형자산이 존재한다는 것을 제시할 수 없기 때문에 연구단계에서 발생한 지출은 무형자산으로 인식할 수 없고 발생한 기간의 비용으로 인식한다.
④ 생산 전 또는 사용 전의 시제품과 모형을 설계, 제작 및 시험하는 활동은 일반적으로 개발단계에 해당한다.

13 ②　　(1) 손상차손 인식 전 20X1년말 장부금액
　　　　　 : 500,000 − (500,000 − 0)×1/5 = 400,000원
(2) 20X1년말 회수가능액 : max(360,000, 380,000)= 380,000원
(3) 손상차손 인식 후 20X1년말 장부금액: min(400,000, 380,000)= 380,000원
(4) 20X1년말 손상차손 : 400,000 − 380,000 = 20,000원

14 ③　　투자부동산을 원가모형으로 평가하는 경우에는 대체 전 장부금액을 승계하므로 별도 손익이 발생하지 않는다. 반면 공정가치 모형을 적용하는 경우 대체전 장부가액을 대체시점의 공정가치로 계정대체하므로 평가손익이 발생한다.

15 ④ 당기손익-공정가치 측정 금융자산 취득시 지출된 거래원가는 지출시점에 당기비용으로 처리한다.

16 ③ 20X1년 말 장부금액 : 210,000 × 0.92593 = 194,445원

17 ② 계약에 의하지 않은 부채나 자산은 금융부채나 금융자산이 아니다. 이러한 예로는 정부가 부과하는 법적 요구사항에 따라 발생하는 법인세와 관련된 부채를 들 수 있다.

18 ③ 자기지분상품으로 결제되거나 결제될 수 있는 계약으로서 변동가능한 수량의 자기지분상품을 인도할 계약상 의무가 없는 비파생상품은 지분상품으로 분류된다.

19 ④ 유출될 현금 = $\dfrac{24,000,000}{1.08}$ + $\dfrac{224,000,000}{1.08^2}$ + 200,000,000 × 0.5% = 215,266,118원

20 ② 20X1년 말 충당부채 : 50,000 × 15% + 300,000 × 5% − 7,500 = 15,000원

21 ④ 자기주식의 취득은 이익잉여금 처분사항에 해당하지 않는다.

22 ③ 기타포괄손익누계액 = 해외사업환산이익 + 재측정요소 + 재평가잉여금
= 3,000,000 + 2,500,000 + 4,000,000 = 9,500,000원

23 ④ ① 고객에게 이전할 재화나 용역에 대하여 받을 권리를 갖게 될 대가의 회수가능성이 높지 않은 경우에는 계약에 상업적 실질이 존재하고 이전할 재화나 용역의 지급조건을 식별할 수 있는 경우에도 고객과의 계약으로 회계처리할 수 없다.
② 수익을 인식하기 위해서는 [고객과의 계약 식별-수행의무 식별-거래가격 산정-거래가격을 계약 내 수행의무에 배분-수행의무를 이행할 때 수익인식]의 단계를 거친다.
③ 거래가격 산정시 제 3자를 대신해서 회수한 금액은 제외되어야 하며, 변동대가, 비현금대가 및 고객에게 지급할 대가 등이 미치는 영향을 고려하여야 한다.

24 ② 이자수익 = (4,803,660 − 1,423,561)× 12% = 405,612원

25 ②　(1) 20X1년말 누적발생원가 = 15,000 × 25% = 3,750원
　　　　 (2) 20X2년말 누적발생원가 = 16,000 × 60% = 9,600원
　　　　 (3) 20X2년 당기계약원가 = 9,600 - 3,750 = 5,850원

26 ①　② 계약원가란 계약을 체결한 시점부터 계약을 완료한 시점까지의 건설기간 동안에 인식하는 원가의
　　　　　　 총액이며, 계약직접원가, 계약공통원가, 발주자에게 청구가능한 기타 원가로 구성된다.
　　　　 ③ 고객에게 청구할 수 없는 수주비의 경우 원가 발생시 비용으로 인식하여야 한다.
　　　　 ④ 예상되는 하자보수원가를 추정하여 하자보수비로 인식하고 상대계정으로 하자보수충당부채를 인
　　　　　　 식한다. 하자보수가 예상되는 회계연도부터 진행률에 따라 미성공사로 대체하면서 동 금액을 계
　　　　　　 약원가로 처리한다.

27 ③　20X1년 말 사외적립자산 공정가치
　　　　 = 기초 사외적립자산 공정가치 + 기여금 불입 + 실제수익 - 퇴직금의 지급
　　　　 = 2,000,000 + 800,000 + 150,000 - 300,000 = 2,650,000원

28 ④　주식선택권의 권리를 행사하지 않아 소멸되는 경우에도 과거에 인식한 보상원가를 환입하지 않는다.

29 ②　① 이연법인세자산(부채)은 재무상태표에 비유동자산(비유동부채)으로 분류한다.
　　　　 ③ 일시적차이가 소멸될 것으로 예상되는 기간의 과세소득(세무상결손금)에 적용될 것으로 기대되는
　　　　　　 평균세율을 사용하여 이연법인세자산(부채)을 측정한다.
　　　　 ④ 자산 및 부채의 장부금액과 세무기준액의 차이인 일시적차이에 대하여 원칙적으로 이연법인세를
　　　　　　 인식한다.

30 ②　법인세비용 = 당기법인세 - 이연법인세자산의 증가
　　　　 = 5,500,000 × 25% - 900,000 × 30% = 1,105,000원

31 ④　원가모형을 재평가모형으로 변경하는 것은 회계정책의 변경에 해당한다.

32 ④　(1) 20X1년 말 장부금액 = 500,000 - (500,000 - 100,000)×1/5×6/12 = 460,000원
　　　　 (2) 20X2년 말 장부금액 = 460,000 - (460,000 - 0)×3/6 = 230,000원

33 ② 가중평균유통보통주식수 : 100,000주×12/12 + 10,000주×9/12 - 3,000주×3/12 = 106,750주

34 ② 지분법이익 : 800,000 × 25% = 200,000원

35 ③ 피투자자로부터 배당금을 수령한 경우 관계기업투자주식에서 직접 차감한다.

36 ③ ① 재무제표를 표시통화로 환산할 때 발생하는 환산차이는 기타포괄손익으로 인식한다.
② 외화거래를 보고기간 말에 기능통화로 환산할 때 화폐성항목은 마감환율로 환산하고, 외환차이를 당기손익으로 인식한다.
④ 외화거래를 보고기간 말에 기능통화로 환산할 때 공정가치로 측정하는 비화폐성항목은 공정가치가 결정된 날의 환율로 환산한다.공정가치평가손익을 당기손익으로 인식하는 경우에는 외환차이도 당기손익으로 인식하고, 공정가치평가손익을 기타포괄손익으로 인식하는 경우에는 외환차이도 기타포괄손익으로 인식한다.

37 ④ 위험회피수단으로 지정되지 않고 매매목적으로 보유하고 있는 파생상품의 평가손익은 당기손익으로 계상해야 한다.

38 ④ 리스제공자는 각 리스를 운용리스나 금융리스로 분류하여 유형별로 다른 회계처리를 한다. 그러나 리스이용자는 운용리스나 금융리스로 분류하지 않고 원칙적으로 모든 리스에 대하여 리스개시일에 사용권자산과 리스부채를 인식한다. 다만, 리스이용자는 단기리스와 소액 기초자산 리스에 대해 사용권자산과 리스부채를 인식하지 않기로 선택할 수 있다.

39 ③ ① 직접법은 현금흐름을 개별 항목별로 파악할 수 있기 때문에 거래유형별 현금흐름의 내용을 쉽게 파악할 수 있다.
② 간접법은 당기순이익과 영업활동으로 인한 현금흐름과의 차이를 명확하게 보여준다.
④ 직접법과 간접법은 영업활동만 현금흐름표상의 표시방법이 다르다.

40 ④

이자수익	200,000원
미수이자의 증가	(-)20,000원
선수이자의 증가	30,000원
이자수취액	210,000원

2023년

4회　　2023년 6월 17일 시행

01	②	02	③	03	①	04	③	05	①
06	①	07	③	08	③	09	④	10	①
11	②	12	①	13	①	14	③	15	④
16	①	17	③	18	②	19	②	20	②
21	②	22	④	23	①	24	④	25	②
26	④	27	④	28	①	29	③	30	④
31	③	32	④	33	②	34	④	35	④
36	②	37	②	38	②	39	③	40	④

01 ②
① 국제회계기준은 원칙중심의 회계기준으로 상세하고 구체적인 회계처리 방법을 제시하기 보다는 회사 경영자가 경제적 실질에 기초하여 합리적으로 회계처리할 수 있도록 회계처리의 기본원칙과 방법론을 제시하는 데 주력한다.
③ 국제회계기준은 개별 국가의 법률 및 제도에 따른 차이와 기업의 상황을 반영할 수 있도록 국제회계기준의 적용에 최소한 적용되어야 하는 지침을 규정하고 정보이용자를 보호하기 위해 공시를 강화하고 있다.
④ 국제회계기준은 연결재무제표를 기본 재무제표로 제시하고 있다.

02 ③
이해가능성은 이용자가 정보를 쉽게 이해할 수 있어야 한다는 것으로, 정보를 명확하고 간결하게 분류하고, 특징 지으며, 표시하는 것은 정보를 이해가능하게 한다.

03 ①
사용가치 : 기업이 자산의 사용과 궁극적인 처분으로 얻을 것으로 기대하는 현금흐름 또는 그 밖의 경제적효익의 현재가치

04 ③
재분류조정은 당기나 과거 기간에 기타포괄손익으로 인식되었으나 당기손익으로 재분류된 금액을 말한다.

05 ①
재무제표가 부정확하다는 것을 보여주는 부정이나 오류를 발견한 경우는 수정을 요하는 보고기간후 사건의 예에 해당한다.

06 ①　　재고자산의 취득원가는 매입원가, 전환원가 및 재고자산을 현재의 장소에 현재의 상태로 이르게 하는 데 발생한 기타 원가 모두를 포함한다. 기타 원가는 재고자산을 현재의 장소에 현재의 상태로 이르게 하는 데 발생한 범위내에서만 취득원가에 포함된다. 예를 들어 특정한 고객을 위한 비제조간 접원가 또는 제품디자인원가를 재고자산의 원가에 포함하는 것이 적절할 수도 있다.

07 ③　　이동평균법을 적용할 때 기말재고금액이 보다 높게 평가된다.

08 ③　　비용으로 보고될 금액 = 200,000 + 180,000 − 60,000 = 320,000원

09 ④　　기계장치의 취득금액
　　　　= 매입금액 + 운송비 + 관세 등 + 시운전비 − 매입할인
　　　　= 600,000 + 30,000 + 10,000 + 50,000 − 20,000 = 670,000원

10 ①　　원가모형과 재평가모형 중 하나를 회계정책으로 선택하여 유형자산의 유형별로 동일하게 적용한다.

11 ②　　자산의 회수가능액은 당해 자산의 순공정가치와 사용가치 중 큰 금액이다.

12 ①　　② 내용연수가 유한한 무형자산의 잔존가치는 내용연수 종료 시점에 제3자가 자산을 구입하기로 한 약정이 있는 경우와 잔존가치를 활성시장에 기초하여 결정할 수 있는 경우를 제외하고는 영(0)으로 본다.
　　　　③ 내용연수가 유한한 무형자산의 잔존가치는 해당 자산의 장부금액과 같거나 큰 금액으로 증가할 수도 있다.
　　　　④ 내용연수가 비한정인 무형자산은 상각을 하지 않고, 매년 일정시기 및 무형자산의 손상을 시사하는 징후가 있을 때에 회수가능액과 장부금액을 비교하여 손상검사를 수행하여야 한다.

13 ①　　20X1년말 장부금액 : 1,300,000 − (1,300,000 − 0)×1/5 × 6/12 = 1,170,000원

14 ③　　20X1년 당기손익 : 604,500,000 − 600,000,000 = 4,500,000 투자부동산평가이익

15 ④ 매매목적의 파생상품은 당기손익-공정가치 측정 금융자산으로 분류한다.

16 ① 기타포괄손익-공정가치측정 금융자산으로 분류되는 지분상품은 공정가치 변동분을 기타포괄손익에 반영하며, 처분시점에도 기타포괄손익을 당기손익으로 재분류조정 하지 않는다. 따라서 당기손익으로 인식할 처분이익은 0원이다.

17 ③ 자기지분상품으로 결제되거나 결제될 수 있는 계약으로서 인도할 자기지분상품의 수량이 변동가능한 비파생상품은 금융부채이다.

18 ② 당기손익-공정가치 측정 금융부채와 관련되는 거래원가는 당기손익으로 처리한다.

19 ② (1) 전환사채의 발행금액 : 5,800,000원
(2) 일반사채의 가치 : (6,000,000 + 780,000) × 0.7118 = 4,826,004원
(3) 전환권대가 : 5,800,000 - 4,826,004 = 973,996원

20 ② 미래의 예상 영업손실은 부채의 정의에 부합하지 아니할 뿐만 아니라 충당부채의 인식요건을 충족시키지 못하므로 충당부채로 인식하지 아니한다.

21 ② 주식회사가 자기주식을 처분하는 경우로써 자기주식의 처분가액이 자기주식의 취득원가보다 클 경우에는 차액을 자기주식처분이익의 대변에 계상하고 자본항목으로 인식한다.

22 ④

구분	자본총계
20X1년 1월 1일	38,500,000 - 13,500,000 = 25,000,000원
유상증자	200주 × 6,500 = 1,300,000원
자기주식 처분	800,000원
총포괄이익	1,300,000 + 500,000 = 1,800,000원
20X1년 12월 31일	28,900,000원

23 ① 라이선스의 성격이 사용권일 경우에는 부여일에 수익을 인식하고, 접근권일 경우에는 사용기간에 걸쳐 수익을 인식한다.

24 ④　㈜삼일이 수행하여 만든 기계장치가 ㈜삼일에게 대체적인 용도가 없지만, 지금까지 수행을 완료한 부분에 대해 집행가능한 지급청구권이 ㈜삼일에게 없기 때문에 한 시점에 수익을 인식하여야 한다. 따라서 고객에게 납품이 된 20X1년에 계약금액 24,000,000원을 매출로 인식한다.

25 ②　(1) 20X1년말 누적발생원가 = 15,000 × 25% = 3,750원
　　　(2) 20X2년말 누적발생원가 = 16,000 × 60% = 9,600원
　　　(3) 20X2년 당기계약원가 = 9,600 - 3,750 = 5,850원

26 ④　투입법을 적용하는 경우 수행정도를 나타내지 못하는 투입물의 영향은 제외하고 진행률을 산정한다.

27 ④　① 확정급여제도(DB형)를 도입한 기업은 기여금의 운용결과에 따라 추가납부 의무가 있다.
　　　② 확정기여제도(DC형)는 기업이 기여금을 불입함으로써 퇴직급여와 관련된 모든 의무가 종료된다.
　　　③ 확정급여채무(DB형)의 현재가치를 계산할 때 종업원 이직률, 조기퇴직률, 임금상승률, 할인율 등의 가정은 상황 변화에 따라 조정한다.

28 ①　당기보상비용 = 27,000개 × 250,000원 × 1/3 = 22.5억 원

29 ③　차감할 일시적차이는 미래 회계기간에 과세소득에서 차감되는 형태로 소멸된다. 따라서 차감할 일시적차이가 사용될 수 있는 과세소득의 발생가능성이 높은 경우에만 이연법인세자산을 인식한다.

30 ④　법인세비용 = 당기법인세 + 이연법인세자산의 감소 + 이연법인세부채의 증가
　　　= 400,000 + 150,000 + 100,000 = 650,000원

31 ③　매출채권에 대한 손실충당금 측정치 변경은 회계추정치 변경에 해당한다.

32 ④　① 자기주식은 취득시점 이후부터 매각시점까지의 기간 동안 가중평균유통보통주식수에 포함하지 아니한다.
　　　② 당기 중에 무상증자, 주식배당, 주식분할 및 주식병합이 실시된 경우에는 기초에 실시된 것으로 간주하여 가중평균유통보통주식수를 증가 또는 감소시켜 준다.
　　　③ 당기 중에 유상증자로 보통주가 발행된 경우에는 가중평균유통보통주식수를 당해 주식의 납입일을 기준으로 기간경과에 따라 가중평균하여 조정한다.

33 ②   영업권의 상각은 허용되지 않는다.

34 ④   관계기업투자주식의 장부금액 = 900,000 + (300,000 + 100,000) × 40% = 1,060,000원

35 ④   외화거래를 보고기간 말에 기능통화로 환산할 때 공정가치로 측정하는 비화폐성항목은 공정가치가 결정된 날의 환율로 환산한다.공정가치평가손익을 당기손익으로 인식하는 경우에는 외환차이도 당기 손익으로 인식하고, 공정가치평가손익을 기타포괄손익으로 인식하는 경우에는 외환차이도 기타포괄 손익으로 인식한다.

36 ② $2,000를 지급하는 시점인 9개월 후에 환율이 상승하는 위험을 헷지하기 위해 약정된 환율로 9개 월 후 $2,000을 매입하는 통화선도계약을 체결한다.

37 ②   리스이용자의 증분차입이자율은 리스이용자가 비슷한 경제적 환경에서 비슷한 기간에 걸쳐 비슷한 담보로 사용권자산과 가치가 비슷한 자산 획득에 필요한 자금을 차입한다면 지급해야 하는 이자율을 말한다.

38 ②   ① 금융리스의 경우 리스제공자의 입장에서 보증잔존가치와 무보증잔존가치는 모두 리스료에 포함 한다.
        ③ 지수나 요율(이율)에 따라 달라지는 변동리스료도 리스료에 포함된다.
        ④ 리스제공자는 각 리스를 운용리스나 금융리스로 분류한다.

39 ③   배당금수입은 영업활동 현금흐름 또는 투자활동 현금흐름으로 구분될 수 있다.

40 ④

당기순이익	2,500,000원
감가상각비	300,000원
유형자산처분손실	450,000원
매출채권의 증가	(−)200,000원
재고자산의 감소	100,000원
매입채무의 증가	350,000원
영업활동현금흐름	3,500,000원

2023년

5회　　2023년 7월 29일 시행

01	④	02	④	03	④	04	④	05	④
06	④	07	③	08	②	09	④	10	④
11	②	12	③	13	③	14	②	15	②
16	④	17	③	18	④	19	①	20	③
21	①	22	②	23	②	24	③	25	③
26	②	27	③	28	④	29	①	30	④
31	②	32	③	33	②	34	③	35	③
36	①	37	③	38	②	39	④	40	③

01 ④　① 국제회계기준은 원칙중심의 회계기준으로 상세하고 구체적인 회계처리 방법을 제시하기 보다는 회사 경영자가 경제적 실질에 기초하여 합리적으로 회계처리할 수 있도록 회계처리의 기본원칙과 방법론을 제시하는 데 주력한다.
　　② 국제회계기준은 국제자본시장의 이용자들에게 목적적합한 정보를 제공하기 위해 자산 및 부채에 대한 공정가치 적용이 확대되었다.
　　③ 국제회계기준은 개별 국가의 법률 및 제도에 따른 차이와 기업의 상황을 반영할 수 있도록 국제회계기준의 적용에 최소한 적용되어야 하는 지침을 규정하고 정보이용자를 보호하기 위해 공시를 강화하고 있다.

02 ④　완벽한 표현충실성을 위해서는 서술은 완전하고, 중립적이며, 오류가 없어야 한다.

03 ④　자산의 공정가치는 측정일에 시장참여자 사이의 정상거래에서 자산을 매도할 때 받을 가격이다.

04 ④　기타포괄손익항목은 관련 법인세효과를 차감한 순액으로 표시하는 방법과 기타포괄손익의 항목과 관련된 법인세효과 반영 전 금액으로 표시하고, 각 항목들에 관련된 법인세효과는 단일 금액으로 합산하여 표시하는 방법 중에서 선택할 수 있다.

05 ④　중간재무보고서는 당해 회계연도 누적기간을 직전 회계연도의 동일기간과 비교하는 형식으로 작성한 현금흐름표를 포함하여야 한다.

06 ④ ① 재고자산을 현재의 장소에 현재의 상태로 이르게 하는 데 기여하지 않은 관리간접원가는 재고자산의 취득원가에 포함할 수 없으며 발생기간의 비용으로 인식하여야 한다.

② 후속 생산단계에 투입하기 전에 보관이 필요한 경우에 발생하는 보관원가는 취득원가에 포함한다.

③ 판매시 발생한 판매수수료는 재고자산의 취득원가에 포함할 수 없으며 발생기간의 비용으로 인식하여야 한다.

07 ③ 이동평균법 기말재고자산 :

$$\frac{@100(*) \times 300개(**) + 22,000}{300개(**) + 200개} \times 200개 = 20,800원$$

* $(90,000 + 30,000) \div (1,000개 + 200개) = @100$

** $1,000개 + 200개 - 900개 = 300개$

08 ② 매출원가 : $400,000 + 1,000,000 - 300,000 = 1,100,000원$

09 ④ 기계장치의 취득금액

= 매입금액 + 운송비 + 관세 등 + 시운전비

= $600,000 + 30,000 + 20,000 + 50,000 = 700,000원$

10 ④ (취득원가 - 6,000)×1/7 = 120,000원

∴ 취득원가 = 846,000원

11 ② 자산의 장부금액이 재평가로 인하여 증가된 경우에 그 증가액은 기타포괄이익으로 인식하고 재평가잉여금의 과목으로 자본(기타포괄손익누계액)에 가산한다. 그러나 동일한 자산에 대하여 이전에 당기손익으로 인식한 재평가감소액이 있다면 그 금액을 한도로 재평가증가액만큼 당기손익으로 인식한다.

12 ③ 내용연수가 유한한 무형자산의 상각방법은 자산의 경제적 효익이 소비되는 형태를 반영한 방법이어야 한다. 다만, 소비되는 형태를 신뢰성 있게 결정할 수 없는 경우에는 정액법을 사용한다.

13 ③ 총비용 : $3,000,000 + 27,000,000 + 7,000,000 + (30,000,000 - 0)×1/5 × 3/12 = 38,500,000원$

14 ② 투자부동산에 대하여 공정가치모형을 선택한 경우에는 최초 인식 후 모든 투자부동산을 공정가치로 측정하고 공정가치 변동으로 발생하는 손익은 발생한 기간의 당기손익에 반영한다. 이 경우 감가상 각대상자산인 경우에도 감가상각은 하지 않는다.

15 ② 채무증권은 계약상 '현금흐름 특성'과 금융자산의 관리를 위한 '사업모형'에 근거하여 후속적으로 '상각후원가', '기타포괄손익–공정가치', '당기손익–공정가치'로 측정되도록 분류한다.

16 ④ (1) 기타포괄손익–공정가치측정 금융자산으로 분류되는 지분상품은 공정가치 변동분을 기타포괄손 익에 반영하며, 처분시점에도 기타포괄손익을 당기손익으로 재분류조정 하지 않는다. 따라서 20X2년 당기순손익은 영향이 없다.
　　　(2) 20X2년 기타포괄손익에 미치는 영향 : (11,000원 – 13,000원) × 100주 = (–)200,000 평가 손실

17 ③ 매입채무와 미지급금은 거래상대방에게 현금 등 금융자산을 인도하기로 한 계약상 의무에 해당하기 때문에 금융부채이다.

18 ④ (1) 20X2년초 장부금액 : 951,980 × 1.12 – 100,000 = 966,218원
　　　(2) 20X2년초 사채상환손실 : 1,119,040 – 966,218 = 152,822원

19 ① ② 복합금융상품의 발행금액에서 금융부채의 공정가치를 차감한 잔액은 지분상품(자본)으로 인식한다.
　　　③ 일반적으로 전환사채에 포함되어 있는 전환권은 자본항목으로 분류되지만, 발행조건에 따라 금융 부채의 정의를 충족할 경우 금융부채로 분류되는 경우도 존재한다.
　　　④ 현금 등 금융자산을 인도하기로 하는 계약 부분은 금융부채요소에 해당한다.

20 ③ 충당부채를 설정하는 의무는 법적의무 뿐만 아니라 의제의무도 포함한다.

21 ① 자기주식을 처분하는 경우 처분가액과 취득원가와의 차액을 자기주식처분손익으로 자본항목에 반영한다.

22 ② 우선주 주주에게 배분될 배당금 = 500,000 × 5% × 2년= 50,000원

23 ② 고객이 재화나 용역 그 자체에서 효익을 얻거나 고객이 쉽게 구할 수 있는 다른 자원과 함께하여 그 재화나 용역에서 효익을 얻을 수 있고, 고객에게 재화나 용역을 이전하기로 하는 약속을 계약 내의 다른 약속과 별도로 식별해 낼 수 있다면 고객에게 약속한 재화나 용역은 별도로 구별되는 것이다.

24 ③ 이자수익은 원칙적으로 유효이자율을 적용하여 발생기준에 따라 인식한다.

25 ③ 계약수익은 진행률에 따라 측정되며, 기간에 걸쳐 수익으로 인식된다.

26 ② (1) 20X1년말 누적진행률 = 5,000,000 ÷ 40,000,000 = 12.5%
(2) 20X2년말 누적진행률 = 30,000,000 ÷ 40,000,000 = 75%
(3) 20X2년 계약이익 = (50,000,000 − 40,000,000) × (75% − 12.5%) = 6,250,000원

27 ③ 확정급여형 퇴직급여제도와 관련한 재측정요소는 기타포괄손익으로 인식한다.

28 ④ 공정가치의 변동액은 당기손익으로 회계처리한다.

29 ① 가산할 일시적차이는 이연법인세부채로 인식할 수 있는 항목이다.

30 ④ 법인세비용 = 당기법인세 + 이연법인세자산의 감소 + 이연법인세부채의 증가
= 2,500,000 + 600,000 + 450,000 = 3,550,000원

31 ② (1) 오류수정이 연도별 당기순이익에 미치는 연도별 영향

오류	20X1년 오류수정	20X2년 오류수정	20X3년 오류수정
20×1년말 5,000원 과대	(−)5,000원	5,000원	
20×2년말 2,000원 과소		2,000원	(−)2,000원
20×3년말 3,000원 과대			(−)3,000원
합 계	(−)5,000원	7,000원	(−)5,000원

(2) 20X3년 말 이익잉여금 : 100,000원 − 5,000원 + 7,000원 − 5,000원 = 97,000원
(2) 20X3년 당기순이익 : 30,000원 − 5,000원 = 25,000원

32 ③   가중평균유통보통주식수 :
60,000주×12/12 + 27,000주×8/12 - 27,000주×8/12 = 60,000주

33 ②   기업이 해당 피투자자에 대하여 유의적인 영향력이 있는지 여부를 평가할 때에는, 다른 기업이 보유한 잠재적 의결권을 포함하여 현재 행사할 수 있거나 전환할 수 있는 잠재적 의결권의 존재와 영향을 고려하여야 한다.

34 ③   지분법이익 : 900,000 × 25% = 225,000원

35 ③   20X1년 말 평가이익 : $14,000 × 1,200 - $10,000 × 1,000 = 6,800,000원

36 ①   위험회피수단으로 지정되지 않고 매매목적으로 보유하고 있는 파생상품의 평가손익은 당기손익으로 계상해야 한다.

37 ③   리스이용자는 리스개시일에 그날 현재 지급되지 않은 리스료의 현재가치로 리스부채를 측정하며, 현재가치 계산시 내재이자율을 쉽게 산정할 수 없다면 리스이용자의 증분차입이자율로 할인한다.

38 ②   대규모 처분손실이 발생한 경우라 하더라도 유형자산의 처분으로 현금이 유입되었기 때문에 투자활동 현금흐름은 (-)가 될 수 없다.

39 ④

매출액	560,000원
대손상각비	(-)30,000원
매출채권의 감소	100,000원
대손충당금의 감소	(-)20,000원
현금유입액	610,000원

40 ③

당기순이익	5,000,000원
감가상각비	300,000원
유형자산처분손실	200,000원
매출채권의 증가	(-)900,000원
재고자산의 감소	1,000,000원
매입채무의 감소	(-)500,000원
영업활동현금흐름	5,100,000원

2023년
6회 2023년 9월 23일 시행

01	③	**02**	①	**03**	①	**04**	④	**05**	②
06	③	**07**	②	**08**	③	**09**	④	**10**	①
11	③	**12**	④	**13**	③	**14**	①	**15**	③
16	④	**17**	④	**18**	②	**19**	②	**20**	④
21	②	**22**	④	**23**	③	**24**	①	**25**	④
26	①	**27**	②	**28**	③	**29**	③	**30**	①
31	④	**32**	③	**33**	④	**34**	②	**35**	②
36	④	**37**	③	**38**	①	**39**	①	**40**	③

01 ③ 재무회계는 법적 강제력이 있지만, 관리회계는 법적 강제력이 없다.

02 ① 정보가 유용하기 위해서는 목적적합하고 나타내고자 하는 바를 충실하게 표현해야 한다. 목적적합하지 않은 현상에 대한 표현충실성과 목적적합한 현상에 대한 충실하지 못한 표현 모두 이용자들이 좋은 결정을 내리는 데 도움이 되지 않는다.

03 ① 자산의 공정가치는 측정일에 시장참여자 사이의 정상거래에서 자산을 매도할 때 받을 가격이다.

04 ④ 비용을 기능별로 분류하는 기업은 감가상각비, 기타 상각비와 종업원급여비용을 포함하여 비용의 성격별 분류에 대한 추가 정보를 주석에 공시한다.

05 ② 주요 매출처는 특수관계자의 범위에 포함되지 않는다.

06 ③ ① 재고자산은 취득원가와 순실현가능가치 중 낮은 금액으로 측정한다.
② 매입할인, 리베이트 및 기타 유사한 항목은 매입원가를 결정할 때 차감한다.
④ 재고자산을 현재의 장소에 현재의 상태로 이르게 하는 데 기여하지 않은 관리간접원가는 재고자산의 취득원가에 포함할 수 없으며 발생기간의 비용으로 인식하여야 한다.

07 ②   비용으로 인식할 총액 : 400,000 + 1,000,000 - 300,000 = 1,100,000원

08 ③   선입선출법을 적용할 때 기말재고금액이 보다 높게 계상된다.

09 ④   ① 안전 또는 환경상의 이유로 취득하는 유형자산은 그 자체로는 직접적인 미래경제적효익을 얻을
       수 없지만, 당해 유형자산을 취득하지 않았을 경우보다 관련 자산으로부터 미래경제적효익을 더
       많이 얻을 수 있게 해주기 때문에 자산으로 인식할 수 있다.
      ② 일상적인 수선·유지와 관련하여 발생하는 원가는 해당 유형자산의 장부금액에 포함하여 인식하
       지 않고 발생시점에 당기손익으로 인식한다.
      ③ 유형자산의 일부를 대체할 때 발생하는 원가가 인식기준을 충족하는 경우에는 이를 해당 유형자
       산의 장부금액에 포함하여 인식하고 대체되는 부분의 장부금액은 제거한다.

10 ①   자산의 장부금액이 재평가로 인하여 감소된 경우에 그 감소액은 당기손실로 인식한다. 그러나 그
       자산에 대한 재평가잉여금의 잔액이 있다면 그 금액을 한도로 재평가감소액을 기타포괄손익으로 인
       식한다. 따라서 20X2년말 재평가로 인한 감소액 3,000원은 기타포괄손익으로 인식한다.

11 ③   20X2년 감가상각비 : (45,000,000 - 0) × 1/5 = 9,000,000원

12 ④   무형자산을 창출하기 위한 내부 프로젝트를 연구단계와 개발단계로 구분할 수 없는 경우에는 그 프
       로젝트에서 발생한 지출은 모두 연구단계에서 발생한 것으로 본다.

13 ③   내용연수가 유한한 무형자산의 상각방법은 자산의 경제적 효익이 소비되는 형태를 반영한 방법이어
       야 한다. 다만, 소비되는 형태를 신뢰성 있게 결정할 수 없는 경우에는 정액법을 사용한다.

14 ①   ㄷ. 정상적인 영업과정에서 판매하기 위한 부동산이나 이를 위하여 건설 또는 개발 중인 부동산 :
         재고자산으로 분류
      ㄹ. 자가사용 부동산 : 유형자산으로 분류
      ㅁ. 금융리스로 제공한 부동산: 재무상태표에 표시되지 않음

15 ③ 20X1년말 기타포괄손익누계액 = 20X1년말 공정가치 − 취득원가
= 150,000 − (100,000 + 10,000) = 40,000원

16 ④ 금융자산의 현금흐름에 대한 계약상 권리를 양도하고 양도자가 매도 후에 미리 정한 가격으로 당해 금융자산을 재매입하기로 한 경우에는 제거 요건을 충족하지 않는 양도에 해당하기 때문에 당해 금융자산을 계속하여 인식한다.

17 ④ 확정수량의 자기지분상품을 확정금액의 현금 등 금융자산을 교환하여 결제하는 방법 외의 방법으로 결제되거나 결제될 수 있는 파생상품은 발행자 입장에서 금융부채로 분류한다.

18 ② (1) 전환사채의 발행금액 : 6,000,000원
(2) 일반사채의 가치 : 6,000,000 × 0.7118 + 600,000 × 2.4018 = 5,711,880원
(3) 전환권대가 : 6,000,000 − 5,711,880 = 288,120원

19 ② 사채발행비가 없는 상황에서, 사채를 조기상환하는 경우 상환일의 시장이자율이 발행일의 시장이자율보다 높으면 사채상환이익이 발생한다.

20 ④ 기업의 미래 행위(미래 사업행위)와 관계없이 존재하는 과거사건에서 생긴 의무만을 충당부채로 인식한다. 수선비의 지출은 미래 행위로 미래의 지출을 회피할 수 있으므로 미래에 지출을 해야 할 현재의무는 없으며 충당부채도 인식하지 아니한다.

21 ② 주식을 할인발행하면 자본금 및 총자본은 증가하지만, 이익잉여금은 불변이다.

22 ④ 20X1년의 주당이익은 500원(1,000,000÷2,000주)이다.

23 ③ 　① 고객에게 이전할 재화나 용역에 대하여 받을 권리를 갖게 될 대가의 회수가능성이 높지 않은 경우에는 계약에 상업적 실질이 존재하고 이전할 재화나 용역의 지급조건을 식별할 수 있더라도 고객과의 계약으로 회계처리할 수 없다.

　② 기업이 수행하여 만든 자산이 기업 자체에는 대체 용도가 없고, 지금까지 수행을 완료한 부분에 대해 집행 가능한 지급청구권이 기업에 있는 경우, 기업은 재화나 용역에 대한 통제를 기간에 걸쳐 이전하는 것으로 보아 기간에 걸쳐 수익을 인식한다.

　④ 기간에 걸쳐 수익을 인식하는 경우 투입법 혹은 산출법에 따라 진행률을 측정하되 비슷한 수행의무에는 일관되게 적용하여야 한다.

24 ① 　반품될 것으로 예상되는 10,000,000원을 환불부채로 인식한다.

25 ④ 　$누적공사진행률 = \dfrac{20,000,000 + 15,000,000}{50,000,000} = 70\%$

26 ① 　② 확정급여채무의 현재가치보다 사외적립자산의 공정가치가 많은 경우 순확정급여자산으로 인식하며, 확정급여채무의 현재가치보다 사외적립자산의 공정가치가 적은 경우에는 순확정급여부채로 인식한다.

　③ 당해 회계기간에 대하여 회사가 사외에 적립한 기여금은 사외적립자산으로 인식한다.

　④ 사외적립자산에서도 재측정요소가 발생한다.

27 ② 　현금결제형 주가차액보상권의 경우 부채가 결제될 때까지 매 보고기간 말과 결제일에 부채의 공정가치를 재측정한다. 따라서 20X2년 주식보상비용 계산 시에는 20X2년말과 20X1년말의 주가차액보상권의 공정가치가 필요하며, 부여일 현재 주가차액보상권의 공정가치는 필요한 정보가 아니다.

28 ③ 　(1) 당기법인세 : (2,000,000 + 50,000 + 80,000 + 20,000) × 30% = 645,000원

　(2) 이연법인세자산 증가 : 100,000 × 30% = 30,000원

　(3) 법인세비용 : 당기법인세 - 이연법인세자산의 증가 = 645,000 - 30,000 = 615,000원

29 ③ 　차감할 일시적차이가 사용될 수 있는 미래과세소득의 발생가능성이 높은 경우에 이연법인세자산을 인식한다.

30 ① (95,196×1.12 − 10,000) × 12% − 10,000 = 1,594원 감소

31 ④ 재고자산 원가흐름의 가정을 개별법에서 평균법으로 변경하는 것은 회계정책의 변경에 해당한다.

32 ③

$$기본주당순이익 = \frac{3,500,000원 - 250,000원}{12,000주 + 3,000주×10/12 - 3,000주×6/12} = 250원$$

33 ④ 투자자와 관계기업 사이의 상향거래나 하향거래에서 발생한 당기손익에 대하여 투자자는 그 관계기업에 대한 투자지분과 무관한 손익까지만 투자자의 재무제표에 인식한다.

34 ② 관계기업투자주식의 장부금액 = 800,000 + 200,000 × 30% = 860,000원

35 ② 재화와 용역의 공급가격에 주로 영향을 미치는 통화는 기능통화를 결정할 때 고려해야 할 주요 지표이다.

36 ④
① 공정가치위험회피를 적용하는 경우 위험회피수단에 대한 손익은 당기손익으로 인식한다.
② 위험회피대상항목이 미래에 예상되는 거래로써 당해 거래에 따른 미래현금흐름변동을 상쇄하기 위해 파생상품을 이용하는 경우에는 현금흐름위험회피를 적용한다.
③ 현금흐름위험회피를 적용하는 경우 위험회피수단에 대한 손익 중 위험회피에 효과적인 부분은 당해 회계연도에 기타포괄손익으로 인식한다.

37 ③ 20X2년 말 리스부채 : 758,158 × 1.1 − 200,000 = 633,974원

38 ① 직접법을 적용하여 표시한 영업활동 현금흐름은 간접법에 의한 영업활동 현금흐름에서는 파악할 수 없는 정보를 제공하기 때문에 미래현금흐름을 추정하는데 보다 유용한 정보를 제공한다.

39 ①

당기순이익	20,000원
감가상각비	4,600원
유형자산처분이익	(-)2,400원
매출채권의 증가	(-)15,000원
재고자산의 감소	2,500원
매입채무의 증가	10,400원
영업활동현금흐름	20,100원

40 ③

매출액	100,000원
대손상각비	(-)5,000원
매출채권의 증가	(-)5,000원
대손충당금의 감소	(-)1,000원
현금유입액	89,000원

2023년

7회　　2023년 11월 18일 시행

01	③	02	②	03	③	04	④	05	①
06	②	07	②	08	④	09	③	10	③
11	④	12	③	13	②	14	②	15	②
16	②	17	②	18	③	19	③	20	②
21	①	22	②	23	③	24	④	25	②
26	③	27	①	28	②	29	④	30	②
31	②	32	③	33	③	34	③	35	①
36	①	37	①	38	④	39	②	40	③

01 ③　국제회계기준은 국제자본시장의 이용자들에게 목적적합한 정보를 제공하기 위해 자산 및 부채에 대한 공정가치 적용이 확대되었다.

02 ②　비교가능성, 검증가능성, 적시성, 이해가능성은 보강적 절적 특성에 해당한다.

03 ③　부채는 과거사건의 결과로 기업이 경제적자원을 이전해야 하는 현재의무이다. 미래에 특정 자산을 취득하겠다는 경영진의 의사결정이 기업에 현재 의무를 발생시키지는 않는다.

04 ④　재고자산에 대한 재고자산평가충당금과 매출채권에 대한 대손충당금과 같은 평가충당금을 차감하여 관련 자산을 순액으로 측정하는 것은 상계표시에 해당하지 아니한다.

05 ①　② 최상위 지배자와 지배기업이 다른 경우에는 최상위 지배자의 명칭도 공시한다.
　　③ 주요 경영진에 대한 보상에는 단기종업원급여, 퇴직급여, 기타 장기종업원급여, 해고급여, 주식기준보상이 포함된다.
　　④ 지배기업과 그 종속기업 사이의 관계는 거래의 유무에 관계없이 공시한다.

06 ②　후속 생산단계에 투입하기 전에 보관이 필요한 경우에 발생하는 보관원가는 취득원가에 포함한다.

07 ②　계속기록법에 의할 경우 기초재고수량, 당기매입수량, 당기판매수량이 모두 기입되므로 언제든지 장부상의 재고수량을 파악할 수 있다.

08 ④　매출원가 : 600,000 + 900,000 − 440,000 = 1,060,000원

09 ③　수익 관련 정부보조금은 관련 비용에서 정부보조금을 차감하는 방법과 정부보조금을 당기손익의 일부로 별도의 계정이나 기타수익과 같은 일반 계정으로 표시하는 방법 중 한 가지 방법을 선택하여 처리할 수 있다.

10 ③　원가모형 뿐만 아니라 재평가모형에 대해서도 감가상각을 수행한다.

11 ④　(1) 20X2년말 재평가 전 장부금액 : 50,000 − (50,000 − 0)×2/5 = 30,000원
　　　(2) 20X2년도 기타포괄이익에 미치는 영향 : 60,000 − 30,000 = 30,000원

12 ③　무형자산 : 72,000 − (72,000 − 0)×1/3×3/12= 66,000원

13 ②　내부적으로 창출된 브랜드, 고객목록 및 이와 유사한 항목에 대한 지출은 무형자산으로 인식하지 않는다.

14 ②　자가사용 부동산, 부동산 소유자가 부동산 사용자에게 유의적인 부수용역을 제공하는 부동산, 공장 건설 부지로 사용목적을 결정한 토지는 유형자산으로 분류한다.

15 ②　당기손익-공정가치측정금융자산의 취득과 직접 관련되는 거래원가는 지출시점에 당기비용으로 처리한다. 그러나 상각후원가측정금융자산과 기타포괄손익-공정가치측정금융자산은 당해 금융자산의 취득과 직접 관련되는 거래원가는 취득원가에 가산하여 측정한다.

16 ②　당기손익-공정가치측정 금융자산 처분손실 = 처분금액 − 직전 보고기간말의 장부금액
　　　= 1,000주 × @9,700 − 1,000주 × @10,500 = (−)800,000원

17 ②   매출채권, 미수금, 대여금, 임차보증금은 거래상대방에게서 현금 등 금융자산을 수취할 계약상 권리에 해당하기 때문에 모두 금융자산이다.

18 ③   복합금융상품의 발행금액에서 금융부채의 공정가치를 차감한 잔액은 지분상품(자본)으로 인식한다.

19 ③   총이자비용 : (1,000,000 + 50,000 × 2) − 881,696 = 218,304원

20 ②   우발부채는 당해 의무를 이행하기 위하여 자원이 유출될 가능성이 아주 낮은 경우에는 주석기재를 생략할 수 있다.

21 ①   자본변동표는 자본의 크기와 그 변동에 관한 정보를 제공하는 재무보고서이다. 기계장치의 현금 취득은 자본변동표에 표시되지 않는다.

22 ②   보통주 주주에게 배분될 배당금 = 300,000 − 2,000,000 × 10% = 100,000원

23 ③   고객에게 약속한 재화나 용역을 이전하여 수행의무를 이행할 때, 즉 고객이 자산을 통제할 때 수익을 인식한다.

24 ④   매출액 : 5,000 × 1.052 = 5,513원

25 ②   (1) 20X1년 말 공사대금청구액 : 40,000,000원
            (2) 20X1년 말 누적공사수익 : 120,000,000 × 40,000,000/100,000,000 = 48,000,000원
            (3) 누적공사수익이 공사대금청구액 보다 크기 때문에 계약자산이 발생한다.
               계약자산 = 48,000,000 − 40,000,000 = 8,000,000원

26 ③   건설공사에서 손실이 발생할 것으로 예상되는 경우 건설계약에서 예상되는 손실액은 당기에 즉시 비용으로 인식한다.

27 ①   확정급여제도의 경우 사외적립자산은 공정가치로 측정하여 재무상태표에 인식되는 순확정급여부채를 결정할 때 확정급여채무의 현재가치에서 차감한다.

28 ②   주식선택권을 행사하지 않아 주식선택권이 소멸한 경우에도 이미 인식한 보상원가는 환입하지 않는다.

29 ④   일시적차이가 소멸될 것으로 예상되는 기간의 과세소득(세무상결손금)에 적용될 것으로 기대되는 평균세율을 적용하여 이연법인세자산·부채를 측정한다.

30 ②   이연법인세자산 = 차감할 일시적차이 × 소멸되는 회계연도의 평균세율
= 6,000,000 × 20% = 1,200,000원

31 ②   재고자산 항목의 순실현가능가치를 변경하는 것은 회계추정치의 변경에 해당한다.

32 ③

$$기본주당순이익 = \frac{26,000,000원}{5,000주 \times 1.4 \times 12/12 - 1,000주 \times 6/12} = 4,000원$$

33 ③   피투자자가 배당금지급을 결의한 시점에 투자자가 수취하게 될 배당금 금액을 관계기업투자주식에서 직접 차감한다.

34 ③   관계기업투자주식의 장부금액 = 2,500,000 + 200,000(*) + 1,000,000 × 30% = 3,000,000원
* 염가매수차익 : 9,000,000 × 30% - 2,500,000 = 200,000원

35 ①   기업의 표시통화와 기능통화가 다른 경우에는 경영성과와 재무상태를 표시통화로 환산하여 재무제표에 보고한다.

36 ①   현금흐름위험회피 목적으로 체결한 파생상품의 평가손익 중 위험회피에 효과적인 부분은 기타포괄손익으로 인식하여 자본(기타포괄손익누계액)으로 처리하고 위험회피에 효과적이지 않은 부분은 당해 회계연도에 당기손익으로 인식한다.

37 ①　20X1년 이자비용 : (100,000 × 1.73554) × 10% = 17,355원

38 ④　당기순손실이 발생한 경우에도 영업활동 현금흐름은 (+)일 수 있다.

39 ②

당기순이익	?
감가상각비	300,000원
유형자산처분손실	450,000원
매출채권의 증가	(−)200,000원
재고자산의 감소	100,000원
매입채무의 증가	350,000원
영업활동현금흐름	3,500,000원

∴ 당기순이익 = 2,500,000원

40 ③

매출액	560,000원
대손상각비	(−)550원
매출채권의 증가	(−)10,000원
대손충당금의 증가	170원
현금유입액	549,620원

2023년

8회 2023년 12월 16일 시행

01	①	02	①	03	②	04	④	05	③
06	④	07	③	08	①	09	②	10	③
11	②	12	④	13	③	14	④	15	①
16	③	17	②	18	①	19	②	20	②
21	④	22	③	23	③	24	①	25	②
26	①	27	④	28	②	29	④	30	①
31	③	32	②	33	④	34	①	35	③
36	③	37	①	38	①	39	④	40	④

01 ① 재무회계는 법적 강제력이 있지만, 관리회계는 법적 강제력이 없다.

02 ① 재무정보에 예측가치와 확인가치 또는 이 둘 모두가 있다면 의사결정에 차이가 나도록 할 수 있다.

03 ② 비용에는 아직 실현되지 않은 손실도 포함된다.

04 ④ ① 매출원가는 포괄손익계산서에 최소한 포함되어야 할 항목에 해당하지 않는다.
② 포괄손익계산서는 단일의 포괄손익계산서를 작성하거나 별개의 손익계산서(당기순손익의 구성요소를 배열하는 보고서)와 포괄손익계산서(당기순손익에서 시작하여 기타포괄손익의 구성요소를 배열하는 보고서)를 포함하는 2개의 보고서로 작성될 수 있다.
③ 포괄손익계산서에서 비용을 표시할 때는 기능별로 분류하거나 성격별로 분류하여 표시하여야 한다.

05 ③ 수정을 요하지 않는 보고기간후사건은 재무제표에 인식된 금액을 수정하지 아니한다. 이러한 사건의 예로는 보고기간 말과 재무제표 발행승인일 사이에 투자자산의 공정가치 하락을 들 수 있다.

06 ④ 생물자산에서 수확한 농림어업 수확물로 구성된 재고자산은 순공정가치(공정가치에서 예상되는 처분부대원가를 차감한 금액)로 측정하여 수확시점에 최초로 인식한다.

07 ③ 회계기간 중에 재고자산의 취득단가가 계속 상승하는 상황에서 기말재고수량이 기초재고수량보다 같거나 증가하는 경우 선입선출법 하의 기말재고자산은 가중평균법 하의 기말재고자산보다 더 크게 계상된다.

08 ① 재고자산평가충당금 : 90개×(@200 - @150) = 4,500원

09 ② 정부보조금을 관련 자산에서 차감하는 방법으로 표시하는 경우 동 정부보조금은 자산의 내용연수에 걸쳐 감가상각비를 감소시키는 방식으로 당기손익에 반영된다.

10 ③ 자산의 장부금액이 재평가로 인하여 감소한 경우 원칙적으로 그 감소액은 당기손실로 인식한다.

11 ② (1) 20X1년말에 손상차손을 인식하지 않았다고 가정할 경우 20X2년말 장부금액
     : 100,000 - (100,000 - 0)×2/5 = 60,000원
    (2) 20X1년말 손상차손 인식 후 20X2년말 장부금액
     : 40,000 - (40,000 - 0)×1/4 = 30,000원
    (3) 20X2년말 손상차손환입액 : min(60,000, 80,000) - 30,000 = 30,000원

12 ④ 당기비용 : 70억 원 + 30억 원 = 100억 원

13 ③ 무형자산의 잔존가치, 상각기간, 상각방법을 변경하는 경우에는 회계추정의 변경으로 보고 전진적용하여 회계처리한다.

14 ④ ① 투자부동산으로 분류된 건물에 대하여 공정가치모형을 적용할 경우에는 감가상각을 하지 않는다.
    ② 투자부동산은 보고기간 말에 공정가치모형과 원가모형 중 하나를 선택하여 모든 투자부동산에 적용한다.
    ③ 투자부동산의 공정가치모형 적용시 공정가치 변동으로 발생하는 손익은 발생한 기간의 당기손익에 반영한다.

15 ① 금융자산 제거 여부의 판단시 법률상 금융자산의 이전 여부는 고려대상이 아니다.

16 ③   20X2년 이자수익 : (210,000 × 0.92593) × 8% = 15,556원

17 ②   자기지분상품으로 결제되거나 결제될 수 있는 계약으로서, 변동가능한 수량의 자기지분상품을 인도할 계약상 의무가 없는 비파생상품은 지분상품으로 분류한다.

18 ①   전환사채의 발행금액이 3,000,000원이고 전환사채의 발행요건과 동일한 요건으로 발행하되 전환권이 부여되지 않은 사채의 가치가 2,500,000원인 경우, 전환사채의 발행금액 중 2,500,000원은 금융부채로, 전환권가치인 500,000원은 지분상품(자본)으로 분리하여 표시한다.

19 ②   사채의 발행금액 : 50,000,000 × 0.79383 + 5,000,000 × 2.57710 = 52,577,000원

20 ②   ① 충당부채로 인식하여야 하는 금액에 대한 최선의 추정치는 관련된 사건과 상황에 대한 불확실성이 고려되어야 한다.
③ 충당부채는 과거사건에 의해서 발생한 현재의무(법적의무 또는 의제의무)로 지출하는 시기 또는 금액이 불확실한 부채를 의미한다.
④ 미래의 예상 영업손실은 부채의 정의에 부합하지 아니할 뿐만 아니라 충당부채의 인식요건을 충족시키지 못하므로 충당부채로 인식하지 아니한다.

21 ④   자기주식을 처분하는 경우 처분가액과 취득원가와의 차액을 자기주식처분손익으로 자본항목에 반영한다.

22 ③   주식배당과 무상증자는 자본금이 증가하지만, 주식분할은 자본금이 불변이다.

23 ③   다음 중 하나 이상에 해당 된다면 같은 고객과 체결한 둘 이상의 계약을 하나의 계약으로 회계처리한다.
① 복수의 계약을 하나의 상업적 목적으로 일괄 협상한다.
② 한 계약에서 지급하는 대가(금액)는 다른 계약의 가격이나 수행에 따라 달라진다.
③ 복수의 계약에서 약속한 재화나 용역이 단일 수행의무에 해당한다.

24 ①   반품될 것으로 예상되는 제품의 원가 5,000,000원을 반환제품회수권으로 인식한다.

25 ②

(1) 20X1년말 누적진행률 = 60,000,000 ÷ 150,000,000 = 40%

(2) 20X2년말 누적진행률 = (60,000,000 + 52,000,000) ÷ 160,000,000 = 70%

(3) 20X3년말 누적진행률 = (60,000,000 + 52,000,000 + 53,000,000) ÷ 165,000,000 = 100%

(4) 20X2년 당기계약손익

= (170,000,000 − 160,000,000) × 70% − (170,000,000 − 150,000,000) × 40% = (−)1,000,000원

(5) 20X3년 당기계약손익

= (170,000,000 − 165,000,000) × 100% − (170,000,000 − 160,000,000) × 70% = (−)2,000,000원

26 ①

누적발생원가에 인식한 이익을 가산한 금액이 진행청구액을 초과하는 금액은 계약자산으로 표시한다.

27 ④

확정급여제도의 회계처리에서 당기근무원가, 과거근무원가와 정산으로 인한 손익, 순확정급여부채 및 사외적립자산의 순이자는 당기손익으로 인식한다.

보험수리적손익, 순확정급여부채(자산)의 순이자에 포함된 금액을 제외한 사외적립자산의 수익, 순확정급여부채(자산)의 순이자에 포함된 금액을 제외한 자산인식상한 효과의 변동은 기타포괄손익으로 인식한다.

28 ②

지분상품의 공정가치는 부여일 현재로 측정한다. 부여한 지분상품의 공정가치는 추후 가치가 변동하는 경우에도 추정치를 변경하지 않는다.

29 ④

감가상각비 한도초과액은 차감할 일시적차이에 해당한다.

30 ①

법인세비용 = 당기법인세 − 이연법인세부채의 감소 − 이연법인세자산의 증가
= 2,500,000 − 400,000 − 300,000 = 1,800,000원

31 ③

원가모형을 재평가모형으로 변경하는 것은 회계정책의 변경에 해당한다.

32 ②

$$기본주당순이익 = \frac{326,250,000원 − 20,000,000원}{50,000주 + 15,000주×9/12} = 5,000원$$

33 ④ 투자자가 직접으로 또는 간접(예: 종속기업을 통하여)으로 피투자자에 대한 의결권의 20% 미만을 소유하고 있다면 유의적인 영향력이 없는 것으로 본다. 다만, 유의적인 영향력이 있다는 사실을 명백하게 제시할 수 있는 경우는 제외하는데 피투자자의 이사회나 이에 준하는 의사결정기구에 참여하는 경우는 일반적으로 유의적인 영향력이 있다는 사실을 명백하게 제시할 수 있는 경우에 해당된다.

34 ① 관계기업투자주식의 장부금액 = 700,000 + 500,000 × 30% = 850,000원

35 ③ 화폐성항목이란 미래에 확정되었거나 결정가능할 수 있는 화폐단위의 수량으로 받을 권리 또는 지급할 의무가 있는 자산과 부채를 말한다. 매출채권과 단기대여금은 화폐성 항목에 해당한다.

36 ③ 위험회피수단으로 지정되지 않고 매매목적으로 보유하고 있는 파생상품의 평가손익은 당기손익으로 계상해야 한다.

37 ① 감가상각비 : (200,000×2.48685 + 50,000)×1/5 = 109,474원

38 ① 지분상품의 취득으로 인한 현금흐름은 투자활동 현금흐름으로 구분된다.

39 ④

당기순이익	50,000원
감가상각비	2,500원
유형자산처분손실	1,800원
매출채권의 감소	15,000원
재고자산의 증가	(-)10,000원
매입채무의 감소	(-)22,000원
영업활동현금흐름	37,300원

40 ④

이자수익	200,000원
미수이자의 감소	10,000원
선수이자의 증가	20,000원
이자수취액	230,000원

2023년

1회　　**2023년 1월 28일 시행**

01	④	02	②	03	③	04	②	05	①
06	④	07	③	08	①	09	②	10	②
11	①	12	②	13	②	14	①	15	①
16	④	17	④	18	③	19	③	20	③
21	①	22	④	23	③	24	④	25	③
26	①	27	①	28	④	29	④	30	①
31	②	32	④	33	①	34	①	35	③
36	④	37	④	38	③	39	④	40	③

01 ④　부가가치세는 납세의무자의 인적사정을 고려하지 않는 물세이므로 인세라는 내용은 옳지 않다.

02 ②　세무공무원이 국세의 과세표준을 조사·결정할 때에는 해당 납세의무자가 계속하여 적용하고 있는 기업회계의 기준 또는 관행으로서 일반적으로 공정·타당하다고 인정되는 것은 존중하여야 하나. 세법에 특별한 규정이 있는 것은 그러하지 아니하다. 세법에 특별한 규정이 있는 경우에도 기업회계의 기준 또는 관행이 존중되어야 한다는 내용은 옳지 않다.

03 ③　과세표준수정신고서를 법정신고기한이 지난 후 2년 이내에 제출한 자에 대하여 가산세의 일정액을 경감하므로 3년 이내에 제출한 자에 대하여 가산세를 감면한다는 내용은 옳지 않다.

04 ②　이의신청을 거친 후 심사청구를 하려면 이의신청에 대한 결정의 통지를 받은 날부터 90일 이내에 제기하여야 한다.

05 ①　「독점규제 및 공정거래에 관한 법률」 제31조 제1항에 따른 상호출자제한기업집단에 속하는 내국법인만 미환류소득에 대한 법인세의 납세의무를 진다. 자기자본이 500억 원을 초과하는 법인은 2023.1.1. 이후 개시하는 사업연도부터 미환류소득에 대한 법인세의 납세의무가 없다.

06 ④　전기대손충당금한도초과액의 당기 손금산입액은 「자본금과 적립금조정명세서(을)」 서식상 당기감소액에 유보금액을 기재하여 표시한다. 따라서 증가액 란에 △유보금액을 기재한다는 설명은 옳지 않다.

07 ③ 법인이 대표이사로부터 시가 10억 원인 유가증권을 8억 원에 매입하고 장부에 8억 원으로 기재한 경우 "〈익금산입〉 유가증권 2억 원(유보)"의 세무조정이 발생한다. 유보로 소득처분하므로 상여로 소득처분한다는 내용은 옳지 않다.

08 ①

교통사고벌과금	500,000
폐수배출부담금	1,500,000
합계	2,000,000

직장체육비와 소액주주 임원에 대한 사택유지비는 손금항목이므로 이를 비용으로 회계처리한 경우 세무조정은 없다. 그러나

09 ②

구분	거래형태	결산상 매출액	세무상 매출액	세무조정
거래 1	단기할부	2,000,000	10,000,000[*1]	익금산입 8,000,000(유보)
거래 2	장기할부	24,000,000	24,000,000[*2]	–

[*1] 거래 1은 단기할부이므로 인도기준에 따라 총판매금액 10,000,000원을 익금으로 함.

[*2] 거래 2는 장기할부이고 중소기업이 아니므로 명목가치인도기준, 현재가치인도기준, 회계기준도래 기준으로 회계처리하면 세법은 이를 수용하여 세무조정을 하지 않음. 회사가 명목가치인도기준으로 회계처리하였으므로 세법도 명목가치인도기준에 따라 총판매대금 24,000,000원을 익금으로 함

10 ② 유가증권평가방법을 신고하지 않은 경우에는 총평균법을 적용한다.

11 ① 시설의 개체 또는 기술의 낙후로 인하여 생산설비의 일부를 폐기한 경우 해당 자산의 장부가액에서 1천원을 공제한 금액을 폐기일이 속하는 사업연도의 손금에 산입할 수 있다.

12 ②

익금산입 및 손금불산입			손금산입 및 익금불산입		
과목	금액	처분	과목	금액	처분
고가매입	100,000,000	상여	건물	100,000,000	유보

특수관계인으로부터 건물을 시가보다 고가로 매입하였고, 거래금액과 시가의 차액 1억 원은 시가 2억 원 대비 5% 이상이므로 중요성 기준에 해당한다. 따라서 건물 고가매입을 부당행위로 본다. 그런데 법인이 고가매입액을 자산으로 회계처리하였으므로 당기순이익과 각 사업연도 소득금액에 차이가 없다. 따라서 양편조정을 한다. 감가상각비를 계상하지 않았으므로 감액된 건물(△유보)에 대한 감가상각비에 대한 세무조정은 불필요하다.

13 ② 사회복지공동모금회에 지출하는 기부금, 사립학교 시설비를 위해 지출하는 기부금, 천재·지변으로 인한 이재민을 위한 구호금품은 특례기부금이나, 정부로부터 인허가를 받은 학술연구단체의 고유목적사업비로 지출하는 기부금은 일반기부금이다.

14 ① 현물로 기부할 경우 특수관계인에게 기부한 일반기부금에 해당하는 기부자산가액은 기부대상을 불문하고 시가와 장부가액 중 큰 금액으로 평가하므로 시가로 평가한다는 내용은 옳지 않다.

15 ① 〈기업업무추진비 한도초과액〉
(1) 해당액 : 66,000,000
(2) 한도액 : 86,000,000

$$36,000,000 \times \frac{12}{12} + 9,000,000,000 \times 0.3\% + 1,000,000,000 \times 0.3\% \times 10\% +$$

$$5,000,000,000 \times 0.2\% \times 10\% = 64,300,000$$

(3) 한도초과액 : 1,700,000 (손금불산입, 기타사외유출)

16 ④ 업무무관자산 등 관련 이자는 손금불산입하여 기타사외유출로 소득처분한다.

17 ④ • 퇴직급여충당금 한도액 : Min[①, ②] = 5,000,000
① 급여액기준 : 총급여액 × 5%
        = 245,000,000 × 5% = 12,250,000
② 추계액기준 : 퇴직급여추계액 × 설정률 + 퇴직금전환금잔액 − 세무상 퇴직급여충당금 설정 전 잔액
        = 130,000,000 × 0% + 10,000,000 − (135,000,000 − 30,000,000 −
        100,000,000) = 5,000,000

18 ③ 〈대손충당금한도초과액〉
① 한도액 = 200,000,000 × 3%* = 6,000,000

$$* \ 대손실적률 = \frac{9,000,000}{300,000,000} = 3\%$$

② 한도초과액 = 38,000,000 − 6,000,000 = 32,000,000

19 ③ 법인의 대주주와 생계를 같이하는 가족은 법인의 특수관계인에 해당한다.

20 ③　중간예납세액은 그 중간예납기간이 지난 날부터 2개월 이내에 납부하여야 한다.

21 ①　기타소득은 열거주의를 채택하고 있으므로 유형별 포괄주의를 채택하고 있다는 내용은 옳지 않다.

22 ④

주권상장법인의 배당	60,000,000
비상장법인의 배당	30,000,000
배당소득 가산액	7,000,000*
합계	97,000,000

　* Min[90,000,000, 90,000,000 – 20,000,000] × 10% = 7,000,000

23 ②

$$60,000,000 \times \frac{6}{12}* = 30,000,000$$

　* 부동산을 임대하고 받은 선세금(先貰金)에 대한 총수입금액은 그 선세금을 계약기간의 월수로 나눈 금액의 각 과세기간의 합계액으로 한다.

24 ④　인정상여의 수입시기는 해당 사업연도 중의 근로를 제공한 날이므로 지급받거나 지급 받기로 한 날이 속하는 사업연도라는 내용은 옳지 않다.

25 ③

잉여금 처분결의에 따른 상여금	2,000,000
인정상여	1,800,000
근로소득	3,800,000

　잉여금 처분결의에 따른 상여금은 잉여금처분결의일을, 인정상여는 해당 사업연도 중의 근로를 제공한 날을 수입시기로 한다.

26 ①　기타소득에 대한 원천징수세율은 20%이므로 25%라는 내용은 옳지 않다.

27 ①

　(1) 종합소득금액 : 50,000,000 + 70,000,000 = 120,000,000
　(2) 종합소득공제　　　　　　　　　　　　　　　　40,000,000
　(3) 종합소득과세표준　　　　　　　　　　　　　　80,000,000

　금융소득이 2천만 원 이하이므로 이자소득은 분리과세한다.

28 ④   퇴직소득과세표준은 환산급여에서 환산급여에 따른 공제액을 빼서 계산한다.

29 ④   직계존속은 일반교육비공제대상이 아니므로 아버지의 노인대학교 학비는 교육비세액공제대상이 아니다.

30 ①   퇴직자의 퇴직하는 달의 근로소득을 지급할 때에 연말정산하므로 퇴직한 해의 다음연도 2월 말에 연말정산한다는 내용은 옳지 않다.

31 ②   세금계산서의 임의적 기재사항의 전부 또는 일부가 기재되지 아니하거나 사실과 다를 경우에도 적법한 세금계산서로 보므로, 가산세 등의 불이익이 없다.

32 ④   ① 면세사업자는 매출세액을 거래 징수할 필요는 없으며 매입세액 공제를 받지 못한다.
② 면세사업자는 법인세법 또는 소득세법상 사업자등록을 하므로 부가가치세법상 사업자등록은 할 필요가 없다.
③ 겸영사업자는 과세사업과 면세사업(비과세사업 포함)을 함께 영위하는 자를 말한다.

33 ①   사업자가 법인인 경우 부동산매매업은 법인의 등기부상 소재지(등기부상의 지점 소재지를 포함함)를 사업장으로 한다.

34 ①   총괄납부하려는 자는 주사업장총괄납부신청서를 총괄납부하고자 하는 과세기간 개시 20일 전까지 주사업장 관할 세무서장에게 제출하여야 한다.

35 ③   사업을 위하여 대가를 받지 아니하고 다른 사업자에게 인도하거나 양도하는 견본품은 사업상증여로 보지 아니한다.

36 ④   수출재화는 선(기)적일을 공급시기로 하므로 수출신고수리일이라는 내용은 옳지 않다.

37 ④
ㄱ. 재화의 수출 : 영세율
ㄴ. 가공되지 아니한 식료품의 국내판매 : 면세
ㄷ. 선박·항공기의 외국항행 용역 : 영세율
ㄹ. 내국신용장에 의하여 공급하는 재화 : 영세율

38 ③
(1) 안분계산 : 구축물의 기준시가가 없으므로 1차로 장부가액으로 안분계산하고, 2차로 기준시가가 있는 자산의 공급가액 합계액을 기준시가로 안분계산한다.

구 분	1차 안분계산		2차 안분계산	
	장부가액	공급가액	기준시가	공급가액
토 지	600,000,000	} 900,000,000	300,000,000	540,000,000
건 물	300,000,000		200,000,000	360,000,000
구 축 물	100,000,000	100,000,000		100,000,000
계	1,000,000,000	1,000,000,000		1,000,000,000

(2) 공급가액 : 360,000,000 + 100,000,000 = 460,000,000

39 ④
재화를 공급받은 자가 발행한 매입자발행세금계산서는 원칙적으로 공제 받을 수 있는 세금계산서에 해당된다.

40 ③
조기환급을 신청한 경우 환급세액은 신고기한이 지난 후 15일 이내에 환급받을 수 있다.

2023년

2회   2023년 3월 25일 시행

01	④	02	②	03	①	04	②	05	②
06	①	07	②	08	③	09	②	10	④
11	③	12	②	13	②	14	②	15	④
16	④	17	②	18	④	19	②	20	②
21	③	22	②	23	①	24	①	25	④
26	①	27	③	28	④	29	③	30	③
31	②	32	①	33	④	34	②	35	③
36	④	37	③	38	③	39	③	40	④

01 ④   조세는 직접적인 반대급부 없이 부과되므로 납부한 세액에 비례하여 개별적인 보상을 제공한다는 내용은 옳지 않다.

02 ②   국세의 납부에 관한 기한이 근로자의 날일 때에는 그 다음 날을 기한으로 본다.

03 ①   실질과세의 원칙은 조세평등주의를 구체화한 국세 부과의 원칙이다.

04 ②   납세의무자에는 국세를 징수하여 납부할 의무가 있는 자를 포함하지 아니한다.

05 ②   외국법인도 비사업용토지의 양도소득에 대하여 법인세 납세의무가 있다.

06 ①   소득의 귀속자가 출자자이면서 임원인 출자임원의 경우 상여로 처분한다.

07 ②

	익금항목	익금불산입항목
(1) 부가가치세 매출세액		200,000원
(2) 법인세 과오납금의 환급금에 대한 이자		100,000원
(3) 채무면제이익	100,000원	
(4) 상품판매로 받은 금액	300,000원	
(5) 자기주식처분이익	100,000원	
합계	500,000원	300,000원

08 ③ 업무무관부동산 및 업무무관자산을 취득하기 위한 자금의 차입과 관련되는 비용은 업무무관경비에 포함한다.

09 ② 5,000,000(가산금) + 5,000,000(과태료) + 2,000,000(제23기 대손금*) = 12,000,000
* 제23기에 소멸시효가 완성된 외상매출금은 제23기의 손금이므로 제24기의 비용을 손금불산입함.

10 ④ 금융회사 등이 수입하는 이자 등에 대하여는 원칙적으로 실제로 수입된 날을 귀속사업연도로 한다.

11 ③ 시설의 개체 또는 기술의 낙후로 인하여 생산설비의 일부를 폐기한 경우 해당 자산의 장부가액에서 1천원을 공제한 금액을 폐기일이 속하는 사업연도의 손금에 산입할 수 있다.

12 ②

구 분	건 물	기계장치	영업권
회사계상 상각비	5,000,000	4,000,000	1,000,000
세법상 상각범위액	6,000,000	3,500,000	1,200,000
상각부인액	△ 1,000,000	500,000	△200,000
세무조정	손금산입 1,000,000	손금불산입 500,000	-

세무조정사항이 각 사업연도 소득금액에 미치는 영향 : △1,000,000+500,000=△500,000

13 ② 특례기부금을 금전 외의 자산으로 제공하는 경우에는 장부가액으로 평가한다.

14 ② 기업업무추진비 관련 VAT매입세액 불공제액과 접대한 자산에 대한 VAT매출세액은 기업업무추진비로 간주한다.

15 ④ 지급이자는 채권자불분명사채이자, 비실명 채권·증권이자, 건설자금이자, 업무무관자산 등 관련이자의 순서로 손금불산입한다.

16 ④ ① 한도액 = 200,000,000 × 3%* = 6,000,000

$$* \text{ 대손실적률} = \frac{9,000,000}{300,000,000} = 3\%$$

② 한도초과액 = 40,000,000 – 6,000,000 = 34,000,000

17 ② 손실보전준비금은 법인세법상 손금으로 인정되는 준비금이 아니라 조세특례제한법상 준비금이다.

18 ④ (1) 양도가액 : 6억 원*
　　* 장부가액이 4억 원이고 처분이익이 2억 원이면 양도가액은 6억 원임
(2) 시가 : 12억 원
(3) 차액 : 6억 원(차액 3억 원 이상, 시가 대비 5% 이상)
(4) 세무조정 : 익금산입 6억 원(상여)

대표이사에게 토지를 시가보다 저가로 양도하였고, 거래금액과 시가의 차액이 6억 원이므로 중요성 기준에 해당한다. 따라서 시가와 양도가액의 차액 6억 원을 익금산입하여 상여로 소득처분한다.

19 ② 공제대상 이월결손금은 각 사업연도 소득의 80%(중소기업과 회생계획을 이행 중인 기업 등 대통령령으로 정하는 법인의 경우는 100%)을 한도로 한다.

20 ② 법인세 과세표준 신고시 개별 내국법인의 재무상태표, 포괄손익계산서를 제출하지 않으면 무신고로 본다.

21 ③ 이자소득과 배당소득은 유형별 포괄주의에 의하므로 열거되지 않은 소득도 과세될 수 있다.

22 ②

주권상장법인의 배당	20,000,000
비상장법인의 배당	40,000,000
배당소득 가산액	4,000,000*
합계	64,000,000

* Min[60,000,000, 60,000,000 – 20,000,000] × 10% = 4,000,000

23 ① 재고자산의 자가소비에 관해서 법인세법에서는 부당행위부인에 적용되고, 소득세법에서는 개인사업자가 재고자산을 가사용으로 소비하거나 이를 사용인 또는 타인에게 지급한 경우에는 총수입금액으로 본다.

24 ① 잉여금처분에 의한 상여의 경우 당해 법인의 잉여금처분결의일을 근로소득의 수입시기로 한다.

25 ④ 고용관계 없는 자가 다수인에게 강연을 하고 받는 강연료는 기타소득으로 분류되며 총수입금액의 60%를 필요경비로 인정하되, 실제 소요된 필요경비가 60%에 상당하는 금액을 초과하면 그 초과하는 금액도 필요경비에 산입한다.

26 ① (1) 근로소득금액 : 15,000,000
(2) 사업소득금액 : 33,000,000
(3) 기타소득금액 : 5,300,000
(4) 종합소득금액 : 53,300,000

27 ③ (1) 세액공제 대상 보험료

구 분	지출액	한도액	세액공제대상 금액
장애인전용보장성보험료	1,200,000	1,000,000	1,000,000
일반보장성보험료	1,600,000	1,000,000	1,000,000

(2) 보험료세액공제 : 1,000,000 × 15% + 1,000,000 × 12% = 270,000

28 ④ 예납적 원천징수의 경우에는 별도의 소득세 확정신고 절차가 필요하나, 완납적 원천징수에 해당하면 별도의 확정신고 절차가 불필요하다.

29 ③ 상장주식의 양도소득(대주주 거래분)은 양도소득세 과세대상이나, 1세대 1주택의 양도소득과 파산선고에 의한 처분으로 발생하는 소득은 비과세 양도소득이고, 사업용 기계장치의 처분이익은 양도소득이 아니다.

30 ③ 중간예납이란 매년 1월 1일부터 6월 30일까지의 기간동안의 소득에 대해 소득세를 납부하는 것이며, 납부기한은 11월 30일이다.

31 ②　① 김철수 : 부가가치세가 과세되는 재화란 재산 가치가 있는 유체물과 관리할 수 있는 자연력을 말한다. 따라서 동력이나 열과 같은 무체물도 부가가치세 과세대상이다.
③ 김영수 : 재화의 수입은 수입자 여부에 관계없이 부가가치세가 과세된다.
④ 김순희 : 간접세에 대한 국제적 중복과세의 문제를 해결하기 위하여 수입국에서만 간접세를 과세할 수 있도록 소비지국과세원칙을 채택하고 있다.

32 ①　② 과세사업자가 사업개시일부터 20일 이내에 사업자등록을 하지 아니한 경우에는 미등록가산세의 적용을 받는다.
③ 주사업장총괄납부사업자는 신고는 각 사업장별로 하되, 세액의 납부(환급)은 본점 또는 주사무소에서 모든 사업장의 부가가치세를 총괄하여 할 수 있다.
④ 겸영사업자는 부가가치세 납세의무가 있으므로 과세사업자로 분류한다.

33 ④　간이과세자의 과세기간은 1월 1일부터 12월 31일까지 1년이다.

34 ②　법인은 지점 또는 분사무소를 주사업장으로 할 수 있다.

35 ③　사업을 위하여 대가를 받지 아니하고 다른 사업자에게 인도하거나 양도하는 견본품은 사업상증여로 보지 아니한다.

36 ④　할부판매의 경우에는 공급한 재화의 총가액을 공급가액으로 한다.

37 ③　영세율을 적용받는 사업자는 사업자등록 및 세금계산서 발급 등 부가가치세법상 제반 의무를 이행할 필요가 있다.

38 ③　$40,000,000^{*1} + 40,500,000^{*2} = 80,500,000$
*1 특수관계인에게 시가보다 저가로 공급한 경우 시가를 공급가액으로 한다.
*2 매출환입, 매출에누리, 매출할인은 과세표준 계산상 차감한다.

39 ③　50,000,000(기계장치 매입세액) + 3,000,000(원재료 매입세액) + 6,000,000(비품 매입세액)
　　　　　= 59,000,000

40 ④　2024년 제1기 예정신고시 누락한 매출금액을 확정신고시 과세표준에 포함해 신고할 수 있다.

2023년

3회 2023년 5월 20일 시행

01	③	02	①	03	①	04	④	05	④
06	①	07	②	08	④	09	④	10	②
11	③	12	④	13	④	14	③	15	②
16	②	17	④	18	①	19	④	20	④
21	④	22	①	23	③	24	②	25	④
26	③	27	③	28	③	29	③	30	②
31	④	32	③	33	②	34	④	35	③
36	②	37	②	38	①	39	③	40	①

01 ③ 기간을 일·주·월·연으로 정한 때에는 기간의 초일은 기간 계산시 산입하지 아니한다.

02 ① 공시송달의 경우에는 서류의 주요 내용을 공고한 날부터 14일이 지나면 서류 송달이 된 것으로 본다.

03 ① 제시된 자료는 모두 실질과세의 원칙에 대한 내용이다.

04 ④ 과세표준수정신고서를 법정신고기한 경과 후 일정기간 이내에 제출한 경우 과소신고·초과환급신고 가산세를 감면받을 수 있다.

05 ④ 사업연도를 변경하려는 법인은 직전 사업연도의 종료일부터 3개월 이내에 사업연도변경신고서를 납세지 관할 세무서장에게 제출하여야 한다.

06 ① 법인이 이익잉여금을 자본전입하여 주주인 법인이 취득하는 주식은 배당으로 의제한다.

07 ② 2,000,000(소액주주가 아닌 출자자인 임원의 사택유지비) + 500,000(교통사고벌과금) = 2,500,000

08 ④

구 분	한도초과액	세무조정
본사 임원상여금	70,000,000 - (150,000,000×40%) =10,000,000	〈손금불산입〉 상여금한도초과 10,000,000(상여)
건설본부 임원상여금	60,000,000 - (100,000,000×40%) =20,000,000	〈손금불산입〉 상여금한도초과 20,000,000(상여) 〈손금산입〉 건설중인자산 20,000,000(상여)

09 ④ 법인이 잉여금처분으로 수입하는 배당금은 기명주식인 경우 잉여금처분결의일을, 무기명주식인 경우 실제 배당금을 지급받는 날을 귀속시기로 한다.

10 ② 감가상각자산의 취득가액에는 건설자금이자를 포함하므로 건설자금이자를 제외한다는 내용은 옳지 않다.

11 ③ (600,000,000+200,000,000) × 1/4 = 200,000,000

12 ④ 양도가액 80억 원이 시가의 70%(정상가액)인 70억 원보다 크므로 기부금으로 의제할 금액은 없다. 따라서 세무조정은 없다.

13 ④ 현물로 접대하는 경우 기업업무추진비는 시가와 장부가액 중 큰 금액으로 평가한다.

14 ③ 건설자금이자의 손금불산입액은 유보로 소득처분하므로 기타사외유출로 소득처분한다는 내용은 타당하지 않다.

15 ② 소멸시효 완성으로 인한 대손금은 신고조정사항이다.

16 ② 손실보전준비금은 법인세법상 손금으로 인정되는 준비금이 아니라 조세특례제한법상 준비금이다.

17 ④   금전 기타 자산 또는 용역을 시가보다 낮은 이율·요율이나 임차료로 차용하거나 제공받은 때에는
           법인에게 이익이 발생하므로 부당행위계산의 부인에 해당하지 아니한다.

18 ①   (1) 각 사업연도 소득금액
              250,000,000 + 100,000,000 – 70,000,000280,000,000
           (2) 과세표준
              280,000,000 – 10,000,000(이월결손금) – 3,000,000(비과세소득) – 2,000,000(소득공제)
              = 265,000,000

19 ④   (1) 각 사업연도 소득금액
              200,000,000 + 50,000,000 – 20,000,000 = 230,000,000
           (2) 과세표준
              230,000,000 – 4,000,000(2014년 이월결손금)* – 5,000,000(2015년 이월결손금)*
              = 221,000,000
              * 2024년에는 2012년 이월결손금과 2013년 이월결손금은 공제시한인 10년이 지나서 공제
                되지 아니한다.
           (3) 산출세액
              18,000,000+(221,000,000 – 200,000,000)×19%=21,990,000

20 ④   ① 법인세 납세의무가 있는 내국법인은 각 사업연도 종료일이 속하는 달의 말일부터 3개월* (내국법
              인이 성실신고확인서를 제출하는 경우에는 4개월)이내에 법인세 과세표준과 세액을 신고하여야
              한다.
           ② 법인세 과세표준 신고시 필수적 첨부서류인 개별법인의 재무상태표와 포괄손익계산서, 이익잉여
              금처분(결손금처리)계산서 및 세무조정계산서(법인세 과세표준 및 세액조정계산서)를 첨부하여야
              한다.
           ③ 각 사업연도 소득금액이 없거나 결손금이 있는 경우에도 각 사업연도 종료일이 속하는 달의 말일
              부터 3개월* (내국법인이 성실신고확인서를 제출하는 경우에는 4개월)이내에 법인세 과세표준과
              세액을 신고하여야 한다.

21 ④   소득세는 신고납세제도를 채택하고 있으므로 납세의무자가 확정신고하면 신고한 내용대로 자동 확정
           된다.

22 ① 이자소득과 배당소득은 필요경비가 없으나, 사업소득과 기타소득은 필요경비가 있다.

23 ③ 200,000,000(당기순이익)＋30,000,000(대표자급여)－5,000,000(배당금수익)＋2,000,000(벌금)
= 227,000,000

24 ②

구 분	계산내역	금 액
급여액	2,000,000 × 12	24,000,000
상여금	2,000,000 × 4	8,000,000
연월차수당		2,000,000
식 사 대	(200,000－200,000)×12	–
자가운전보조금	(250,000－200,000)×12	600,000
총급여액		34,600,000

25 ④ 법인세법상 기타사외유출로 처분된 소득은 기타소득에 합산하지 아니한다.

26 ③ (1) 이자소득금액　　15,000,000
(2) 배당소득금액　　　6,000,000 ＋ Min[6,000,000, 1,000,000]×10%= 6,100,000
(3) 사업소득금액　100,000,000
(4) 종합소득금액　121,100,000
(5) 종합소득공제　　20,000,000
(6) 종합소득과세표준　101,100,000

27 ③ (1) 종합소득금액　　80,000,000 ＋ 20,000,000 ＋ 40,000,000 = 140,000,000
(2) 종합소득과세표준　140,000,000 － 20,000,000 = 120,000,000
(3) 종합소득산출세액　15,360,000 ＋ (120,000,000 － 88,000,000) × 35% = 26,560,000

28 ③ 미숙아·선천성이상아 의료비에 대한 의료비세액공제는 세액공제대상 금액의 20%로 한다.

29 ③ 다른 사업자가 경영하는 사업장으로 전출이 이루어진 경우에는 현실적 퇴직에 해당한다.

30 ②   납부할 세액이 1천만 원을 초과하는 경우에는 2개월 이내 분납할 수 있다.

31 ④   부가가치세가 과세되는 재화란 재산 가치가 있는 유체물과 관리할 수 있는 자연력을 말한다. 따라서 동력이나 열과 같은 무체물도 부가가치세 과세대상이다.

32 ③   매출세액 : 8,000,000 × 10% = 800,000
            매입세액 : (5,000,000 − 500,000 − 1,000,000)× 10% = 350,000
            납부세액 : 450,000
            가 산 세 : 5,000
            차가감납부세액 : 455,000

33 ②   신탁재산을 위탁자로부터 수탁자로 이전하거나 수탁자로부터 위탁자로 이전하는 경우에는 각각 재화의 공급으로 보지 아니한다.

34 ④   할부판매의 경우에는 공급한 재화의 총가액을 공급가액으로 한다.

35 ③

구분	영세율	면세
목적	국제적인 이중과세 방지	ㄱ. 부가가치세의 역진성 완화
성격	ㄴ. 완전면세제도	부분면세제도
매출시	거래징수의무 없음	ㄷ. 거래징수의무 없음
매입시	ㄹ. 환급받음 (매입세액공제)	환급되지 아니함 (매입세액불공제)

36 ②

구 분	계산내역	금액
토 지	면세	0
제 품	시가	40,000,000
기계장치	100,000,000×(1−25%×3%)	25,000,000
건 물	300,000,000×(1−5%×2%)	270,000,000
합 계		335,000,000

37 ②   50,000,000(기계장치) + 6,000,000(비품) = 56,000,000

개별소비세 과세대상 자동차와 토지조성을 위한 자본적지출 관련 매입세액은 공제되지 아니한다.

38 ①   소매업을 영위하는 일반과세자는 공급받는 자가 사업자등록증을 제시하고 세금계산서의 발급을 요구

하는 경우에는 세금계산서를 발급하여야 한다.

39 ③

매출세액	50,000,000 × 10% =	5,000,000
매입세액		3,500,000
납부세액		1,500,000
가 산 세	2,500,000 × 2% =	50,000
차가감납부세액		1,550,000

40 ①   ② 간이과세자도 영수증발급대상기간 중인 간이과세자가 아니면 세금계산서를 발급할 수 있다.

③ 간이과세자란 직전 연도의 공급대가(부가가치세를 포함한 가액)의 합계액이 1억 400만 원에 미
   달하는 개인사업자를 말하나, 부동산임대업과 과세유흥장소를 경영하는 사업자는 4,800만 원에
   미달하는 개인사업자를 말한다.

④ 간이과세자는 간이과세를 포기하여 일반과세자가 될 수 있다.

2023년

4회 2023년 6월 17일 시행

01	④	02	③	03	①	04	①	05	④
06	④	07	③	08	③	09	①	10	③
11	③	12	④	13	③	14	③	15	④
16	③	17	②	18	④	19	③	20	②
21	①	22	①	23	③	24	④	25	④
26	②	27	④	28	③	29	①	30	②
31	④	32	②	33	④	34	②	35	②
36	④	37	②	38	③	39	④	40	③

01 ④
① 공공단체가 공공사업에 필요한 경비에 충당하기 위하여 부과하는 공과금은 조세에 해당하지 아니한다.
② 조세는 재정수입의 조달을 목적으로 하므로 위법행위에 대한 제재를 목적으로 하는 과태료와 성격이 다르다.
③ 조세법률주의에 따라 조세의 과세요건은 법률로 규정하여야 한다.
④ 조세는 일반보상성에 따라 납부하는 금액에 비례하는 반대급부가 제공되지 않으므로 옳은 내용이다.

02 ③
교부송달의 경우에는 교부에 의한 서류 송달은 해당 행정기관의 소속 공무원이 서류를 송달할 장소에서 송달받아야 할 자에게 서류를 교부하는 방법으로 하므로 우편날짜도장이 찍힌 날에 신고된 것으로 본다는 내용은 옳지 않다

03 ①
실질과세의 원칙은 국세부과의 원칙이므로 세법적용의 원칙이라는 내용은 옳지 않다.

04 ①
국세기본법에 따른 동일한 처분에 대하여 심사청구와 심판청구를 중복하여 제기할 수 없다.

05 ④
최초 사업연도의 개시일전에 생긴 손익을 사실상 그 법인에 귀속시킨 것이 있는 경우 조세포탈의 우려가 없을 때에는 최초 사업연도의 기간이 1년을 초과하지 아니하는 범위내에서 이를 당해 법인의 최초사업연도의 손익에 산입할 수 있다, 법인설립 이전에 발생한 손익은 어떠한 경우에도 신설법인의 최초 사업연도의 손익에 산입할 수 없다는 내용은 옳지 않다.

06 ④ 내국법인의 각 사업연도의 소득에 대한 법인세의 과세표준은 각 사업연도의 소득의 범위에서 이월결손금, 비과세소득, 소득공제액을 차례로 공제한 금액으로 한다. 기납부세액은 차가감납부세액 계산시 공제하므로 과세표준을 계산할 때 공제하는 것은 아니다.

07 ③ 자산수증이익 중 이월결손금의 보전에 충당된 금액은 익금불산입항목으로 본다.

08 ③ 업무용 건물에 대한 재산세 900,000원은 손금항목이므로 비용으로 회계처리한 경우 세무조정은 불필요하다. 그러나 가산세 60,000원은 손금불산입항목이므로 비용으로 회계처리한 경우 손금불산입으로 세무조정하여 기타사외유출로 소득처분하여야 한다.

09 ① 대주주인 임원에 대한 사택유지비는 손금으로 인정받지 못하나, 나머지는 손금으로 인정받는다.

10 ③ 예금이자가 법인세법상 원천징수대상이므로 기간경과분 미수이자 50,000,000원을 익금불산입하여 △유보로 소득처분한다.

11 ③ 시설의 개체 또는 기술의 낙후로 인하여 생산설비의 일부를 폐기한 경우에는 당해 자산의 장부가액에서 1천원을 공제한 금액을 폐기일이 속하는 사업연도의 손금에 산입할 수 있다.

12 ④ (1) 세무조정

구 분	건 물	기계장치	영업권
회사계상 상각비	5,000,000	5,000,000	1,000,000
세법상 상각범위액	6,000,000	3,500,000	1,200,000
상각부인액	△ 1,000,000	1,500,000	△200,000
세무조정	손금산입 500,000	손금불산입 1,500,000	–

(2) 세무조정사항이 과세표준에 미치는 영향
   △500,000 + 1,500,000 = 1,000,000(증가)

13 ③ 기부금을 어음으로 지급한 경우에는 그 어음이 결제된 날이 속하는 사업연도의 기부금으로 하므로 어음을 발행한 날에 기부금을 지출한 것으로 본다는 내용은 옳지 않다.

14 ③ 광고선전 목적으로 기증한 물품의 구입비용[특정인에게 기증한 물품(개당 30,000원 이하의 물품은 제외한다)의 경우에는 연간 5만 원 이내의 금액으로 한정한다]은 전액 손금으로 본다. 10,000원 상당의 달력과 15,000원 상당의 컵은 30,000원 이하의 물품이므로 전액 손금으로 본다.

15 ④ 제시된 지문은 모두 옳은 내용이다.

16 ③ (1) 세무조정의 내용

익금산입 및 손금불산입			손금산입 및 익금불산입		
과목	금액	처분	과목	금액	처분
외상매출금	2,000,000	유보	대손충당금	4,000,000	유보
대손충당금	5,000,000*	유보			
계	7,000,000		계	4,000,000	

* 대손충당금 한도초과액
① 대손충당금한도액 : 당기말 채권잔액 × 설정률
   = 100,000,000 × Max[1%, 5%*]
   = 5,000,000
   * $\dfrac{8,000,000 - 2,000,000}{120,000,000}$ = 5%
② 대손충당금한도초과액 : 10,000,000* − 5,000,000 = 5,000,000
   * 대손충당금 기말잔액 : 15,000,000 − 8,000,000 + 3,000,000 = 10,000,000
(2) 각 사업연도 소득금액 : 50,000,000 + 7,000,000 − 4,000,000 = 53,000,000

17 ② 납세지 관할 세무서장 또는 관할지방국세청장은 내국법인의 행위 또는 소득금액의 계산이 특수관계 인과의 거래로 인하여 그 법인의 소득에 대한 조세의 부담을 부당하게 감소시킨 것으로 인정되는 경우에는 그 법인의 행위 또는 소득금액의 계산과 관계없이 그 법인의 각 사업연도의 소득금액을 계산한다. 따라서 조세부담이 감소하지 않은 경우라 하더라도 부당행위계산의 부인 규정이 적용된다는 내용은 옳지 않다.

18 ④

익금산입 및 손금불산입			손금산입 및 익금불산입		
과목	금액	처분	과목	금액	처분
고가매입	500,000,000[*1]	상여	건물	500,000,000[*1]	유보
감가상각비	12,500,000[*2]	유보			

*1 건물매입 : 매입액과 시가의 차액 500,000,000원은 시가 대비 5% 이상이므로 중요성 기준에 해당한다. 법인이 고가매입액을 자산으로 회계처리하였으므로 당기순이익과 각 사업연도 소득에 차이는 없으므로 양편조정을 한다. 먼저 500,000,000원을 손금산입하여 건물에 대한 △유보로 처분하고, 500,000,000원을 익금산입하여 상여로 처분한다.

*2 감가상각비

(1) 자산감액분에 대한 감가상각비

$$\text{감가상각비} \times \frac{\triangle \text{유보}}{\text{건물 취득가액}} = 25,000,000 \times \frac{500,000,000}{1,000,000,000} = 12,500,000$$

(2) 감가상각비 시부인

회사상각액 : 25,000,000 - 12,500,000 = 12,500,000

상각범위액 : (1,000,000,000 - 500,000,000) × 0.025 = 12,500,000

상각부인액 : 0

19 ③   손익계산서상의 당기순손실과 법인세법상 결손금은 세무조정사항 때문에 일치하지 않는다.

20 ②   내국법인에게 이자소득을 지급하는 자는 그 지급하는 금액의 14%(비영업대금의 이익은 25%)를 원천징수하여 납부하여야 하므로 25%를 원천징수한다는 내용은 옳지 않다.

21 ①   소득세는 개인별로 과세하는 개인단위 과세제도를 채택하고 있다. 다만, 거주자 1인과 그의 특수관계인이 공동사업자에 포함되어 있는 경우로서 손익분배비율을 거짓으로 정하는 등 일정한 사유가 있는 경우에는 그 특수관계인의 소득금액은 그 손익분배비율이 주된 공동사업자의 소득금액으로 본다.

22 ①   비영업대금의 이익은 조건부 종합과세대상이므로 무조건 분리과세대상이 아니다.

23 ③   개인사업은 법정자본금이 없으므로 개인사업자는 출자금을 임의로 인출할 수 있다.

24 ④   인정상여의 수입시기는 해당 사업연도 중의 근로를 제공한 날이므로 결산확정일이 속하는 사업연도라는 내용은 옳지 않다.

25 ④   6,000,000(강연료) + 7,000,000(인정기타소득) = 13,000,000

26 ②

(1) 기본공제 : 1,500,000 × 6* = 9,000,000

    * 본인, 배우자, 부친, 모친, 장인, 장녀

       장남은 사업소득금액이 100만 원을 초과하므로 기본공제대상에서 제외됨.

(2) 추가공제 : 1,000,000(경로우대자공제)

    장남은 기본공제대상에서 제외되었으므로 추가공제대상이 아님.

(3) 인적공제 합계액 : 10,000,000

27 ④

(1) 공제대상 교육비

    6,000,000(본인)＋4,000,000(배우자)＋2,500,000(장녀)＋1,500,000(유치원)=14,000,000

(2) 교육비세액공제

    14,000,000 × 15% = 2,100,000

28 ③

과세이연된 퇴직소득금액을 연금외수령한 경우 퇴직소득으로 보므로 기타소득으로 과세한다는 내용은 옳지 않다.

29 ①

구 분	금 액	비 고
양도가액	100,000,000	
취득가액	50,000,000	
기타필요경비	2,000,000	
양도차익	48,000,000	
장기보유특별공제	8,640,000	48,000,000 × 18%
양도소득금액	39,360,000	
양도소득기본공제	2,500,000	
양도소득과세표준	36,860,000	

30 ②

사업장현황신고서 제출기한은 2월 10일이므로 3월 10일이라는 내용은 옳지 않다.

31 ④

부가가치세는 국제적 이중과세의 문제를 해결하기 위하여 수출품에 대하여 영세율 제도를 적용하고 있으므로 면세제도를 적용한다는 내용은 옳지 않다.

32 ②　① 영세율을 적용받는 사업자도 부가가치세법상의 사업자 등록의무가 있다.
　　　　③ 주사업장총괄납부사업자는 신고는 사업장별로 각각 하되, 본점 또는 주사무소에서 모든 사업장의
　　　　　　부가가치세를 총괄하여 납부할 수 있다.
　　　　④ 비영리사업자도 부가가치세의 납세의무자가 될 수 있다.

33 ④　간이과세자의 과세기간은 1월 1일부터 12월 31일까지이므로 6개월 마다 신고한다는 내용은 옳지
　　　　않다.

34 ②　직매장은 사업장이므로 직매장을 추가로 개설한 경우 사업자등록은 하여야 한다.

35 ②　개인적 공급은 세금계산서를 발급의무가 면제된다.

36 ④　수출재화의 경우에는 수출재화의 선(기)적일을 공급시기로 보므로 수출신고 수리일을 공급시기로 본
　　　　다는 내용은 옳지 않다.

37 ②　영세율은 완전면세제도이나, 면세는 부분면세제도이다.

38 ③　예정신고 : 100,000 + 300,000[*1] + 50,000[*2] = 450,000
　　　　확정신고 : 50,000[*2] × 3 = 150,000
　　　　*1 할부판매이므로 받기로 한 대가를 공급가액으로 한다.
　　　　*2 장기할부판매이므로 받기로 한 대가의 각 부분을 공급가액으로 한다.

39 ④　사업무관 지출, 토지정지비용, 개별소비세 과세대상 자동차의 구입 관련 매입세액은 공제되지 않으
　　　　나, 원재료의 구입 관련 매입세액은 공제된다.

40 ③　과소신고·초과환급신고가산세와 납부지연가산세가 동시에 적용되는 경우 둘 다 적용하므로 과소신
　　　　고·초과환급신고가산세만을 적용한다는 내용은 옳지 않다.

2023년

5회 　2023년 7월 29일 시행

01	①	02	③	03	②	04	①	05	④
06	③	07	③	08	④	09	④	10	③
11	①	12	①	13	④	14	③	15	②
16	③	17	④	18	③	19	④	20	④
21	③	22	③	23	③	24	④	25	④
26	②	27	④	28	③	29	③	30	②
31	②	32	④	33	④	34	④	35	①
36	②	37	①	38	③	39	④	40	③

01 ①　목적세는 조세의 사용용도가 특별히 지정된 조세로서 조세의 사용용도가 지정되지 않은 조세인 보통세와 구분된다.

02 ③　개인의 혈족은 4촌 이내인 경우 특수관계인이므로 8촌 이내의 혈족이 특수관계인에 해당한다는 내용은 옳지 않다,

03 ②　국세 부과의 원칙은 실질과세, 신의·성실, 근거과세, 조세감면의 사후관리이다. 소급과세 금지의 원칙은 세법적용의 원칙이다.

04 ①　법정신고기한까지 과세표준신고서를 제출하지 아니한 자는 관할 세무서장이 세법에 따라 해당 국세의 과세표준과 세액(이 법 및 세법에 따른 가산세를 포함한다)을 결정하여 통지하기 전까지 기한후과세표준신고서를 제출할 수 있다. 기한 후 신고는 법정신고기한까지 신고서를 제출하지 않은 자를 대상으로 하므로 ①의 내용은 옳지 않다.

05 ④　비영리법인은 청산소득에 대한 법인세의 납세의무가 없으므로 외국비영리법인이 청산소득에 대하여 납세의무를 진다는 설명은 옳지 않다.

06 ③

(1) 각 사업연도 소득금액

200,000,000 + 20,000,000(임원상여금한도초과액) + 10,000,000(상각부인액)=230,000,000

(2) 과세표준 : 230,000,000

(3) 산출세액

18,000,000+(230,000,000 – 200,000,000)×19%=23,700,000

07 ③

결산조정사항을 장부상 손금에 산입하지 않고 법인세를 신고한 경우에는 경정청구를 통해 손금에 산입할 수 없다.

08 ④

이월결손금의 보전에 충당된 채무면제이익은 익금불산입항목이다.

09 ④

업무무관자산의 취득에 따른 취득세 등은 취득부대비용으로 인정하므로 자산의 취득가액에 산입한다.

10 ③

장기할부판매손익은 원칙적으로 명목가치 인도기준에 따라 익금과 손금에 산입하는 것을 원칙으로 하되, 결산상 현재가치 인도기준이나 회수기일도래기준으로 회계처리하면 이를 수용하여 세무조정을 하지 아니한다. 다만, 중소기업은 회계처리에 관계없이 회수기일도래기준에 따라 세무조정을 할 수 있다.

11 ①

건물 또는 벽의 도장은 수익적 지출이나, 내용연수 연장을 위한 개조비용, 냉·난방 장치의 설치, 피난시설 설치는 자본적지출 이다.

12 ①

(1) 감가상각비 시부인

회사상각액	18,000,000
상각범위액	20,000,000*
상각부인액	△2,000,000

* 100,000,000 × 0.2 = 20,000,000

(2) 세무조정

[상황 1] 〈손금산입〉 전기상각부인액 2,000,000(△유보)

[상황 2] 세무조정 없음

[상황 3] 세무조정 없음

13 ④ 기부금은 이를 지출한 사업연도의 기부금으로 한다. 따라서 기부금을 미지급금으로 계상한 경우에는 실제로 지출할 때까지 기부금으로 보지 아니한다.

14 ③ 〈기업업무추진비 손금불산입 총금액〉
1. 법정증빙 미비분 : 〈손금불산입〉 2,000,000(기타사외유출)
2. 기업업무추진비 한도초과액
    (1) 해당액 : 18,000,000 − 2,000,000 = 16,000,000

    (2) 한도액 : $12,000,000 \times \dfrac{12}{12} + 1,000,000,000 \times 0.3\% = 15,000,000$

    (3) 한도초과액 : 1,000,000 (손금불산입, 기타사외유출)
3. 손금불산입 총금액 : 2,000,000 + 1,000,000 = 3,000,000

15 ② 유예기간 중 업무에 사용하지 않고 양도하는 업무무관부동산은 업무무관자산에 해당한다.

16 ③ (1) 세무조정의 내용

익금산입 및 손금불산입			손금산입 및 익금불산입		
과 목	금 액	처 분	과 목	금 액	처 분
대손충당금	7,000,000*	유 보	대손충당금	8,000,000	유 보

* 대손충당금 한도초과액
① 대손충당금한도액 : 당기말 채권잔액 × 설정률
     = 500,000,000 × Max[1%, 3%]
     = 15,000,000
② 대손충당금한도초과액 : 22,000,000* − 15,000,000 = 7,000,000
     * 대손충당금 기말잔액 : 20,000,000 − 5,000,000 + 7,000,000 = 22,000,000
(2) 자본금과 적립금조정명세서(을)

과목 또는 사항	기초잔액	당기중증감		기말잔액
		감소	증가	
대손충당금한도초과액	8,000,000	(ㄱ) 8,000,000	7,000,000	7,000,000

17 ④ 신용회복목적회사의 손실준비금은 조세특례제한법상 준비금이므로 법인세법상 주닙금이라는 내용은 옳지 않다.

18 ③ (주)삼일이 대표이사에게 장부가액 4억 원인 토지를 양도하고 유형자산처분이익 2억 원을 인식했다는 것은 6억 원에 양도하였다는 것을 의미한다. (주)삼일이 대표이사에게 시가 10억 원인 토지를 6억 원에 양도하였으므로 시가와 양도가액의 차액 4억 원을 익금산입하여 상여로 처분한다.

19 ④ 자산수증이익이나 채무면제이익에 의해 충당된 이월결손금은 과세표준 계산시 공제할 수 없으므로 공제 가능하다는 내용은 옳지 않다.

20 ④ 법인세 납세의무가 있는 내국법인은 각 사업연도소득금액이 없거나 결손금이 있는 경우에도 법인세 과세표준과 세액을 신고하여야 한다.

21 ③ 거주자로 보는 법인 아닌 단체의 경우 그 단체의 소득을 단체구성원들의 다른 소득과 합산하여 과세하지 아니한다.

22 ③

국내 예금이자	15,000,000
비상장내국법인 배당	15,000,000
외국법인 배당	5,000,000
배당소득 가산액	1,500,000*
합계	36,500,000

* Min[15,000,000, 35,000,000 − 20,000,000] × 10% = 1,500,000

23 ③ 대표자 급여는 각 사업연도 소득금액의 계산에 있어서 손금으로 인정되나, 사업소득금액의 계산에서는 필요경비로 인정되지 아니한다.

24 ④ (1) 총급여액

급여	2,000,000 × 12	= 24,000,000
상여	2,000,000 × 4	= 8,000,000
보육수당	(250,000 − 200,000) × 12 =	600,000
식사대	200,000 × 12	= 2,400,000
연월차수당		4,000,000
총급여액		39,000,000

(2) 근로소득공제액 : 7,500,000 + (39,000,000 − 15,000,000) × 15% = 11,100,000
(3) 근로소득금액 : 29,900,000

25	④	근무하는 회사에서 부여받은 주식매수선택권을 퇴직 전에 행사하여 얻은 이익은 근로소득이다.
26	②	35,000,000(근로소득금액) + 15,000,000(사업소득금액) + 6,000,000(기타소득금액) = 56,000,000
27	④	재해손실세액공제는 개인과 법인 모두에게 적용된다.
28	③	개인에게 소득을 지급하는 경우에는 지급자가 법인이든, 개인이든 관계없이 소득세법을 적용하여 원천징수한다.
29	③	① 1세대 1주택(고가주택 아님)의 양도소득 : 비과세 ② 사업용 기계장치처분이익 : 복식부기의무자는 사업소득, 간편장부대상자는 과세 제외 ③ 건물과 함께 양도하는 영업권 : 양도소득 ④ 업무용승용차의 양도 : 복식부기의무자는 사업소득, 간편장부대상자는 과세 제외
30	②	사업소득이 있는 자만 중간예납제도의 적용대상이므로 소득의 종류와 관계없이 중간예납하는 것은 아니다.
31	②	우리나라 부가가치세 제도는 전단계세액공제법을 채택하고 있으므로 전단계거래액공제법에 따르고 있다는 내용은 옳지 않다.
32	④	사업자가 사업장을 두지 아니하면 사업자의 주소 또는 거소를 사업장으로 하므로 그 사업에 관한 업무총괄장소를 사업장으로 본다는 내용은 옳지 않다.
33	④	폐업자는 폐업일이 속하는 과세기간 개시일부터 폐업일까지를 최종 과세기간으로 한다.
34	④	건설업에 있어서 건설업자가 건설자재의 전부 또는 일부를 부담하는 경우에도 용역의 공급으로 보므로 재화를 공급한 것으로 본다는 내용은 옳지 않다.

35 ① 수출재화의 공급은 선(기)적일을 공급시기로 보므로 수출신고 수리일을 공급시기로 본다는 내용은 옳지 않다.

36 ② 면세사업자는 세금계산서 발급 등의 부가가치세법에서 규정하고 있는 제반 사항을 준수할 의무가 없다.

37 ① ㄱ. 매출에누리와 매출환입 : 공제
ㄴ. 거래처의 부도 등으로 인하여 회수할 수 없는 매출채권 등의 대손금 : 공제하지 않음
ㄷ. 재화 또는 용역의 공급과 직접 관련되지 않은 국고보조금 : 포함하지 않음
ㄹ. 판매촉진 등을 위하여 거래수량이나 거래금액에 따라 지급하는 판매장려금 : 공제하지 않음
ㅁ. 재화 또는 용역을 공급한 후 대금의 조기회수를 사유로 당초의 공급가액에서 할인해준 금액 : 공제

포함되거나 공제하지 않은 것은 ㄴ과 ㄹ이므로 2개이다.

38 ③

특수관계인 매출액 :	40,000,000
특수관계인 이외의 매출 : 45,500,000 − 2,500,000 − 1,500,000 − 1,000,000 =	40,500,000
합계	80,500,000

39 ④ 50,000,000 + 3,000,000 + 6,000,000 = 59,000,000
개별소비세 과세대상 자동차 관련 매입세액과 기업업무추진비 관련 매입세액으 공제되지 아니한다.

40 ③ 조기환급을 신청한 경우 환급세액은 신고기한 경과 후 15일 이내에 환급받을 수 있다.

2023년
6회　2023년 9월 23일 시행

01	②	02	④	03	③	04	③	05	②
06	④	07	①	08	③	09	②	10	③
11	③	12	③	13	①	14	④	15	③
16	①	17	④	18	④	19	④	20	③
21	③	22	①	23	④	24	②	25	②
26	③	27	③	28	④	29	①	30	②
31	④	32	④	33	①	34	①	35	①
36	②	37	③	38	②	39	④	40	③

01　② 신의성실의 원칙은 세무공무원이 그 직무를 수행는 경우와 납세자가 그 의무를 이행하는 경우에 적용되는 원칙이므로 납세자에게는 적용되지 않는다는 내용은 옳지 않다.

02　④ 납세자의 우편신고는 발신주의, 과세관청의 우편송달은 도달주의에 의한다.

03　③ 유리한 소급효는 인정된다는 것이 통설이다.

04　③ 법인세를 과다납부한 경우 경정청구를 통해 환급받을 수 있다.

05　②

(단위: 원)

① 각 사업 연도 소득 계산	(101)결산서상당기순손익		01	400,000,000
	소득조정금액	(102)익 금 산 입	02	40,000,000
		(103)손 금 산 입	03	70,000,000
	(104)차가감 소득금액 (101 + 102 – 103)		04	370,000,000
	(105)기부금한도초과액		05	30,000,000
	(106)기부금한도초과 이월액손금산입		54	0
	(107)각 사업연도 소득금액{(104)+(105)-(106)}		06	400,000,000
② 과세 표준 계산	(108)각 사업연도 소득금액 (108=107)			400,000,000
	(109)이 월 결 손 금		07	140,000,000
	(110)비 과 세 소 득		08	0
	(111)소 득 공 제		09	0
	(112)과 세 표 준 (108 – 109 – 110 – 111)		10	260,000,000

06 ④

(1) 세무조정

익금산입 및 손금불산입		손금산입 및 익금불산입	
과목	금액	과목	금액
매출액	20,000,000	매출원가	16,000,000
임원상여금	30,000,000	전기매출액	10,000,000
세금과공과	4,000,000		
이자비용	10,000,000		
합계	64,000,000	합계	26,000,000

(2) 각 사업연도 소득금액

220,000,000 + 64,000,00 - 26,000,000 = 258,000,000

07 ①

자산수증이익	10,000,000원
재산세 환급액	3,000,000원
임대료 수익	<u>2,000,000원</u>
합계	<u>15,000,000원</u>

08 ③

업무무관자산 처분시 자산의 장부가액은 손금으로 인정한다.

09 ②

사택유지비	2,000,000원
교통사고벌과금	500,000원
잉여금처분을 손비로 계상한 금액	<u>1,000,000원</u>
합계	<u>3,500,000원</u>

10 ③

금융회사 및 「보험업법」에 따른 보험회사 이외의 일반법인이 발생주의에 따라 미수수익을 계상한 경우 원천징수되는 이자소득에 한해 미수이자를 인정하지 아니한다.

11 ③

재해를 입은 자산에 대한 외장의 복구는 수익적 지출이나 그 밖의 자료는 자본적 지출이다.

12 ③ (1) 세무조정

구 분	건 물	기계장치	영업권
회사계상 상각비	10,000,000	3,000,000	1,000,000
세법상 상각범위액	8,000,000	4,000,000	3,000,000
상각부인액	2,000,000	△1,000,000	△2,000,000
세무조정	손금불산입 2,000,000	-	손금산입 1,000,000

(2) 세무조정사항이 과세표준에 미치는 영향

2,000,000 - 1,000,000 = 1,000,000(증가)

13 ① 현물로 기부할 경우 특수관계인이 아닌 자에게 기부한 일반기부금에 해당하는 기부자산가액은 장부가액으로 평가한다.

14 ④ 세무상 기업업무추진비 한도액을 초과하는 금액은 손금불산입하여 무조건 기타사외유출로 처분한다.

15 ③

비실명채권, 증권의 이자 중 원천징수세액	5,000,000
업무무관자산과 관련된 지급이자	28,000,000
합계	33,000,000

(1)은 상여, (2)는 기타사외유출, (3)은 유보, (4)는 손금, (5)는 유보, (6)은 기타사외유출로 소득처분 한다.

16 ① 〈대손충당금 한도초과액〉

① 대손충당금한도액 : 당기말 채권잔액 × 설정률

= (50,000,000 - 10,000,000) × Max[1%, 2%*]

= 800,000

* $\dfrac{1,400,000}{70,000,000}$ = 2%

② 대손충당금한도초과액 : 2,000,000 - 800,000 = 1,200,000

17 ④ 고유목적사업준비금은 비영리내국법인이 설정대상이므로 보험업을 영위하는 법인이 설정대상이라는 내용은 옳지 않다.

18 ④　(1) 양도가액 : 10,000주 × 6,000 = 60,000,000
　　　　(2) 시 　가 : 10,000주 × 9,000 = 90,000,000
　　　　(3) 차 　　액 : 30,000,000(시가 대비 33% → 중요)
　　　　(4) 세무조정 : 〈익금산입〉 저가양도 30,000,000(상여)

19 ④　과세표준계산시 공제받을 수 있는 이월결손금은 각 사업연도 개시일 전 15년(2020. 1. 1 전에 개시
　　　하는 사업연도 발생분은 10년) 이내에 개시한 사업연도에서 발생분이므로 이월결손금공제기간이 10
　　　년(2020.1.1. 전에 개시하는 사업연도 발생분은 5년)이라는 내용은 옳지 않다.

20 ③　법인세 과세표준 신고 시 재무상태표, 포괄손익계산서, 이익잉여금처분계산서, 법인세 과세표준 및
　　　세액조정계산서(별지 제3호 서식)을 첨부하지 않으면 무신고로 보므로 현금흐름표는 무신고로 보는
　　　서류에 해당되지 않는다.

21 ③　소득세법은 열거주의에 의하여 과세대상 소득을 규정하고 있으나, 이자소득과 배당소득은 유형별 포
　　　괄주의에 의한다.

22 ①　자금을 대여한 경우 자금대여가 사업활동이면 사업소득, 사업활동이 아니면 이자소득으로 본다.

23 ④
당기순이익	400,000,000
대표자급여	(+) 40,000,000
예금이자	(−) 5,000,000
건물의 처분이익	(−) 3,000,000
소득세	(+) 3,000,000
사업소득금액	435,000,000

24 ②

구 분	계산내역	금 액
급여액	3,000,000 × 12	36,000,000
상여금		4,000,000
보육수당	(200,000 − 200,000)×12	–
중식대	(350,000 − 200,000)×12	1,800,000
자가운전보조금	(250,000 − 200,000)×12	600,000
인정상여		1,000,000
총급여액		43,400,000

25 ②   기타소득에 해당하는 강사료는 총수입금액의 60%에 상당하는 금액을 필요경비로 보나, 실제 소요된 필요경비가 총수입금액의 60%에 상당하는 금액을 초과하면 그 초과하는 금액도 필요경비에 산입한다.

26 ③   (1) 기본공제 : 1,500,000 × 5* = 7,500,000
       * 본인, 부친, 모친, 딸, 아들
         배우자는 총급여가 500만 원을 초과하므로 기본공제대상에서 제외됨.
     (2) 추가공제 : 1,000,000(경로우대자공제) + 2,000,000(장애인공제) = 3,000,000
       배우자는 기본공제대상에서 제외되었으므로 추가공제대상이 아님.
     (3) 인적공제 합계액 : 10,500,000

27 ③   국외의료기관에 지급한 의료비는 모두 의료비세액공제대상에서 제외된다.

28 ④   과세이연된 퇴직소득금액을 연금외수령한 경우 퇴직소득으로 보므로 기타소득으로 과세한다는 내용은 옳지 않다.

29 ①   건설기계의 양도로 인한 소득은 사업소득(복식부기의무자인 경우로 한정함)이다.

30 ②   연말정산대상인 사업소득과 근로소득만 있는 자는 종합소득 과세표준 확정신고를 하여야 한다.

31 ④   세금계산서의 필요적 기재사항의 전부 또는 일부가 기재되지 아니하거나 사실과 다를 경우 적법한 세금계산서로 보지 아니한다. 그러나 임의적 기재사항을 기재하지 않거나 사실과 다르게 기재한 경우 불이익은 없다.

32 ④   부가가치세의 납세의무자는 사업 목적이 영리이든 비영리이든 관계없으므로 비영리사업자도 부가가치세법상 납세의무자가 될 수 있다.

33 ①   신규사업자가 사업개시일 이전에 사업자등록을 신청한 경우에는 등록신청일부터 개시일이 속하는 과세기간의 종료일까지를 최초 과세기간으로 한다.

34 ①   법인의 지점은 본점을 대신하여 주사업장이 될 수 있으므로 법인의 지점이 주사업장이 될 수 없다는
　　　　　　 ①의 내용은 옳지 않다.

35 ①   종업원에게 직장 연예 및 직장 문화와 관련하여 제공한 재화는 사업과 관련된 재화이므로 재화의
　　　　　　 공급으로 보지 아니한다.

36 ②   ① 장기할부판매의 경우에는 대가의 각 부분을 받기로 한 때를 공급시기로 한다.
　　　　　　 ③ 내국신용장에 의하여 공급하는 재화의 공급시기는 인도일로 한다.
　　　　　　 ④ 무인판매기를 이용하여 재화를 공급하는 경우에는 해당 사업자가 무인판매기에서 현금을 꺼내는
　　　　　　　　 때를 공급시기로 한다.

37 ③   5,000(식빵 구입) + 3,000(택시비)=8,000
　　　　　　 책은 면세대상이므로 부가가치세가 없다.

38 ②   공급가액 : $10,000,000 \times \dfrac{2억\ 원}{10억\ 원} = 2,000,000$

　　　　　　 매출세액 : $2,000,000 \times 10\% = 200,000$

39 ④   (1) 매출세액 $50,000,000 \times 10\%$ = 5,000,000
　　　　　　 (2) 매입세액 　　　　　　　　　　 3,500,000
　　　　　　 (3) 납부세액 　　　　　　　　　　 1,500,000
　　　　　　 (4) 가 산 세 $5,000,000 \times 2\%$ = <u>100,000</u>
　　　　　　 (5) 차가감납부세액 　　　　　　　 <u>1,600,000</u>

40 ③   전자세금계산서 발급의무자가 발급기간 내에 종이세금계산서를 발급하면 공급가액의 1%를 가산세
　　　　　　 로 부과한다.

2023년

7회 2023년 11월 18일 시행

01	④	02	①	03	③	04	②	05	②
06	②	07	④	08	④	09	①	10	②
11	②	12	①	13	②	14	③	15	②
16	②	17	②	18	①	19	③	20	②
21	④	22	③	23	④	24	②	25	④
26	②	27	④	28	④	29	②	30	①
31	①	32	②	33	④	34	①	35	①
36	③	37	①	38	④	39	③	40	②

01 ④ 취득세는 종가세이므로 종량세라는 설명은 옳지 않다.

02 ① 기간을 일·주·월·연으로 정한 때에는 기간의 초일은 기간 계산시 산입하지 않는 것이 원칙이다.

03 ③ 과세관청이 당초의 공적 견해표시에 반하는 적법한 행정처분을 함에 따라 납세자가 불이익을 받게 될 경우 납세자는 신의성실의 원칙을 주장할 수 있다.

04 ② 세무조사결과에 관하여 납세의무자가 과세전적부심사를 청구하려면 세무조사결과통지서를 받은 날로부터 30일 이내에 통지서를 보낸 해당 세무서장(또는 지방국세청장)에게 청구서를 제출하여야 하므로 90일 이내에 청구서를 제출하여야 한다는 내용은 옳지 않다.

05 ② 토지 등 양도소득에 대한 법인세는 내국법인과 외국법인의 차별이 없으므로 외국법인도 비사업용토지를 양도한 경우 토지 등 양도소득에 대하여 법인세 납세의무가 있다.

06 ② 〈손금산입 및 익금불산입〉 토지 A   4,800,000*(△유보)
* 토지 A의 60%를 양도하였으므로 토지 A의 유보 8,000,000원의 60%를 손금산입한다.

07 ④   특수관계인 개인으로부터 유가증권을 저가로 매입하는 경우 시가와 매입가액의 차액은 익금으로 보므로 법인으로부터 유가증권을 저가로 매입하는 경우에는 익금으로 보지 아니한다.

08 ④   본사 건물에 대한 재산세는 손금항목이다.

09 ①   직원이 사용하고 있는 사택의 유지비, 사용료와 이에 관련되는 지출금은 손금에 산입한다. 다만, 출자임원(소액주주 임원 제외)이 사택을 사용하는 경우에만 사택유지비 등을 손금불산입한다.

10 ②   법인세법상 원천징수대상인 이자는 기간경과분 이자수익을 수익으로 계상해도 이를 익금으로 보지 않으므로 익금불산입으로 세무조정하여야 한다.

11 ②   세법상 유형자산의 잔존가액은 취득가액의 0(영)으로 하는 것이 원칙이므로 취득가액의 5%로 한다는 내용은 옳지 않다.

12 ①   (1) 세무조정

구 분	건 물	기계장치	영업권
회사계상 상각비	5,000,000	4,000,000	1,000,000
세법상 상각범위액	6,000,000	3,000,000	1,200,000
상각부인액	△1,000,000	1,000,000	△200,000
세무조정	손금산입 1,000,000	손금불산입 1,000,000	–

(2) 세무조정사항이 과세표준에 미치는 영향

     △1,000,000 + 1,000,000 = 0(영향 없음)

13 ②   정부로부터 인허가를 받은 학술연구단체의 고유목적사업비로 지출하는 기부금은 특례기부금이 아니고 일반기부금에 해당한다.

14 ③ 〈기업업무추진비 손금불산입 총 합계〉
1. 법정증빙 미비분 : 〈손금불산입〉 3,000,000(기타사외유출)
2. 기업업무추진비 한도초과액
   (1) 해당액 : 54,500,000 − 3,000,000 = 51,500,000

   (2) 한도액 : $36,000,000 \times \dfrac{12}{12} + 4,500,000,000 \times 0.3\% = 49,500,000$

   (3) 한도초과액 : 2,000,000 (손금불산입, 기타사외유출)
3. 손금불산입 총금액 : 3,000,000 + 2,000,000 = 5,000,000

15 ② 특정차입금이자는 자본화를 반드시 해야 하므로 자본화를 선택할 수 있다는 내용은 옳지 않다.

16 ② 외국법인의 국내지점 종업원이 본점(본국)으로 전출하는 경우 같은 회사의 부서간 이동이므로 현실적인 퇴직으로 볼 수 없다.

17 ② 조세특례제한법에도 준비금 규정(손실보전준비금)이 있으므로 조세특례제한법에 준비금 규정이 없다는 내용은 옳지 않다.

18 ① (1) 양도가액 : 1억 원
(2) 시   가 : 2억 원
(3) 차   액 : 1억 원(시가 대비 50% → 중요)
(4) 세무조정 : 〈익금산입〉 저가양도 1억 원(상여)

19 ③

구분	금액	비고
결산상 당기순이익	250,000,000	
익금산입 및 손금불산입	(+) 80,000,000	
손금산입 및 익금불산입	(−) 40,000,000	
각 사업연도 소득금액	290,000,000	
이월결손금	(−) 5,000,000	2016년도분
과세표준	285,000,000	

20 ②　　납세의무가 있는 내국법인은 각 사업연도의 종료일이 속하는 달의 말일부터 3개월(내국법인이 성실
신고확인서를 제출하는 경우에는 4개월로 한다) 이내에 그 사업연도의 소득에 대한 법인세의 과세표
준과 세액을 납세지 관할 세무서장에게 신고하여야 한다.

21 ④　　① 사업자인 경우에도 1년 이내의 기간으로 과세기간을 정하여 신고할 수 없다.
② 부부인 경우에도 종합소득을 합산하여 과세하지 아니한다.
③ 비거주자는 국내원천소득에 대하여 소득세를 납부하여야 한다.

22 ③　　① 무기명 공채의 경우 : 그 지급을 받은 날
② 보통예금·정기예금의 경우 : 실제로 이자를 지급받는 날
④ 인정배당의 경우 : 당해 법인의 당해 사업연도의 결산확정일

23 ④　　1주택을 소유하는 자의 주택임대소득에 대해서는 비과세가 적용되나, 기준시가 12억 원을 초과하는
주택의 임대소득은 비과세대상이 아니다.

24 ②　　(1) 총급여액

구 분	계산내역	금 액
급여액	3,000,000 × 12	36,000,000
상여금	3,000,000 × 3.5	10,500,000
자가운전보조금	(250,000 − 200,000)×12	600,000
식사대	(200,000 − 200,000)×12	−
총급여액		47,100,000

(2) 근로소득공제
　12,000,000 + (47,100,000 − 45,000,000) × 5% = 12,105,000
(3) 근로소득금액 : 34,995,000

25 ④

구 분	실제필요경비	의제필요경비	최종 필요경비
주택입주지체상금	4,000,000	6,000,000×80%=4,800,000	4,800,000
원고료	7,000,000	10,000,000×60%=6,000,000	7,000,000
상 금	1,000,000	3,000,000×80%=2,400,000	2,400,000
합 계			14,200,000

26 ②

(1) 기본공제 : 1,500,000 × 5* = 7,500,000

　* 본인, 부친, 모친, 장남, 장녀

　　배우자는 총급여액이 500만 원이므로 기본공제대상임.

(2) 추가공제 : 경로우대공제액　1,000,000

　　　　　　　장애인공제액　　2,000,000

27 ④

교육비세액공제는 나이를 제한하지 않으므로 20세가 넘어 기본공제대상자가 아닌 아들의 일반대학 등록금은 교육비세액공제대상이다.

28 ④

MRI 촬영비는 진료·질병 예방목적으로 지급된 경우 연말정산시 의료비 세액공제를 받을 수 있다.

29 ②

• 토지의 현물출자 : 양도소득세 과세대상

• 건물의 무상이전 : 증여세 과세대상

• 임대하던 점포를 양도한 경우 : 양도소득세 과세대상

• 3년 동안 거주한 1세대 1주택(고가주택 아님)에 해당하는 주택의 양도 : 양도소득세 비과세

• 직전 사업연도말 현재 상장법인의 총발행주식의 0.5% (시가 5억)를 보유한 주주가 보유주식을 전부 매각한 경우(장외거래분 아님) : 양도소득세 과세제외

• 토지, 건물, 부동산상의 권리와 함께 양도하는 영업권 : 양도소득세 과세대상

양도소득세 과세대상은 3개이다.

30 ①

② 부가가치세법에 따른 사업자가 예정신고 또는 확정신고를 한 경우에는 사업장 현황신고를 하지 아니한다.

③ 근로소득과 공적연금소득이 있는 거주자는 소득세 확정신고 의무가 있다.

④ 소득세 과세표준과 세액의 결정 및 경정방법은 실지조사를 원칙으로 한다.

31 ①

② 부가가치세는 납세의무자와 실질적인 담세자가 일치하지 않을 것으로 예정된 간접세이다.

③ 부가가치세는 일정기간 동안 사업자가 공급한 매출액에 세율을 곱해서 매출세액을 계산하고, 매출세액에서 매입세액을 차감하여 납부세액을 계산하는 전단계세액공제방법을 채택하고 있다.

④ 부가가치세는 10%의 비례세율을 적용한다.

32 ②

사업자가 재화 또는 용역을 공급한 경우 사업자등록을 하지 않더라도 부가가치세 납세의무가 있다.

33 ④ ① 간이과세자의 과세기간은 1월 1일부터 12월 31일까지이다.

② 폐업자는 폐업일이 속하는 과세기간 개시일부터 폐업일까지를 최종 과세기간으로 한다.

③ 신규사업자가 사업개시일 전에 사업자등록을 신청한 경우에는 등록신청일부터 신청일이 속하는 과세기간의 종료일까지를 최초 과세기간으로 한다.

34 ① 법인의 지점은 본점을 대신하여 주사업장이 될 수 있으므로 법인의 지점이 주사업장이 될 수 없다는 ①의 내용은 옳지 않다.

35 ① 광고선전 목적으로 불특정다수인에게 무상으로 견본품을 공급하는 것은 재화의 공급에 해당하지 아니한다.

36 ③ 내국신용장에 의하여 공급하는 재화의 공급시기는 인도일이다.

37 ① 〈경우 1〉

(1) 건물 : 주택면적이 점포면적보다 크므로 90m^2 전부를 주택으로 본다.

(2) 토지 : 토지 면적이 600m^{2}이지만 주택면적 90m^{2}의 5배인 450m^{2}를 한도로 면세한다.

〈경우 2〉

(1) 건물 : 주택면적이 점포면적보다 크지 않으므로 주택 30m^{2}만 주택으로 본다.

(2) 토지 : 토지를 건물면적으로 안분계산하면 주택부수토지는 200m^{2}이지만 주택면적 30m^{2}의 5배인 150m^{2}를 한도로 면세한다.

38 ④

제품 A :	12,000,000^{*1}
제품 B :	10,000,000^{*2}
제품 C :	0^{*3}
합계	22,000,000

*1 인도일의 다음날(2024. 7. 11.)부터 최종할부금 지급기일(2025.6.30.)까지가 1년 미만이므로 할부판매이다. 따라서 12,000,000원을 전액 인도일이 속하는 2024년 2기 예정신고기간의 공급가액으로 한다.

*2 완성도기준지급 조건부공급이므로 계약금 10%와 40% 완성시 받기로 한 40%를 공급가액으로 한다.

공급가액 = 20,000,000 × (40% + 10%) = 10,000,000

*3 제품 C : 일반매출이므로 인도일인 2024. 12. 31.을 공급시기로 한다. 따라서 2024년 제2기 예정신고기간에 신고할 공급가액은 없다.

39 ③   5,000,000(원자재) + 600,000(작업화) + 400,000(직원 선물) = 6,000,000

40 ②   일반환급의 경우 확정신고기한이 지난 후 30일 이내에 환급한다.

2023년

8회

2023년 12월 16일 시행

01	②	02	③	03	①	04	④	05	③
06	③	07	②	08	②	09	②	10	①
11	③	12	④	13	④	14	③	15	①
16	③	17	②	18	②	19	①	20	①
21	③	22	③	23	①	24	④	25	④
26	②	27	④	28	③	29	②	30	①
31	②	32	④	33	②	34	④	35	④
36	④	37	①	38	④	39	①	40	①

01 ② 국세기본법에서 규정하고 있는 실질과세의 원칙에 반하는 규정을 다른 세법에서 규정하고 있는 경우 다른 세법에서 규정하고 있는 실질과세의 원칙을 우선하여 적용한다.

02 ③ 본인이 「민법」에 따라 인지한 혼인 외 출생자의 생부나 생모(본인의 금전이나 그 밖의 재산으로 생계를 유지하는 사람 또는 생계를 함께하는 사람으로 한정한다)는 특수관계인에 해당한다.

03 ① 타인의 명의로 사업자등록을 하고 실제로 사업을 영위하는 경우 실제 사업을 영위한 사람에게 과세하는 것은 실질과세의 원칙이다.

04 ④ 수정신고를 법정신고기한 경과 후 2년 이내에 한 자에 대해서는 기간경과 정도에 따라 과소신고·초과환급신고 가산세는 감면되나, 납부지연가산세는 감면되지 아니한다.

05 ③ 2024년부터 사업연도를 변경하려면 직전 사업연도 종료일부터 3개월 이내에 사업연도 변경신고를 하여야 한다. 사업연도 변경신고서를 2024년 4월 18일에 제출하는 경우 신고기한 이후에 제출하였으므로 제24기는 변경되지 아니하고 제25기에 변경된다. 따라서 제24기는 2024년 1월 1일부터 2024년 12월 31일까지이다.

06 ③

① 대주주에 대한 사택유지비용을 손익계산서에 비용으로 계상한 경우 : 배당

② 토지를 취득하며 부담한 취득세를 손익계산서에 비용으로 계상한 경우 : 유보

③ 기업업무추진비 한도초과액을 손익계산서에 비용으로 계상한 경우 : 기타사외유출

④ 임원상여금 한도초과액을 손익계산서에 비용으로 계상한 경우 : 상여

07 ②

채무면제이익	2,000,000
토지의 양도금액	4,000,000
익금합계	6,000,000

* 주식발행초과금과 국세·지방세 과오납금의 환급금 이자는 익금불산입항목이다.

08 ②

교통사과벌과금	500,000
의무적으로 납부하는 것이 아닌 공과금	1,000,000
주식할인발행차금	2,000,000
손금불산입금액	3,500,000

09 ②

업무용 토지에 대한 종합부동산세는 손금이므로 세무조정이 불필요하나, 가산세는 손금불산입하여 기타사외유출로 처분한다.

10 ①

장기할부매출손익을 명목가치인도기준으로 회계처리하였고, 회사는 중소기업이 아니므로 세무조정은 불필요하다.

11 ③

재해를 입은 자산에 대한 외장의 복구는 수익적지출에 해당하나, 다른 문항은 모두 자본적지출에 해당한다.

12 ④

구 분	상황 1	상황 2
회사계상 상각비	18,000,000	18,000,000
세법상 상각범위액	20,000,000	20,000,000
상각부인액	△2,000,000	△2,000,000
세무조정	손금산입 2,000,000	–

13 ④   ① 현물로 기부할 경우 특수관계인에게 기부한 일반기부금에 해당하는 기부자산가액은 시가와 장부가액 중 큰 금액으로 평가한다.

② 특수관계 없는 자에게 정당한 사유없이 자산을 정상가액(시가± 30%)보다 낮은 가액으로 양도함으로써 실질적으로 증여한 것으로 인정되는 금액은 기부금으로 본다.

③ 기부금은 사업과 관련 없이 무상으로 지출하는 재산적 증여가액을 말한다.

14 ③   〈기업업무추진비 손금불산입 세무조정 금액〉

1. 법정증빙 미비분 : 0

2. 기업업무추진비 한도초과액

    (1) 해당액 : 75,000,000

    (2) 한도액 : $12,000,000 \times \dfrac{12}{12} + 30,000,000 + 5,000,000,000 \times 0.2\% = 52,000,000$

    (3) 한도초과액 : 23,000,000 (손금불산입, 기타사외유출)

3. 손금불산입 총금액 : 3,000,000 + 2,000,000 = 5,000,000

15 ①   지급이자 손금불산입대상인 가지급금은 특수관계인에 대한 업무무관 가지급금을 말한다.

16 ③   (1) 세무조정의 내용

익금산입 및 손금불산입			손금산입 및 익금불산입		
과 목	금 액	처 분	과 목	금 액	처 분
외상매출금	2,000,000	유 보	대손충당금	4,000,000	유 보
대손충당금	5,000,000*	유 보			
계	7,000,000		계	4,000,000	

* 대손충당금 한도초과액

① 대손충당금한도액 : 당기말 채권잔액 × 설정률

    = 100,000,000 × Max[1%, 5%*]

    = 5,000,000

    * $\dfrac{8,000,000 - 2,000,000}{120,000,000} = 5\%$

② 대손충당금한도초과액 : 10,000,000* − 5,000,000 = 5,000,000

    * 대손충당금 기말잔액 : 15,000,000 − 8,000,000 + 3,000,000 = 10,000,000

(2) 각 사업연도 소득금액 : 50,000,000 + 7,000,000 − 4,000,000 = 53,000,000

17 ②   손실보전준비금은 조세특례제한법상 준비금이다.

18 ②   (1) 갑의 업무무관 가지급금에 대한 인정이자
         ① 이자의 시가; 30,000,000 × 4.6% = 1,380,000
         ② 약정이자 : 0
         ③ 차 액 : 1,380,000(시가 대비 100%)
         ④ 세무조정 : 〈익금산입〉 인정이자 1,380,000
   (2) 을의 업무무관 가지급금에 대한 인정이자
         ① 이자의 시가; 4,000,000 × 4.6% = 1,840,000
         ② 약정이자 : 1,600,000
         ③ 차 액 : 240,000(시가 대비 13%)
         ④ 세무조정 : 익금산입 240,000
   (3) 익금에 산입할 금액 합계 : 1,380,000 + 240,000 = 1,620,000

19 ①   과세표준은 각사업연도소득에서 이월결손금, 비과세소득, 소득공제를 순서대로 차감하여 계산한다.

20 ①   법인세 신고시 현금흐름표를 첨부하지 않아도 신고하지 않은 것으로 보는 것은 아니다.

21 ③   소득세법은 열거주의로 과세소득을 규정하고 있으나, 이자소득과 배당소득은 유형별 포괄주의로 규정하고 있다.

22 ③   지수 : 비실명 이자소득 5,000,000원은 분리과세된다.
   제니 : 보험기간이 5년인 저축성보험의 보험차익 20,000,000원은 분리과세된다.
   로제 : 국외 상장주식에서 받은 배당금 수령액으로 원천징수되지 않은 금액 20,000,000원은 종합과세대상이다.
   리사 : 국내 비상장법인에서 받은 현금배당금 20,000,000원은 분리과세된다.

23 ①   1주택을 소유하는 자의 주택임대소득에 대해서는 비과세가 적용되나, 기준시가 12억 원을 초과하는 주택의 임대소득은 비과세대상이 아니다.

24 ④

구 분	계산내역	금 액
급여액		24,600,000
직무발명보상금	700만 원 한도 비과세	0
주택자금대여이익		2,400,000
초과근로수당		2,000,000
학자금		10,000,000
총급여액		39,000,000

25 ④ 기타소득은 종합과세하는 것이 원칙이나 기타소득금액이 연 300만 원 이하인 경우 분리과세를 선택할 수 있다.

26 ② 부양가족의 범위에는 계부 및 계모는 물론 의붓자녀도 포함된다.

27 ④ (1) 소득공제 : 2,000,000(국민건강보험료) + 150,000(고용보험료) = 2,150,000
(2) 세액공제 : ① + ② =270,000
　① 일반보장성보험료 : Min[1,200,000, 1,000,000] × 12% = 120,000
　② 장애인전용보장성보험료 : Min[2,000,000, 1,000,000] × 15% = 150,000

28 ③ 배당소득의 원천징수세율은 지급액의 14% 이다.

29 ② 양도소득세 계산시 양도가액 및 취득가액은 양도 및 취득시의 실지거래가액에 의하는 것이 원칙이다.

30 ① 사업장 현황신고기한은 다음연도 2월 10일이므로 1월 10일까지 자진신고하여야 한다는 내용은 옳지 않다.

31 ② ① 김철수 : 부가가치세가 과세되는 재화란 재산 가치가 있는 물건과 권리를 말하며, 물건은 유체물과 전기, 가스, 열 등 관리할 수 있는 자연력을 말한다.
③ 김영수 : 재화의 수입은 수입자가 사업자인지 여부에 관계없이 부가가치세가 과세된다.
④ 김순희 : 간접세에 대한 국제적 중복과세의 문제를 해결하기 위하여 수입국에서만 간접세를 과세할 수 있도록 소비지국과세원칙을 채택하고 있다.

32 ④ 면세사업자는 부가가치세의 납세의무를 지지 아니한다.

33 ② 부가가치세의 과세기간은 1년을 2개의 과세기간으로 나누고 있으므로 4개의 과세기간으로 나누고 있다는 내용을 옳지 않다.

34 ④ 제조업은 최종제품을 완성하는 장소를 사업장으로 한다.

35 ④ 주사업장 총괄납부 사업자가 판매목적 타사업장 반출시 과세하지 않는 것이 원칙이다.

36 ④ 무인판매기를 이용하여 재화를 공급하는 경우 해당 사업자가 무인판매기에서 현금을 꺼내는 때를 재화의 공급시기로 본다.

37 ① 돼지고기와 수도는 면세이나, KTX요금은 과세대상이다.

부가가치세 = $33,000 \times \dfrac{10}{110} = 3,000$

38 ④

구 분	계산내역	금 액
상품	시가	25,000,000
토지	면세	0
건물	100,000,000×(1 – 5%×2*)	90,000,000
합계		115,000,000

* 2023.10.15.에 취득하였으므로로 2023.7.1.에 취득한 것으로 보고, 2024.10.10.에 간주공급하 였으므로 2024.7.1.에 간주공급한 것으로 본다. 따라서 건물은 2기가 경과하였다.

39 ① 10,000,000(원자재) + 2,000,000(작업복) = 12,000,000

40 ① 예정신고시 매입처별세금계산서 합계표를 제출하지 않고 확정신고시 제출한 경우에는 가산세가 부과 되지 아니한다.

2023년 1월 28일 시행

01	③	02	③	03	②	04	①	05	④
06	④	07	②	08	③	09	④	10	③
11	④	12	①	13	②	14	②	15	④
16	①	17	④	18	③	19	③	20	①
21	②	22	②	23	①	24	④	25	④
26	②	27	②	28	④	29	①	30	③
31	③	32	③	33	②	34	①	35	④
36	③	37	③	38	④	39	④	40	②

01 ③ '내부이용자의 경제적 의사결정에 유용한 정보를 제공하는 회계분야'는 관리회계이며, ③은 재무회계에 대한 설명이다.

02 ③ 기말재공품원가 = 기초재공품 + 당기총제조원가 – 당기제품제조원가
= 40,000 + (200,000 + 150,000 + 60,000) – 370,000* = 80,000

*당기제품제조원가 = 매출원가 + 기말제품재고 – 기초제품재고
= 440,000/1.1 + 0 – 30,000 = 370,000

03 ② ② 가장 이상적인 원가배분 기준은 인과관계기준이다.

04 ① ① 보조부문의 원가를 변동원가와 고정원가로 구분하는지 여부에 따라 단일배분율법과 이중배분율법으로 구분된다.

05 ④ A부문 직접노무원가 = 90,000 ÷ 180% = 50,000
B부문 제조간접원가 = 40,000 × 60% = 24,000
#04의 총 제조원가 = (50,000 + 50,000 + 90,000) + (16,000 + 40,000 + 24,000)
= 270,000

06 ④

07 ② ② 물량의 흐름 파악 다음 단계에서 완성품 환산량 계산이 이루어진다.

08 ③

	(1단계)	(2단계) 완성품환산량
	물량흐름	모든 제조원가
당기완성품		
┌ 기초재공품	0개	
└ 당기투입	800개	(100%)
기말재공품	800개	(x%)
	1,600개	

$240,000 \div [800 + (800 \times x \%)] = 200$

$\therefore x = 50\%$

09 ④ ④ 올바른 분개는 다음과 같다.
(차) 제품 XX / (대) 재공품(2공정) XX

10 ③

	(1단계)	(2단계) 완성품환산량	
	물량흐름	재료원가	가공원가
당기완성품			
┌ 기초재공품	500개	0개	300개(40%)
└ 당기투입	3,700개	3,700개	3,700개
기말재공품	800개	800개	400개(50%)
	5,000개	4,500개	4,400개

당월 발생한 가공원가 = 4,400개 × @15 = 66,000

11 ④ ④ 표준원가계산은 제품원가를 미리 정해놓은 표준원가로써 측정하므로 실제 발생원가와는 차이가 발생하게 된다.

12 ① ② 이상적표준을 달성하는 경우가 거의 없기 때문에 불리한 차이가 발생할 가능성이 크다.
③ 실제원가와의 차이가 크게 발생한다.

13 ② ② 기타손익법은 비배분법에 해당한다.

14 ②

AQ(구입) × AP	AQ(구입) × SP	AQ(사용) × SP	SQ × SP
5,400kg × @120	5,400kg × @100	5,200kg × @100	1,800kg × 2.5kg × @100
= 648,000	= 540,000	= 520,000	= 450,000

가격차이 108,000 (불리) 능률차이 70,000 (불리)

15 ④

실제발생액	예산	배부액
	10,000h × SP	2,200개 × 4h × 2,056*
24,920,000	= 20,560,000	= 18,092,800

예산차이 4,360,000
(불리)

조업도차이 2,467,200
(불리)

* SP = 20,560,000 ÷ 10,000h = 2,056

16 ① 영업이익 = 매출액 - 변동원가 - 고정원가

매출액 = 5,000개 × @3,500 = 17.500,000
(-) 변동원가 = 5,000개 × (@2,400 + @300) = 13,500,000
(-) 고정원가 = 2,000,000 + 500,000
영업이익 = 1,500,000

17 ④ ④ 변동원가계산의 이익결정요인은 판매량이고, 전부원가계산의 이익결정요인은 생산량 및 판매량이다.

18 ③ 전부원가계산 매출총이익 =
(@1,500 - @100 - @120 - @50 - @50*) × 10,000개 = 11,800,000
* 500,000 ÷ 10,000개 = 50

변동원가계산 공헌이익 =
(@1,500 - @100 - @120 - @50 - @30) × 10,000개 = 12,000,000

초변동원가계산 재료처리량공헌이익 = (@1,500 - @100) × 10,000개 = 14,000,000

19 ③

변동원가계산에 의한 영업이익   1,400,000

(-) 기초재고의 고정제조간접원가   200,000*

= 전부원가계산에 의한 영업이익   1,200,000

*1,600,000 ÷ 1,000단위 / 8,000단위 = 200,000

20 ①

21 ②

② 제조간접원가의 증가로 인해 새로운 원가배부의 기준이 필요하게 되었다.

22 ②

② 과거의 원가자료가 존재하지 않는 경우에도 적용이 가능한 것은 공학적방법의 장점이다.

23 ①

직접노무시간당 변동제조간접원가를 a, 고정제조간접원가를 b 라고 하면,

(160 h × a) + b = 24,000

(110 h × a) + b = 22,000

∴ a = 40, b = 17,600

7월 총 제조간접원가 = (150h × 40) + 17,600 = 23,600

24 ④

① a 는 총고정원가를 의미한다.

② b 는 손익분기점 판매량을 의미한다.

③ c 는 총이익을 의미한다.

25 ④

영업레버리지도 = 공헌이익 ÷ 영업이익 = 500,000 ÷ 100,000 = 5

영업이익 변화율 = 매출액변화율 × 영업레버리지도 = 20% × 5 = 100%

26 ②

② 책임회계제도가 그 기능을 효율적으로 발휘하기 위해서는 각 책임중심점의 경영자가 권한을 위임 받은 원가항목들에 대해 통제권을 행사할 수 있어야 한다.

27 ②

① 하나의 조업도수준을 기준으로 편성하는 예산은 고정예산이다.

28 ④   ④ 매출조업도차이는 매출배합차이와 매출수량차이로 구분된다.

29 ①   ① 효율적인 성과평가제도는 기업 구성원들의 성과극대화 노력이 기업 전체 목표의 극대화로 연결될
               수 있도록 설계되어야 한다.

30 ③

$$\underset{\substack{100,000개 \times 45\% \times @100 \\ = 4,500,000}}{실제규모 \times 실제점유율 \times BACM} \qquad \underset{\substack{100,000개 \times 40\% \times @100 \\ = 4,000,000}}{실제규모 \times 예산점유율 \times BACM}$$

시장점유율 차이 500,000 (유리)

31 ③   경제적부가가치(EVA) = 세후 순 영업이익 − (투하자본 × 가중평균자본비용)
          = (3,500,000 × 18%) − (3,500,000 × 13%) = 175,000

32 ③   매몰원가는 과거에 발생한 것으로서 대안 간에 차이를 발생시키지 않는 비관련원가이므로, 과거에
        구입한 차량대금 4,000,000 원이 이에 해당한다.

33 ②   증분이익 = (@19,000 − @18,000*) × 300개 = 300,000
        *10,000 + 4,000 + 2,500 + 1,500 = 18,000

34 ①   ② 외부구입을 선택할 경우 발생하는 유휴생산시설의 활용은 단기 의사결정에 영향을 미친다.
        ③ 고정원가 중 외부구입으로 인해 회피가능한 고정원가는 관련원가이다.
        ④ 제품에 특별한 지식이나 기술이 요구된다면 자가제조를 하며 품질을 유지하기 어려울 가능성이
           높다.

35 ④   사업부 폐쇄시에도 회피불능원가는 발생한다.
        ① A사업부 (−)1,900 + B사업부 (−)1,200 + C사업부 400 = (−) 2,700
        ② A사업부 (−)300 + B사업부 (−)1,200 + C사업부 (−)400 = (−)1,900
        ③ A사업부 (−)1,900 + B사업부 (−)200 + C사업부 (−)400 = (−)2,500
        ④ 모든 사업부를 유지하는 것이 유리하다.

36 ③　　③ 자본예산에 의한 투자는 장기 의사결정이므로 불확실성으로 인한 위험이 크다.

37 ③　　③ 법인세는 현금 유출에 해당되므로 고려 대상이다.

38 ④　　④ 순현재가치법에서는 독립적인 투자안의 경우 순현재가치가 0보다 큰 투자안을 선택한다.

39 ④　　순현재가치(NPV) = 현금 유입액의 현재가치 − 현금 유출액의 현재가치
　　　　　　= (6,000,000 × 2.40) − 8,000,000 = 6,400,000

40 ②　　품질원가는 예방원가, 평가원가, 내부실패원가, 외부실패원가의 네 가지로 구분된다.

2023년
2회　2023년 3월 25일 시행

01	②	02	③	03	①	04	④	05	①
06	①	07	④	08	④	09	①	10	③
11	②	12	②	13	④	14	③	15	③
16	③	17	②	18	②	19	②	20	②
21	③	22	④	23	③	24	④	25	③
26	③	27	④	28	①	29	①	30	①
31	①	32	④	33	①	34	④	35	③
36	③	37	①	38	①	39	②	40	②

01 ②　② 재무회계에서는 객관적으로 측정가능한 회계자료를 기초로 수익과 비용을 인식하여야 한다.

02 ③　당기제품제조원가 = 기초재공품 + 당기총제조원가 - 기말재공품
= 12,000 + (23,000* + 35,000) - 8,000 = 62,000

*당기 원재료 투입액 = 기초원재료 + 당기매입 - 기말원재료
= 5,000 + 25,000 - 7,000 = 23,000

03 ①　② 이중배분율법에서 고정원가는 최대사용가능량을, 변동원가는 서비스의 실제사용량을 기준으로 각각 배부한다.
③ 부문별 제조간접원가 배분율을 사용하는 경우에는 각 제조부문별로 서로 다른 배부기준을 사용하므로 보조부문원가 배분 방법에 의해 제조간접원가 배분율이 달라진다.
④ 상호배분법에 대한 설명이다.
(단계배분법의 경우 먼저 배분된 보조부문에는 다른 보조부문의 원가가 배분되지 않는다.)

04 ④　① 직접배분법 : 69,000 × 1,200 kw/2,000 kw = 41,400
단계배분법 : 69,000 × 1,200 kw/2,300 kw = 36,000
② 직접배분법 : 48,000 × 2,400 ㎥/4,000 ㎥ = 28,800
단계배분법 : [48,000 + (69,000 × 300 kw/2,300 kw)] × 2,400 ㎥/4,000 ㎥ = 34,200
③ 직접배분법 : 69,000 × 800 kw/2,000 kw = 27,600
단계배분법 : 69,000 × 800 kw/2,300 kw = 24,000
④ 직접배분법 : 48,000 × 1,600 ㎥/4,000 ㎥ = 19,200
단계배분법 : [48,000 + (69,000 × 300 kw/2,300 kw)] × 1,600 ㎥/4,000 ㎥ = 22,800

05 ①   ② 기업의 생산형태, 원가측정, 원가구성방법에 따른 원가계산제도들은 상호 간 결합하여 적용할 수 있다.

③ 개별원가계산은 제품원가를 개별 작업별로 구분하여 집계하므로 제조직접비와 제조간접비의 구분이 중요하다.

④ 각 작업별로 원가가 계산되기 때문에 원가계산자료가 상세하고 복잡해짐에 따라 오류가 발생할 가능성이 많아진다.

06 ①   제조간접원가배부율을 x 라 하면,

360,000 = 100,000 + (200h × @800) + (200h × x)

∴ x = 500

07 ④

08 ④   (400개 × @1,500) + (400개 × 80% × @500) = 760,000

09 ①   ① 평균법은 기초재공품이 모두 당기에 투입된 것으로 간주한다.

10 ③   ②④는 기말재공품의 감소 사유이다.

11 ②

	(1단계)	(2단계) 완성품환산량	
	물량흐름	재료원가	가공원가
당기완성품			
┌ 기초재공품	400개	0개	200개(50%)
└ 당기투입	600개	600개	600개
기말재공품	200개	200개	160개(80%)
	1,200개	800개	960개
(3단계) 배분할 원가		2,000,000	3,000,000
(4단계) 완성품환산량 단위당원가		@2,500	@3,125

기말재공품원가 = (200개 × @2,500) + (160개 × @3,125) = 1,000,000

12 ② ② 제조간접원가 실제 발생액이 예정배부액보다 적다면 과대배부(초과배부)된 것이다.

13 ④ ④ 표준원가계산제도에서는 비계량정보를 무시할 가능성이 있다.

14 ③

AQ × AP	AQ × SP	SQ × SP
	2,500h × SP	SQ × @4*
7,500	= 10,000	= 8,600

가격차이 2,500 (유리)　　능률차이 1,400 (불리)

* SP = 10,000 ÷ 2,500 h = 4
따라서 SQ = 8,600 ÷ 4 = 2,150 h

15 ③

AQ × AP	AQ × SP	SQ × SP
6,200,000	6,500,000	6,300,000

소비차이 300,000 (유리)　　능률차이 200,000 (불리)

16 ③ 변동원가계산은 일반적으로 인정된 회계원칙이 아니므로 기업회계측면의 외부 보고자료로 이용될 수 없다.

17 ②

18 ② 판매량을 x 라 하면,
(@8,000 – @4,500) × x – 2,100,000 = 14,700,000
∴ x = 4,800개
매출액 = 4,800개 × @8,000 = 38,400,000

19 ② 전부원가계산에서 기말재고액에 포함된 고정제조간접원가 금액은 변동원가계산에서는 기간비용으로 처리되므로 동 금액만큼 순이익이 작아진다.

20 ②　영업이익의 차이 200,000원은 4월의 기초재공품 1,000개에 포함된 고정제조간접원가 금액과 동일하므로,

단위당 고정제조간접원가 = 200,000 ÷ 1,000개 = @200

3월 총 고정제조간접원가 = 8,000단위 × @200 = 1,600,000

21 ③

22 ④　④ 회귀분석법은 통계적 방법에 의하여 원가함수를 추정하는 방법으로, 통계적 가정이 충족되지 않을 경우 무의미한 결과가 산출될 수 있고 적용이 어렵다는 단점이 있다.

23 ③　③ 복수제품일 경우 매출배합은 일정하다고 가정한다.

24 ④　(1.2억 원 + 1.8억 원) ÷ (5,000 − 2,500) = 120,000개

25 ③　영업레버리지도는 손익분기점에서 가장 크고 매출액이 증가함에 따라 점점 작아진다.

26 ③　고정예산과 변동예산은 예산을 ③과 같이 편성방법에 따라 분류한 것이다.
①은 종합예산과 부문예산에 대한 설명이다.

27 ④

실제규모 × 실제점유율 × BACM	실제규모 × 예산점유율 × BACM
100,000개 × 40% × @100	100,000개 × 32% × @100
= 4,000,000	= 3,200,000

시장점유율 차이 800,000 (유리)

28 ①

변동예산(실제배합)	변동예산(예산배합)	고정예산
(500 × @20)	(2,000 × 1,000/2,500 × @20) +	(1,000 × @20) +
(1,500 × @4)	(2,000 × 1,500/2,500 × @4)	(1,500 × @4)
= 16,000	= 20,800	= 26,000

매출배합차이 4,800 (불리)　　　　매출수량차이 5,200 (불리)

29 ①　자본예산기법에 의한 성과평가가 보다 장기적인 성과를 강조한다.

30 ①　A사업부의 투자수익률 = 20,000,000 ÷ 250,000,000 = 8%
B사업부의 투자수익률 = 22,500,000 ÷ 300,000,000 = 7.5%

A사업부의 잔여이익 = 20,000,000 − (250,000,000 × 6%) = 5,000,000
B사업부의 잔여이익 = 22,500,000 − (300,000,000 × 6%) = 4,500,000

따라서 A사업부가 투자수익률로 평가하든 잔여이익으로 평가하든 더 우수하다.

31 ①　경제적부가가치(EVA) = 세후 순 영업이익 − (투하자본 × 가중평균자본비용)

가중평균자본비용을 x %라 하면,
(100억 원 − 60억 원 − 10억 원 + 5억 원 − 7억 원) − (200억 원 × x%) = 13억 원
∴ x = 7.5%

자기자본비용을 y라 하면,
(5% × 100억 원 / 200억 원) + (y% × 100억 원 / 200억 원) = 7.5%
∴ y = 10%

32 ④　매몰원가는 과거에 발생한 것으로서 대안 간에 차이를 발생시키지 않는 비관련원가이므로, 과거에 구입한 차량대금 4,000,000 원이 이에 해당한다.

33 ①　외부업체 제안 수락 시,
증분수익 = 43,000 + 17,000 + 13,000 + 30,000 = 103,000
증분비용 = 250단위 × @500 = 125,000
증분이익 = (−) 22,000

34 ④　　사업부 폐쇄시에도 회피불능원가는 발생한다.
① A사업부 (−)1,900 + B사업부 (−)1,200 + C사업부 400 = (−) 2,700
② A사업부 (−)300 + B사업부 (−)1,200 + C사업부 (−)400 = (−)1,900
③ A사업부 (−)1,900 + B사업부 (−)200 + C사업부 (−)400 = (−)2,500
④ 모든 사업부를 폐쇄하면 전체 회피불능원가인 3,500 원의 손실이 발생한다.

35 ③　　③ 부품의 외부구입으로 인하여 발생한 유휴생산시설을 이용하여 발생시키는 수익은 의사결정시 고려하여야 한다.

36 ③　　③ 자본예산은 기업의 장기적 경영계획에 바탕을 둔 장기투자에 관한 의사결정이다.

37 ①　　① 이자비용은 할인율을 통해 반영되므로 현금흐름 산정 시 반영하지 않는다.

38 ①　　순현재가치(NPV) = 현금 유입액의 현재가치 − 현금 유출액의 현재가치
(3,000,000 × 2.40) + (3,000,000 × 1.69) − 10,000,000 = 2,270,000

39 ②　　수요사업부의 최대대체가격 = Min[외부 구입가격, 내부대체품의 순실현가치]
Min[550, 1,100 − 500] = 550

40 ②　　② 수명주기원가계산에서는 제조 이전 단계에서 대부분의 제품원가가 결정된다는 인식을 토대로 연구개발과 설계단계에서부터 원가 절감을 위한 노력을 기울일 것을 강조한다.

2023년
3회 **2023년 5월 20일 시행**

01	④	**02**	④	**03**	③	**04**	④	**05**	③
06	①	**07**	③	**08**	①	**09**	③	**10**	②
11	④	**12**	④	**13**	②	**14**	①	**15**	①
16	③	**17**	④	**18**	③	**19**	②	**20**	③
21	③	**22**	③	**23**	③	**24**	③	**25**	③
26	④	**27**	④	**28**	①	**29**	②	**30**	②
31	③	**32**	③	**33**	①	**34**	③	**35**	④
36	④	**37**	③	**38**	①	**39**	④	**40**	②

01 ④   ④ 원가동인(Cost driver)에 대한 설명이다.

02 ④   당기제품제조원가 = 기초재공품 + 당기총제조원가 – 기말재공품
= 10,000 + (23,000* + 45,000) – 8,000 = 70,000

*당기 원재료 투입액 = 기초원재료 + 당기매입 – 기말원재료
= 5,000 + 25,000 – 7,000 = 23,000

03 ③   S1 배분액 = 120,000 × 25% = 30,000
S2 배분액 = [100,000 + (120,000 × 25%)] × 50%/80% = 81,250

30,000 + 81,250 = 111,250

04 ④   ④품질검사원가를 품질검사시간을 기준으로 배분하는 것은 인과관계 기준의 예이다.

05 ③   단일배분율 : 10,000,000 × 4,000 h/8,000 h = 5,000,000
이중배분율 : (6,000,000 × 4,000 h/10,000 h) + (4,000,000 × 4,000 h/8,000 h)
= 4,400,000

06 ① ② 기업의 생산형태, 원가측정, 원가구성방법에 따른 원가계산제도들은 상호 간 결합하여 적용할 수 있다.

③ 개별원가계산은 제품원가를 개별 작업별로 구분하여 집계하므로 제조직접비와 제조간접비의 구분이 중요하다.

④ 각 작업별로 원가가 계산되기 때문에 원가계산자료가 상세하고 복잡하여 오류가 발생할 가능성이 높다.

07 ③ A부문 직접노무원가 = 60,000 ÷ 200% = 30,000

B부문 제조간접원가 = 40,000 × 50% = 20,000

\#04의 총 제조원가 = (50,000 + 30,000 + 60,000) + (10,000 + 40,000 + 20,000) = 210,000

08 ① 재료원가의 완성도는 100%인 반면 가공원가의 완성도는 100% 미만이므로, 가공원가가 실제보다 과대계상될 것이다.

09 ③ 가공원가 완성품환산량 = (500단위 × 60%) + 3,700단위 + (800단위 × 50%) = 4,400단위

당월 발생한 가공원가 = 4,400단위 × @10 = 44,000

10 ② 재료원가 차이 500단위 = 기초재공품 수량

가공원가 차이 200단위 = (기초재공품 수량 × 기초재공품 완성도)

기초재공품 완성도 = 200단위 / 500단위 = 40%

11 ④ ① 예외에 의한 관리는 근로자의 동기부여 측면에서 문제를 유발할 수 있다.

② 관리목적 상 표준원가와 차이가 큰 원가항목을 보다 중점적으로 관리해야 한다.

③ 원가통제를 포함한 표준원가시스템을 잘 활용하면 원가감소를 유도할 수 있다.

12 ④ 올바른 설명은 가, 다, 라, 3개이다.

나. 직접재료원가 차이분석시 표준투입량은 실제 산출량의 생산에 허용된 투입량이다.

13 ②

AQ × AP	AQ × SP	SQ × SP
1,100 × 3.2kg × @28	1,100 × 3.2kg × @30	1,100 × 3kg × @30
= 98,560	= 105,600	= 99,000

                 가격차이 7,040 (유리)   능률차이 6,600 (불리)

② 직접재료원가 실제원가는 98,560 원이다.

14 ①

능률차이가 3,075 원(유리) 이므로,

(41,000 h – 40,000 h) × SP = 3,075

∴ SP = 3.075

AQ × AP	AQ × SP
	40,000h × 3.075
= 126,000	= 123,000

            가격차이 3,000 (불리)

15 ①

① 고정제조간접원가 예산의 기준조업도를 최대 생산가능조업도로 할 경우 불리한 조업도 차이가 0이상 발생하게 된다.

16 ③

③ 모두 기간비용으로 처리되므로 변동원가와 고정원가의 구분은 불필요하다.

17 ④

ㄱ. 기업회계기준에서 인정하는 원가계산제도는 전부원가계산제도이다.

ㄷ. 변동원가계산에서는 공통고정원가를 부문이나 제품별로 배부하지 않기 때문에 부문별, 제품별 의사결정 문제에 왜곡을 초래하지 않는다.

18 ③

전부원가계산 매출총이익 =

(@1,500 – @100 – @120 – @50 – @50*) × 10,000개 = 11,800,000

*500,000 ÷ 10,000개 = 50

변동원가계산 공헌이익 =

(@1,500 – @100 – @120 – @50 – @30) × 10,000개 = 12,000,000

초변동원가계산 재료처리량공헌이익 = (@1,500 – @100) × 10,000개 = 14,000,000

19 ②

초변동원가계산의 순이익	5,000,00
(+) 기말재고자산에 포함된 가공원가	1,500,000
(−) 기초재고자산에 포함된 가공원가	3,000,000
= 전무원가계산에 의한 순이익	3,500,000

20 ③

6월 발생 고정제조간접원가를 x라 하면,

[(300개 × @50) + x] ÷ 1,800개 × 600개 − (300개 × @50) = 21,000

∴ x = 93,000

21 ③

③ 활동기준원가계산이란 기업의 기능을 여러가지 활동으로 구분한 다음, 활동을 기본적인 원가대상으로 삼아 원가를 집계하고 이를 토대로 다른 원가대상들(제품, 고객, 서비스)의 원가를 계산하는 것이다.

22 ③

③ 38 은 기계시간당 변동제조간접원가를 의미한다.

23 ③

③ 복수제품일 경우 매출배합은 일정하다고 가정한다.

24 ③

③ 영업레버리지도가 높다는 것은 그 기업의 영업이익이 많음을 의미하지는 않는다. 그것은 다만 매출액의 증감에 따른 영업이익의 민감도를 나타낸다.

25 ③

① (100 − 60) ÷ 100 = 40%

② 100 − 60 = 40

③ 50,000 ÷ 40% = 125,000

④ (50,000 + 10,000) ÷ 40% = 150,000

26 ④

①② 단위당 판매가격과 단위당 변동원가가 불변이면 공헌이익도 변하지 않는다.

③④ 손익분기점 = 총고정원가 ÷ 공헌이익

27 ④

①③ 통제불능원가는 성가평가지표로서 부적합하다.

28 ①

29 ② 사업부 공헌이익은 사업부경영자 공헌이익에서 사업부가 단기적으로 통제할 수 없으나 사업부에 직접 추적 또는 배분 가능한 고정원가를 차감한 이익개념으로 특정사업부에서 발생한 모든 수익과 원가가 포함되기 때문에 사업부 자체의 수익성을 평가하는데 유용하다.

30 ②

변동예산(실제배합)	변동예산(예산배합)	고정예산
(500 × @10)	(2,500 × 800/2,000 × @10) +	(800 × @10) +
(2,000 × @5)	(2,500 × 1,200/2,000 × @5)	(1,200 × @5)
= 15,000	= 17,500	= 14,000

매출배합차이 2,500 (불리)　　　　　　매출수량차이 3,500 (유리)

31 ③
① A사업부의 매출액영업이익률 = 20억 원 ÷ 300억 원 = 6.67%
　B사업부의 매출액영업이익률 = 35억 원 ÷ 400억 원 = 8.75%
② A사업부의 투자수익률 = 20억 원 ÷ 100억 원 = 20%
　B사업부의 투자수익률 = 35억 원 ÷ 200억 원 = 17.5%
③ A사업부의 영업자산회전율 = 300억 원 ÷ 100억 원 = 3회
　B사업부의 영업자산회전율 = 400억 원 ÷ 200억 원 = 2회
④ A사업부의 잔여이익 = 20억 원 − (100억 원 × 4%) = 16억 원
　B사업부의 잔여이익 = 35억 원 − (200억 원 × 4%) = 27억 원

32 ③
① 당해 의사결정에 따라 회피가능한 고정원가는 관련원가이다.
② 고정원가가 당해 의사결정과 관계없이 계속 발생한다면 해당 고정원가는 비관련원가이다.
④ 회피가능고정원가가 외부구입원가보다 큰 경우에는 외부구입하는 것이 바람직하다.

33 ①
외부공급제안을 수용할 경우의 증분이익 =
[(@7 + @3 + @2 + @1*) − @16] × 10,000개 = (−)30,000
*공통제조간접원가배부액 절감액 = 5 × 20% = 1

34 ③
프로젝트 A 의 포기로 인한 증분이익 =
(−) 1,000,000 + 400,000 + 300,000 = (−) 300,000

35 ④ 최소대체가격 = 대체시의 증분원가 + 대체시의 기회원가
58 + (100 − 58 − 8) = 92

36 ④ ④ 감가상각비 감세효과는 현금흐름 파악 시 고려되어야 한다.

37 ③ 순현재가치(NPV) = 현금 유입액의 현재가치 − 현금 유출액의 현재가치
(3,000,000 × 0.89) + (3,000,000 × 0.80) + (2,000,000 × 0.71) − 5,000,000 = 1,490,000

38 ① 회수기간법에서는 현금흐름이 연중 평균적으로 발생한다고 가정하므로,
기계 A 의 회수기간은 3.5 년, 기계 B 의 회수기간은 3.8년으로 계산된다.

39 ④

40 ② 반품원가 3,000 + 소비자 고충처리비 4,000 = 7,000
작업폐물은 내부실패원가, 생산직원 교육원가는 예방원가, 제품검사원가 및 구입재료 검사원가는
평가원가에 각각 해당된다.

2023년

4회　**2023년 6월 17일 시행**

01	④	**02**	③	**03**	③	**04**	①	**05**	①
06	③	**07**	④	**08**	②	**09**	②	**10**	④
11	③	**12**	②	**13**	④	**14**	③	**15**	③
16	③	**17**	①	**18**	①	**19**	①	**20**	④
21	④	**22**	④	**23**	③	**24**	③	**25**	③
26	④	**27**	①	**28**	③	**29**	①	**30**	④
31	①	**32**	④	**33**	②	**34**	②	**35**	②
36	④	**37**	①	**38**	①	**39**	②	**40**	①

01 ④

02 ③　매출원가 = 기초 제품재고 + 당기제품제조원가 − 기말제품재고
= 12,000 + 60,000* − 10,000 = 62,000

* 당기제품제조원가 = 기초재공품재고 + 당기총제조원가 − 기말재공품재고
= 10,000 + (23,000** + 35,000) − 8,000 = 60,000

** 직접재료 투입액 = 기초원재료 + 당기매입 − 기말원재료
= 5,000 + 25,000 − 7,000 = 23,000

03 ③　(400,000 × 50%/80%) + (480,000 × 20%/60%) = 410,000

04 ①　부담능력기준이란 원가 대상이 원가를 부담할 수 있는 능력에 따라 원가를 배분하는 기준으로, 수익성이 높은 원가 대상이 원가를 부담할 능력을 더 많이 가지고 있다고 가정한다.

05 ①　① 개별원가계산에서 재공품계정은 통제계정이며, 각각의 작업원가표는 보조계정이다.

06 ③　제조간접원가 배부율 = 3,000,000 ÷ 500,000 = @6
일반형 전화기의 총 제조원가 = 400,000 + 100,000 + (100,000 × @6) = 1,100,000
프리미엄 전화기의 총 제조원가 = 600,000 + 400,000 + (400,000 × @6) = 3,400,000

07 ④   B 부문의 직접노무원가를 x 라 하면,
295,000 = (40,000 + 30,000 + 60,000) + (30,000 + x + 2x)
∴ x = 45,000
제조간접원가 배분액 = 45,000 × 200% = 90,000

08 ②   ㄴ 과 ㄹ 은 개별원가계산에 대한 설명이다.

09 ②   기초재공품의 완성도를 x라 하면,
[400개 × (1 − x %)] + 1,300개 + (800개 × 60%) = 2,020개
∴ x = 40%

10 ④

	(1단계)	(2단계) 완성품환산량	
	물량흐름	재료원가	가공원가
당기완성품			
┌ 기초재공품	400개	0개	200개(50%)
└ 당기투입	600개	600개	600개
기말재공품	200개	200개	160개(80%)
	1,200개	800개	960개
(3단계) 배분할 원가		2,000,000	3,000,000
(4단계) 완성품환산량 단위당원가		@2,500	@3,125

완성품원가 = 700,000 + (600개 × @2,500) + (800개 × @3,125) = 4,700,000

11 ③   ③ 표준원가계산제도에서는 비계량정보를 무시할 가능성이 있다.

12 ②

13 ④   ④ 생산과정에서 원재료를 효율적으로 사용하지 못함으로써 직접재료원가 능률차이가 발생할 수
있다.

14 ③

AQ × SP	SQ × SP
2,000개 × 4kg × @300	2,000개 × 5kg × @300
= 2,400,000	= 3,000,000

능률차이 600,000 (유리)

15 ③

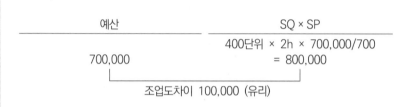

예산	SQ × SP
	400단위 × 2h × 700,000/700
700,000	= 800,000

조업도차이 100,000 (유리)

16 ③

① 변동원가계산은 일반적으로 인정된 회계원칙이 아니므로 기업회계측면의 외부 보고자료로 이용될 수 없다.

② 기초재고자산이 없고 당기 생산량과 판매량이 동일하다면 변동원가계산 순이익은 전부원가계산과 동일하다.

④ 변동원가계산은 변동제조원가만을 제품원가로 인식한다.

17 ①

18 ①

기말제품재고액 = 1,350,000 × 20,000단위 / 90,000단위 = 300,000

영업이익 = 5,000,000 − (1,350,000 − 300,000) − 500,000 − 260,000 − 550,000 = 2,640,000

19 ①

전부원가계산에 의한 순이익 370,000

(−) 기말재고자산에 배부된 고정제조간접원가 40,000 + 60,000

= 변동원가계산에 의한 순이익 270,000

20 ④

변동원가계산에 의한 영업이익 1,500,000

(+) 기말재고자산에 포함된 고정제조간접원가 600,000*

= 전부원가계산에 의한 영업이익 2,100,000

*2,000,000 × 3,000단위 / 10,000단위 = 600,000

21 ④

22 ④   ④ 원가추정시 관련범위에서 단위당 변동원가와 총 고정원가가 일정하다고 가정한다.

23 ③   ③ 영업이익은 140%(= 20% × 7) 감소할 것이다.

24 ③   ① (50 - 35) ÷ 50 = 30%
② 30,000 ÷ 30% = 100,000
③ (140,000* - 100,000) ÷ 140,000 = 28.57%
④ 140,000* ÷ @50 = 2,800단위
*목표이익 달성시의 매출액 = (30,000 + 12,000) ÷ 30% = 140,000

25 ③   ③ 해당 구간에서 판매량이 증가하면 손실(비용 - 수익)은 감소한다.

26 ④

27 ①   원가중심점은 통제가능한 원가의 발생에 대해서만 책임을 지는 가장 작은 활동단위로서의 책임중심점이다.

28 ③   ① 성과보고서 작성 시 통제불능원가는 제외되거나 통제가능원가와 구분하여 표시되어야 한다.
② 책임중심점으로서의 추적가능성에 따라 책임중심점별 원가와 공통원가로 구분한다.
④ 성과평가시 통제불능원가는 배제함이 원칙이다.

29 ①   200,000 ÷ 25% = 800,000
따라서 영업자산이 1,000,000 에서 800,000 으로 200,000 만큼 감소하여야 한다.

30 ④

실제규모 × 예산점유율 × BACM	예산규모 × 예산점유율 × BACM
100,000개 × 40% × @100	120,000개 × 40% × @100
= 4,000,000	= 4,800,000

시장규모 차이 800,000 (불리)

31 ①

A 사업부의 투자수익률 = 400억 원 ÷ 2,000억 원 = 20%
B 사업부의 투자수익률 = 720억 원 ÷ 4,000억 원 = 18%
A 사업부의 잔여이익 = 400억 원 − (2,000억 원 × 10%) = 200억 원
B 사업부의 잔여이익 = 720억 원 − (4,000억 원 × 10%) = 320억 원
따라서 투자수익률 기준으로는 A 사업부가, 잔여이익 기준으로는 B가 더 우수하다는 결과가 나온다.

32 ④

④는 자가제조시의 단점에 해당된다.

33 ②

500 + 100 + 200 + 40* = 840
*(500,000 × 40%) ÷ 50단위 = 40

34 ②

증분이익 = 공헌이익 (−) 200,000 + 절감가능 고정비 40,000 = (−) 160,000
따라서 사업부 갑의 폐지 후 순이익 = 1,000,000 − 160,000 = 840,000

35 ②

그대로 처분시 이익 = 25,000 × 500 벌 = 12,500,000
개조 후 처분시 이익 = 50,000 × 500 벌 − 11,000,000 = 14,000,000
따라서 개조하여 판매하는 것이 그대로 처분하는것 보다 1,500,000 원 더 유리하다.
① 매몰원가 21,000,000 원은 의사결정시 고려하지 않는다.

36 ④

37 ①

① 순현재가치법은 가치가산의 원칙이 적용되나 내부수익률법은 그렇지 않다.

38 ① 세후 비용절감효과 = (400,000 - 200,000) × (1 - 30%) = 140,000
감가상각비 절세효과 = (480,000 ÷ 6 년) × 30% = 24,000
총 연간순현금유입액 = 140,000 + 24,000 = 164,000

39 ② 순현재가치(NPV) = 현금 유입액의 현재가치 - 현금 유출액의 현재가치
(1,100,000* × 3.61) - 2,000,000 = 1,971,000
*연간 현금유입액 = 1,000,000 + (2,000,000 ÷ 5 년) - 1,000,000× 30% = 1,100,000

40 ① ① 고객확보율은 고객관점의 성과평가지표이다.

2023년 5회 · 2023년 7월 29일 시행

01	③	02	②	03	②	04	②	05	②
06	③	07	④	08	②	09	④	10	②
11	①	12	①	13	①	14	①	15	③
16	②	17	④	18	④	19	③	20	④
21	①	22	④	23	①	24	④	25	④
26	③	27	③	28	②	29	①	30	③
31	③	32	③	33	①	34	②	35	②
36	③	37	②	38	③	39	②	40	②

01 ③   ③ 준변동원가는 고정원가와 변동원가의 두 가지 요소를 모두 가지고 있는 원가를 의미한다.

02 ②   당기제품제조원가 = 기초재공품 + 당기총제조원가 − 기말재공품

= 10,000 + (43,000* + 35,000) − 8,000 = 80,000

*당기 원재료 투입액 = 기초원재료 + 당기매입 − 기말원재료

= 5,000 + 45,000 − 7,000 = 43,000

03 ②   (1,000,000 × 800 h/1,250 h) + (1,800,000 × 550 h/900 h) = 1,740,000

04 ②   ②는 상호배분법에 대한 설명이다.

05 ②   ② 종합원가계산에서는 원가의 개별집계과정이 없으므로 기말에 제품과 재공품의 원가계산이 중요한 문제이지만, 개별원가계산에서는 기말재공품의 작업원가표에 집계된 원가가 바로 재공품원가를 구성하기 때문에 이러한 배분문제가 발생하지 않는다.

06 ③   150,000 + 60,000 + (2,400 h × @50*) = 330,000

*2,000,000 ÷ 40,000 h = 50

07 ④ 작업지시서 #112 상 확인되는 제조간접원가 배부율 = 9,100 ÷ 5,200 = 1.75
#111 + #113
= [30,000 + 24,000 + (24,000 × 1.75)] + [20,000 + 10,800 + 10,800 × 1.75)] = 145,700

08 ② ② 선입선출법의 경우 완성품원가는 기초재공품원가와 당기투입원가 중 완성품에 배분된 금액의 합계이지만, 평균법의 경우 당기완성품수량에 완성품환산량 단위당 원가를 곱한 금액이다.

09 ④ 평균법을 적용할 경우 선입선출법을 적용할 때에 비하여 가공원가 완성품환산량이 기초재공품의 전기 완성품환산량 수량만큼 크다. 따라서 평균법이 선입선출법보다 300개(= 500개 × 60%) 더 크다.

10 ②

	(1단계)	(2단계) 완성품환산량	
	물량흐름	재료원가	가공원가
당기완성품	400개	400개	400개
기말재공품	100개	100개	50개(50%)
	500개	500개	450개
(3단계) 배분할 원가		40,000,000	30,240,000
(4단계) 완성품환산량 단위당원가		@80,000	@67,200

(a) : 400개 × (@80,000 + @67,200) = 58,880,000
(b) : (100개 × @80,000) + (50개 × @67,200) = 11,360,000

11 ① 270,000 - (105,000 h × 2.55*) = 2,250 (과소배부)
*예정배부율 = 255,000 ÷ 100,000 h = 2.55

12 ① ① 표준원가계산제도에서는 비계량정보를 무시할 가능성이 있다.

13 ①

AQ × AP	AQ × SP	SQ × SP
3,200kg × @11 = 35,200	= 44,800	= 42,000

└─── 가격차이 9,600 (유리) ───┘ └─── 능률차이 2,800 (불리) ───┘

14 ①

AQ × AP	AQ × SP
15,000 – 7,800	3,000h × @2.5
= 7,200	= 7,500

소비차이 300 (유리)

15 ③　③ 매출원가조정법은 모든 제조간접원가 배부차이를 매출원가에 가감하는 방법이다.

16 ②　나. 기업회계기준에서 인정하는 원가계산제도는 전부원가계산제도이다.
　　　라. 공통고정원가를 부문이나 제품별로 배분하지 않기 때문에 부문별, 제품별 의사결정 문제에 왜곡을 초래하지 않는다.

17 ④　① 변동원가계산과 전부원가계산 모두 고정판매비와관리비는 기간비용으로 처리한다.
　　　② 기업의 생산형태, 원가측정, 원가구성방법에 따른 원가계산제도들은 상호 간 결합하여 적용할 수 있다.
　　　③ 고정제조간접원가를 전부원가계산은 제품원가로, 변동원가계산은 기간원가로 각각 인식한다.

18 ④　(350 – 80) × 4,500 = 1,215,000

19 ③　(100 – 25 – 20 – 6 – 16* – 10) × 800단위 = 18,400
　　　*단위당고정제조간접원가 = 16,000 ÷ 1,000단위 = 16

20 ④　기초재고 200개와 기말재고 400개에 포함된 고정제조간접원가로 인하여 변동원가계산과 전부원가계산 간에 이익 차이가 발생하게 된다.
　　　3월 고정제조간접원가를 x 라 하면,
　　　[(200개 × @50) + x] × 400개/2,200개 – (200개 × @50) = 14,000
　　　∴ x = 122,000

21 ①　① 제조간접원가의 증가로 인해 새로운 원가배부기준이 필요하게 되었다.

22 ④ 직접노동시간당 변동제조간접원가를 a, 고정제조간접원가를 b 라고 하면,

(4,000 h × a) + b = 700,000

(13,000 h × a) + b = 1,600,000

∴ a = 100, b = 300,000

5월 총 제조간접원가 = (10,000h × 100) + 300,000 = 1,300,000

23 ①

24 ④ ① (50 - 30) ÷ 50 = 40%

② 50 - 30 = 20

③ (30,000 + 10,000) ÷ 40% = 100,000

④ 30,000 ÷ @20 = 1,500단위

25 ④ (400 - 150 - 90) ÷ = 40%

26 ③ ③ 효율적인 성과평가제도가 되기 위해서는 적시성과 경제성을 모두 적절히 고려하여야 한다.

27 ③ 고정예산과 변동예산은 예산을 ③과 같이 편성방법에 따라 분류한 것이다.

① 은 종합예산과 부문예산에 대한 설명이다.

28 ② 사업부 공헌이익은 사업부경영자 공헌이익에서 사업부가 단기적으로 통제할 수 없으나 사업부에 직접 추적 또는 배분 가능한 고정원가를 차감한 이익개념으로 특정사업부에서 발생한 모든 수익과 원가가 포함되기 때문에 사업부 자체의 수익성을 평가하는데 유용하다.

29 ① ① 원가중심점은 통제가능한 원가의 발생에 대해서만 책임을 지는 가장 작은 활동단위로서의 책임중심점이다.

30 ③
① A사업부의 매출액영업이익률 = 20억 원 ÷ 300억 원 = 6.67%
    B사업부의 매출액영업이익률 = 35억 원 ÷ 400억 원 = 8.75%
② A사업부의 투자수익률 = 20억 원 ÷ 100억 원 = 20%
    B사업부의 투자수익률 = 35억 원 ÷ 200억 원 = 17.5%
③ A사업부의 영업자산회전율 = 300억 원 ÷ 100억 원 = 3회
    B사업부의 영업자산회전율 = 400억 원 ÷ 200억 원 = 2회
④ A사업부의 잔여이익 = 20억 원 − (100억 원 × 4%) = 16억 원
    B사업부의 잔여이익 = 35억 원 − (200억 원 × 4%) = 27억 원

31 ③

$$\underbrace{\begin{array}{c} AQ \times (BP - SV) \\ 400개 \times @12 \\ = 4,800 \end{array} \qquad \begin{array}{c} BQ \times (BP - SV) \\ 300개 \times @12 \\ = 3,600 \end{array}}_{\text{매출조업도차이 } 1,200 \text{ (유리)}}$$

32 ③
여유생산시설이 있는 상황이라면 고정제조간접원가는 의사결정과 무관한 비관련원가이다.

33 ①
① 비관련원가는 과거원가이거나 대안 간에 차이가 나지 않는 미래원가이다.

34 ②
주문 수락 시 증분이익 = (20,000 − 18,000*) × 400단위 = 800,000 (이익)
* 단위당 증분원가 = 11,000 + 4,000 + 2,500 + 500 = 18,000

35 ②
그대로 처분시 이익 = 30,000 × 30벌 = 9,000,000
개조 후 처분시 이익 = 50,000 × 300벌 − 3,000,000 = 12,000,000
따라서 개조하여 판매하는 것이 그대로 처분하는것 보다 3,000,000원 더 유리하다.
① 매몰원가 21,000,000원은 의사결정시 고려하지 않는다.

36 ③

37 ②
순현재가치(NPV) = 현금 유입액의 현재가치 − 현금 유출액의 현재가치
[(5,000,000 × 0.89) + (6,000,000 × 0.80) + (3,000,000 × 0.71)] − 8,000,000 =
3,380,000

38 ③　　처분가액 (+) 700,000
처분이익에 대한 법인세효과 (−) 80,000*
취득가액 (−)1,000,000
순현금지출액 = 380,000
*(700,000 − 300,000) × 20% = 80,000

39 ②　　일반적으로 사용되는 대체가격 결정방법에는 시장가격기준, 원가기준, 협상가격기준 등이 있다.

40 ②　　② 비재무적 측정치에 대해서는 여전히 객관적인 측정이 어렵다.

2023년

6회

2023년 9월 23일 시행

01	①	02	③	03	③	04	②	05	②
06	④	07	②	08	③	09	④	10	④
11	①	12	③	13	③	14	①	15	③
16	④	17	②	18	④	19	②	20	②
21	③	22	②	23	②	24	②	25	④
26	①	27	①	28	①	29	③	30	④
31	①	32	③	33	④	34	①	35	②
36	①	37	①	38	③	39	③	40	④

01 ① ②③은 고정원가이면서 간접원가에 해당한다.

02 ③ (A) : 500,000 + 6,500,000 - 3,800,000 = 3,200,000
(B) : 1,000,000 + 8,800,000 - 9,000,000 = 800,000
(A) + (B) = 4,000,000

03 ③ ③ 제조간접원가의 배부는 제조부문에 집계된 원가를 원가대상에 배부하는 과정이다.

04 ② A : 200,000 × 40% = 80,000
B : [300,000 + (200,000 × 40%)] × 20%/80% = 95,000
A + B = 175,000

05 ② (a) : 130,000 + 60,000 + (2,400 × @50*) = 310,000
(b) : 90,000 + 50,000 + (1,600 × @50*) = 220,000
*제조간접원가 예정배부율 = 2,000,000 ÷ 40,000 h = 50

06 ④

07 ② ② 원가관리 및 통제가 제품별이나 작업별로 수행되는 것은 개별원가계산이다.

08 ③ ③ 원재료 단가 산정시 선입선출법을 사용하는 기업이라도 종합원가계산제도 적용시 평균법을 사용할 수 있다.

09 ④

| | (1단계) | (2단계) 완성품환산량 | |
	물량흐름	재료원가	가공원가
당기완성품			
┌ 기초재공품	80개	0개	48개(40%)
└ 당기투입	320개	320개	320개
기말재공품	100개	100개	40개(40%)
	500개	420개	408개
(3단계) 배분할 원가		32,340,000	28,560,000
(4단계) 완성품환산량 단위당원가		@77,000	@70,000

완성품원가 =
8,000,000 + 5,720,000 + (320개 × @77,000) + (368개 × @70,000) = 64,120,000
기말재공품원가 = (100개 × @77,000) + (40개 × @70,000) = 10,500,000

10 ④ ④ 기말재공품원가는 실제보다 과대평가 되어 있을 것이다.

11 ① ① 정상원가계산은 제조간접원가의 배부가 기말까지 지연되어 제품원가계산이 지연되는 실제원가계산의 문제점을 보완하기 위한 원가계산제도이다.

12 ③ ③ 이상적표준은 이를 달성하는 경우가 거의 없기 때문에 항상 불리한 차이가 발생하게 되며, 이에 따라 종업원의 동기부여에 역효과를 초래한다.

13 ③　당기 원재료 사용액 = 285,000 + 145,000 − 120,000 = 310,500

AQ × AP	AQ × SP
1,725* × @180	1,725 × SP
= 310,500	= 296,700

가격차이 13,800 (불리)

*AQ = 310,500 ÷ @180 = 1,725
∴ SP = @172

14 ①　① 은 가격차이의 발생 원인이다.

15 ③

예산(기준조업도 × SP)	배부액(SQ × SP)
8,000h × @0.5*	2,500개 × 4h × @0.5*
= 4,000	= 5,000

조업도차이 1,000 (유리)

* 4,000 ÷ 8,000 h = 0.5

16 ④　④ 변동원가계산의 이익결정요인은 판매량이고, 전부원가계산의 이익결정요인은 생산량 및 판매량이다.

17 ②　변동원가계산에서는 고정제조간접원가를 기간비용으로 처리하므로, 해당 금액만큼 전부원가계산에 비해 재고자산 금액이 감소된다.
200단위 × @3 = 600

18 ④　전부원가계산 매출총이익 =
(@500 − @130 − @100 − @70 − @8*) × 20,000개 = 3,840,000
*200,000 ÷ 25,000개 = 8

변동원가계산 공헌이익 =
(@500 − @130 − @100 − @70 − @30) × 20,000개 = 3,400,000

초변동원가계산 재료처리량공헌이익 = (@500 − @130) × 20,000개 = 7,400,000

19 ② ② 초변동원가계산에서 이익은 판매량 및 생산량에 의해 결정된다.

20 ② 6월 발생 고정제조간접원가를 x라 하면,
[(200개 × @50) + x] × 500개/2,000개 - (200개 × @50) = 10,500
∴ x = 72,000

21 ③ 활동기준원가계산은 다품종 소량생산 시스템의, 제조간접원가의 비중이 높은 기업에 적합하다.

22 ② ② 원가추정은 조업도(독립변수)와 원가(종속변수) 사이의 관계를 규명하여 원가함수를 추정하는 것이다.

23 ② ② 계정분석법은 분석자의 전문적 판단에 따라 각 계정과목에 기록된 원가를 분석하여 원가함수를 추정하는 방법이다.

24 ② (ㄱ) 손익분기점 판매량 = 120,000 ÷ @40* = 3,000단위
(ㄴ) 손익분기점 매출액 = 3,000단위 × @100 = 300,000
*단위당 공헌이익 = 100 - 50 - 10 = 40

25 ④ 영업레버리지도 = 공헌이익 ÷ 영업이익 = 400,000 ÷ 100,000 = 4
영업이익 증감율 = 25% × 4 = 100%

26 ① ②③④는 변동예산에 대한 설명이다.

27 ① ② 공통고정원가는 여러 사업부에서 공통으로 사용되는 원가이므로 특정사업부에 부과시키거나 임의로 배분해서는 안되며 총액으로 관리해야 한다.
③④ 통제가능원가와 통제불능원가를 구분하고, 성과평가시 통제불능원가는 배제하여야 한다.

28 ①

AQ × (BP − SV)	BQ × (BP − SV)
2,000개 × (@88 − @35)	2,100개 × (@88 − @35)
= 106,000	= 111,300

매출조업도차이 5,300 (불리)

29 ③

A 사업부 잔여이익 = 150,000 − (500,000 × 20%) = 50,000
B 사업부 잔여이익 = 270,000 − (1,000,000 × 20%) = 70,000
C 사업부 잔여이익 = 480,000 − (2,000,000 × 20%) = 80,000

30 ④

실제규모 × 실제점유율 × BACM	실제규모 × 예산점유율 × BACM	예산규모 × 예산점유율 × BACM
100,000 × 35% × @120	100,000 × 30% × @120	120,000 × 30% × @120
= 4,200,000	= 3,600,000	= 4,320,000

시장점유율차이 600,000 (유리)   시장규모차이 720,000 (불리)

31 ①

자본예산기법에 의한 성과평가가 보다 장기적인 성과를 강조한다.

32 ③

33 ④

④ 유휴설비를 다른 제품의 생산에 이용할 수 있는 경우에는 변동제조원가 절감액과 다른 제품의 생산으로 인한 증분이익의 합계에서 외부부품 구입대금을 차감한 금액이 0 보다 큰 경우 외부구입 대안을 선택한다.

34 ①

특별주문 수락시 증분이익 = (@90 − @60) × 400단위 = 12,000

35 ②

1,050 + 800 + 400 + 50* = 2,300
*고정제조간접원가 단위당 절감액 = (10,000,000 × 20%) ÷ 40,000 = 50

36 ① ① 둘 또는 그 이상의 상호 독립적인 투자안의 우선순위를 결정하거나 상호 배타적인 투자안을 평가할 때 순현재가치법과 내부수익률법은 경우에 따라 서로 다른 결과를 가져올 수 있다.

37 ① ① 이자비용은 할인율을 통해 반영되므로 현금흐름 산정 시 반영하지 않는다.

38 ③ 처분가액 (+) 300,000,000
처분손실에 대한 세금효과 (+) 20,000,000*
투자종료시점의 현금흐름 = 320,000,000
*부의 세금효과 = (300,000,000 - 400,000,000) × 20% = (-) 20,000,000

39 ③ 수요사업부의 최대대체가격 = Min[외부구입가, 내부대체품의 순실현가치]
Min[650, 1,150 - 550] = 600

40 ④ ① 수명주기원가계산에 대한 내용이다.
② 품질원가계산의 목적에 대한 설명이다.
③ 목표원가계산절차 상 먼저 잠재고객의 요구를 충족하는 제품을 개발하고 그 다음 고객이 인지하는 가치와 경쟁기업의 가격 등을 고려하여 목표가격을 선택한다.

01	②	02	④	03	②	04	③	05	③
06	①	07	③	08	④	09	②	10	①
11	①	12	③	13	①	14	②	15	④
16	④	17	①	18	④	19	②	20	①
21	③	22	③	23	③	24	④	25	④
26	②	27	②	28	①	29	③	30	②
31	④	32	④	33	④	34	③	35	②
36	②	37	②	38	④	39	①	40	③

01 ② ② 재무회계에서는 객관적으로 측정가능한 회계자료를 기초로 수익과 비용을 인식하여야 한다.

02 ④ 당기제품제조원가 = 기초재공품 + 당기총제조원가 - 기말재공품
= 10,000 + (19,000* + 35,000) - 8,000 = 56,000

*당기 원재료 투입액 = 기초원재료 + 당기매입 - 기말원재료
= 7,000 + 24,000 - 12,000 = 19,000

03 ② ② 상호배분법에서는 배분의 순서가 원가배분 결과에 영향을 미치지 않는다.

04 ③ [7,000 + (6,000 × 30%)] × 42%/75% = 4,928

05 ③ ③ 기업의 생산형태, 원가측정, 원가구성방법에 따른 원가계산제도들은 상호 간 결합하여 적용할 수 있다.

06 ① 550,000 + 500,000 + (500,000 × @0.5) = 1,300,000

07 ③

기초원가 = 직접재료비 + 직접노무비
기말재공품(작업#1 의 발생원가)
= 2,000 + 2,800 + 4,000 + (6,000 × 6,800/20,000) = 10,840

08 ④

09 ②

	(1단계)	(2단계) 완성품환산량	
	물량흐름	재료원가	가공원가
당기완성품			
┌ 기초재공품	400개	0개	200개(50%)
└ 당기투입	600개	600개	600개
기말재공품	200개	200개	160개(80%)
	1,200개	800개	960개
(3단계) 배분할 원가		2,000,000	3,000,000
(4단계) 완성품환산량 단위당원가		@2,500	@3,125

10 ①

	(1단계)	(2단계) 완성품환산량
	물량흐름	가공원가
당기완성품	23,000개	23,000개
기말재공품	3,000개	1,200개(40%)
	26,000개	24,200개

(3단계) 배분할 원가

(4단계) 완성품환산량 단위당원가   @8

기말재공품에 포함된 가공원가 = 1,200개 × @8 = 9,600

11 ①

① 정상원가계산에서는 직접재료원가와 직접노무원가를 실제원가로 측정하고 제조간접원가는 사전
에 정해진 배부율에 의해 배부한다.

12 ③

③ 표준원가계산제도에서는 비계량정보를 무시할 가능성이 있다.

13 ①　직접재료 표준투입량을 x 라 하면,

AQ × AP	AQ × SP	SQ × SP
3,200 kg × @11	3,200 kg × @14*	2,000 × x × @14
= 35,200	= 44,800	= 36.400

　　　　　　가격차이 9,600 (유리)　　능률차이 8,400 (불리)

*SP = 44,800 ÷ 3,200kg = 14

∴ x = 1.3 kg

14 ②

실제발생액	예산	배부액
24,920,000	12,000 × 2,375*	2,200 × 5.2 h × 2,375*
	= 28,500,000	= 27,170,000

　　　　　예산차이 3,580,000 (유리)　조업도차이 1,330,000 (불리)

*SP = 28,500,000 ÷ 12,000 = 2,375

15 ④　② 이상적표준을 달성하는 경우가 거의 없기 때문에 불리한 차이가 발생할 가능성이 크다.

　　③ 실제원가와의 차이가 크게 발생한다.

16 ④　ㄴ. 기초재고수량이 기말재고수량보다 적다면 일반적으로 변동원가계산에 의한 영업이익이 초변동
　　　원가계산에 의한 영업이익보다 크다.

　　ㄷ. 은 초변동원가계산의 한계점을 설명하고 있다.

　　ㄹ. CVP 분석이 목적이라면 변동원가계산의 공헌이익손익계산서가 가장 유용하다.

17 ①

18 ④　당기 판매수량 = 391,500 ÷ @900 = 435개

　　기말재고자산 수량 = 20,400 ÷ @240 = 85개

　　당기 총 생산수량 = 435개 + 85개 = 520개

19 ②　변동원가계산에서는 변동제조원가만을 재고자산에 배부하므로,

　　1,280,000 × 20,000단위 / 80,000단위 = 320,000

20 ①

전부원가계산 매출총이익 =

(@500 – @150 – @120 – @50 – @10*) × 10,000개 = 1,700,000

*200,000 ÷ 20,000개 = 10

변동원가계산 공헌이익 =

(@500 – @150 – @120 – @50 – @30) × 10,000개 = 1,500,000

초변동원가계산 재료처리량공헌이익 = (@500 – @150) × 10,000개 = 3,500,000

21 ③

단위당 제조원가 = 16,550,000* ÷ 5,000개 = @3,310

* 총 제조원가 = 직접재료원가 + 직접노무원가 + 포장/재료처리/절삭/조립활동 원가

= 6,000,000 + 5,000,000 + (5,000개 × @300) + (90,000개 × @15) + (90,000개 × @20)

+ (6,000 h × @150) =

22 ③

③ 원가에 영향을 미치는 요인은 조업도 뿐이라고 가정한다.

23 ③

직접노무시간당 변동제조간접원가를 x 라고 하면,

(260 h × x) + 9,800,000 = 19,160,000

∴ x = 36,000

5월의 제조간접원가 = (350 h × 36,000) + 9,800,000 = 22,400,000

24 ④

25 ④

손익분기점 매출액 = 고정원가 ÷ 공헌이익률

(1,100,000 + 1,275,000) ÷ 33.33%* = 7,125,000

*공헌이익률 = (1,500 – 700 – 300) ÷ 1,500 = 33.33%

26 ②

② 예산은 예산편성 성격에 따라 운영예산(영업예산)과 재무예산으로 분류된다.

27 ②

책임회계제도가 그 기능을 효율적으로 수행하기 위해서는 각 책임중심점의 경영자가 권한을 위임받은 원가항목들에 대해 통제권을 행사할 수 있어야 한다.

28 ①

29 ③ ① 잔여이익에 의하여 채택되는 투자안이 투자수익률에 의할 경우 기각될 수 있다.
② 투자수익률이 갖고있는 준최적화의 문제점을 극복하기 위하여 잔여이익이라는 개념이 출현하였고, 투자수익률과 잔여이익은 각각 장단점을 가지고 있으므로 둘 중 어느 방법이 더 우월하다고 말할 수는 없다.
④ 잔여이익은 투자규모가 다른 투자중심점을 상호 비교하기가 어렵다는 문제점이 있는 반면에 투자수익률은 이런 문제점이 없다.

30 ②

AQ × AP	AQ × SP	AQ × (BP − SV)	BQ × (BP − SV)
10,000단위×@200 = 2,000,000	10,000단위×@180 = 1,800,000	10,000단위×@40* = 400,000	11,000단위×@40* = 440,000

매출가격차이 200,000 (유리) 　　　　　　매출조업도차이 40,000 (불리)

*단위당 예산공헌이익 = 180 − 80 − 60 = 40

31 ④ ① 투자수익률을 사용할 때는 준최적화 현상이 발생하지 않도록 유의하여야 한다.
② 투자수익률은 현금의 흐름이 아닌 회계이익을 기준으로 성과를 평가한다.
③ 투자수익률은 사업부의 이익뿐만 아니라 투자액도 함께 고려하는 성과평가 기준이기 때문에, 사업부의 경영자가 자신의 사업부 투자액에 대한 통제권한이 있는 경우 그 경영자의 성과측정 지표로 더욱 유용하게 사용될 수 있다.

32 ④ 관련원가는 향후 이루어질 의사결정의 대안 간에 차이를 발생시키는 미래원가를 의미한다.

33 ④ 사업부 폐지시의 증분이익
= 공헌이익 (−) 20,000 + 절감가능 고정비 100,000 = 80,000 (증가)

34 ③

특별주문 수락으로 인한 증분 공헌이익	(+)	152,000*
특별주문 수락으로 인한 고정제조간접비 증가액	(−)	50,000
유휴설비 임대에 대한 기회비용	(−)	70,000
기존매출 감소분의 공헌이익	(−)	59,000
증분이익	= (−)	27,000

*(@95 − 76@**) × 8,000단위 = 152,000

**단위당 변동원가 = (750,000 + 990,000 + 540,000) ÷ 30,000단위 = 76

***(@135 − @76) × 1,000단위 = 59,000

35 ②

36 ②

① 감가상각비의 법인세 효과는 현금흐름에 영향을 미친다.

③ 매몰원가는 과거에 발생한 비관련원가로, 증분현금흐름 측정 시 고려하지 않는다.

④ 이자비용은 할인율을 통해 반영되므로 현금흐름 산정 시 반영하지 않는다.

37 ②

① 회수기간법과 회계적이익률법은 비할인모형이다.

③ 회수기간법에서는 투자액을 연간순현금유입액으로 나누어 회수기간을 산정하며, 회수기간 이후의 현금흐름을 무시한다는 단점이 있다.

④ 시행착오법은 연간 현금흐름이 불규칙할 경우 사용한다.

38 ④

39 ①

40 ③

비재무적 측정치에 대해서는 여전히 객관적인 측정이 어렵고, 정형화된 측정수단을 제공해 주지 못한다는 점이 균형성과표의 한계점이다.

2023년 8회 2023년 12월 16일 시행

01	③	02	③	03	②	04	①	05	④
06	④	07	④	08	②	09	②	10	④
11	①	12	④	13	①	14	①	15	②
16	②	17	①	18	②	19	③	20	②
21	①	22	③	23	③	24	④	25	①
26	③	27	②	28	①	29	④	30	②
31	②	32	①	33	③	34	④	35	④
36	④	37	④	38	③	39	①	40	②

01 ③

ㄴ. 관리회계는 다루어지는 정보의 내용이 미래지향적인 특징을 가진다.

02 ③

03 ②

① 보조부문 간의 용역수수관계를 고려하는 가장 합리적인 배분방법은 상호배분법이다.

③ 배분 순서가 중요한 계산방법은 단계배분법이다.

④ 어떤 방식으로 보조무분 원가를 배분하더라도 공장 전체의 제조간접원가는 달라지지 않는다.

04 ①

A 부문과 B 부문의 배분할 총원가를 각각 a 와 b 라고 하면,

a = 200,000 + (b × 20%)

b = 300,000 + (a × 40%)

∴ a = 282,609, b = 413,043

D에 배분되는 보조부문의 원가 = (282,609 × 40%) + (413,043 × 20%) = 195,652

05 ④

④ 기업의 생산형태, 원가측정, 원가구성방법에 따른 원가계산제도들은 상호 간 결합하여 적용할 수 있다.

06 ④

07 ④

(a) 제품제조원가 = 230,000 + 100,000 + (3,000 h × @35*) = 435,000

(b) 재공품원가 = 130,000 + 50,000 + (2,000 h × @35*) = 250,000

*제조간접원가 예정배부율 = 1,400,000 ÷ 40,000 h = 35

08 ②

09 ②

기말재공품의 완성도를 x %라 하면,

[200개 × (1 − 60%)] + 1,400개 + (400개 × x%) = 1,720개

∴ x = 60%

10 ④

	(1단계)	(2단계) 가공원가 완성품환산량	
	물량흐름	평균법	선입선출법
당기완성품			
┌ 기초재공품	100개	100개	40개(60%)
└ 당기투입	100개	100개	100개
기말재공품	100개	40개	40개(40%)
	300개	240개	180개
(3단계) 배분할 원가		9,000+34,200 = 43,200	34,200
(4단계) 완성품환산량 단위당원가		@180	@190

완성품 가공원가

평균법 : 200개 × @180 = 36,000

선입선출법 : 9,000 + (140개 × @190) = 35,600

따라서, ④ 평균법의 완성품에 포함된 가공원가는 선입선출법보다 크다.

11 ①

① 정상원가계산에서는 직접재료원가와 직접노무원가를 실제원가로 측정하고 제조간접원가는 사전에 정해진 배부율에 의해 배부한다.

12 ④

ㄷ. 원가통제를 포함한 표준원가시스템을 잘 활용하면 원가절감을 유도할 수 있다.

ㄹ. 원가차이를 매출원가에서 조정할 때 불리한 차이는 가산하고 유리한 차이는 차감한다.

13 ①

AQ × SP	SQ × SP
9,000개* × @300	2,500개 × 4kg × @300
= 2,700,000	= 3,000,000

능률차이 300,000 (유리)

*(400 – 300) × AQ = 900,000 (불리)

∴ AQ = 9,000개

14 ①

AQ × AP	AQ × SP	SQ × SP
22,000,000	25,000h* × 960*	5,000개 × 4h × 960*
	= 24,000,000	= 19,200,000

가격차이 2,000,000 (유리)

능률차이 4,800,000 (불리)

*SP = 19,200,000 ÷ 5,000개 ÷ 4h = 960

**AQ = 24,000,000 ÷ 960 = 25,000h

단위당 작업시간 = 25,000h ÷ 5,000개 = 5h

15 ②

예산	SQ × SP
	400단위 × 1.5h × 638,600/620h
638,600	= 618,000

조업도차이 20,600 (불리)

16 ②

ㄴ. 변동원가계산에서 변동제조간접원가는 제조원가이다.

ㄹ. 제품의 생산량은 영업이익에 영향을 미치지 않는다.

17 ①

18 ② 전부원가계산과 변동원가계산의 영업이익 차이 90,000원은 기말재고자산에 포함된 고정제조간접원
가 금액과 동일하므로,
기말재고수량 = 90,000 ÷ @10* = 9,000개
(ㄱ) = 50,000개 – 9,000개 = 41,000개
((ㄴ) – @30 – @20 – @15 – @10* – @10) × 41,000개 – 415,000 = 200,000
(ㄴ) = @100
* 단위당 고정제조간접원가 = 500,000 ÷ 50,000개

19 ③ (@370 – @120) × 4,500개 = 1,125,000

20 ② (@800 + @300 + @100 + @200*) × (1,100단위 – 800단위) = 420,000
*단위당 고정제조간접원가 = 220,000 ÷ 1,100단위 = 200

21 ① ② 연구개발 : 제품유지활동
③ 건물임차 : 설비유지활동
④ 동력소비 : 단위수준활동

22 ③ 고저점법은 최고조업도 발생월과 최저조업도 발생월의 원가자료를 이용하여 원가함수를 추정하는 방
법이다.

23 ③ 이익이나 손실이 없는 손익분기점에서는 법인세 효과가 없으므로 법인세를 고려하더라도 분석결과에
변화가 없다.

24 ④ ① 10,000 – 6,000 = 4,000
② 6,000 ÷ 10,000 = 60%
③ 1 – 60% = 40%
④ 500,000 ÷ 40% = 1,250,000

25 ① ① 영업레버리지도는 손익분기점에 접근할수록 점점 커지며, 손익분기점에서 멀어질수록 –1 또는
1의 값에 가까워지게 된다.

26 ③   고정예산과 변동예산은 예산을 ③과 같이 편성방법에 따라 분류한 것이다.
①은 종합예산과 부문예산에 대한 설명이다.

27 ②   ① 투자중심점 – 분권화된 조직
③ 원가중심점 – 제조부문
④ 수익중심점 – 판매부서

28 ①

29 ④   A 사업부 잔여이익 = 900,000 – (1,000,000 × 20%) = 700,000
B 사업부 잔여이익 = 1,500,000 – (4,000,000 × 30%) = 300,000
C 사업부 잔여이익 = 1,500,000 – (3,000,000 × 15%) = 1,050,000

30 ②

실제규모 × 실제점유율 × BACM	실제규모 × 예산점유율 × BACM
100,000개 × 40% × @100	100,000 × 45% × @100
= 4,000,000	= 4,500,000

시장점유율차이 500,000 (불리)

31 ②   경제적부가가치(EVA) = 세후 순 영업이익 – (투하자본 × 가중평균자본비용)

가중평균자본비용을 x%라 하면,
(120억 원 – 75억 원 – 15억 원 + 5억 원 – 7억 원) – (200억 원 × x%) = 12억 원
∴ x = 8%

자기자본비용을 y라 하면,
(6% × 120억 원 / 200억 원) + (y% × 80억 원 / 200억 원) = 8%
∴ y = 11%

32 ①

33 ③   14,000 + 16,000 = 30,000

34 ④   특별주문 수락시의 증분이익 = (@10,000 − @9,500*) × 800단위 = 400,000
*단위당 변동원가 = 직접재료원가 + 직접노무원가 + 변동제조간접원가 = 9,500

35 ④   (200 + 80 + 120 + 40*) = 440
*절감 가능한 단위당 고정제조간접원가 = (600,000 × 2/3) ÷ 10,000단위 = 40

36 ④   ④ 순현재가치법에서는 독립적인 투자안의 경우 순현재가치가 0보다 큰 투자안을 선택한다.

37 ④   ④ 법인세는 현금 유출에 해당되므로 고려 대상이다.

38 ③   3년 말까지 27,500 원의 투자금액이 회수되고 4차년도에 연중 7,500 원의 현금흐름이 고르게 발생하므로,
3 년 + (7,500 ÷ 10,000) = 3.75 년

39 ①   수요사업부의 최대대체가격 = Min[외부 구입가격, 내부대체품의 순실현가치]
Min[600, 1,050 − 500] = 550

40 ②   반품원가 3,000 + 소비자 고충처리비 4,000 = 7,000
작업폐물은 내부실패원가, 생산직원 교육원가는 예방원가, 제품검사원가 및 구입재료 검사원가는 평가원가에 각각 해당된다.

재경관리사 기출문제집

2024년 11월 1일 2판 6쇄 발행

저 자 **삼일회계법인**

발행인 이　　　희　　　태

발행처 **삼일인포마인**

저 자 와
협 의 하 에
인 지 생 략

서울특별시 용산구 한강대로 273 용산빌딩 4층

등록 : 1995. 6. 26 제 3 – 633 호

TEL : (02) 3489 – 3100

FAX : (02) 3489 – 3141

ISBN 979 – 11 – 6784 – 263-3　13320

정가　27,000 원